CHRISTOPH SCHUBERT-WELLER

Wege der Astrologie: Schulen und Methoden im Vergleich

Standardwerke der Astrologie

Der Autor:
Christoph Schubert-Weller (1951), Studium der Philosophie, Linguistik und Literatur, Zweitstudium in Pädagogik, Psychologie und Soziologie. 1993 Promotion. Ausbildung in Astrologie seit 1976, geprüfter Astrologe (DAV). Aufsätze, Monographien und Radiosendungen. Verfasser der Bücher *Die astrologische Geburtszeitkorrektur* und *Spricht Gott durch die Sterne?*

CHRISTOPH SCHUBERT-WELLLER

Wege der Astrologie

Schulen und Methoden im Vergleich

Chiron Verlag

Die Deutsche Bibliothek - CIP Einheitsaufnahme

Christoph Schubert-Weller
Wege der Astrologie: Schulen und Methoden im Vergleich /
Christoph Schubert-Weller
Dt. Erstausgabe. –
Mössingen : Chiron Verlag, 1996
(Standardwerke der Astrologie)

ISBN 3-925100-22-9

Deutsche Erstausgabe

Umschlag: Walter Schneider
Druck: WB-Druck, Rieden
Per Swantje

Zu beziehen durch den Buchhandel oder direkt beim:
Chiron Verlag, Postfach 1131, D - 72109 Mössingen

Inhalt

Vorbemerkung 7

1. Einleitung 10

2. Grundlagen der Astrologie in der Diskussion 21

2.1 Der Tierkreis 26
2.2 Der Häuserstreit in der Astrologie 27
2.3 Zur astronomischen Begründbarkeit der Astrologie 28
2.4 Zusätzliche Wirkpunkte im Horoskop 31
2.5 Winkelbildungen und Planetenbilder 33
2.6 Universalharmonien im Kosmos? 36
2.7 Neo-Astrologie 39
2.8 Deutung und Lebenskunde 44

3. Klassische Astrologie 50

3.1 Grundlagen der Revidierten Astrologie 51
3.2 Die Determinationslehre nach Morin 90
3.3 Die theosophisch beeinflußte Astrologie 102
3.4 Weitere Ansätze und Methoden 118

4. Klassiknahe astrologische Schulen 196

4.1 Die Münchner Rythmenlehre nach Wolfgang Döbereiner 196
4.2 Das Astrologisch-Psychologische Institut (Huber-Schule) 204

5. Die Hamburger Schule 236

5.1 Systematik der Hamburger Schule 237
5.2 Willensfreiheit oder Determination:
Hermann Lefeldt und seine Nachfolger 265

6. Die Kosmobiologie Reinhold Ebertins 270

6.1 Das System Reinhold Ebertins 272
6.2 Die Entwicklung seit den achtziger Jahren 282

7. Die indische Astrologie in Europa 285

7.1 Harmonics 293
7.2 Weitere Ansätze der indischen Astrologie in Europa 304

8. Schulen der esoterischen Astrologie 307

9. Ausblick 324

Literatur 329

Sachregister 338

Personenregister 342

Vorbemerkung

In der deutschsprachigen astrologischen Literatur fehlte es bislang an dem Versuch, einen einigermaßen vollständigen Überblick über die wichtigen Schulen und Systeme des Faches zu geben. *Die* Astrologie als solche gibt es nicht; es gibt verschiedene Schulen, Richtungen und Systeme, von denen wohl die beiden wichtigsten die Revidierte Klassik und die Hamburger Schule sind. Daneben gibt es eine Reihe von kleineren Systemen und Einzelfindungen, die oft nur intern bekannt geworden sind, deren Literatur zum Teil schwer zugänglich ist. Noch immer ist es weitgehend so, daß der angehende Astrologe nach einer ganz bestimmten Schule lernt und zeit seines Lebens bei eben diesem System, bei eben dieser Schule bleibt, ohne sich allzu viel nach links oder rechts umzuschauen. Bei der mittlerweile recht offenen und kollegialen Forschungssituation der deutschen Astrologie aber ist der Austausch zwischen den einzelnen Schulen und Richtungen, ist die gegenseitige Kenntnisnahme zu einem Muß geworden.

Die vorliegende Veröffentlichung richtet sich denn auch an Anfänger wie Fortgeschrittene in der Astrologie gleichermaßen – egal zu welcher Schule sie sich rechnen. Argumentativer Ausgangspunkt der vorliegenden Veröffentlichung ist die Revidierte Klassik, weil diese, wenigstens in ihren Grundzügen, nahezu allen Astrologen bekannt ist und weil sie in dieser oder jener kleineren Variante noch immer von der Mehrzahl der ausübenden Astrologen praktiziert wird.

Ich versuche, hier einen Gesamtüberblick zu bieten, und hoffe, daß ich keine wichtige Richtung übersehen habe. Daß die Darstellung keineswegs komplett ist, daß eine Reihe kleinerer Findungen, sehr persönlicher Systeme und Einzelansätze hier keine Berücksichtigung gefunden hat, muß hingenommen werden. Ich hoffe jedenfalls, daß diese Darstellung die Vielfalt der Astrologie und ihrer Richtungen, und gerade damit die Frag-Würdigkeit und also die offene und letztlich konstruktive Forschungssituation der Astrologie kenntlich macht. Das Ausmaß der Fehler hält sich hoffentlich in erträglichen Grenzen; für alle Fehler liegt die Verantwortung selbstverständlich bei mir. Diesbezügliche Hinweise erbitte ich an mich über die Adresse des Verlages.

Um den Text lesbar zu halten, bin ich mit Zitaten aus der reichen Literatur sparsam umgegangen. Die Darstellungen in den einzelnen Textabschnitten basieren auf der Literatur, die, den jeweiligen Abschnitten zugeordnet, im Anhang angegeben ist und im wesentlichen die Basisliteratur der jeweiligen Schule oder Systematik darstellt.

Überhaupt, die Literaturbeschaffung! Mein Antiquar, Horst Wehmeier (Kassel) hat, ohne es zu wissen, im Lauf unserer langjährigen Geschäftsbeziehung manches von der älteren Literatur beigesteuert, was sich bei der Abfassung des Buches selbst als unendlich nützlich erwies. Der Deutsche Astrologen-Verband hat mir großzügig einen zweitägigen Aufenthalt in seiner Bibliothek in Saarbrücken möglich gemacht. Hier möchte ich vor allem Frau Ilse Wegener (Saarbrücken) ganz herzlich für ihre freundliche Aufnahme und ihre gute Zuarbeit danken. Reinhardt Stiehle hat das Manuskript in seinen Verlag übernommen und dabei die Entstehung des Buches geduldig und kritisch begleitet. Nach wie vor ist es in der vergleichsweise kleinen Szene professioneller Astrologen ein Wagnis, astrologische Literatur zu verlegen. Deshalb ihm ein ganz besonderer Dank!

»Inclinant, non necessitant« – »sie machen geneigt, aber zwingen nicht«, so heißt es über das Wirken der Sterne; und denselben Satz könnte man als Motto über die Reichweite und die Wirkung der einzelnen astrologischen Schulen setzen. Falls das vorliegende Buch den Leser geneigt macht, sich mit dieser und jener Schulrichtung in der Astrologie zu beschäftigen, seinen eigenen Horizont zu erweitern, damit es schließlich möglich wird, in eine wirklich vergleichende astrologische Forschung einzutreten, dann hat es einen wichtigen Zweck erfüllt.

Bad Boll, Mai 1995 *Christoph Schubert-Weller*

1. Einleitung

Blickt man auf die Entwicklung der mitteleuropäischen Astrologie seit den siebziger Jahren unseres Jahrhunderts zurück, so fallen zwei Dinge sofort ins Auge. Erstens ist allgemein der astrologische Beratungsbedarf gestiegen. Das heißt auch, daß sich der Bedarf an qualifizierten astrologischen Beraterinnen und Beratern erhöht hat. Zweitens ist die Forschungs- und Arbeitssituation innerhalb der Astrologie sehr viel offener und undogmatischer geworden. Vielfach praktizieren Astrologen bereits einen schulübergreifenden Pluralismus von Techniken und Beratungskonzepten.

Der Beratungsbedarf wächst: Es sind ja längst nicht mehr nur diejenigen, die sich aus irgendeinem Grund nicht oder nicht mehr zum Arzt, zum Psychotherapeuten oder zum Seelsorger trauen, welche astrologischen Rat in Anspruch nehmen. Mehr und mehr machen auch ganz durchschnittliche Bürger von der Astrologie Gebrauch, Menschen, die gezielt und kalkuliert nach Entscheidungshilfe Ausschau halten und dabei auch bislang als unorthodox geltende Beratungsangebote wahrnehmen. Der astrologische Buchmarkt expandiert gerade auch im Blick auf die populäre, dem Laien verständliche Fachliteratur. Die Rolle, die die Astrologie in den Medien spielt, hat sich in verhältnismäßig kurzer Zeit gänzlich gewandelt. Zwar gibt es nach wie vor billige Wochenzeitungen, welche auf beschämendem Niveau Astrologie und andere Grenzgebiete popularisieren und läppische Prognosen verbreiten. Doch zugleich ist die

Astrologie im Laufe der letzten zehn Jahre in den Medien auf dem Niveau einer halbwegs intelligenten Unterhaltung angelangt. Von einem wissenschaftlichen oder beratungsorientierten Standpunkt aus kann man über Talk-Shows mit dem Thema Astrologie oder über opulent aufgemachte Populärzeitschriften wie ASTRO-VENUS streiten. Unstrittig aber ist, daß auch in solchen Talk-Shows und bei derartigen populären Zeitschriften ausgebildete und ernst zu nehmende Astrologen am Werk sind. Unstrittig ist auch, daß manch einer über derartige Medienangebote den Zugang zur Astrologie überhaupt erst findet. Auch von hier führt dann ein Weg zur seriösen und kritisch-selbstkritischen astrologischen Beratungstätigkeit.

Daß der Beratungsbedarf zunimmt, läßt sich auch an den Reaktionen verschiedener gesellschaftlicher Trendbeobachter feststellen. Die Zeitschrift WARENTEST nahm vor einigen Jahren (1988), erstmals auch Astrologen und deren Beratungsangebot unter die Lupe. Kirchliche Vertreter diskutieren verstärkt und keineswegs mehr nur in apologetisch-abwehrender Weise über Astrologie, wie auf katholischer Seite das schon 1980 erschienene Buch von Gerhard Voss, ASTROLOGIE – CHRISTLICH, belegt sowie auf protestantischer Seite die 1990 erschienene Darstellung ASTROLOGIE – KOSMOS UND SCHICKSAL von Siegfried Böhringer. Der psychotherapeutische Markt, auf dem, nebenbei gesagt, auch viele Therapeuten mit guten Astrologiekenntnissen tätig sind, erörtert längst freimütig Anspruch und Wesen der Astrologie. Vorreiter war hier kein Geringerer als Fritz Riemann, einer der bekanntesten deutschen Psychoanalytiker, der schon 1976 sein Buch LEBENSHILFE ASTROLOGIE veröffentlichte. Heutzutage ist die Astrologie nicht mehr ins öffentliche Schweigen verbannt, sondern sie wird zunehmend gesellschaftlich wahrgenommen.

Die öffentliche Resonanz, die die Astrologie seit einigen Jahren hervorruft, bedingt zugleich auch einen erhöhten öffentlichen Anspruch an die Qualität astrologischer Arbeit und astrologischer Forschung. Mehr und mehr wird das, was Astrologen tun und vertreten, öffentlicherseits beobachtet und damit kontrolliert. Der weiteren Entwicklung der Astrologie kann dies nur guttun, denn das erhöhte Maß an öffentlicher Wahrnehmung und Beobachtung nötigt die Astrologie wie von selbst zu verstärkter Besinnung auf die eigenen Grundlagen und auf die eigene Praxis.

Diese ›Nötigung‹ freilich trifft die Astrologie in einer durchaus eigentümlichen Forschungssituation. Die oben schon kurz angedeutete Entwicklung zu einem schulübergreifenden Methodenpluralismus kommt einerseits nicht von ungefähr. Der Bedarf an astrologischer Beratung hat sich ja nicht nur rein quantitativ erhöht, sondern auch hinsichtlich seiner Qualität und seiner Themenstellungen. Astrologische Beratung ist nicht mehr nur Schicksalsdeutung, als die sie gelegentlich noch verstanden wird – womöglich in der vulgärastrologischen Dreifaltigkeit von ›Liebe‹, ›Gesundheit‹ und ›Finanzen‹. Vielmehr umfaßt astrologische Beratung mittlerweile fast alle Lebensbereiche des Menschen. Ratsuchende erwarten gegebenenfalls ins einzelne gehende Auskunft für schwierige persönliche Probleme. Astrologen, die in aller Regel ihre Aussagen aufgrund bestimmter Techniken gewinnen, müssen auf die zunehmende Komplexität der an sie gerichteten Anfragen entsprechend reagieren. Sie verfeinern ihre Techniken, sie ziehen Methoden aus anderen astrologischen Systemen heran, die für bestimmte Teilbereiche der Astrologie genauere Aussagen versprechen, sie kombinieren technische Ansätze, fangen an zu experimentieren. Wer z.B. von der klassischen Astrologie herkommt, wendet oft längst nicht mehr nur die sogenannten klassischen Techniken an. Er zieht auch nichtklassische Methoden heran, wie etwa die Sonnenbogendirektionen; oder es gibt Vertreter der *Hamburger Schule*, die mit zusätzlichen acht »Transneptun-Punkten« arbeiten, diese womöglich einfach ins klassische Horoskop eintragen, anstatt in allem die Technik der Hamburger Schule zu benutzen.

Zunächst einmal ist solch ein Pluralismus fragwürdig. Denn

es ist ein Irrtum zu glauben, es lasse sich alles astrologisch bewältigen und womöglich beweisen, wenn man nur genügend gute und funktionierende Techniken auf das Horoskop anwende. Eine solche Haltung übersieht leicht, daß zu einer guten astrologischen Beratung weit mehr gehört als nur das technisch-astrologische Verfügungswissen. Da sind zunächst einmal menschliche Qualitäten, ohne die jede Beratung scheitern würde: Einfühlsamkeit, Feingespür, Geduld, Zugewandtheit, Ehrlichkeit, Selbstvertrauen und Liebe. Und es bedarf auch der psychologischen Ausbildung im Beratungshandeln: Menschenkenntnis, Wahrnehmungsschulung, Gesprächsführung, Engagement und zugleich ›professionelle Distanz‹.

Auf der anderen Seite aber führt eine technikorientierte und zugleich methodenpluralistische Haltung unter Astrologen auch zu einem wünschenswerten Abbau dogmatischer Verengungen. Denn durch solch eine pluralistische Einstellung wird der einzelne Astrologe offener, werden Berührungsängste zwischen einzelnen astrologischen Schulen und Systemen nach und nach abgebaut.

Nun ruft gerade der zunehmende Methodenpluralismus in der Astrologie nach einem kritischen Blick auf all die praktizierten Methoden und damit natürlich auch auf eine sorgfältige Besinnung auf die einzelnen Schulen und Lehrgebäude, aus denen die jeweiligen Methoden herrühren. Jedes astrologische System hat seinen theoretischen Rahmen, verfügt über bestimmte Grundannahmen. In dem jeweiligen Systemen sind diese Rahmensetzungen und Grundthesen unter Umständen recht unterschiedlich. Wer sich nur einer einzigen astrologischen Schule verpflichtet fühlt, kann für sich selbst notfalls auf eine kritischere Reflexion des in »seiner« Schule gegebenen Rahmens verzichten, weil er sich ohnehin keinen anderen Rahmen als triftig vorstellen kann. Wer aber in seiner eigenen astrologischen Arbeit viele oder gar die meisten astrologischen Schulen und Systeme wenigsten als Möglichkeit einbezieht, muß sich notwendig auch mit den jeweiligen Grundlagen und

Rahmenbildungen der einzelnen Systeme auseinandersetzen. Und solche Auseinandersetzung kann nicht bloß im Sinn eines ausschließenden Verfahrens geführt werden, bei dessen wiederholter Anwendung schließlich nur die Grundlagen einer einzigen astrologischen Schule übrig bleiben. Vielmehr muß man die Begründungsversuche aller astrologischen Schulen zur Kenntnis nehmen und abwägen. Jede astrologische Schule und deren jeweiliger Begründungszusammenhang muß gleicherweise ernst genommen werden. Und letztlich muß jeder praktizierende bzw. forschende Astrologe für sich eine Synthese aus den verschiedenen Grundannahmen und Begründungszusammenhängen finden.

Damit wird jedoch recht rasch ein intellektuell wie psychologisch sehr unbequemer Zustand erreicht. Denn die Techniken unterschiedlicher astrologischer Schulen sind gegebenenfalls nicht nur in sehr geringem Maß kompatibel – und führen doch in der Deutung eines individuellen Horoskops in etwa auf gleiche Ergebnisse. Sehr deutlich ist das bei verschiedenen Anwendungen der *klassischen Astrologie* einerseits und der *Hamburger Schule* andererseits. Gelten denn, so muß die Frage lauten, beide Techniken gleichermaßen nebeneinander – so inkompatibel wie sie sind!? Unterliegt der Astrologe einer Selbsttäuschung, wenn er beide Techniken nebeneinander gelten läßt oder wenn er die eine Technik vor der anderen favorisiert? Und ist nicht dieses unbegreifliche Nebeneinander unterschiedlicher und inkompatibler Techniken überhaupt der Beleg dafür, daß es sich bei der Astrologie um einen großartigen Irrtum handelt?

Mehr noch, den unterschiedlichen technischen Ansätzen entsprechen unterschiedliche Grundannahmen. In der *revidierten klassischen Astrologie* gilt die Annahme, daß das Horoskop eine verhältnismäßig offene Strukturformel ist, die keineswegs von vornherein auf bestimmte Ereignisse orientiert ist. Die Astrologie der *Hamburger Schule* denkt ihrem Ansatz nach sehr stark ereignisorientiert. Beide Grundannahmen aber können für sich gute Argumente ins Feld führen.

Nun ist die Astrologie in Mitteleuropa auf eine derartige schul- und systemübergreifende Reflexion von Methoden, Techniken und Grundannahmen, wie sie eben skizziert wurde, gar nicht eingerichtet. Die vier überregionalen Astrologie-Verbände in Deutschland verstehen sich von vornherein als einer bestimmten Schule oder einer bestimmten Richtung verpflichtet. Zwar sind diese vier Verbände ausdrücklich auch offen für Vertreter anderer astrologischer Richtungen, doch die interdisziplinäre Auseinandersetzung innerhalb dieser Verbände spielt naturgemäß kaum eine Rolle. Lediglich der Deutsche Astrologen-Verband (DAV), der größte und älteste Astrologenverband in Deutschland, der an sich die *Revidierte Klassik* vertritt, hat mittlerweile durch die Bildung von Forschungszentren und speziellen ›Sektionen‹ deutlichere Signale im Blick auf eine schulübergreifende Reflexion in der astrologischen Tätigkeit gesetzt.

Die weitere Entwicklung in den Verbänden bleibt abzuwarten. In allen vier Verbänden gibt es ein kleines Potential an aktiven Astrologen, die über ihre Praxis hinaus an der Erforschung und der Erörterung der Grundlagen des Faches interessiert sind. Größerenteils jedoch werden alle Verbände von solchen Astrologen getragen, die ihr Handwerk nebenberuflich ausüben oder die die Astrologie als interessierte Laien und Liebhaber innerhalb eines jeweiligen Verbandes fördern. Die Berufsastrologen machen nur einen verhältnismäßig geringen Anteil der in Deutschland organisierten Astrologen aus. Der praktische Astrologe wird schließlich in der Regel nicht dafür bezahlt, daß er die Grundlagen und die Rahmensetzungen der einzelnen Schulen seines Faches erforscht und erörtert. Wer als hauptberuflicher astrologischer Berater auch noch Interesse an Theoriebildung, an Grundlagen usw. zeigt, kann dieses Interesse eigentlich nur außerhalb seiner sonstigen astrologischen Tätigkeit verfolgen. Es gibt keine eigens geförderte astrologische Forschung, in der Astrologen ganz für solche Forschung freigestellt werden. Astrologie ist vorab ein außeruniversitäres Fach. Es gibt keine Lehrstühle für astrologische Forschung, eine Förderung durch die *Deutsche Forschungsgemeinschaft* (DFG) ist ausgeschlossen. Drittmittel von seiten interessierter Wirtschafts- und Industriekreise sind nicht zu erwarten. Mit anderen Worten: unter den gegenwärtigen Bedingungen der Astrologie in Mitteleuropa ist astrologische Grundlagenforschung und astrologische Methodendiskussion, vorzugsweise solche, die auch von den öffentlichen Skeptikern und Kritikern, von den ›Beobachtern‹ der ins gesellschaftliche Blickfeld gerückten Astrologie wahrgenommen und ernst genommen wird, nur schwer zu organisieren und fast nicht zu bezahlen.

Daran wird sich wahrscheinlich so schnell nichts ändern. Neue Fächer werden dann ins akademische Ausbildungsangebot und in den entsprechenden Forschungs- und Förderungskreislauf aufgenommen, wenn entweder bereits eingeführte Fächer einen neuen Forschungszweig ausbilden, der sich dann verselbständigt, oder aber wenn ein deutliches soziales bzw. ökonomisches Interesse an den möglichen praktischen Auswirkungen eines neuen Faches angenommen werden kann. Psychologie und Erziehungswissenschaft, heute eigenständige Fächer an den Universitäten, sind auf eigene Entwicklungslinien der Philosophie zurückzuführen. Die Informatik, eigentlich ein Teilgebiet der Mathematik, hat ihren eigenständigen Rang als ›Computer-Wissenschaft‹ aufgrund des praktisch-ökonomischen und industriellen Interesses an elektronischer Datenverarbeitung gewonnen.

Für die Astrologie sind, ungeachtet der zunehmenden öffentlichen Resonanz, solche Entwicklungen nicht in Sicht. Zwar hat kein Geringerer als C. G. Jung gesagt, daß die Astrologie vor den Toren der Universitäten stünde. Ich bezweifle aber, daß sie dort schon steht, und selbst wenn schon morgen jemand einen wissenschaftlich annehmbaren Beweis für die Triftigkeit der astrologischen Grundhypothese von den Entsprechungen zwischen »Sternenwandel und Weltgeschehen« erbrächte, so würde es vermutlich doch noch Jahre und Jahrzehnte dauern, bevor eine akademische und wissenschaftspolitisch tonangebende Öffentlichkeit die Einrichtung eines Faches Astrologie an den Universitäten zuließe. Doch ein solcher wissenschaftlicher Beweis ist nicht zu erwarten – schon deshalb nicht, weil es eben weitgehend an organisierter astrologischer Forschung fehlt!

So schließt sich der Kreis: Es gibt kaum eine organisierte und bezahlte astrologische Forschung, deshalb ist eine Entwicklung in der astrologischen Theoriebildung und Grundlagenforschung, in der Methodendiskussion und insbesondere im Blick auf eine Beweisführung zugunsten der Astrologie als solcher nicht zu erwarten. Deshalb bleibt die Astrologie außerhalb der akademisch organisierten und öffentlich finanzierten Forschungszusammenhänge, und darum wird es auch weiterhin an organisierter astrologischer Forschung fehlen.

Damit ist die Situation der gegenwärtigen Astrologie und ihr derzeitiges Dilemma im wesentlichen umrissen. Die zunehmende gesellschaftliche Resonanz der Astrologie steigert auch den astrologischen Beratungsbedarf. Gesteigert wird zugleich der Bedarf an qualifizierter Beratung. Dies wiederum führt, wie wir gesehen haben, zu einer offeneren, undogmatischeren, experimentierfreudigeren Grundhaltung der praktisch arbeitenden Astrologen. Doch noch fehlt es an einer intensiveren Kenntnisnahme und Reflexion der in den einzelnen astrologischen Schulen und Systemen gemachten Voraussetzungen und benutzten Methoden, weil sich die Astrologie aus verschiedenen organisatorischen und wissenschaftspolitischen Gründen eine eigene Forschung, insbesondere eine eigene Grundlagenforschung kaum leisten kann.

Mit Blick auf die offene und undogmatische, pluralistische ›Arbeitslage‹ der Astrologie und ebenso mit Blick auf die hier skizzierten Entwicklungen und Erwägungen möchte ich in der vorliegenden Arbeit einen kritischen und auch vergleichenden Überblick über die wesentlichen Schulen und Systeme in der Astrologie und ihrer jeweiligen Grundvoraussetzungen sowie ihre technischen und methodischen Eigenheiten geben. Der durchschnittliche Astrologe ist zumeist einer einzigen Schule verpflichtet, in der Regel derjenigen, bei der er sein Handwerk erlernt hat. Meist ist es schwierig und zeitraubend, Basisinformationen über die Techniken und die Denkansätze anderer astrologischer Schulen zur Kenntnis zu nehmen. Bislang fehlte es an einer Gesamtdarstellung der wichtigen Schulen und Ansätze in der modernen Astrologie, in der nicht nur rein technische Informationen, sondern auch Vergleich und gegebenenfalls Kritik angeboten wurden. In der Regel sorgen die einzelnen Schulen und ›Erfinder‹ selbst für die publizistische Verbreitung ihrer Lehrmeinungen. Selten genug also kommt es zu einer wirklich kritischen und vergleichenden Aufarbeitung der einzelnen Modelle und Techniken. Dabei bedarf der in einer einzigen Schule etwas fortgeschrittene Astrologieanfänger ebenso wie der interdisziplinär interessierte und forschende Astrologe einer Gesamtorientierung, die die vielen Ansätze in der Astrologie erschließt und die gewissermaßen eine ›Landkarte‹ auf dem unübersichtlichen Terrain der astrologischen Techniken und Methoden anbietet.

Die Publikationen, die auf einen schulübergreifenden Vergleich zumindest an einigen Stellen abheben, sind schnell genannt. Herbert Freiherr v. Klöckler hat in seinem KURSUS DER ASTROLOGIE, einem Grundlagenwerk der revidierten klassischen Astrologie, im ersten Band auch manche technische Ansätze anderer astrologischer Schulen kurz erwähnt. Ein didaktisch sehr sorgfältig aufgebautes Lehrbuch neueren Datums ist die Arbeit von Gertrud I. Hürlimann, ASTROLOGIE – EIN METHODISCH AUFGEBAUTES LEHRBUCH. In einem ausführlichen Anhang läßt Gertrud Hürlimann Vertreter anderer astrologischer Schulen in Selbstzeugnissen und Selbstdarstellungen zu Wort kommen. Dieser ausführliche Anhang ist jedoch nicht mehr als eine allererste Orientierung, es fehlt am Vergleich, es fehlt an einer kritischen Würdigung der einzelnen Ansätze. Ich selbst habe in meiner Monographie zur Geburtszeitkorrektur 1989 unter der Perspektive verschiedenster astrologischer

Korrekturtechniken einen kritischen und schulübergreifenden Ansatz verfolgt, der sich jedoch auf das spezielle Problem der Geburtszeitkorrektur beschränkt. Außerdem habe ich in dieser Arbeit von vornherein auf eine Darstellung der *Hamburger Schule* verzichtet.

Werner Thiel schließlich liefert in seiner deutschen Bearbeitung des amerikanischen Buches von Ursula Lewis, CHART YOUR OWN HOROSCOPE, ein nur teilweise kritisch aufbereitetes Methodenkonglomerat der verschiedenen Schulen, das zwar viele »Techniken« vermittelt und in didaktisch ausgezeichneter Weise ein breites astrologisches Grundwissen darstellt, das aber vergleichende und systematische Darstellung ganz überwiegend ausspart.

Die vorliegende Darstellung kann nicht anders als subjektiv sein. Subjektiv ist bereits der Grundansatz, die revidierte klassische Astrologie gleichsam als Ausgangspunkt zu wählen, von dem aus die anderen Schulen und Systeme dargestellt werden. Zwar kann die Revidierte Klassik für sich in Anspruch nehmen, nahezu überall auf der Welt als »lingua franca« der Astrologie verstanden zu werden. Aber das ist eher ein praktisches als ein wissenschaftliches Argument. Ich selbst komme von der revidierten klassischen Astrologie her und wende sie nach wie vor intensiv an, auch wenn ich in meiner praktischen Arbeit vielfach Methoden der *Hamburger Schule* mit verwende.

Subjektiv ist auch die Auswahl der hier erörterten Schulen und Findungen. Die Auswahl ist auf mitteleuropäische Verhältnisse zugeschnitten, sowohl im Hinblick auf die Geschichte als auch auf die Gegenwart der Astrologie. Aber sie ist, gerade was die kleineren und randsiedlerischen Findungen angeht, von vornherein kaum vollständig. Auch so ist die Darstellung übrigens umfangreich genug; sämtliche Entwicklungen und Findungen auf mitteleuropäischem Boden darzustellen oder gar die Entwicklung in anderen europäischen Ländern, hätte den Rahmen dieser Veröffentlichung gesprengt.

Daß die Astrologie sich in verschiedene Schulen und Systeme, schließlich in zueinander inkompatible Techniken und Methoden aufspaltet, ist bei aller Fragwürdigkeit, auf die wir im folgenden zweiten Abschnitt noch zu sprechen kommen, vor allem ein Beleg für die Lebendigkeit der Astrologie. Freilich, wo es lebendig zugeht, sind Kreativität und Komplexität, Eigenwilligkeit und Unübersichtlichkeit nicht weit. Gerade in der Astrologie, die trotz zunehmender öffentlicher Resonanz noch immer ein randständiges Fach ist und auf absehbare Zeit auch bleiben wird, zeigen sich recht ausgeprägte Eigenentwicklungen und Eigenwilligkeiten. Dies hat im übrigen nicht zuletzt damit zu tun, daß – zum Teil aus historischen Gründen – die Astrologie nach wie vor verhältnismäßig stark mit weltanschaulichen, religiösen und esoterischen Denkmodellen verknüpft ist.

Dieses Buch will Orientierung in den verschiedenen Schulen und Systemen geben, will gewissermaßen das komplexe und eigenwillige »Leben der Astrologie« ordnen und strukturieren. Gerade diese Lebendigkeit verdient, wie ich meine, die Aufmerksamkeit der arbeitenden und forschenden Astrologen, auch da, wo wissenschaftliche oder weltanschauliche Kritik angebracht ist. In diesem Sinn bemüht sich diese Arbeit bei aller Subjektivität um eine objektive, kritische, aber zugleich zugewandte und hoffentlich verstehensbereite Grundhaltung.

2. Grundlagen der Astrologie in der Diskussion

Der folgende Abschnitt soll in möglichst knapper Form die eigentliche Begründung dafür liefern, weshalb es *die* Astrologie nicht gibt. Die Begründung ist eigentlich ganz einfach: So gut wie kein Element in der Astrologie ist unumstritten, kaum ein Bestandteil in der Astrologie wird allgemein und von allen Astrologen gleichermaßen gebraucht. Zwar gibt es gewissermaßen Grundbegriffe, auf die alle Astrologen sich verständigen können – Tierkreis, Planeten, Aspekte, sogenannte Häuser – doch was das im einzelnen bedeutet, wie der Tierkreis vermessen wird, wie die Häuser berechnet werden, welche Planeten »Planeten« sind und gegebenenfalls welche Zusatzpunkte es gibt, welche »Aspekte« Planeten untereinander bilden und was als »Aspekt« zu gelten hat – das steht im einzelnen nicht unbedingt und für alle Astrologen gleichermaßen fest.

Wer heute Astrologie lernt, wird in der Regel zuerst mit der *klassischen Astrologie* konfrontiert. Deren gängige Varianten liegen nahe genug beieinander, sie werden, von unbedeutenden Einzelheiten abgesehen, in der astrologischen Fachwelt im allgemeinen sofort verstanden. Doch die hegemoniale Bedeutung der klassischen Astrologie garantiert keineswegs die unumstrittene Akzeptanz ihrer Begriffsbildungen und Begriffsauslegungen. Mit anderen Worten: Wer sich mit Astrologie intensiv beschäftigt, muß zur Kenntnis nehmen, daß nichts in der Astrologie wirklich gesichert ist, daß nichts in der Astrologie wirklich unumstritten von Astrologen akzeptiert wird.

Dieser Befund ist bewußt etwas unfreundlich formuliert worden, um das Dilemma der Astrologie klar herauszustellen. Wenn nichts in der Astrologie wirklich unstrittig ist, auch und gerade unter Astrologen nicht, wie kann Astrologie dann objektiv sein? Wie kann sie objektiv sein, wenn es nichts gibt, worauf sich die Astrologen wirklich alle verständigen können? Wenn aber die Astrologie nicht ›objektiv‹ ist, wie kann sie dann trotzdem ›funktionieren‹? Beruht der Umstand, daß sie in so vielen Fällen offenkundig funktioniert, auf einer Selbsttäuschung, wie Kritiker der Astrologie gern behaupten, oder funktioniert Astrologie allein deshalb, weil die Beschäftigung mit einem individuellen Horoskop den Astrologen für den jeweiligen Klienten, sensibilisiert? Die berühmte Formulierung Hans Benders vom Horoskop als dem »Steigrohr des Unbewußten« legt ja gerade dies nahe. Wenn dem so wäre, dann wäre es letztlich egal, welcher astrologischen Schule der einzelne Berater anhängt, Hauptsache, es gelingt ihm, sich mit der jeweiligen Horoskoptechnik und dem jeweiligen Fall sensibel und sensitiv einzulassen. Aber gegen solche Perspektive steht wiederum der Umstand, daß Astrologie in dieser oder jener Form, nach dem einen oder dem anderen System mit Erfolg unterrichtet werden kann. Erfolge haben dabei nicht nur diejenigen, die womöglich durch lange Schulung ihre Sensibilität oder ihre paranormale Begabung geschärft haben, sondern Erfolg haben auch offensichtlich Anfänger, Erfolg haben auch diejenigen, die das Handwerk der Astrologie zunächst mit Standarddeutungen aus dem ›Kochbuch‹ Schritt für Schritt erlernen. Zwar fällt der Erfolg bescheidener aus, aber er läßt sich nicht einfach wegdiskutieren.

Letztlich kann man in einer solchen Lage, egal, welcher astrologischen Schule man selbst folgt, lediglich konstatieren, daß Astrologie offenbar funktioniert, man kann auch im Sinn einer Wissensvermittlung angeben, wie Astrologie funktioniert, doch niemand weiß, *warum* Astrologie funktioniert. Wir wissen nicht einmal, ob Astrologie funktioniert, weil sie ›objektiv‹ ist oder weil sie im Sinn der Rede vom »Steigrohr des Unbewußten« lediglich sensibilisiert.

Aber haben sich nicht die Astrologen sehr unterschiedlicher Schulen und Systeme 1984 auf ein GRUNDSATZPAPIER geeinigt? Liest man dieses Thesenpapier etwas genauer, dann stellt man fest, daß Astrologen unterschiedlicher Schulen sich durchaus, wie oben schon gesagt, auf eher allgemeine Begriffsbildungen einigen, daß im Detail aber vieles ungeklärt bleibt und bleiben muß. Für unseren Zusammenhang sind von diesem Grundsatzpapier vor allem die ersten drei Thesen, die sechste These und der erste Absatz der siebten These wichtig:

»**These 1:** *Astrologie ist die älteste Typologie der Menschheit und damit die älteste Lehre von den Erscheinungsformen körperlicher, seelischer und geistiger Beschaffenheit des Menschen. Sie ist die Deutung räumlicher Verhältnisse und zeitlicher Abläufe in unserem Sonnensystem, d.h. sie ist das einzige Wissensgebiet, das sich der Bewegung der Planeten und Bezugspunkte unseres Sonnensystems bedient, um das Wesensgefüge eines Menschen zu erfassen.*

Ein für Astrologen bedeutsamer Zeitpunkt ist der Augenblick, in dem ein Prozeß seinen Anfang nimmt; für das eigenständige menschliche Leben ist dies der Geburtsmoment. Die Struktur der kosmischen Situation dieses Moments spiegelt die Struktur des hier beginnenden Ablaufs als Ganzheit.

These 2: *Die Konstellation der Gestirne unseres Sonnensystems bildet in jedem Moment eine ›Gestalt‹. Die Arbeit des Astrologen besteht in der Entschlüsselung der Bedeutung dieser Gestalt.*

Astrologische Prognose beruht auf der Deutung der Veränderungen dieser Gestalt durch den Lauf der Gestirne.

These 3: *Die Existenz des angesprochenen Zusammenhangs ist eine Realität, die der empirisch-wissenschaftlichen Überprüfung prinzipiell zugänglich ist, wie eine Reihe sehr sorgfältig durchgeführter wissenschaftlicher Untersuchungen neuerer Zeit eindeutig belegen.*

These 6: *Das Horoskop, auch Kosmogramm oder Geburtsbild genannt, ist die graphische Darstellung der Konstellation der Gestirne unseres Sonnensystems für den Moment der Geburt eines Menschen. Es zeigt die Konstellation so, wie sie sich einem Beobachter vom Standpunkt des Geburtsortes aus darstellt. Aus diesem Grunde ist das Horoskop geozentrisch berechnet.*

Der Tierkreis ist für Astrologen ein ›Meßkreis‹. Er nimmt seinen Anfang im sog. ›Widderpunkt‹ (eine der beiden Tag- und Nachtgleichen). Hier beginnt das Zeichen Widder, das erste Zeichen des Tierkreises.

Es ist den Astrologen seit dem Altertum bekannt, daß dieser Widderpunkt (durch eine Kreiselbewegung der Erdachse bedingt: die Präzession) bezüglich der als feststehend zu betrachtenden Fixsterne ›wandert‹, so daß sich die Tierkreiszeichen des tropischen Tierkreises nicht mit den Sternbildern des siderischen Tierkreises decken. Die in Jahrtausenden gewonnene Erfahrung hat jedoch gezeigt, daß die Stellung der Gestirne unseres Sonnensystems im tropischen Tierkreis zu treffenderen Deutungen führt.

Die Wanderung des Widderpunktes durch den siderischen Tierkreis wird allerdings mit epochalen Veränderungen auf der Erde in Verbindung gebracht. Die Dauer für einen vollständigen Umlauf beträgt 26 000 Jahre. Man nennt diesen Zeitraum ›platonisches Weltenjahr‹.

These 7: *Für alle astrologischen Aussagen gilt, daß sie auf ›Strukturentsprechungen‹ beruhen. Die Verwirklichung jeder Struktur ist vielfältig denkbar. Man kann beispielsweise auf viele Weisen ein Dreieck zeichnen, dennoch ist ein Dreieck immer etwas anderes als ein Viereck. So auch kann jede Struktur sich zwar verschiedene, nicht aber auf beliebige Weise realisieren.*«[1]

1 »Thesenpapier astrologischer Vereinigungen« in: MERIDIAN, 6/1983, p. 3f.

Es ist eine sachliche Aussage in der These 1, daß der für den Astrologen bedeutsame Zeitpunkt der »Geburtsmoment« sei. Daß dieser Moment unter Umständen eine beachtliche Zeitspanne ist, in der bestimmte bedeutsame Augenblicke der Geburt, wie Austritt des Köpfchens aus dem Mutterleib, Abnabelung, erster Schrei, ihren Ort haben, wird nicht erwähnt. – Die zweite These geht von der »Gestalt« von Gestirnkonstellationen aus. Sie läßt aber unerwähnt, daß zur horoskopischen »Gestalt« in allen astrologischen Systemen auch andere als planetare Elemente gehören. Heuzutage können sich wahrscheinlich alle Astrologen auf den Begriff der »Gestalt« einlassen, doch was zu diesem Begriff hinzugehört, läßt das ›Grundsatzpapier‹ wohlweislich unerörtert.

Etwas genauer wird der Prozeß, der zur »Gestalt« eines Horoskops führt, in These 6 erläutert. Die wichtigen Aussagen der 6. These beziehen sich auf die Akzeptanz des zwölfteiligen Tierkreises, die Definition des Tierkreises als *tropischen Tierkreis* gegenüber dem siderischen Tierkreis der zwölf Hauptsternbilder, sowie auf die Lehre der Zeitalter, die mit der Präzession zusammenhängen. Die Deutung der Präzession im Blick auf die Weltzeitalter und das sogenannte platonische Jahr sind auch unter Astrologen nicht unumstritten; in ihrem 1977 veröffentlichten Buch Das kosmopsychische Phänomen kommentiert Sigrid Strauß-Kloebe ablehnend die »*Wirrnis der Tierkreis-Zeitalter*«[2]. Interessanter als das, was These 6 sagt, ist jenes, was damit nicht gesagt wird: Die astrologischen Häuser werden nicht erwähnt. Von den Häusern freilich weiß jeder Astrologieanfänger schon, was es mit ihnen auf sich hat: Sie sind Gegenstand des sogenannten »Häuserstreits« in der Astrologie. Lediglich der Tierkreis scheint unumstritten zu sein. Aber wir werden gleich noch sehen, daß auch das nicht der Fall ist. Auch die Rede von den »Strukturentsprechungen«, welche vielfältige

2 Sigrid Strauß-Kloebe. *Das kosmopsychische Phänome: Geburtskonstellation und Psychodynamik.* (Olten/Freiburg i. Br. 1977) p.186ff.

und gleichwohl nicht beliebige Verwirklichungen zulassen, stößt nicht überall auf Gegenliebe. Nicht wenige Astrologen sind bereit, Konstellationen im einzelnen und das Horoskop generell auch sehr fatalistisch und deterministisch zu deuten. Doch betrachten wir nun die Grundbegrifflichkeiten der Horoskoptechnik und ihr jeweiliges Umstrittensein im einzelnen

2.1 Der Tierkreis

Die abendländische Astrologie geht vom zwölfteiligen *tropischen Tierkreis* aus, dessen Beginn, der sogenannte »Widderpunkt«, auf den Zeitpunkt fällt, da die Sonne auf ihrer scheinbaren Bahn um die Erde im Frühjahr über den Himmelsäquator in die Nordhälfte der Himmelskugel tritt. Aber neben diesem tropischen Tierkreis ist zumal in der indischen Astrologie auch der *siderische Tierkreis* in Gebrauch, der sich im wesentlichen auf die zwölf Hauptsternbilder der Antike bezieht. Einige astrologische Systeme, zum Teil in der indischen Astrologie, zum Teil aber auch in die abendländische Astrologie importiert, wie z.B. das System von Dorothée Koechlin de Bizemont, verwenden nebeneinander den tropischen *und* den siderischen Tierkreis. Robert Powell machte den siderischen Tierkreis gar zum Ausgangspunkt für seinen Ansatz der sogenannten hermetischen Astrologie

In der astrologisch sehr lebendigen Ukraine arbeiten in der ostukrainischen Stadt Charkow einige Astrologen, die der dortigen Yoga-Akademie nahestehen, seit einiger Zeit mit einem ganz neuen, 33teiligen Tierkreis. Einzelheiten über diesen neuartigen Meßkreis habe ich bislang nicht in Erfahrung bringen können.

2.2. *Der Häuserstreit in der Astrologie*

Neben dem zwölfgeteilten Tierkreis entwickelte schon die antike Astrologie ein vom Tierkreis unabhängiges, aber ebenfalls zwölfteiliges System, das in direktem Bezug zum wahren Horizont eines Geburtsortes steht: das Häusersystem. Die Verhältnisse auf der Erde zum Zeitpunkt einer Geburt rücken somit entscheidend in den Blickpunkt; das Horoskop ist mit der Anwendung eines Häusersystems nicht mehr ausschließlich eine »Himmelslandkarte«, sondern auch eine Landkarte der Verhältnisse auf der Erde selbst zum Zeitpunkt einer Geburt.

Die Berechnung astrologischer Häuser auf der Erdkugel selbst wird folgendermaßen definiert: Der wahre Horizont eines Geburtsortes wird als Grundkreis angesehen. Dieser Grundkreis wird gleichmäßig im Abstand von 30° durch Großkreise geschnitten, die durch den Nord- bzw. Südpol gehen. Auf diese Weise entstehen zwölf Segmente, nämlich die Häuser. Das 1. Haus beginnt am Schnittpunkt des wahren Horizontes mit dem Himmelsäquator.

Diese Segmentierung auf der Erdkugel wird durch Projektion in den Tierkreis übertragen. Da sich die Erde freilich um ihre eigene Achse dreht, verändert sich die Projektion fortlaufend. Hinzu kommt, daß die Erde gewissermaßen schief zur Ekliptik, also zur Bahnebene von Sonne und Erde steht. Dies führt dazu, daß die Häuser nach gehabter Projektion ungleich groß sind.

Ob nun freilich die Einteilung des wahren Horizontes in Abschnitte zu je 30° auf der Erdkugel oder z.B. lediglich die Segmentierung des Breitenkreises, auf dem der Geburtsort liegt, zur »richtigen« Häusereinteilung führt, ob die Projektion lediglich räumlich-statische Verhältnisse berücksichtigt (z.B. gedachtes Feststehen des rotierenden Erdballs im Moment der Projektion) oder ob die Projektion auf den Tierkreis auch zeitlich-prozeßhafte Bezüge mit berücksichtigt (Segmentierung von Tag- und Nachtbögen), ist eine umstrittene Frage geblieben. Strittig ist außerdem, ob Medium Coeli und Aszendent unmittelbar in die Häuserberechnung integriert sind, wie in den klassischen Systemen von Campanus, Regiomontanus und Placidus sowie in der neueren Manier des GOH-Systems, oder ob Medium Coeli bzw. Aszendent Punkte außerhalb des Häusersystems sind. Schließlich werden noch »radikalere« Methoden vorgeschlagen, die die Probleme der Projektion irdischer Verhältnisse auf die Ekliptik von vornherein umgehen, indem die Ekliptik als solche noch einmal regelmäßig segmentiert wird. Dies sind die vielfältigen *äqualen* Systeme.

Der sogenannte Häuserstreit in der Astrologie bezieht sich von vornherein auf das technische Problem der richtigen Häuserberechnung. Und auch dabei geht es nicht um die Rechentechnik als solche, sondern um die korrekte Begründung. Unstrittig ist dagegen weitgehend die Auslegung der Häuser.

Das praktische Ziel bei der Häuserberechnung ist es, festzustellen, in welchen Häusern die einzelnen Planeten und sonstigen Elemente des Horoskops zu stehen kommen, um entsprechend deuten zu können. In der Deutungspraxis freilich heißt das, daß je nach verwendeter Häusermanier für durchschnittlich zwei bis drei Planeten Varianten in der Zuordnung zu diesem oder jenem Haus vorkommen. Das beeinflußt natürlich jeweils die Deutung eines in Rede stehenden Horoskops, andererseits reichen diese relativ wenigen Varianten nicht aus, um einen eindeutigen »Beweis« für dieses oder jenes Häusersystem zu führen.

2.3. Zur astronomischen Begründbarkeit der Astrologie

Schon der alte Satz, daß die Astronomie die »Magd« der Astrologie sei, verweist auf das Ansinnen der Astrologie, sich aus den astronomisch faßlichen Anschauungen zu begründen. Und es war ein Anlagen der Revision der klassischen Astrologie zu

Beginn der Zwanziger Jahre, die Astrologie ganz aus der Astronomie herzuleiten. Vor allem Herbert Freiherr v. Klöckler; hat in seinen Arbeiten immer wieder auf die Notwendigkeit astronomischer und astrophysikalischer Begründbarkeit der Astrologie hingewiesen.

Dabei wird von vornherein gar nicht bestritten, daß es eine astronomische Begründung der astrologischen Deutungsprinzipien nicht geben kann. Der tropische Tierkreis als »Meßkreis« kann noch mit Hilfe einer astronomisch begründbaren Definition gefunden werden, aber bereits seine Zwölfteilung und die prinzipienartige Deutung dieser zwölf Teile entzieht sich astronomischer Herleitung. Dasselbe gilt für die Deutung von Planetenprinzipien und die Deutung von sogenannten Aspekten.

Aber auch im »technischen« Bereich der Astrologie erweist sich der Anspruch astronomischer bzw. astrophysikalischer Begründbarkeit von vornherein als schwierig. Wie z.B. läßt sich astronomisch oder astrophysikalisch begründen, daß der Übergang eines laufenden Planeten über einen Planetenort im Geburtshoroskop der Transitlehre der Astrologie zufolge eine Stimmung oder gar ein Ereignis auslöst? Wie läßt sich die Technik des Solarhoroskops astronomisch begründen? Klöckler lehnte die Direktionstechniken ihrer astronomischen Unbegründbarkeit wegen ab; konsequenterweise hätte er auch alle anderen prognostischen Techniken mit diesem Argument verwerfen müssen. Wo wird die Grenze gezogen?

Die Antwort kann zunächst lauten – sofern man den Versuch einer wissenschaftlichen Begründung der Astrologie nicht von vornherein aufgeben will –, daß zur Begründung der Astrologie astronomische, astrophysikalische, aber auch biologische und wahrscheinlich noch weitere Begründungselemente herangezogen werden müssen. Die Astronomie, so könnte man unfreundlich sagen, steuert zur Fundamentierung der Astrologie bestenfalls einige himmelsmechanische Elemente bei. Daß dem nicht so ist, zeigen vor allem die neuen Arbeiten von Theodor Landscheidt und Percy Seymour (vgl. Kapitel 2.7). Aber diese

Begründungsversuche führen nicht unbedingt auf die praktisch ausgeübte Individualhoroskopie bzw. Geburtsastrologie. In Abwandlung der bekannten Redeweise, daß die Sterne Richtungen, aber nicht Zwänge angeben, könnte man sagen, daß die Forderung der astronomischen Begründbarkeit für die Astrologie zwar eine Richtung, aber keinen Zwang angeben kann. Aber was in der Astrologie noch eine zwanglose Richtung hin auf eine astronomische Begründbarkeit bedeutet und was von einer solchen Richtung in jedem Fall abweicht, wird von den einzelnen Schulen und System unterschiedlich ausgelegt. Gerade weil bei einem Versuch ganz strenger astronomischer Begründung der Astrologie von letzterer kaum etwas übrigbleiben würde, darf man sich nicht darüber wundern, daß die Forderung astronomischer Begründbarkeit in den einzelnen astrologischen Schulen in der Regel eher oberflächlich gehandhabt wird. Zusätzliche Wirkpunkte, »Transneptun-Planeten«, sogenannte Antiszien, der ganze Häuserstreit in der Astrologie – dies alles entzieht sich einer astronomischer Begründung, ist aber auch mit Astronomie allein nicht zu widerlegen. Vorerst läßt sich nur sagen, daß die Astronomie bzw. die Astrophysik allein zur Begründung der Astrologie oder aber zu ihrer Widerlegung nicht ausreichen. Aber ebenso sind Argumente aus Astronomie und Astrophysik für die Begründung bzw. Widerlegung der Astrologe notwendig. Eine solche Feststellung klingt nüchtern, vielleicht sogar pessimistisch, aber sie mag den Blick dafür öffnen, daß man es sich mit der Begründung bzw. Widerlegung der Astrologie nicht zu einfach machen kann, daß zur Begründung oder zur Widerlegung der Astrologie keineswegs nur eine einzige Naturwissenschaft ausreicht, von geisteswissenschaftlichen und gesellschaftswissenschaftlichen Überlegungen einmal ganz abgesehen. Und eine solche nüchterne Feststellung mag letzten Endes viel zur Entkrampfung des so schwierigen Verhältnisses zwischen gestandenen Astronomen und hingebungsvollen Astrologen beitragen.

2.4. Zusätzliche Wirkpunkte im Horoskop

Aus der Perspektive der *Revidierten Klassik*, die den astronomischen Begründungsanspruch relativ am radikalsten vertritt, sind astrologische Schulen und Systeme, die zusätzliche Wirkpunkte, wie z.B. Transneptuner, den Glückspunkt oder den Schicksalspunkt, favorisieren stets von vornherein verdächtig. Bei den in den einzelnen Schulen gegebenen Wirkpunkten kann man grob drei Gruppen unterscheiden.

1. Zusätzliche Wirkpunkte werden mit einer speziellen Technik aus bereits vorhandenen und astronomisch begründeten Elementen ermittelt. Dies ist bei den sogenannten Antiszien oder Spiegelpunkten der Fall. Die Antiszie zu einem Planeten bzw. zu Sonne und Mond wird ermittelt, indem die Längenposition des betreffenden Planeten an der Achse 0° Krebs / 0° Steinbock gespiegelt wird. Die Achse 0° Krebs / 0° Steinbock markiert zugleich die Sonnenwendpunkte im Sommer und im Winter, die sogenannten Solstitien. Aus der Vorstellung vom Solstitium als Wendepunkt ergibt sich auch die Idee der Spiegelung. Die Antiszie für einen Punkt 29° Zwillinge wäre also 1° Krebs, die Antiszie für einen Punkt 15°50' Löwe wäre 14°10' Stier. Ebenso sind die vielfältigen *arabischen Punkte* im Horoskop, von denen bekannteste der *Glückspunkt* ist, ein Ergebnis von Rechenoperationen mit schon bekannten, begründeten Horoskoppunkten. Für den Glückspunkt gilt einfach die Formel: Aszendent + Mond – Sonne. Auch die Halbsummenpunkte, wie sie vor allem in der *Hamburger Schule* und im *Ebertin-System* benutzt werden, sind als arithmetische Mittel aus zwei gegebenen Punkten auf der Ekliptik, eigentlich zusätzliche Wirkpunkte, die aus astronomisch begründeten Horoskopelementen ermittelt werden.

2. Eine weitere Gruppe zusätzlicher Wirkpunkte ist durch hypothetische Planeten gegeben. Die vielfältigen Transneptuner, Transpluto-Punkte usw. sind weder astronomisch noch technisch begründet. Sie werden in der Regel »gefunden« auf-

grund inhaltlicher Horoskopuntersuchungen. In der Regel wird von einem Ereignis, das sich mit den Mitteln der traditionellen klassischen Astrologie allein nicht begründen läßt, auf eine Transitwirkung geschlossen, die von einem angeblich zusätzlichen Wirkpunkt ausgeht, der dieselbe Qualität besitzen soll wie einer der bekannten Planeten.

3. Viel zu selten macht sich aber auch der nach der Revidierten Klassik arbeitende Astrologe, der für sich und seine Kollegen astronomische Begründung einfordert, klar, daß bereits die Klassik mit zusätzlichen Wirkpunkten arbeitet. Die gesamte Idee der astrologischen Häuser, Medium Coeli und Aszendent eingeschlossen, aber auch die Verwendung der sogenannten Mondknoten gehört in diesen Bereich. Zwar lassen sich die sogenannten Achsen (Medium Coeli und Aszendent), die Zwischenhäuserspitzen und auch die Mondknoten jeweils auch aus himmelsmechanischen Gegebenheiten heraus definieren und berechnen. Aber ihnen entsprechen keine physikalischen Objekte, und den radikalen Skeptikern müßte es gerade hier schwerfallen, von einer wie immer gearteten physikalischen oder psychologischen Wirkung dieser reinen Rechenpunkte auszugehen. Überspitzt gesprochen: Keine astrologische Schule kommt ohne zusätzliche Wirkpunkte aus; erst unter der Annahme zusätzlicher rechnerischer Punkte, denen keine astronomischen Objekte entsprechen, wird individuelle astrologische Deutung überhaupt erst sinnvoll. Und eine Diskussion über die Zulässigkeit von Wirkpunkten im Horoskop kann eigentlich nicht darum gehen, ob man solche schlechthin für unmöglich hält, sondern eher darum, wie weit man bei der Konstruktion zusätzlicher Wirkpunkte aus himmelsmechanischen Gegebenheiten bzw. aus gegebenen Horoskopelementen gehen darf. Selbst die Annahme zusätzlicher hypothetischer Planeten erscheint nicht von vornherein sinnlos. Wenn irgend etwas an der astrologischen Hypothese von der psychologischen und biologischen Wirkung von Planetenkonstellationen dran ist, dann ist der Gedanke an bislang unerkannt wirkende Konstellationen,

die auf bislang unerkannten Planten beruhen, nicht von vornherein undenkbar. Freilich sollte es schon stutzig machen, daß bislang keiner der so vielfach gefundenen hypothetischen Planeten zwischenzeitlich astronomisch entdeckt worden ist. Und stutzig kann auch machen, daß die *Hamburger Schule* in der Zeit nach dem Ersten Weltkrieg zwar insgesamt acht »Transneptuner« aus dem Horoskop erkannte, nicht aber den 1930 entdeckten Pluto!

In den letzten Jahrzehnten hat sich die Astrologie verstärkt auch den *Asteroiden* zugewandt und damit eine eigene Gruppe »zusätzlicher Wirkpunkte« geschaffen. Diese Wirkpunkte freilich entsprechen sogar astronomischen Objekten! Die Strittigkeit der Arbeit mit Asteroiden ergibt sich aus der Frage, ob diese so »wirken« können, wie Sonne, Mond und die acht Hauptplaneten im Horoskop. Daß diesbezüglich Wirkungen existieren, daß mit den Asteroiden, vor allem mit *Chiron*, die astrologische Deutung verfeinert werden kann, dürfte allerdings mittlerweise hinlänglich bewiesen sein, insbesondere durch die Gesamtdarstellung der astrologischen Arbeit mit Asteroiden von Demetra George.

2.5. Winkelbildungen und Planetenbilder

Die klassische Astrologie kommt mit verhältnismäßig wenigen Aspekten oder Winkeln aus. Die Konjunktion, die Opposition, das Quadrat, das Trigon und das Sextil – Winkel, die ein Vielfaches von 30 darstellen bzw., im Fall der Konjunktion als Grenzfall das Nullfache von 30. Aber schon in Seitenlinien der klassischen Astrologie wurde auch mit weiteren Vielfachen von 30 gerechnet, z.B. mit den Halbsextil und mit dem Quincunx. Eine eigene Rolle spielen Winkelbildungen, die Vielfache von 45° darstellen. Da ist zunächst der Winkel von 45° selbst, das Halbquadrat. Das auch an sich klassische Quadrat läßt sich als

Vielfaches von 45° – anstatt von 30° – darstellen. Wichtig ist hier noch das Anderthalbquadrat, das Dreifache von 45. Die Segmentierung des Tierkreises in Abschnitte zu je 30° bzw. Abschnitte zu je 45° ist die am meisten bekannte Einteilung. Aber es sind im Grunde zahllose andere Segmentierungen versucht worden, Fünfteilungen (72°), die auf kleine Winkel, wie Quintil und Biquintil, führen, Zehnteilungen, Neunteilungen usw.

Bei der Beurteilung der Winkel ist der Umstand zu berücksichtigen, daß zwischen zwei Planeten bzw. Elementen im Horoskop ein gegebener Winkel selten exakt ist. Es gelten gewisse Spielräume, Orben, die je nach Schule mehr oder minder großzügig gehandhabt werden. Läßt man die verschiedenen Winkelteilungen des Tierkreises, Zwölfteilung, Achtteilung, Neunteilung, Fünfteilung, gleichermaßen zu, arbeitet man überdies mit entsprechenden Spielräumen, dann kommt man der Möglichkeit schon ziemlich nahe, daß eigentlich beliebige Horoskopelemente in bestimmte »herausgehobene« Winkelverhältnisse zueinander gebracht werden können.

Die *Hamburger Schule* ist in bezug auf Winkelbildungen wohl am weitesten gegangen. Zunächst einmal wurde die gängige Achtteilung des Kreises noch einen Schritt weiter getrieben zur Sechzehn-Teilung, d.h. einem kleinsten Winkel von 22°30'! Hinzu kommt, daß mit der Einführung der Halbsummenpunkte der Möglichkeit Raum gegeben wird, im Grunde jedes Element des Horoskops mit jedem anderen Element in Beziehung zu setzen. Halbsummenpunkte zwischen zwei gegebenen Elementen im Horoskop sind rechnerisch von vornherein gegeben, und sie »wirken« im Radix-Horoskops, wenn ein reales drittes Element direkt in diesen Halbsummenpunkten steht oder aber in einem Winkel hierzu, der ein Vielfaches von 22°30' bildet. Sie wirken nach der Lehre der *Hamburger Schule* auch dann, wenn sie direkt oder indirekt durch Transite oder durch sogenannte Sonnenbogen-Direktionen berührt werden. Über den Gedanken der sogenannten »Harmonics« (vgl. Kapitel 7.1) könnte man sogar begründen, warum im Horoskop letztlich jedes

Element mit jedem anderen in einer besonderen deutenswerten und deutbaren Beziehung steht.

Manfred Michael Herm hat in den ASTROLOGISCHEN STUDIENBLÄTTERN 2/1981 über die »Auftretenswahrscheinlichkeit von Aspekten und Aspektfiguren im Horoskop« folgende Bemerkung gemacht: *»Werden sämtliche in der neueren Literatur erwähnten … Horoskopelemente in einem gemeinsamen Individualhoroskop verarbeitet, so besteht dieses aus mehr als 6.000 Aspekten, 50.000 direkten und 1.500.000 indirekten Halbsummen.«* Und diese Aspekte und Halbsummen wirken auch alle? – so könnte man süffisant weiterfragen. Wer wollte 6 000 Aspekte im einzelnen in einer Horoskopanalyse ausdeuten, von einer Millionenzahl von direkten und indirekten Halbsummen ohnehin einmal abgesehen? Man kann sich angesichts dieser Schwierigkeit radikal darauf zurückziehen, eben nur die sogenannten großen, ptolemäischen fünf Hauptaspekte im Horoskop gelten zu lassen und außerdem auf alle zusätzlichen Wirkpunkte, von den klassischen einmal abgesehen, zu verzichten. Dann erkennt man, wie die jahrhundertlange Erfahrung der Astrologen zeigt, verhältnismäßig gut die wesentlichen Charakterzüge und Strebungen eines Horoskopeigners. Aber dieser radikale pragmatische Rückzug beantwortet nicht die Frage nach der Triftigkeit zusätzlicher technischer Findungen, wie der weiteren Teilung des Tierkreises oder der Bildung direkter und indirekter Halbsummen. Der pragmatische Rückzug beantwortet auch nicht die Frage nach der Triftigkeit zusätzlicher Wirkpunkte. Und keineswegs ist mit einem solchen Rückzug die Frage müßig, ob man nicht doch mit zusätzlichen Techniken oder Wirkpunkten legitimerweise bestimmte Eigenheiten und Lebensentwicklungen bei einem gegebenen Horoskopeigner erkennen kann, die sich mit den üblichen klassischen Mitteln der Astrologie eben nicht erkennen lassen. Ein radikaler pragmatischer Rückzug von zusätzlichen Wirkpunkten und zusätzlichen winkeltechnischen Findungen im Horoskop mag sich für eine gezielte und konzise Charakterdeutung empfehlen, mag sich ebenso anbieten für eine klare und auf das Wesentliche abstellende Wahrscheinlichkeitsprognose. Aber im Einzelfall muß die Möglichkeit zusätzlicher Winkelkonstruktionen bzw. Halbsummenbildungen gegeben bleiben. Daß die Konstruktion zusätzlicher Aspektfiguren und Halbsummen, daß der Einbezug bestimmter zusätzlicher Wirkpunkte nicht von vornherein unsinnig ist, wird meines Erachtens zumindest kasuistisch so häufig gezeigt, daß man die Auseinandersetzung um Wirkpunkte und um Winkelbildungen bzw. Halbsummen vor allem unter der Frage führen müßte, wie man angesichts der statistisch wahrscheinlichen hohen Quantität von gegebenen Konstellationen doch zielsicher das jeweils Wesentliche zu erkennen vermag und nicht Gefahr läuft, vor lauter Bäumen den Wald nicht mehr zu sehen.

2.6. Universalharmonien im Kosmos?

Naturgemäß hat die Astrologie sehr viel mit dem Gedanken einer absolut gegebenen universalen Ordnung zu tun. Das Wort »Kosmos« selbst bedeutet ja unter anderem »Ordnung«, »Regelmäßigkeit« und in zweiter Linie, wie nicht zuletzt unser Fremdwort Kosmetik nahelegt, auch »Schmuck, Zierde«. Es versteht sich fast von selbst, daß der schauende Mensch der Ordnung und der »Zierde« im Kosmos nachspürt und sich über die im Weltgefüge waltende Harmonie vergewissert. Kultur- und Geistesgeschichte liefern eindrucksvolle Belege für solches Innewerden und die damit verbundenen Entdeckungen: Pythagoräische Zahlen, der Goldene Schnitt, der Kreis und seine regelmäßige Teilung – in solchen Bezugspunkten kommt die Wirksamkeit und die Erkennbarkeit einer kosmischen Gesamtharmonie zum Ausdruck.

Bei manchen weltanschaulich begründeten Spekulationen innerhalb der Astrologie wird theoretisch gefordert, daß in jedem Horoskop bestimmte ideale oder harmonikale Gegebenheit verwirklicht sein müssen. Nach Heinrich Kündig ist die Lage des Medium Coeli in einem gegebenen Horoskop nur im Rahmen einer ganz bestimmten idealen Abhängigkeit von sogenannten »Schnittpartnern« gegeben, nämlich den Planetenherrscher der beiden Gegenzeichen, durch die die MC/IC-Achse geht. Nach anderen harmonikalen Vorstellungen korrigieren z.B. Planeten »in den Ecken« die Lage dieser Ecken selbst, d.h. daß ein Planet, der wenige Grade vor einem Deszendenten technisch noch im 6. Haus eines Horoskops steht, dieses Horoskop in der Weise korrigiert, daß nunmehr die Konjunktion mit dem Deszendenten exakt ist.

Derartige harmonikale Axiome sind im Lauf der Astrologiegeschichte und der Gegenwart immer wieder aufgestellt worden. Zumindest in dem Fall, daß Planeten »in den Ecken« diese korrigieren, läßt sich leicht das Gegenbeispiel bilden, bei dem der eine Planet technisch vor eine Achse, ein anderer Planet technisch bereits nach einer Achse steht. Welcher Planet korrigiert dann? Und egal, welcher Planet korrigiert, der jeweils andere stünde in einem nicht harmonikalen Verhältnis zu der gegebenen Achse.

Vergleichbar dem Axiom, daß alles im Kosmos »harmonikal« sei, ist das Axiom, daß die Astrologie mathematisch genau sein müsse. Vertreter der *Hamburger Schule* zumal bringen häufiger dieses Argument vor. Andererseits weiß schon der Astrologieanfänger, daß zwar einerseits gegebene Transite sehr wohl eine bestimmte Auslösung nahelegen, die mit hoher Wahrscheinlichkeit erwartet werden kann, daß aber andererseits die Auslösung selten genug zum exakt fälligen Zeitpunkt erfolgt.

Aus diesen Beobachtungen und dem Vergleich dieser Beobachtungen mit idealisierten axiomatischen Setzungen von der absolut harmonikalen Ordnung im Kosmos läßt sich der Schluß ziehen, daß Dissonanz, Unordnung oder Disharmonie sehr wohl ihren Platz im Kosmos haben. Ein Blick in die Welt des Lebendigen zeigt, daß die Natur durch Verwachsungen und Disproportionen häufig genug gegen ideale Maße wie etwa den

Goldenen Schnitt verstößt. Durchaus also läßt die Natur »Unordnung« und »Disharmonie« zu. Aber durch das Vorhandensein und die weitgehende Verwirklichung von idealen Maßen macht die Natur zugleich eine etwaige Disharmonie als solche kenntlich und verweist auf das Vorhandensein eines kleineren oder größeren Problems, eines Bruchs, einer Schwierigkeit, eines Leides. Wer dogmatisch harmonikale Ordnung im Kosmos vertritt, nicht zuletzt in der Astrologie, zeigt möglicherweise damit zugleich, daß er Schwierigkeiten und »Unordnungen« von vornherein nicht so stehen lassen, nicht akzeptieren kann.

Es kann aber nicht darum gehen, Unordnungen und Schwierigkeiten im Namen einer mathematischen, einer ästhetischen oder einer therapeutischen Vorgabe möglichst gleich wieder zu kaschieren oder aus der Welt zu schaffen. Zumindest aus der Psychologie weiß man, daß Schwierigkeiten und Probleme auch zur Entfaltung beachtlicher Produktiv- und Entwicklungskräfte führen können. Man kann sogar so weit gehen und sagen, daß die Psyche erst im Erleben von kleineren oder größeren Krisen wirklich reift. Mit anderen Worten, die mit Problemen und Schwierigkeiten verknüpften »Unordnungen« führen gegebenenfalls nicht in eine wachsende Strukturlosigkeit sondern im Gegenteil in eine neue, womöglich akzeptablere Ordnung. Kosmische Ordnung mit ihren idealen Maßen und Gesetzen hat unter anderem den Sinn, Un-Ordnung als solche zu erkennen. Aber einmal gewachsene oder gegebene Un-Ordnung hat den Sinn, auf eine bessere, höhere Ordnung zu führen.

Mit zum Axiom kosmischer Harmonie, die immer und überall gegeben sei, gehört auch der an sich schon sehr alte Gedanke in der Astrologie, daß sich alles, daß sich jede Lebensregung astrologisch irgendwie erklären lasse. Gerade hier wird es von manchen forschenden Astrologen als »Unordnung« empfunden, wenn einem greifbaren Ereignis keine entsprechende astrologische Konstellation zugeordnet werden kann. Und dann beginnt die Suche nach möglichen zusätzlichen Techniken oder, mehr noch, nach zusätzlichen Wirkpunkten, durch die ein

Ereignis oder eine Entwicklung astrologisch erklärbar wird. Auch die Forderung nach mathematischer Exaktheit der Astrologie gehört hierher. Natürlich ist die Natur »genau«, und das darf entsprechend für die Astrologie gelten, doch Natur und Astrologie sind »genau« innerhalb kleiner Fließgleichgewichte, in welchen Spielräume und begrenzte Unvorhersagbarkeiten gegeben sind.

Hinter der prononciert vorgetragenen Ideologie unbedingter kosmischer Harmonie steckt der Anspruch, daß alles in der Astrologie und in der Natur überhaupt auf ordentliche und schöne Weise berechenbar und vorhersagbar ist. Das kommt einem ästhetisch aufgepeppten, aber nichtsdestoweniger sterilen Fatalismus gleich. Ohne daß deswegen das Grundkonzept einer obwaltenden göttlichen Harmonie im Kosmos in Frage gestellt werden soll, möchte ich behaupten, daß es gerade das Unvorhersagbare und das »Unordentliche«, weil nicht schon in Rubriken Einzuordnende ist, was beim Menschen wie in der Natur innovativ und kreativ wirkt. Man darf daran erinnern, daß die Astrologen gerade für das innovative und letztlich anarchische Element auch ein Planetenprinzip kennen: den Uranus! Uranus ist Mitspieler im Horoskop, nicht Gegenspieler. Und so sind Disharmonie und Unordnung im »Kosmos« letztlich nicht dessen Gegenspieler, sondern tragen ihrerseit zu Ordnung und Schönheit bei.

2.7. Neo-Astrologie

Den Betrachter der heutigen vielgestaltigen Astrologieszene mit ihren verschiedenen Schulen und Systemen muß eigentlich nachdenklich stimmen, daß es die Astrologie nach wie vor nicht geschafft hat, zu einer wissenschaftlich akzeptablen Begründung ihrer Hypothese zu gelangen. Klöckler konnte in seinem Kursus der Astrologie, erstmals Ende der Zwanziger Jahre veröffentlicht, noch auf eine baldige kausale und damit letztlich naturwissenschaftliche Begründung der Astrologie hoffen. Hiervon scheinen wir mittlerweile weit entfernt, und man begegnet häufig genug Astrologen, übrigens aus allen astrologischen Schulen, die einer wissenschaftlichen Begründung der Astrologie von vornherein skeptisch gegenüberstehen, weil in ihren Augen die Astrologie eher eine Kunst oder ein religiös begründetes Wissen ist, das sich dementsprechend (natur)-wissenschaftlicher Erörterung entzieht.

Der Astrologie ist es bis heute nicht gelungen, ihre ganz praktische Arbeit, nämlich die Individualhoroskopie, statistisch bzw. naturwissenschaftlich befriedigend zu verifizieren. Vor allem diejenigen Schulen, die mit Zusatzpunkten oder mit komplizierteren Techniken arbeiten, sind von vornherein nicht so leicht zugänglich für eine wissenschaftliche Überprüfung ihrer Methoden. Die *revidierte klassische Astrologie* mit ihrem »Programm der Bescheidenheit«, was Horoskoptechnik, aber auch, was die Reichweite astrologischer Deutung betrifft, ist natürlich für eine wissenschaftliche Überprüfung noch relativ am leichtesten zugänglich. Kein Wunder, daß die Revidierte Klassik noch am ehesten und am intensivsten überhaupt wissenschaftlicher Untersuchung unterzogen worden ist. Und hier wäre, gerade wegen des »Programms der Bescheidenheit«, noch am ehesten eine Aussicht auf Erfolg denkbar – doch auch hier hat er sich bislang nicht eingestellt.

Im Gegenteil: eine wesentliche Erkenntnis der Dissertation von Peter Niehenke aus dem Jahr 1987, KRITISCHE ASTROLOGIE, lautet, daß astrologische Zuschreibungen und Deutungen nur begrenzt, wenn überhaupt statistischer Untersuchung zugänglich sind. Niehenkes Arbeit ist vor allem als wissenschaftstheoretischer Beitrag zu verstehen, denn er besagt, daß die Wissenschaft für den möglichen Untersuchungsgegenstand Astrologie bislang keine adäquaten Untersuchungsmethoden gefunden hat.

Die wohl umfangreichsten und genauesten statistischen Arbeiten zur Astrologie von Michel und Françoise Gauquelin haben zwar zu einer teilweisen Bestätigung astrologischer Hypothesen geführt, doch liefern sie insgesamt noch keine zureichende Begründung des Gesamtprogramms der Geburtsastrologie, selbst nicht in der »bescheidenen« Form der Revidierten Klassik.

Wir haben oben schon gesagt, daß zur Begründung der Astrologie nicht nur die Astronomie und die Astrophysik gehören können. Wenn die Grundhypothese der Astrologie richtig ist, daß es zwischen den Sternenwandel und den individuellen und kollektiven Entwicklungen auf unserem Planeten fundamentale geistige, psychische, physikalische und biologische Entsprechungen gibt, dann muß wohl zur Begründung dieser Hypothese ein interdisziplinär geknüpftes Netz von verschiedenen Natur-, Human- und Geisteswissenschaften herangezogen werden. Die praktische Astrologie spricht gerne von ihrem ganzheitlichen Ansatz. »Ganzheitlich«, nämlich interdisziplinär, müßte dementsprechend Astrologie begründet werden. Einzeldisziplinen können hier bestenfalls Bruchstücke beisteuern.

Diese Einsicht sowie die Erkenntnis, daß sich die ganz praktische Individualastrologie einem statistischen bzw. naturwissenschaftlichen Zugriff vorab entzieht, hat in den letzten Jahren einige Forscher dazu geführt, gewissermaßen grundsätzlicher anzusetzen. Es handelt sich um wenige Forscher, die dem Gedanken der Astrologie grundsätzlich sehr aufgeschlossen gegenüberstehen, die aber gleichwohl nicht den Beweis der astrologischen Hypothese anhand der individualastrologischen Begriffsbildungen und Argumente versuchen, sondern eher die grundsätzliche Möglichkeit und Triftigkeit eines Entsprechungs- und Einwirkungsmodells zwischen Kosmos und Welt, Kosmos und Mensch plausibel machen.

Theodor Landscheidt, der wohl aktivste und fruchtbarste Forscher dieser Richtung, spricht geradezu von der »Neo-Astrologie«, um so eine gewisse Grenze zur praktischen Astrologie zu ziehen. In seiner neuesten Veröffentlichung, Astrologie –

Hoffnung auf eine Wissenschaft?, spricht Landscheidt von einer Synthese der »holistischen astrologischen Sichtweise« und dem Rüstzeug heutiger Wissenschaft:

»Begriffe wie Chaos und Ordnung, Fraktale, Selbstähnlichkeit, Maßstabtransformationen, Rückkopplungszyklen, iterative Verfahren, Grenzprozesse in nichtlinearen dynamischen Systemen, Quasikristalle und fünfzählige Symmetrie, die zur Zeit im Vordergrund der wissenschaftlichen Literatur stehen, gewinnen durch ihre Projektion auf die Dimension des Sonnensystems umfassendere Bedeutung und bilden die Grundlage für neue Vorhersageverfahren, die nicht nur Sonnenfleckenzyklen, energetische Sonneneruptionen, magnetische Stürme und klimatische Erscheinungen erfassen, sondern auch Äußerungen menschlicher Aktivität in Kunst, Wissenschaft, Wirtschaft und Politik. Insbesondere kristallisiert sich heraus, daß die fünfzählige Symmetrie, die logarithmische Spirale und der Goldene Schnitt Strukturprozesse im Sonnensystem und insbesondere auch auf der Erde in einem Maße beherrschen, das beim Leser sicher Erstaunen oder Begeisterung, vielleicht auch Bestürzung auslösen wird. Es erweist sich, daß der Goldene Schnitt ein umfassendes Naturprinzip ist, das bei der räumlichen und zeitlichen Differenzierung von Wachstumseinheiten und Entwicklungszyklen ganz konkret auf die Gliederung der entstehenden Form einwirkt. Die geistige Freiheit des Menschen wird durch diese Zusammenhänge jedoch nicht tangiert. Im Gegenteil wird sich erweisen, daß die Kernfunktion des Menschen, seine schöpferische Tätigkeit, durch Strukturprozesse gefördert wird, an denen das Sonnensystem in seiner Ganzheit beteiligt ist.»[3]

Landscheidts Forschungen legen eine Einheit von Sonnensystem, Erde und Menschheit nahe, stellen also im wesentlichen auf kollektive mögliche Entsprechungen ab. Landscheidt, ausgebildeter Naturwissenschaftler, zieht für seine Darstellungen

3 Theodor Landtscheidt. *Astrologie – Hoffnung auf eine Wissenschaft?* (Innsbruck 1994) p. 179f.

biologische, astronomische und astrophysikalische Kenntnisse heran, ebenso die Chaosforschung und fraktale Geometrie.

Im Prinzip ähnlich, wenn auch mit einem etwas anderen Begründungsansatz, operiert der britische Astronom Percy Seymour. Seymour weist in seiner Veröffentlichung ASTROLOGIE – BEWEISE DER WISSENSCHAFT nach, daß sich das Erdmagnetfeld in einem breiten Spektrum von Zeitskalen ändert, die von hundertausenden von Jahren bis hinunter zu wenigen Sekunden reichen. In seinen Ausführungen zeigt Seymour, daß der Erdmagnetismus äußerst empfindlich ist und daß Magnetfelder auch deutliche biologische Auswirkungen haben können. Sonne, Mond und die Planeten wiederum wirken auf den Erdmagnetismus ein. Die Aktivitäten der Sonne ihrerseits hängen ab von bestimmten Planetenstellungen, wobei übrigens auch astrologisch relevante Winkelbildungen Bedeutung erhalten.

Theodor Landscheidt und Percy Seymour treiben den Erkenntnisprozeß verschiedener naturwissenschaftlicher Disziplinen so weit voran, daß aus den Erkenntnissen dieser Wissenschaften selbst die Grundannahmen der astrologischen Hypothese wahrscheinlich werden. Gewissermaßen auf »kaltem Wege« und unter Vermeidung individual bezogener Aussagen wird das Modell der Astrologie, wenn auch nicht der Individualastrologie, wissenschaftlich denkbar. Wenn freilich kollektive soziale Prozesse, biologische und klimatologische Globalerscheinungen usw. kosmisch begründbar und vorhersagbar werden, dann ist auch der Gedanke an eine mögliche Triftigkeit individualastrologischer Belegungen nicht mehr fremd.

Man sollte freilich die Arbeiten von Theodor Landscheidt und Percy Seymour nicht allein zur gängigen und praktisch ausgeübten Individualastrologie in Bezug setzen. Gerade Landscheidts und Seymours Verweise auf kollektive, weltweite biologische, soziale und zivilisatorische Prozesse, die in ihrer kosmischen Bedingtheit erkannt werden können, zeigt doch eigentlich, daß sich jenseits der gängigen Individualastrologie noch ein weites Feld »astrologischer Aufgaben« erstreckt, das vom astrologischen Betrieb und seinen Beiträgern eigentlich erst entdeckt werden muß. Zwar beschäftigt sich die sogenante Mundanastrologie auch mit kollektiven Prozessen, freilich vorwiegend beschränkt auf historische und politische Zusammenhänge. Auch sind die Techniken der Mundanastrologie insgesamt kaum andere als in der Individualastrologie. Lediglich die Deutungsrichtung verändert sich.

Mit gutem Recht kann Landscheidt auch insofern von »Neo-Astrologie« sprechen, weil sich bisher eigentlich keines der gängigen und der neu hinzukommenden astrologischen Systeme mit den Themen beschäftigt hat, die Landscheidt und Seymour in ihren Veröffentlichungen vorstellen.

2.8. Deutung und Lebenskunde

Zu den Grundlagen der Astrologie gehören gewissermaßen auch ihre Intentionen – und auch da sind vielfach weitgehende Unterschiede auszumachen. Zunächst einmal darf auch in diesem Zusammenhang als bemerkenswert herausgestellt werden, daß Astrologie heutzutage sich vorwiegend als Lebensberatung, als seelenkundliche oder therapeutische Hilfe versteht. Eine größere Bedeutung hat in manchen astrologischen Schulen noch die sogenannte medizinische Astrologie, während andere Zielfelder möglicher astrologischer Betätigung – etwa Unternehmensberatung oder die eben erwähnte Mundanastrologie – nur ein verhältnismäßig schmales Segment des astrologischen Angebots ausmachen. Was dies betrifft, so läßt sich eigentlich keine einzige astrologische Schule oder Systematik nennen, die sich gezielt mit einer Erweiterung astrologischer Anwendungsbereiche auseinandersetzte. Wir alle, ob praktisch arbeitende oder forschende Astrologen, sind merkwürdig befangen in einer Begrenzung der Astrologie auf human- und beratungswissenschaftliche Ziele. Und uns allen fällt es schwer, jenseits dieser Grenzen noch in astrologischen Konzepten zu denken. Das Buch DAS SENKRECHTE WELTBILD von Nikolaus Klein und Rüdiger Dahlke ist zwar längst ein moderner Klassiker der Astrologie geworden, der in an sich recht einfacher, aber gerade darum eingängiger Darstellung nachweist, wie sich astrologisches Denken in allen Lebens- und Wissensbereichen anwenden läßt, aber es scheint für die Anwendung der Astrologie außerhalb der Lebensberatung ziemlich folgenlos geblieben zu sein. Astrologie und Kunst, Astrologie und Architektur, Astrologie und Musik, Astrologie und Literatur – auf solchen Gebieten forschen allenfalls noch einzelne, ohne das sich hier schulbildende Tendenzen zeigen würden.

Immerhin hat es die Astrologie innerhalb der selbstgezogenen Grenzen der lebenskundlichen und therapeutisch beratenden Anwendung zu einer durchaus beachtlichen und vielleicht auch bedenklichen Vielfalt von Ansätzen und Intentionen gebracht. Man sollte in diesem Zusammenhang zunächst nicht vergessen, daß die Astrologie sich ursprünglich und auch noch am Ende des 19. Jahrhunderts als reine Schicksalsdeutung verstand, als sozusagen generell gültige Lebensprognose. Zwar ist mit der Revision der klassischen Astrologie zu Beginn der Zwanziger Jahre unseres Jahrhunderts die rein schicksalsorientierte Horoskopdeutung etwas in den Hintergrund getreten, doch sind die populären Ansprüche an die Astrologie auch heute noch stark mit dem Wunsch verknüpft, »Schicksalsgewißheit« zu erlangen.

Die Schicksalsdeutung, mit der sich die Astrologie in früheren Zeiten hauptsächlich beschäftigte, führt auch in der Gegenwart in manchen Schulen zu einer deutlichen Ereignisorientierung. Neben die ereignis- und schicksalsorientierte Astrologie, wie sie auch noch von den theosophisch beeinflußten Forschern im ausgehenden 19. und frühen 20. Jahrhundert gelehrt wurde, hat sich seit den Zwanziger Jahren durch die Revision der klassischen Astrologie eine sehr stark psychologisch ausgerichtete Weise der Deutung gesetzt, die nach wie vor von großer Wichtigkeit ist. Solche psychologische Astrologie versucht, gewissermaßen die Hintergründe, die seelischen Regungen auszuleuchten, welche vordergründig bevorzugt zu dieser oder jener Ereignisbildung führen. Grob gesprochen, die traditionelle Astrologie deutete bestimmte Oberflächenstrukturen als »Schicksal«, während sich die psychologische Astrologie bestimmten menschlichen Tiefenstrukturen zuwandte, aus denen freilich Oberflächenstrukturen abgeleitet werden können.

Die Revision der klassischen Astrologie seit Beginn der Zwanziger Jahre ist für die Entwicklung der gesamten Astrologie gar nicht hoch genug einzuschätzen, denn durch diese Revision hat die Astrologie insgesamt einen verhältnismäßig raschen und engen Bezug zu den Entwicklungen vor allem in der Psychologie und Psychoanalyse gefunden. Eine solche Fortgang war zu Beginn des 20. Jahrhunderts und insbesondere angesichts der Randständigkeit der Astrologie keineswegs abzusehen.

Es ist somit auch keineswegs verwunderlich, daß die Astrologie ebenso neuere therapeutische Entwicklungen in der Psychologie für sich aufgenommen und verarbeitet hat. Gerade auch in dieser Hinsicht bedeutet die Revision der Astrologie einen hochbedeutsamen Wendepunkt. Denn wenn es nun nicht mehr darum ging, die schicksalsbezogene »Oberflächenstruktur« zu beschreiben, sondern eine Tiefenstruktur, dann konnte auch die Frage wichtig werden – um in diesem Bild zu bleiben –, welche sinnvollen Oberflächenstrukturen aus einer einmal erkannten und gedeuteten Tiefenstruktur abzuleiten wären. Gerade in der Revision der klassischen Astrologie verlagerte sich die Perspektive auf den möglichen Gebrauch von Astrologie völlig. Galt und gilt die traditionelle Astrologie sozusagen noch als Künderin des letztlich unvermeidlichen Schicksals, dem man höchstens noch mit billigen Vermeidungsmethoden beikommen kann, so stellt die Revidierte Klassik ein Modell dar, in dem die Astrologie dem Individuum hilft, seine eigenen Möglichkeiten wahrzunehmen und aus diesen Gegebenheiten einen persönlichen Lebensweg verantwortlich und doch – innerhalb der gegebenen Möglichkeiten – frei zu gestalten. Die Revision der Klassik rückt die therapeutisch mögliche Veränderung des Individuums, aber damit gerade auch dessen Freiheit und Eigenverantwortlichkeit in den Mittelpunkt der Betrachtung. Die Astrologie vertritt nicht mehr das Fatum, sondern sie wird zu einem Diagnosemittel persönlicher Hemmnisse, persönlicher Möglichkeiten, persönlicher Perspektiven!

Auf dieser Grundlage von Therapie, Gestaltungsmöglichkeit und Eigenverantwortung wiederum konnte sich in den letzten Jahrzehnten erneut eine spirituelle und esoterisch begründete Astrologie entwickeln, eine Astrologie, die durchaus so unbefangen wie etwa die theosophische Astrologie mit Begriffen wie Karma, Reinkarnation und Schicksal umzugehen vermag. Aber diese Astrologie ist kein Rückschritt in eine fatalistisch mißverstandene Astrologie, sondern sie anerkennt die Eigenverantwortung und die Kreativität des Individuums und bindet diese Fähigkeiten des Individuums ein in ein weltanschauliches bzw. religiöses Modell. In diesem Sinne ist auch die esoterische Astrologie »modern« und zeitgemäß!

An der weltanschaulich betriebenen Astrologie jedoch scheiden sich die Geister! Esoteriker wie Thorwald Dethlefsen sehen in der Astrologie überhaupt nur dann einen Sinn, wenn sie unter Einbezug der weltanschaulich-religiösen Idee von Reinkarnation und Karma betrieben wird. Dagegen gehörte es gerade zum Programm der Revidierten Klassik, daß der »Wissenschaftsversuch« der Astrologie die Voraussetzung religiöser Dogmen grundsätzlich abzulehnen habe. Dazu ist zu sagen, daß eine weltanschauliche Voraussetzung selbstverständlich in einer wissenschaftlichen Theorie der Astrologie nichts zu suchen hat. Das liegt aber nicht daran, daß weltanschauliche Voraussetzungen von vornherein unzulässig wären, sondern es liegt daran, daß Wissenschaft sich von vornherein begrenzt! Insoweit Astrologie Wissenschaft sein möchte bzw. versucht, die Bausteine ihres eigenen Denkens und Ableitens in eine wissenschaftliche Theorie zu überführen, verzichtet sie auf weltanschauliche Vorgaben. Andererseits aber erscheint es unabdingbar, daß der praktisch arbeitende, insbesondere der beratende Astrologe seine Tätigkeit innerhalb eines reflektierten Gefüges weltanschaulicher und ethischer Überzeugungen ausübt. In dieser Hinsicht hat gerade die Revision der Klassik, die zunächst auf die weltanschauliche Grundlegung der Astrologie verzichtet, unschätzbare Arbeit geleistet. Denn sie hat durch den nachdrücklichen und fortwährenden Verweis auf die Eigenverantwortlichkeit des ratsuchenden Individuums und die entsprechende hohe Verantwortung des astrologischen Beraters entscheidend zu einer Schärfung des moralischen Bewußtseins – und damit wohl auch des weltanschaulichen Bewußtseins – der ausübenden Astrologen beigetragen. Letztlich ist es der Revision der klassischen Astrologie zu verdanken, daß es heute eine ganze Reihe astrologischer Ansätze und Schulen gibt, die das therapeutische Element entscheidend in ihr Modell einbezogen haben.

In einer Zeit, da die Weltanschauungsangebote der »klassischen Sinnanbieter« wie der großen christlichen Kirchen, aber auch der großen politischen Ideenträger, an Bedeutung abnehmen, während das Interesse der Öffentlichkeit an Esoterik, an außerkirchlicher Religiosität usw. deutlich zunimmt, dürfte der Astrologie eine Sonderrolle zukommen. Einerseits profitiert die Astrologie, als randständiges, als unorthodoxes Beratungsangebot, gerade von dem »Esoterikboom«, dem bekanntlich in den siebziger Jahren der »Psychoboom« vorausging. Aber gerade damit ist die Astrologie, als Modell der umfassenden Lebensberatung, gehalten, im Brückenschlag zwischen möglichen Anderswelten oder gar Fluchtwelten und dem »rationalen Diskurs« der Gesamtgesellschaft fortwährend klärend und beratend, notfalls auch vermittelnd zu wirken. Dem Astrologen muß klar sein, daß manche seiner Klienten unerlöste religiöse Bedürfnisse haben und gerade darum zu ihm kommen. Denn er, der sich mit den Zusammenhängen zwischen Kosmos und Mensch beschäftigt, weiß vielleicht etwas von größeren Zusammenhängen. Wer sich dies als astrologischer Berater klar macht, führt sich zugleich seine außerordentlich hohe Verantwortlichkeit im Beratungshandeln vor Augen und stellt sich darauf ein, mit seiner Beratung gewissermaßen auch Seelsorge zu betreiben. Auf der anderen Seite bedingt die zunehmende gesellschaftliche Integration der Astrologie, daß es inzwischen eigentlich nichts mehr gibt, was der Astrologe nicht gefragt wird. Keineswegs muß der beratende Astrologe in allen Dingen kompetent sein, aber eine pragmatische Grundhaltung, eine gute Allgemeinbildung und die Kenntnis aktueller gesellschaftlicher und politischer Zusammenhänge gehören ebenso zur Beratungskompetenz des Astrologen. Mit anderen Worten: Der Astrologe von heute, egal, welcher Schule oder welchen Schulen er in seinem persönlichen Beratungshandeln folgt, muß ein guter Psychologe und auch Seelsorger sein. Er muß um religiöse Bedürfnisse und Formen des religiösen Lebens wissen, selbst dann, wenn er von keinem religiösen Angebot Gebrauch macht. Er muß ein Ethos haben, ohne Ethos geht es schlicht nicht! Und er muß die Fähigkeit zum Generalisten haben.

3. Die klassische Astrologie

Die klassische Astrologie heißt »klassisch«, weil ihre wesentlichen Ansätze auf die griechische Antike zurückgehen und in der Astrologie des Claudius Ptolemaeus etwa 100 Jahre vor Christi Geburt im wesentlichen ausgebildet waren. Hier folgt die Bezeichnung »klassisch« dem seit etwa dem 18. Jahrhundert in Europa eingebürgerten Gebrauch: Als klassisch wird alles bezeichnet, was in irgendeiner Weise mit der griechischen bzw. römischen Antike zusammenhängt. Die *klassische Astrologie* kann ihre Spuren ohne allzugroße Umwege bis in die Antike zurückverfolgen. Wer sich freilich mit der Geschichte der Astrologie beschäftigt, wird schnell feststellen, daß die antike Astrologie, aber auch die mittelalterliche und die früh-neuzeitliche Astrologie zahllose Ansätze und Techniken kennen, die heutzutage völlig in Vergessenheit geraten sind.

Es kann nicht die Absicht der vorliegenden gegenwartsbezogenen Darstellung sein, diese Techniken und Ansätze im einzelnen aufzuweisen. Hierzu sei auf die Literatur am Ende dieses Abschnittes verwiesen. Man sollte sich aber klar machen, daß der Grundbestand auch der heutigen *klassischen Astrologie* – der zwölfteilige Tierkreis, die auch aus der Astronomie bekannte Planetenreihe des Solarsystems, Sonne und Mond eingeschlossen, die Arbeit mit den zwölf astrologischen Häusern, die sogenannten Aspekte der Planeten sowie von Sonne und Mond untereinander – in der Tat schon zum Bestand der antiken Astrologie gehörte.

Klassisch ist die klassische Astrologie freilich auch, weil sie als »Mutter« aller astrologischen Schule und Systeme gelten kann, die derzeit existieren. Ohne die klassische Astrologie scheint ein Zugang zur Astrologie von vornherein undenkbar.

3.1. Grundlagen der Revidierten Astrologie

Was heute als *klassische Astrologie* oder als *Revidierte Klassik* bezeichnet wird, ist das Ergebnis der inhaltlichen und technischen Revision derjenigen traditionellen Astrologie, welche im Zuge der Wiederbelebung der Astrologie überhaupt seit Mitte des 19. Jahrhunderts in Mittel- und Westeuropa bekannt war. Die Wiederbelebung geht im wesentlichen auf die theosophische Bewegung zurück, die vor allem in England, dann aber auch im übrigen Europa im letzten Viertel des 19. Jahrhunderts aktiv wurde. In technischer Hinsicht bot die theosophisch beeinflußte Astrologie eine Reihe von Methoden sehr unterschiedlicher Herkunft – teils der indischen Astrologie entnommen, teils der traditionellen abendländischen Astrologie. Inhaltlich bot die *theosophische Astrologie* vor allem Charakter- und Schicksalsdeutung, die auf die praktische ereignisorientierte Handhabung von Gegenwart und Zukunft ausgerichtet war. Hinzu kam, entsprechend dem theosophischen Selbstverständnis, auf einer religiösen bzw. esoterischen Ebene der Einbezug der Reinkarnationslehre in die Horoskopdeutung.

Die kritische Befragung der theosophischen Astrologie setzte in Mitteleuropa auf breiter Front ab 1920 ein. Was seit etwa Mitte der Zwanziger Jahre als *Revidierte Klassik* oder überhaupt als revidierte Astrologie in Mitteleuropa präsentiert wurde und wird, hat bis heute sein Gesicht nahezu unverändert bewahrt. »Revision« bedeutet auf der methodischen Ebene eine Sichtung der astrologietechnischen Ansätze und eine Zurückweisung all jener Techniken, deren Gebrauch astronomisch nicht begründbar ist und die sich empirisch als wenig valide erwiesen haben. »Revision« auf inhaltlicher Ebene bedeutete und bedeutet, daß die Zielsetzung der Horoskopinterpretation neu bestimmt wurde. Die Deutung bewegte sich weg von der ereignisorientierten, schicksalsbetonten Interpretation des Horoskops hin zu einer charakterologischen, psychologischen und psychoanalytischen Interpretation. Die Revision der Astrologie in den Zwanziger Jahren führte die Astrologie an die modernen Wissenschaften heran, insbesondere die Humanwissenschaften und die damals noch recht neue Psychoanalyse. Zugleich wurde die Astrologie »säkularisiert«, das heißt in diesem Fall aus ihrer Bindung an die Theosophie gelöst.

Die traditionell klassische und die theosophisch orientierte Astrologie hatten mit einer Vielzahl technischer Methoden und den damit verknüpften relativ statischen Deutungsgrundsätzen Schicksalsgewißheit zu vermitteln versucht. Damit zugleich aber wurde eine fatalistische Bindung an scheinbar unabänderliche Aussagen der Astrologie gefördert. Dem gegenüber betonte die *Revidierte Klassik* das Horoskop als Mittel psychologischer Diagnose. Mit der Revision wurde eine Reihe von technischen Ansätzen, von ehernen Deutungsregeln empirisch unhaltbar. Mit gutem Gewissen konnte eine Schicksalsgewißheit aufgrund des Horoskops nicht mehr vermittelt werden. Weit mehr war statt dessen psychologische Einfühlung des deutenden Astrologen in den Klienten und dessen Horoskop gefragt. Weit mehr aber war es auch nötig, daß sich der Horoskopeigner selbst bewußt und lernbereit mit dem Lebensplan auseinandersetzte, der in seinem Horoskop der Form nach angelegt war. Ganz folgerichtig mußte die Revidierte Klassik – aufgrund der Stoßrichtung ihrer Revision – ein hohes Maß an psychologischer Einfühlung entwickeln. Heutige klassische, nämlich revidierte Astrologie ist somit ohne Psychologie, ohne Pädagogik, ohne ein lebenskundliches und lebenspraktisches Vorverständnis von Welt und Mensch nicht mehr denkbar.

Sehr schön stellt Herbert Freiherr v. Klöckler die Unterschiede zwischen der geistigen Grundausrichtung der traditionellen Astrologie und derjenigen der revidierten Astrologie dar: »*Die alte astrologische Auffassung sah im Geburtsbild ein vollkommen individuelles Äquivalent der Persönlichkeit mit ihren Schicksalen, und diese Gesinnung machte sich in jeder ihrer Deutungsformeln geltend. Da gab es – wenigstens grundsätzlich – nichts in Wesen und Schicksal, was nicht auch im Horoskop Ausdruck finden mußte. Ein grundsätzlich nicht vorhersehbarer Zufall war ausgeschlossen, selbst den Ziegelstein, der, vom Dache fallend, einen Menschen tötete, glaubte man schicksalhaft, sinnvoll und astrologisch faßbar gesteuert, es galt nur, alle in Frage kommenden Faktoren der Astrologie restlos zu erfassen. Diese Haltung hat die seltsamsten Konstruktionen gezeitigt und zeitigt sie gelegentlich auch heute in immer wieder neu auftauchenden Systemen mit unendlich großer Elementenzahl.*«[4]

Dieser alten Auffassung stellt Klöckler die geistige Grundlage der Revidierten Klassik entgegen. »*Die Horoskopdeutung ist ... nur relativ zu Art, Gattung, Rassen-, Volks- und Familientyp aufzufassen. In diesem ihrem Rahmen bezeichnet sie das Typische – das eigentlich Ganzmachende, im Biologischen als Entelechie, im Geistigen als Sinn, liegt grundsätzlich außerhalb jeder Horoskopdeutung, es ist nur hie und da durch Rückschluß faßbar oder besser gesagt vermutbar ... Die Geburtsastrologie bietet, sofern die außerastrologischen Faktoren Art, Rasse, Volk, Milieu gegeben sind, ein sehr feingliedriges Typengefüge der körperlichen, seelischen und geistigen Mittel des Individuums. Wenn die praktische Horoskopdeutung in unzähligen Fällen auch ohne Kenntnis des entelechalen Faktors so treffende, umfassende und auch einheitliche Bilder vermittelt, so liegt das daran, daß sie für alle ihre unbekannten Momente Durchschnittswerte einsetzt, die nun für die meisten Fälle tatsächlich Gültigkeit besitzen ...Das*

4 Herbert Freiherr v. Klöckler, *Kursus der Astrologie, Band* 2, (Freiburg, 1984[6]) p. 12.

Geburtsbild gibt uns in seinen Einzelelementen die verschiedenen seelischen und körperlichen Mittel ihrem Typus nach an, in seiner Struktur und Dominanz kommt aber auch ihr wahrscheinlicher Stärkegrad und ihr gegenseitiges Verhältnis, wie es von Natur gegeben ist, zur Geltung. Geburtsastrologisch gelangt also mehr oder minder auch der Typus des gesamten Mittelgefüges, kurz gesagt, ein Typengefüge zum Ausdruck, das nun im Leben selbst zu echter vitaler Ganzheit verschmolzen ist. Die astrologische Deutung kann im allgemeinen über das Wie des Denkens, Trachtens und Handelns entscheiden, die Objekte dieser Funktionen kennt sie, streng genommen, nicht, sie kann sie nur spekulativ aus dem astrologisch gegebenen Bild und aus dem kulturellen und sozialen Milieu vermuten. Es gibt zweifellos Fälle, wo das Wie eindeutig auf das Was verweist, viele andere freilich, in denen das Wie nur auf eine, wenn auch begrenzte Anzahl von Möglichkeiten im Was hindeutet.«[5]

Es gilt nun, sich vor allem die technischen Grundlagen der Revidierten Klassik ins Gedächtnis zu rufen. Wir haben oben die klassische Astrologie als die Mutter aller Schulen und Systeme der Astrologie bezeichnet; und in einer modernen Darstellung dieser Schulen und Systeme in der Astrologie sollte folgerichtig die Revidierte Klassik obenan stehen. Dies bedingt zugleich, daß die Darstellung der Revidierten Klassik und ihrer Technik, ihrer Grundlagen etwas ausführlicher ist. Relativ zu dieser ausführlichen Darstellung der Revidierten Klassik können wir dann die Darstellung der anderen Systeme und Varianten entwickeln.

Wir betrachten nun für die Darstellung der Revidierten Klassik das nachfolgende Horoskop. Es beruht auf den Geburtsdaten 20. Mai 1950, 5:01 Uhr GMT, 7°38' östliche Länge, 51°58' nördliche Breite.

5 Herbert Freiherr v. Klöckler, *Kursus der Astrologie, Band 2*, (Freiburg 1984[6]) p. 12-14.

0 – 30-Grad Tabelle

♅	3°02'	♋
☽	3°36'	♋
☊	4°44'	♈
♃	5°16'	♓
♄	12°35'	♍
♆	14°55'R	♎
♇	15°50'	♌
♀	15°57'	♈
MC	17°44'	♒
☿	20°21'R	♉
♂	23°36'	♍
AC	24°08'	♊
☉	28°37'	♉

Abbildung 1: Horoskop klassisch, Placidus Häuser

Die Horoskopzeichnung folgt der heute üblichen Darstellung, in der das Medium Coeli auf der Zeichnung oben zu stehen kommt, der Aszendent links. Die astrologischen Häuser sind nach der allgemein gebräuchlichen placidianischen Manier berechnet. Die Planeten, einschließlich der »Lichter«, also Sonne und Mond, sowie des Mondknotens, folgen der aus der Astronomie bekannten Planetenreihe; errechnete Zusatzpunkte oder hypothetische »Planeten« werden in der Revidierten Klassik nicht verwendet. Wir wollen fortan, wie es in der Astrologie allgemein üblich ist, kurzerhand auch Sonne, Mond und den Mondknoten als »Planeten« bezeichnen, eben weil Sonne, Mond und Mondknoten astrologietechnisch wie Planeten gehandhabt werden.

In diesem Sinne werden Planeten in Zeichen und Häusern gedeutet. Dabei wird üblicherweise nur die Reihe der erdnahen Positionen bis einschließlich Mars hinsichtlich ihrer Zeichenqualität gedeutet, während die erdferneren Planeten – Jupiter, Saturn, Uranus, Neptun und Pluto – nicht mehr bezüglich ihrer Position in diesem oder jenem Tierkreiszeichen interpretiert werden. Das liegt einfach daran, daß diese Planeten viel zu lange durch ein einziges Tierkreiszeichen laufen und in dem Sinne als nicht mehr individuell wirkend gedacht werden. Selbstverständlich werden Aszendent und Medium Coeli hinsichtlich ihrer Zeichenqualität interpretiert. Alle Planeten, also auch die erdferneren Planeten, werden im Blick auf ihre Stellung in den astrologischen Häusern gedeutet. Ein Planet, der 5° oder weniger vor der Spitze eines nächsten Hauses steht, wird bereits in bezug auf dieses nächste Haus betrachtet, obgleich er technisch noch im vorangehenden Sektor plaziert ist.

Die Beziehungen von Planeten untereinander, aber auch zu Medium Coeli und Aszendent, werden durch die sogenannten *Aspekte* geregelt, auch *Winkel* genannt. Hier gelten zunächst einmal die sogenannten »großen Aspekte«, nämlich Konjunktion (0° Abstand), Opposition (180° Abstand), Quadrat (90° Abstand), Trigon (120° Abstand) sowie das Sextil (60° Abstand). Viele Astrologen, die sich als Anhänger der Revidierten Klassik verstehen, arbeiten auch noch mit »kleinen Winkeln«, nämlich dem Halbquadrat (45° Abstand), dem Anderthalbquadrat (135° Abstand) sowie dem Quincunx (150° Abstand). Seltener werden das Halbsextil (30° Abstand), das Quintil (72° Abstand) sowie das Biquintil (144° Abstand) gebraucht. Abgesehen von Quintil und Biquintil lassen sich die in unserem Beispielhoroskop vorliegenden Winkelbeziehungen relativ leicht durch die »0-30-Grad-Tabelle« ermitteln, welche der Horoskopzeichnung beigefügt ist. Sie wird einfach unabhängig von der Zeichenposition der Planeten (Medium Coeli und Aszendent eingeschlossen) nach der Rangfolge der Gradzahl eines jeden Elementes im Tierkreis aufgestellt. Der geübte Astrologe, der leicht mit einer solchen Tabelle umzugehen weiß, kann somit darauf verzichten, die einzelnen Aspekte förmlich in das Horoskopbild einzuzeichnen. Ein Horoskop, das viele Aspekte aufweist, wird, wenn man die Aspekte alle einzeichnet, unter Umständen sehr schnell recht unübersichtlich. Die weitaus meisten Astrologen bevorzugen es jedoch, in das Horoskopbild auch die Aspekte einzuzeichnen, vor allem, um etwa sich bildende Aspektfiguren noch eigens zu deuten. Auch die Deutung der *Aspektfiguren* gehört zum Bestand der klassischen Astrologie. In der »Gestalthoroskopie«, die den Aspektfiguren besondere Aufmerksamkeit zuwendet, werden etwa dem geschlossenen Trigon, oder der sogenannten T-Figur – gebildet durch eine Opposition zweier Elemente, zu denen ein drittes Element in einer jeweiligen Quadratbeziehung steht –, zusätzliche deutbare Qualitäten zuerkannt. Mit in die Gestalthoroskopie gehört auch die Analyse der sogenannten *Figurinen*. Hier wird die bloße Verteilung der Planeten im gesamten Tierkreis in einem jeweiligen individuellen Horoskop analysiert – etwa bei der »polaren Figurine«, bei der sich zwei Elementgruppen im Tierkreis etwa genau gegenüberliegen, oder z.B. bei der »Spannungs-Figurine«, die einen einzigen Planeten als sogenannten Spannungsherrscher zeigt, welcher der Gruppe der übrigen Planeten im Tierkreis gegenüberliegt.

Die nachfolgende Abbildung zeigt das Beispielhoroskop mit eingezeichneten Aspekten. Sichtbar ist an Aspektfiguren hier z.B. die T-Figur, gebildet durch die Opposition von Pluto auf das Medium Coeli und das Quadrat von Merkur sowohl auf das Medium Coeli wie auf Pluto. Eine andere Aspektfigur in diesem Beispielhoroskop ist der »Briefumschlag«, gebildet durch die Opposition von Pluto auf MC einerseits, von Venus auf Neptun andererseits, wobei Venus und Neptun wiederum Trigone bzw. Sextile auf Pluto bzw. Medium Coeli werfen. Als *Figurine* zeigt sich in diesem Horoskop am ehesten die sog. »Schüssel-Figurine«, bei der mehr als ein Drittel, aber weniger als die Hälfte des Tierkreises unbesetzt ist. Die Klassik deutet hier auf eine gewisse Selbstgenügsamkeit hin, hält übertriebene Wichtigtuerei für möglich und nennt als Lebensaufgabe die unermüdliche Arbeit an der eigenen Person.

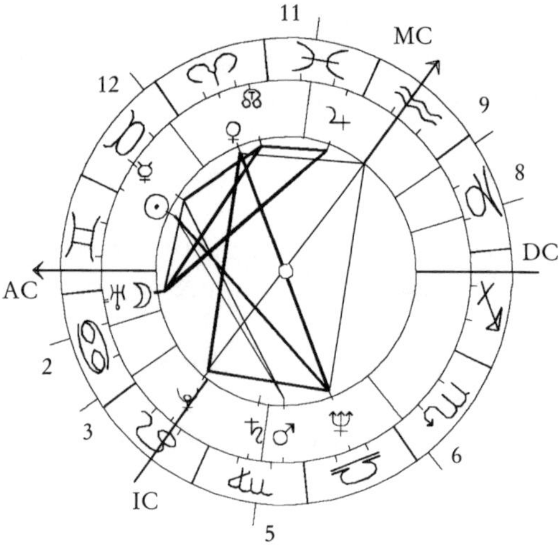

0 – 30-Grad Tabelle

♅	3°02'	♋
☽	3°36'	♋
☊	4°44'	♈
♃	5°16'	♓
♄	12°35'	♍
♆	14°55'R	♎
♇	15°50'	♌
♀	15°57'	♈
MC	17°44'	♒
☿	20°21'R	♉
♂	23°36'	♍
AC	24°08'	♊
☉	28°37'	♉

Abbildung 2: Horoskop mit Aspektzeichnung

Einen wichtigen Deutungsbestand stellen noch die sogenannten *Dominanzen* dar. Dominant steht ein Planet, wenn er einen Aspekt auf eine oder auf beide Achsen – nämlich Aszendent oder Medium Coeli – des Horoskops wirft, er steht außerdem dominant, wenn er sich in der ersten Hälfte eines der sogenannten »Eckhäuser« befindet, also der Häuser 1, 4, 7 und 10, jener Häuser also, deren Anfänge durch die Achsen selbst gebildet werden. Die im Horoskop dominant stehenden Planeten, eben Dominanzen genannt, ergeben besonders wichtige Aussagen zum Charakter und zu den einschlägigen Begabungen des Horoskopeigners. Entsprechend einer Rangordnung der Aspekte, wonach die Konjunktion stärker wirkt als die Opposition, diese wiederum stärker als das Quadrat, jenes wiederum stärker als das Trigon usw., werden die Dominanzen in eine bestimmte Reihenfolge gebracht. Derjenige Planet, der in dieser Rangordnung an erster Stelle steht, ist der »maximalbedeutsame« Planet.

»Dieses Horoskopelement ist als ausschlaggebendes Charakteristikum zu betrachten und muß bei Bewertung aller übrigen Konstellationen ebenso berücksichtigt werden wie die Horoskopstruktur. Die Aspekte des maximalbedeutsamen Planeten haben für die Charakter- und die Persönlichkeitsentwicklung ganz hervorragende Bedeutung. Die Fülle, aber auch die Harmonie der Entwicklungsaussichten wird im wesentlichen von ihnen aus beurteilt. Dabei ergeben sich für die Deutung wichtige Feststellungen.«[6]

Der Tierkreis selbst ist Gegenstand weiterer aufgliedernder Betrachtung, diese Aufteilung unterstützt vor allem die Deutung von Medium Coeli, Aszendent und der erdnahen Planeten in den Tierkreiszeichen und gibt im übrigen Auskunft über grundsätzliche Charakter- und Temperamentsrichtungen. Zunächst einmal werden die einzelnen Tierkreiszeichen den vier antiken Elementen Feuer, Erde, Luft und Wasser zugeordnet; außerdem werden die Tierkreiszeichen substantiell gegliedert in sogenannte »kardinale« Zeichen, »fixe« Zeichen sowie »veränderliche« Zeichen. Die Elementenzugehörigkeit gibt Auskunft über die Temperamentsfärbung, wobei die antike Temperamentenlehre relativ am einfachsten auf das Modell des Tierkreises zu übertragen ist, wenn auch diese Analogie keineswegs unkritisch angewandt werden darf. Es gelten folgende Zuordnungen:

Feuer – cholerisches Temperament
Erde – melancholisches Temperament
Luft – sanguinisches Temperament
Wasser – phlegmatisches Temperament

Die substantielle Gliederung des Tierkreis in kardinale, fixe und veränderliche Zeichen hat zu tun mit dem jeweiligen Zugriff, dem jeweiligen Verhältnis zur umgebenden Welt des Horoskopeigners. In der kardinalen Anlage geht es um aktive

6 Herbert Freiherr v. Klöckler, *Kursus der Astrologie, Band 2*, (Freiburg 1984[6]) p. 99.

Gestaltung, sei es auf der Tatebene, sei es auf der Gefühls- oder Beziehungsebene; in der fixen Anlage geht es um ausgleichende bzw. stabile Haltung zwischen dem Ich und der umgebenden Welt, während in der veränderlichen Anlage vorwiegend die geistige und gefühlsmäßige Anverwandlung des Ich an die umgebende Welt thematisiert wird.

Damit ist im wesentlichen das Deutungsmaterial der revidierten klassischen Astrologie so knapp als möglich gekennzeichnet. Fassen wir noch einmal zusammen:

Symbol	Name	Element	Qualität
♈	Widder	Feuer	kardinal
♉	Stier	Erde	fix
♊	Zwillinge	Luft	veränderlich
♋	Krebs	Wasser	kardinal
♌	Löwe	Feuer	fix
♍	Jungfrau	Erde	veränderlich
♎	Waage	Luft	kardinal
♏	Skorpion	Wasser	fix
♐	Schütze	Feuer	veränderlich
♑	Steinbock	Erde	kardinal
♒	Wassermann	Luft	fix
♓	Fische	Wasser	veränderlich

Tabelle 1: Der Tierkreis

Symbol	Faktor	Prinzip
MC	Medium Coeli	Ich-Bewußtsein
AC	Aszendent	Erscheinungsbild der Person, Umwelt
☉	Sonne	Geist, Persönlichkeit, Vitalität
☽	Mond	Seele, Gemüt, Gefühl
☿	Merkur	Intellekt, Verstand, Vermittlung
♀	Venus	Liebe, Kunst, Schönheit, Harmonie
♂	Mars	Energie, Wille, Tatkraft
♃	Jupiter	Expansion, Glück, Gerechtigkeit,
♄	Saturn	Hemmung, Konzentration, Pflicht
♅	Uranus	Plötzlichkeit, Umwälzung, Wandel, Innovation
♆	Neptun	Empfänglichkeit, Beeinflußbarkeit, Inspiration
♇	Pluto	Macht, Fügung, höhere Gewalt
☊	Mondknoten	Kommunikation, Verbindung

Tabelle 2: Horoskop-Faktoren

Haus	Grundbedeutung
I	Das Ich, Charakter, äußere Erscheinung, Habitus, Ausdrucksform des Willens, der Körper als Werkzeug der Seele
II	Materielle Mittel und Reserven, Ökonomie des Verhaltens im Materiellen, Geld
III	Geistige Fähigkeiten, Denken, nähere Umwelt, Nachbarn, Blutsverwandte
IV	Herkunft, Eltern, Heimat, das eigene Heim
V	Triebkräfte, Lebensfreude, was aus den Sinnen kommt, Gestaltungskraft, Liebe, Kinder, Spekulation
VI	Das Notwendige, Arbeit, Abhängigkeit, Gesundheit, Widerstandskraft, Broterwerb
VII	Das Du, Partner, Ehe, Bündnisse
VII	Bewußtseinsübergänge, Tod, Erbschaft, Forderungen
IX	Höhere geistige Interessen, Weltanschauung, Ausland, große Reisen
X	Gesellschaftliche Position, Erfolg, Beruf im Sinne von Berufung, Ansehen, Ehre
XI	Freunde, Gönner, Wünsche und Hoffnungen, Protektion
XII	Prüfungen, Feinde, Besinnung, Läuterung, Verlust, Auflösung, Einschränkung

Die Spitze des 10. Hauses geht durch das Medium Coeli, die Spitze des 1. Hauses wird durch den Aszendenten gebildet.

Tabelle 3: Die zwölf Häuser

	Symbol	Name	exakte Winkelbildung
große Winkel	☌	Konjunktion	0°
	☍	Opposition	180°
	□	Quadrat	90°
	△	Trigon	120°
	⚹	Sextil	60°
kleine Winkel	⚼	Anderthalbquadrat	135°
	∠	Halbquadrat	45°
	⚻	Quincunx	150°
	⚺	Halbsextil	30°
	Q	Quintil	72°
	BQ	Biquintil	144°

Tabelle 4: Die Aspekte

Zwei in der Revidierten Klassik strittige Bereiche müssen noch kurz gestreift werden. Da wäre einmal die sogenannte Rückläufigkeit von Planeten und zum anderen die Frage nach der Zulässigkeit von Spielräumen um die exakten Winkelbildungen herum. Wenn auch die Astrologie längst nicht mehr einem vorkopernikanischen Weltbild anhaftet, so wird sie doch konsequent aus der Perspektive der Erde betrieben, weil die Erde und die auf ihr lebenden Menschen der sachliche Bezugsrahmen der Astrologie sind. Aus der Erdperspektive ergibt es sich aber, daß Planeten scheinbar gegen ihren üblichen Richtungssinn im Tierkreis verlaufen. Diese scheinbare Rückläufigkeit ergibt sich technisch dann, wenn der betreffende Planet und die Erde selbst auf derselben Seite der Sonne ihre Bahn ziehen. Bei den außerhalb von Sonne und Erde gelegenen Planeten überholt die schnellere Erde jene »rückläufigen« Planeten, so daß diese scheinbar rückwärts gehen. Aber auch diejenigen Planeten, die sich zwischen Sonne und Erde befinden, nämlich Merkur und Venus, werden mehrfach im Jahr aufgrund der Eigenbewegung der Erde scheinbar »rückläufig«. Traditionelle Astrologie hat die Rückläufigkeit als negatives Zeichen bewertet, in dem Sinne, daß das durch den rückläufigen Planten angedeutete charakterliche Grundprinzip aufgrund der Rückläufigkeit nur schwer oder nur negativ zum Ausdruck kommen könne. Die moderne Astrologie hält wenig von solchen ehernen Charakterzuschreibungen.

Bei den Winkelbildungen zwischen zwei Planeten oder zwischen Planeten und Achsen ist natürlich eine gradgenaue Exaktheit selten zu erwarten. Grundsätzlich sind Spielräume um die exakten Winkelwerte von 90° oder 180° oder 135° usw. zulässig, die sogenannten »Orben« oder »Orbes«. Während die traditionelle Astrologie mit den Orben eher großzügig umging und in Einzelfällen Spielräume bis zu 15° um den exakten Winkelwert herum erlaubte, hat sich die *Revidierte Klassik*, was den Orbis anlangt, stark eingeschränkt. Als Faustregel kann gelten, daß ein Spielraum bis höchstens 5° Abweichung vom exakten Winkel betragen darf. Bei sehr langsam laufenden Planeten, also den erdfernen Planeten, tendiert man zu einem etwas geringeren Orbis, ebenso bei den sogenannten kleinen Winkeln, wo der Orbis von vornherein nicht mehr als 1 – 2° betragen soll. Sind Sonne und Mond als besonders wichtige Horoskopelemente an einer Winkelbildung beteiligt, darf der Orbis auch schon einmal 7° oder 8° betragen. Hier ergeben sich jedoch ohnehin zwischen den einzelnen Schulen und Systemen große Unterschiede, aber auch unter den einzelnen Anwendern derjenigen Astrologen, die sich insgesamt der Revidierten Klassik zurechnen.

Man könnte das Programm der Revidierten Klassik als ein Programm der Bescheidenheit bezeichnen. Wer sich etwas in der traditionellen Astrologie auskennt, dem wird sofort auffallen, daß das technische Verfügungswissen der Revidierten Klassik auf eine Reihe von Einzelheiten und Findungen von vornherein ganz verzichtet. Keine Rede von *Dekanaten*, keine

Rede von *Würden* und *Schwächen* der einzelnen Planeten im Tierkreiszeichen. Keine noch weitergehende Unterteilung des Tierkreises, womöglich in *Mondstationen*, keine spezielle Bewertung der einzelnen Tierkreisgrade in Analogie zum Zwölferschema des ganzen Tierkreises! Das »Programm der Bescheidenheit« in der Revidierten Klassik bescheidet sich zunächst technisch auf dasjenige, was empirisch-kasuistisch feststellbar erscheint. In der Deutungsarbeit geht es, ganz im Sinne dieses Programmes der Bescheidenheit, vor allem darum, gegebene charakterliche Dispositionen aufzuzeigen, nicht aber darum, aus dem Horoskop über den Charakter bzw. über das Schicksal des Individuums »wahrzusagen«. Glaubte die traditionelle Astrologie bis ins 20. Jahrhundert hinein noch, gewissermaßen alles und jedes, jede Lebensregung aus dem Horoskop ableiten zu können, so verweist die Revidierte Klassik vor allem auf die Aussagegrenzen der Astrologie. Gerade aber mit diesem Denkansatz wird eine neue Perspektive auf die Astrologie und ihre Aktualität sichtbar. Denn die Astrologie ist nun nicht mehr einfach der letztlich witzlose Herold eines ohnehin nicht mehr veränderbaren, im vorhinein bestimmten Schicksals, sondern sie kann nunmehr zum Aufweis von Lebensmöglichkeiten dienen, zum Hinweis auf Begabungen, aber auch auf Aufgaben und Probleme. Diese freilich werden dann durch die diagnostische Arbeit des geschulten Astrologen dem Individuum zugänglich – vielleicht schneller zugänglich als ohne die diagnostische Hilfe der Astrologie. Die Revidierte Klassik betont gegenüber der traditionellen Astrologie die Willensfreiheit des Menschen, hebt die Möglichkeit der Erziehung und Selbsterziehung hervor. Aber gerade darin liegt auch ihr besonderer Wert. Denn nunmehr wird die Astrologie als Hilfe in der Beratung, in der Therapie, in der Kindererziehung einsetzbar. Die Astrologie verdankt der Revidierten Klassik den endgültigen Abschied von einem schicksalsgläubigen und in vielerlei Hinsicht fatalistischen Weltbild, sie verdankt der Revidierten Klassik den Anschluß an psychologisches und therapeutisches

Denken und damit letztlich einen festen Platz innerhalb der vielfältigen Therapie- und Beratungsangebote der heutigen Zeit.

Kommen wir damit zu den übrigen Anwendungsfeldern der Astrologie, insbesondere Prognose und Partnerschaft, auf denen die Revidierte Klassik ein eigenes Set an technischen und deutungsbezogenen Regeln beachtet. Auch hier gilt insgesamt ein »Programm der Bescheidenheit«. Hält sich die Revidierte Klassik schon in der Berechnung des Grundhoroskops verhältnismäßig eng an die astronomischen Vorgaben, so wird bei der Prognose gefordert, möglichst keine Techniken zu verwenden, die nicht auch astronomisch begründbar sind. Somit fallen, streng genommen, alle Direktionssysteme unter den Tisch, Techniken also, die mit einem astronomisch nicht mehr begründbaren Zeitschlüssel 1 Tag = 1 Lebensjahr, 1 Tierkreisgrad = 1 Lebensjahr usw. arbeiten. Als im engen Sinn astronomisch begründbar erscheint der Revidierten Klassik zunächst einmal die Technik der Planetentransite, welche im übrigen wohl in allen astrologischen Schulen Anwendung findet; und zweitens verwendet die Revidierte Klassik speziell die Solarhoroskope zur Jahresprognose. Verhältnismäßig selten werden Lunarhoroskope eingesetzt, weniger aufgrund einiger kleinerer technischer Schwierigkeiten, auf die wir gleich noch zu sprechen kommen, sondern vielmehr deswegen, weil die Monatsprognose – und um eine solche handelt es sich beim Lunar – auch mit den Mitteln der Transite ausreichend zu bewältigen ist.

Behandeln wir zunächst die Technik des Solarhoroskops. Ein Solar ist ein Horoskop, das auf den bogensekundengenauen Übergang der Sonne über ihren eigenen Ort um den jeweiligen Kalendergeburtstag herum für das jeweils anstehende Lebensjahr berechnet wird. Für die Vorbereitung der Solarberechnung muß also zunächst für das Geburtshoroskop der bogensekundengenaue Sonnenstand aus der Ephemeride durch Interpolation ermittelt werden.

Wir wollen für die Prognosetechniken in den einzelnen Schulen beispielshalber ein markantes Ereignis im Leben des hier gewählten Horoskopeigners untersuchen. Es handelt sich um eine Eheschließung am 6. August 1974. Die Ehe wurde 1978 geschieden. Das Solarjahr 1974/75 beginnt am 20. Mai 1974, 1h 10m 48s Weltzeit bei einem Aufenthaltsort, der identisch mit dem Geburtsort ist (7°38' östliche Länge, 51°58' nördliche Breite). Betrachten wir nun die nachfolgende Abbildung:

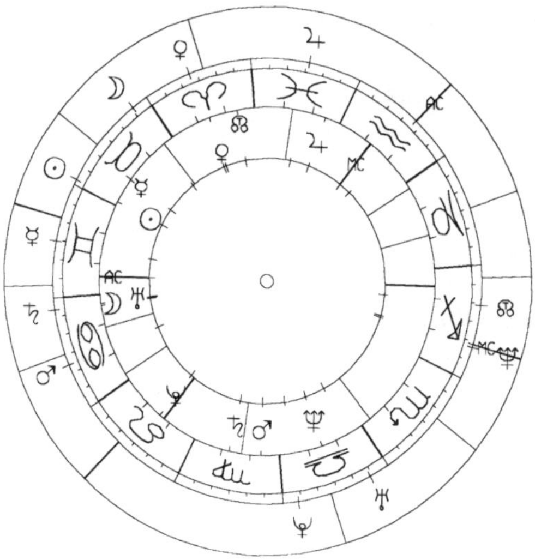

Abbildung 3: Solar 25. Lebensjahr (außen um das Radix gezeichnet)

Die Abbildung zeigt innen das Geburtshoroskop und außen gezeichnet das Solarhoroskop für das 25. Lebensjahr, also dasjenige Lebensjahr, in dem der Horoskopeigner heiratete. Selbstverständlich wird das Solarhoroskop nicht an und für sich gedeutet, sondern stets in engem Bezug zum Geburtshoroskop. Deshalb werden die beiden Horoskope »ineinander« gezeichnet, um den Zusammenhang auch bildlich sinnfällig zu machen. Technisch ist das Solarhoroskop eine *Momentaufnahme* der Transite, also der Bewegungen der laufenden Planeten zum genauen Zeitpunkt des »astrologischen Geburtstages«, welcher eben durch den bogensekundengenauen Übergang der Sonne über ihren eigenen Ort im Geburtshoroskop definiert ist. Nach astrologischer Überzeugung gilt das Solarhoroskop für dasjenige Lebensjahr, für welches es berechnet ist. Es ist also, für sich genommen, keine exakte oder auch nur auf Tage oder Wochen angenäherte Zeitdatierung irgendwelcher Ereignisse, sondern es gibt die Grundtendenzen, die Erlebnisrichtung in einem bestimmten Lebensjahr an.

Hier wissen wir aus der Retrospektive, daß der Horoskopeigner in diesem Jahr, seinem 25. Lebensjahr, geheiratet hat, wir wissen auch, daß diese Ehe nach vier Jahren wieder getrennt wurde. Ohne allzuviel spekulieren zu wollen, darf man davon ausgehen, daß die Partnerwahl des Horoskopeigners seinerzeit eher schwierig und unangemessen war. Daß es um Bindung, wahrscheinlich unter stark verändernden Umständen, ging, zeigt im Solarbild die Stellung des Solar-Mondknotens an der Spitze des 7. Radix-Hauses, zeigt aber auch die Plazierung des Radix-Plutos am 7. Solar-Haus. Hier wurde wohl schicksalhaft (Pluto) die Bindung (Mondknoten) gesucht und gefunden. Doch der eigene Weg war keineswegs klar – Solar-Neptun am Solar-MC –, und daß die Bindung sich als schwierig erweisen würde, ist angedeutet durch die Konjunktion des Solar-Saturns mit Radix-Mond und Radix-Uranus. Aber auch der Solar-Pluto bildet ein nahezu exaktes Quadrat zu der Mond-Uranus-Konjunktion im Geburtsbild. Daß das Bindungsthema auch in erotischer Hinsicht damals anstand, zeigt die Stellung des Radix-Aszendenten an der Spitze des 5. Solar-Hauses.

Diese ganz knappe Deutung des Solarhoroskops in Verbindung mit dem Radixhoroskop mag bereits einige Hinweise darauf geben, wie man in der Revidierten Klassik bei der Deutung des Solarbildes vorgeht. Nachfolgend seien die wichtigen Regeln kurz zusammengefaßt. Am wichtigsten ist die schon genannte Regel, daß das Solarbild stets in enger Verbindung mit dem Geburtsthema interpretiert wird. Dazu gehört auch, daß man sein Augenmerk vor allem auf diejenigen Verbindungen von Solar-Planeten untereinander bzw. Solar-Planeten und Radix-Planeten richtet, die schon im Geburtshoroskop vorkommen. So zeigt sich z.B. im Solarhoroskop eine Konjunktion von Solar-Neptun und Solar-MC. Schon im Radix-Horoskop gibt es eine Kombination von Neptun und MC, nämlich ein Trigon. Diese Regel kennt freilich Ausnahmen, vor allem dann, wenn im Radixbild oder im Solarbild Sonne und Mond betroffen sind. Ebenso werden alle, auch möglicherweise neue *Dominanzen* gedeutet, nämlich Aspektbildungen von Solar-Planeten auf die Radix-Achsen und die Solar-Achsen bzw. die Verbindung von Radix-Planeten zu den Solar-Achsen. Die Stellung von Sonne, Mond, Merkur, Venus und Mars im Solarhoroskop wird vorwiegend in bezug auf die Solar-Häuser gedeutet, während man die Stellung der Langsamläufer ab Jupiter im Solarbild eher in bezug auf die Radix-Häuser deutet, »über« denen sie stehen.

In unserem Beispiel steht der Solar-Mond im zweiten Solar-Haus sowie »über« dem 12. Radix-Haus. Die Deutung bezieht sich hier aber ganz überwiegend auf die Stellung des Solar-Mondes im zweiten Solar-Haus. Umgekehrt aber wird der Solar-Saturn hauptsächlich hinsichtlich seiner Stellung im ersten Radix-Haus gedeutet und allenfalls untergeordnet hinsichtlich seiner Stellung im 5. Solar-Haus. Die Stellung von Solar-Mond und Solar-Sonne in den Solar-Häusern, aber auch die Stellung von Solar-MC und Solar-Aszendent über den jeweiligen Radix-Häusern, doch ebenso die Stellung des Radix-MC und die des Radix-Aszendenten in jeweiligen Solar-Häusern ist Gegenstand der Deutung. Zu achten ist nicht zuletzt auf die Stellung des maximalbedeutsamen Planeten im Geburtshoroskop. In unserem Beispiel ist Pluto der maximalbedeutsame Planet. Er steht erstens als Solar-Planet im 7. Solar-Haus – und über dem 5. Radix-Haus – und zugleich ist Pluto aus dem Radix-Horoskop durch seine nunmehrige Konstellierung an der Spitze des 7. Solar-Hauses noch besonders hervorgehoben.

Damit sind die wesentlichen technischen Regeln für die Bearbeitung von Solarbildern gegeben. Die Deutung folgt den Prinzipien der Revidierten Klassik: Es werden – prozeßhaft auf die Zeit eines Lebensjahres bezogen – Tendenzen angegeben, und zwar im Ton der Wahrscheinlichkeit, mit Verweis auf Stimmungsbildungen und innere Entwicklungen, die möglichen äußeren Ereignissen zugrunde liegen können. Keineswegs ist die Solar-Prognose in einem engen Sinn »Schicksalsprognose«, und noch weniger Wahrsagerei! *»Wer sich auf Prognosen verläßt«*, schreibt Klöckler, *»von Prognosen leiten und treiben läßt, begibt sich in große seelische und vielleicht auch in reale Gefahren. Zur fatalistisch-negativen Einstellung darf die Möglichkeit astrologischer Voraussage nicht führen.«*[7]

Wie schon gesagt, in der Revidierten Klassik wird der Schwerpunkt der prognostischen Deutung auf die seelische Entwicklung gelegt. Aber auch die astrologische Prognose nach der Revidierten Klassik ist sich des Zusammenhanges zwischen innerer Entwicklung und äußerem Lebensgang bewußt. Klöckler schreibt, daß die innere Entwicklung unter Umständen sehr stark in das äußere Schicksal eingreife, und es sei von daher berechtigt, dies auch in einer vernünftig formulierten Prognose zu erwähnen:

»So ist theoretisch und meist auch praktisch die Möglichkeit gegeben, aus einem Solarhoroskop, das eine bedeutsame Aktivierung der geistigen und seelischen Kräfte anzeigt, auf entsprechende Fortschritte im sozialen, beruflichen oder wirtschaftlichen Leben andeutungsweise zu schließen, ebenso wie es berechtigt ist, aus seelisch deprimierenden Einflüssen wahrscheinliche Mißerfolge und Schwierigkeiten in der äußeren Lebensgestaltung zu folgern. In gleicher Weise führen andere psychische Tendenzen zu typischen Erlebnissen in der familiären und persönlichen Sphäre, und diese können von der Prognose gleichfalls

7 Herbert Freiherr v. Klöckler, *Kursus der Astrologie, Band 3*, (Freiburg 1984[6]) p. 15.

mit berücksichtigt werden. Allerdings müssen die generellen Merkmale dieses aus psychischen Gründen wahrscheinlichen Geschehens unbedingt im Vordergrunde stehen. So werden bestimmte erotisierende Konstellationsverhältnisse beim Manne unter normalen Umweltsverhältnissen zu einer Aktivierung der Beziehungen zur Frau führen, und es scheint gerechtfertigt, diese Aktivierung vermutungsweise auszusprechen, es ist aber nicht erlaubt, die sozialen und formalen Konsequenzen, die hier etwa in Verlobung und Hochzeit bestünden, irgendwie in den Vordergrund zu stellen.«[8]

Das Solarhoroskop ist für die Revidierte Klassik sozusagen der Hauptbaustein der Prognose. Die Verhältnisse in einem jeweiligen Solarhoroskop, also bezogen auf ein bestimmtes Lebensjahr, bestimmen auch die Deutung von Transiten. Dazu weiter unten mehr.

Das Lunarhoroskop wird relativ selten angewendet, welches, ähnlich wie das Solarhoroskop für die Sonne, auf den bogensekundengenauen Übergang des Mondes über seinen eigenen Position im Geburtshoroskop gestellt wird. Auch hier gilt, daß der Aufenthaltsort des Geborenen für die Erstellung des Lunars ausschlaggebend ist. Auch das Lunar ist in diesem Sinn eine Momentaufnahme der jeweils geltenden Transite. Die Auswertung erfolgt im Prinzip so wie beim Solarhoroskop. Der Wert des Lunars für Monate, in denen besondere Ereignisse und Entscheidungen anstehen, soll nicht bestritten werden. Für eine eher gewöhnliche Monatsprognose, deren Sinn man natürlich generell in Zweifel ziehen kann, dürfte sich ein Lunarhoroskop als von vornherein zu aufwendig und zu kompliziert erweisen. Man muß sich darum nicht wundern, daß das Lunar in der gegenwärtigen Astrologie so gut wie nicht mehr gebraucht wird. Die technische Schwierigkeit des Lunars besteht in den unterschiedlichen und rasch wechselnden Tagesgeschwindig-

8 Herbert Freiherr v. Klöckler, *Kursus der Astrologie, Band 3*, (Freiburg 1984[6]) p. 16.

keiten des Mondes. Üblicherweise nimmt man die Gesamtbewegung des Mondes an vier aufeinander folgenden Tagen, in die das Lunardatum fällt, als Ausgangsmaß der Mondbewegung und interpoliert dann.

Nachfolgend nun das Lunar, das für den Hochzeitstag 6. August 1974 im Leben unseres Horoskopeigners gilt. Es ist gestellt auf das Datum 18. Juli 1974, 0h 49m 01s Uhr Weltzeit, Aufenthaltsort 7°38' östliche Länge, 51°58' nördliche Breite.

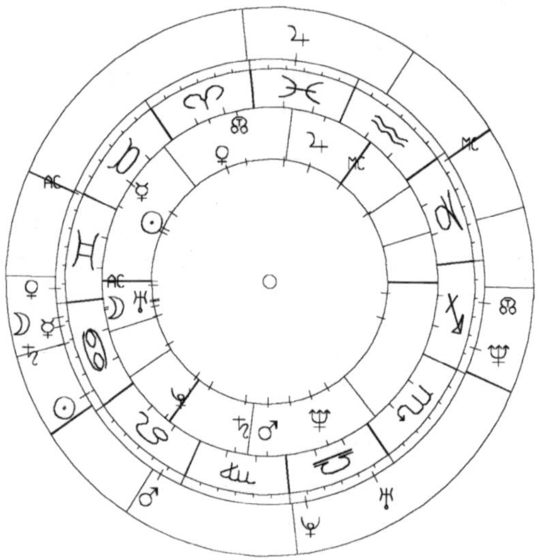

Abbildung 4: Lunar (außen um das Radix gezeichnet)

Auf eine ausführliche Deutung des Lunars für die Eheschließung 1974 wollen wir hier verzichten. Es genüge der Hinweis, daß die Lunar-Venus dicht am Radix-Aszendenten steht, außerdem befindet sich der Lunar-Mars im 5. Lunar-Haus, deutet also hin auf den intensiven erotischen Betreff dieses Lebensmonats. Es liegt in der Natur der kurzen Gültigkeitsdauer des

Lunars, daß man diesem Beispiel kaum einen Hinweis auf die Schwierigkeiten entnehmen kann, denen die Ehe des Horoskopeigners verhältnismäßig bald nach der Heirat ausgesetzt war, und die letztlich vier Jahre später zur Trennung führten. Allenfalls könnte man die Stellung des Lunar-Aszendenten über dem 12. Radix-Haus dahingehend deuten, daß sich der Horoskopeigner mit seinen Handlungen und Entscheidungen in diesem »Lunar-Monat« selbst Schwierigkeiten bereitet. Da nun freilich der Geborene ohnehin die Sonne im 12. Haus stehen hat, könnte man die Position des Lunar-Aszendenten auch im positiven Sinne als Verstärkung der Radix-Sonne sehen, die im 12. Haus ja auch Feingespür, innere Offenheit und Weitblick möglich macht. Wer will, könnte allenfalls noch die Position des Lunar-Mars im 4. Radix-Haus als Hinweis auf größere Probleme im »eigenen Heim« (4. Haus) betrachten.

Wichtiger als das Lunarhoroskop sind die Transite, d.h. die Übergänge der laufenden Planeten über Winkel zu den Radix-Planeten bzw. durch die Häuser des Geburtshoroskops. Von Bedeutung sind dabei sowohl die Langsamläufer, also Jupiter, Saturn, Uranus, Neptun und Pluto, als auch die schnelleren Planeten, nämlich Merkur, Venus und Mars. Dabei verweist die Transitbewegung der Langsamläufer vor allem auf Hintergrundstimmungen, auf generelle Lebensthemen, die in einer bestimmten längeren Zeitphase zum Austrag kommen, während die schnelleren Planeten sozusagen die Stimmungs- und Ereignisbildungen im »Tagesgeschäft« andeuten. Der Gang von Sonne und Mond wird üblicherweise nicht in die Prognose einbezogen, einfach deswegen, weil hier die Bewegung zu schnell ist. Doch zeigt sich häufig in der metagnostischen Nacharbeit von bereits geschehenen Ereignissen, daß an Ereignistagen auch die Position der Sonne bzw. der Stand des laufenden Mondes in einem bestimmten Horoskophaus mit auf das in Rede stehende Ereignis verweisen.

Wesentlich bei der Transitbeobachtung ist zunächst, daß die laufenden Planeten zu den als unveränderlich gedachten Positionen des Radix-Horoskops bestimmte Aspekte bilden, die je nach Schnelligkeit des laufenden Planeten nur wenige Tage oder auch mehrere Monate bis hin zu zwei Jahren gelten können. Eine gute Faustregel besagt, daß ein Transit zu wirken beginnt, wenn der laufende Planet 1° oder weniger vor der exakten Winkelbildung zu einem Radix-Element steht, und solange wirkt, bis der laufende Planet sich weiter als 1° von der exakten Aspekt-Stelle entfernt hat. Auch in der Transitbeobachtung arbeitet man also mit *Orben*, doch werden diese gleichsam aufgrund der Laufgeschwindigkeit der Planeten in Zeit übersetzt. Diese Faustregel wird wohl von den meisten astrologischen Beratern angewendet, doch es ist wahrscheinlich, daß die Orbisgrenzen hier etwas zu eng gezogen sind. Bekannt ist, daß sich Saturn-Transite oft verzögert auswirken; bekannt ist auch, daß Uranus-Transite nicht selten sehr exakt zur Auslösung gelangen. Vielfach wird ein Orbis von $1\frac{1}{2}$° bis 2° um den exakten Winkel herum vorgeschlagen, mit entsprechend verlängerter Wirkungsdauer.

Letztlich kommt es aber gar nicht so sehr darauf an, den exakten Auslösungszeitpunkt eines bestimmten Transites zu ermitteln, denn dies fixiert den Astrologen und sein Handwerk wiederum allzusehr auf die Bestimmung eines bloßen Ereignisses. Auch in der Transitbeobachtung ist es wichtiger, kleinere oder größere Zeiträume zu beobachten, in denen gewisse Stimmungsbildungen auch ohne konkrete Ereignisse eine Rolle spielen, aber zugleich auch konkrete Ereignisse und Erfahrungen begünstigen.

Die Fixierung auf Aspektbildungen bei der Transitbeobachtung führt bei vielen Astrologen dazu, den bloßen Durchgang eines laufenden Planeten durch die Häuser des Radix-Horoskopes zu vernachlässigen. Diese Art der Transitbeoachtung, die ihrem Charakter nach ebenfalls in das Programm der Revidierten Klassik gehört, wird im Ausland, vor allem in Amerika, wohl etwas mehr gepflegt als in der deutschen Astrologie. Dabei geht es allerdings auch nicht darum, alle Planeten, Langsamläufer wie Schnelläufer in ihrem Durchgang durch die astrologischen Häuser zu beobachten. Uranus, Neptun und Pluto beispielsweise laufen so langsam, daß eine Beobachtung von deren Transiten durch die astrologischen Häuser für die vernünftige Prognose wenig Sinn macht. Uranus hält sich je nach Hausgröße zwischen vier und neun Jahren in einem Horoskophaus auf, und man kann nicht unbedingt sagen, daß das Grundsatzthema des jeweiligen Horoskophauses, in dem sich der laufende Uranus aufhält, während dieser ganzen Zeit im Leben des Horoskopeigners virulent ist. Freilich spielt die Transitbeobachtung der Häuserdurchgänge laufender Planeten wohl eine wichtige Rolle bei Mars, Jupiter und Saturn! Gerade die Saturn-Transite sind hier von spezieller Wichtigkeit. Wenn der laufende Saturn die Spitze eines nächsten Hauses erreicht, darf man üblicherweise damit rechnen, daß das Thema dieses neuen Hauses mit gewissem Nachdruck im Leben des Horoskopeigners markiert wird. Allerdings bedeutet auch der Saturn-Transit durch die Häuser nicht, daß Saturn die jeweils $2^1/_2$ Jahre lang, die er sich durchschnittlich in einem Horoskophaus aufhält, das Thema dieses Hauses stets nachdrücklich ins Bewußtsein riefe. In dieser Hinsicht sind bei Mars, Jupiter und Saturn vor allem die Transite durch die jeweils erste Hälfte eines Horoskophauses von Bedeutung bzw. unmittelbar vor der Spitze eines folgenden Horoskophauses.

Merkur und Venus spielen zwar eine Rolle bei der Transitbeobachtung, doch können sie für die vernünftige Prognose gern etwas vernachlässigt werden. Traditionell orientierte Astrologie hat den Merkur als Signifikator für die berufsbezogenen Alltagsgeschäfte genommen, während die Venus mehr für die privaten Angelegenheiten »nach Feierabend« zuständig war. Hieraus hat man versucht, den Transiten von Merkur und Venus entsprechende Bedeutung für Berufs- wie Privatleben zu unterlegen. Im Einzelfall kann dies eine Rolle spielen, vor allem dann, wenn Merkur und Venus »stationär« werden und gerade dann einen Winkel zu Elementen des Geburtshoroskops bilden. Die *stationäre Phase* eines Planeten bedeutet, daß er aus der Direktläufigkeit übergeht in die Rückläufigkeit bzw. umgekehrt aus der Rückläufigkeit in die Direktläufigkeit. Bei diesen Übergängen verläuft der Planet aus der Perspektive der Erde besonders langsam, entsprechend intensiv und langdauernd wird seine Wirkung im Transit eingeschätzt! Doch im allgemeinen kann man auf diese traditionellen Zuschreibungen für Merkur und Venus getrost verzichten.

Damit sind schon die wesentlichen Regeln für die Transitbeobachtung und Transitdeutung genannt. Betrachten wir nun die Transite für das Datum der Eheschließung am 6. August 1974 in unserem Beispielhoroskop:

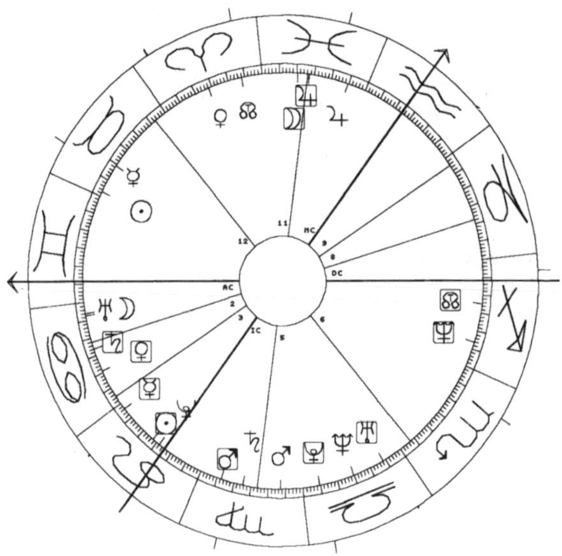

Abbildung 5: Transite 6. August 1974 (laufende Planeten mit Kasten)

Die Transite sind hier kurzerhand für die Zeit 12 Uhr MEZ, also die genaue Tagesmitte, berechnet. Mond und Jupiter laufen am Ereignistag durch das 11. Haus, deuten also auch die Thematik dieses Hauses an: Freundschaft, Partnerschaft. Mars durch das 4. Haus verweist auf eine gewisse Unruhe im Bereich der persönlichen Geborgenheit, womöglich auch auf Unruhe im Herkunftsmilieu des Geborenen. Man könnte hieraus schließen, daß die Eheschließung als solche Unruhe und Aggressivität in den ganz persönlichen Lebensbereich des Geborenen bringt, man darf aber auch vermuten, daß im Herkunftsmilieu des Horoskopeigners, also in dessen Elternhaus die Eheschließung mit nicht eben wohlwollenden Gefühlen bedacht wurde. Saturn im Durchgang durch das zweite Horoskophaus deutet auf die Notwendigkeit hin, sich der materiellen Ressourcen zu versichern, eventuell auch auf die Notwendigkeit, eigene psychische oder physische Ressourcen zu verausgaben. Mit anderen Worten: Die vor dem Horoskopeigner liegende Zeit – der Saturn-Durchgang durch das zweite Haus dauert noch ein gutes Jahr – wird in psychophysischer wie materieller Hinsicht unter Umständen schwierig. Nicht uninteressant ist die schon verhältnismäßig enge Konjunktion der laufenden Sonne mit dem Radix-Pluto. Kombinationen von Sonne und Pluto deuten vielfach auf starke persönliche Veränderungen hin, verweisen recht häufig auch auf die Auseinandersetzungen, die im Zusammenhang mit Machtfragen, Machtgebrauch und Machtmißbrauch nötig werden. Wir haben hier ein Beispiel, bei dem aus der metagnostischen Rückschau heraus auch die Transitposition der laufenden Sonne von Bedeutung ist. Die Ehe des Horoskopeigners rührte in der Tat auch an Machtkonflikte zwischen den beiden Ehepartnern. Deutlicher freilich ist hier im Transitbild das Thema der Änderung angezeigt – nicht nur durch die schon erwähnte Konjunktion der laufenden Sonne mit dem Geburts-Pluto, sondern auch durch das nahezu exakte Trigon des laufenden Uranus mit dem Radix-Aszendenten. Uranus, das Prinzip der Innovation, aber auch der Spannung und der durch Spannung sich auslösenden Veränderungen, »arbeitet« hier am Milieu (Aszendent) des Horoskopeigners. Am Ereignistag selbst ist der Übergang des Uranus in der Tat exakt! Mit dem Ereignis vom 6. August 1974 findet eine wohl grundlegende Veränderung im Lebensumfeld und damit auch in der Lebensgestaltung des Horoskopeigners statt.

Vielleicht würde man wegen des Charakters des tatsächlich stattgefundenen Ereignisses – nämlich Eheschließung – deutlichere Transite der »Triebplaneten«, also vorzugsweise von Mars und Venus, erwarten. Ebenso würde man annehmen, daß markantere Übergänge zu den Radix-Positionen von Mars und Venus angezeigt sind. Die relativ exakte Opposition des laufenden Mars zum Radix-Jupiter wird in der astrologischen Tradition auch als Hinweis auf Liebes- und Eheangelegenheiten gesehen, gilt aber nach aller Erfahrung eher eigentlich als ein Transit, der sich auf geschäftliche und gegebenenfalls juristische Angelegenheiten bezieht. Selbstverständlich ist natürlich die Eheschließung auch ein juristischer Akt. Die Venus steht erstaunlich schwach, zur Radix-Venus wird kein markanter Transit gebildet; und die laufende Venus bildet lediglich ein Sextil zum Radix-Merkur. Sextile freilich werden als schon relativ schwache Aspekte bei der Transitbeobachtung in der Regel fast vernachlässigt. Sie haben eher eine allgemein stabilisierende als konkret auslösende bzw. ereignisbildende Wirkung. Das partnerschaftliche Thema äußert sich in diesem Transitbild noch am ehesten durch die Hausposition des laufenden Mondes und des laufenden Jupiter.

Die Revidierte Klassik empfiehlt, die Transitbeobachtung eng mit der Solardeutung zu verknüpfen. Freilich, in der Deutung des zeitgleich geltenden Solarhoroskops kommt das Bindungs- und Partnerschaftsthema recht viel deutlicher – und dann auch durchaus kritischer – zum Ausdruck. Erst mit dem zeitgleich geltenden Solar läßt sich also z.B. die Opposition des laufenden Mars zum Radix-Jupiter etwas schärfer auf das Partnerthema, hier also auf die Regelung von Partnerschafts- und Eheangelegenheiten hin einengen, ohne das die anderen Deutungen des Transits von Mars zu Jupiter völlig unter den Tisch fallen müßten. Dennoch, auch mit dem zugehörigen Solarbild im Hintergrund ist das Transitbild vom 6. August 1974 nicht unbedingt typisch für eine Eheschließung. Weit im Vordergrund steht hier die deutliche Lebensveränderung des Horoskopeigners.

Ein Grundprinzip der revidierten astrologischen Klassik ist es, wie schon gesagt, nur solche Techniken zu verwenden, die aus den astronomisch gegebenen Verhältnissen begründbar sind. Ihr bleiben eigentlich nur die Transite und ihre Sonderfälle, nämlich die sogenannten »Momentaufnahmen« von Transiten in Form eines Solarhoroskopes oder Lunarhoroskopes übrig. Nun sollte man nicht verschweigen, daß sich die gesamte Astrologie aus astronomischer Sicht in einem ganz erheblichen Begründungsnotstand befindet. Doch selbst wenn wir annehmen, daß man aus der Perspektive der Astronomie den astrologischen Grundgedanken akzeptiert, wonach es eine Entsprechung zwischen dem Wandel der Planeten in unserem Solarsystem und dem individuellen und kollektiven Geschick gäbe, welcher sich vor allem im Zeitpunkt der individuellen menschlichen Geburt manifestiert, so wird es schon schwerfallen, das Prinzip des Solarhoroskopes, das ja auf dem bogensekundengenauen Übergang der Sonne in einem Lebensjahr über ihren eigenen Platz basiert, zu akzeptieren. Eine Begründung für die Triftigkeit des Solarhoroskops läßt sich eher mit der astrologischen Grundüberzeugung geben, derzufolge die Sonne im individuellen Horoskop den Lebenskern des Menschen repräsentiert. Wird dieser Lebenskern um den jeweiligen Kalendergeburtstag herum wieder besonders aktiviert, mag eine neue prägende kosmische Situation für das Individuum gegeben sein, diesmal allerdings nicht für das ganze Leben, sondern nur für das jeweilige neue Lebensjahr geltend. Mit anderen Worten, in der Astrologie ist das Argument der astronomischen Begründbarkeit zwar auf der einen Seite durchaus sehr ernst zu nehmen – nämlich im Blick auf Spekulationen,

Findungen, zusätzliche Wirkpunkte. Auf der anderen Seite ist das Argument der astronomischen Begründbarkeit stets auch brüchig, und das, was die seriöse Astrologie an Techniken und Deutungen offeriert, läßt sich so gut wie nie unmittelbar astronomisch begründen. Es wäre ehrlicher, wenn man als Astrologe sagte, daß man sich bemühte, Astrologie möglichst nahe an den astronomischen Gegebenheiten zu betreiben. Doch die Annäherung kann eigentlich nur »asymptotisch« sein. Der astrologische Grundgedanke mag für einen Astronomen weltanschaulich nachvollziehbar sein; aus der Astronomie selbst ist er nicht zu begründen.

Die astrologische Grundannahme von der Entsprechung zwischen individuellem Leben und dem Wandel der Sterne kann als ein wirkmächtiges Bild verstanden werden, das weitere Bilder hervorruft. Diese Bilder mögen eingängig sein, sie mögen – als Analogien, als Metaphern – für den, der Astrologie anwendet, nicht nur unmittelbar anschaulich, sondern auch lebensstrukturierend und lebensgestaltend sein. Beweise oder auch nur Ableitungen im strengen Sinne können solche Bilder und Metaphern nicht sein.

Die Abbildung des menschlichen Lebens auf die »Planetenuhren« verweist vor allem auf die Zeitlichkeit und auf die zeitliche Meßbarkeit des menschlichen Lebens. Es sind die Umläufe der Planeten selbst, die auf bestimmte kleinere oder größere Zeiteinheiten verweisen. Von daher liegt der Gedanke nicht fern, gewisse kleinere Zeiteinheiten wiederum als Metaphern für den Lauf eines individuellen Lebens selbst zu erkennen. Der Tag als kleinste Lebenseinheit, das Jahr als weitere Lebenseinheit – mit solchen Bildern gehen wir auch ohne Astrologie unbewußt immer wieder um, nämlich dann, wenn wir vom »Lebensabend« oder vom »Frühling der Jugend« sprechen.

Die vielfältigen Direktionssysteme, die die traditionelle und später auch die theosophisch orientierte Astrologie ausgebildet haben, greifen unmittelbar auf diese Bilder von den kleinen und größeren »Lebenseinheiten« zurück. Mögen die Direktionssysteme astronomisch auch noch weniger begründbar sein als die Geburtsastrologie und die Transittechnik bzw. Solartechnik der Revidierten Klassik, so gehören sie doch heutzutage mit zum Grundbestand der modernen Astrologie. Die meisten Astrologen, die der Revidierten Klassik folgen, machen Gebrauch von einem oder mehreren Direktionssystemen. Insbesondere zwei Direktionssysteme dürfen inzwischen getrost ebenfalls als »klassisch« bezeichnet werden. Es handelt sich um die sogenannten *Primärdirektionen* der Horoskopachsen sowie um die *Sekundärdirektionen* von Sonne, Mond, Merkur, Venus und Mars.

Alle Direktionssysteme gehen von einer grundlegenden Analogiebildung zwischen Tag und Jahr aus. Die jeweils dirigierten Horoskopelemente werden im Richtungssinn des Tierkreises im Horoskop jeweils um das Maß ihrer täglichen Bewegung – also ihrer Bewegung in 24 Stunden – vorwärtsgeführt, während die anderen Horoskopelemente als feststehend betrachtet werden.

Behandeln wir zunächst die primären Direktionen. Die Revidierte Klassik wendet im wesentlichen die primäre Direktion der Achsen selbst an, also von Medium Coeli und Aszendent. Das Direktionsmaß ist hier die Rotation der Erde um ihre eigene Achse, gemessen auf 24 Stunden des bürgerlichen Tages. Wir wissen, daß die Erde sich in etwas weniger als 24 Stunden einmal um sich selbst dreht. Nach etwa 23 Stunden 56 Minuten und 3 Sekunden hat sich die Erde einmal ganz um sich selbst gedreht und beginnt eine neue Umdrehung. Diese Zeit wird als der sogenannte Sterntag definiert. Er ist etwas kürzer als der »bürgerliche« Tag. Der bürgerliche Tag von 24 Stunden wird von Mittagsstand zu Mittagsstand der Sonne berechnet. In dieser Rechnung ist allerdings nicht nur die vollständige Rotation der Erde um sich selbst enthalten, sondern auch noch ein winziges Stück Eigenbewegung der Erde in ihrer Revolution um die Sonne. Schon bevor der nächste Mittagsstand der Sonne wieder erreicht ist, hat sich die Erde einmal um sich selbst gedreht – der

Sterntag! Knapp vier Minuten später ist dann der nächste Mittagsstand der Sonne erreicht. Wir erkennen diesen »Überhang« in den Ephemeriden am sogenannten täglichen »Sternzeitfortschritt« von knapp vier Minuten, genaugenommen 3 Minuten 56,6 Sekunden. In der ganz praktischen Berechnung der Primärdirektionen der Achsen ist dieser sogenannte tägliche Sternzeitfortschritt unser Entsprechungsmaß von Tag und Jahr. In der Berechnung der Primärdirektionen der Achsen kann man nun auf zwei Weisen vorgehen. Wir wollen das an unserem Beispiel klarmachen, bei dem es um eine Eheschließung im 25. Lebensjahr geht:

1. Wir berechnen zwei Hilfshoroskope, die auf 24 bzw. 25 Tage später als dem Tag der Geburt gestellt sind. Die Daten der Hilfshoroskope würden also lauten: 13. Juni 1950, 6:01 Uhr MEZ, 7°38' östliche Länge, 51° 58' nördliche Breite, sowie entsprechend 14. Juni 1950, 6:01 Uhr MEZ, 7°38' östliche Länge, 51° 58' nördliche Breite. Von diesen Hilfshoroskopen interessieren uns im Moment nur die Stellungen der Achsen. Wir erhalten für das Medium Coeli Werte von 12° 27' sowie 13° 31' ♓, für den Aszendenten 14° 46' bzw. 15° 32' ♋. Die 24 bzw. 25 Tage nach dem Geburtsdatum entsprechen den vollendeten 24. bzw. 25 Lebensjahren. Das 25. Lebensjahr selbst liegt zwischen diesen beiden Grenzen.
2. Wir multiplizieren den sogenannten täglichen Sternzeitfortschritt, nämlich 3 Minuten 56,6 Sekunden, mit der Anzahl der vollendeten Lebensjahre, also 24 bzw. 25, und addieren diesen Wert zur Sternzeit der Geburt, also zur Rektaszension des Medium Coeli im Geburtshoroskop. Es ergibt sich die folgende Berechnung:

Sternzeit des MC (17°44'h)	21 h 20 m 43 s
Sternzeitfortschritt x 24	1 h 34 m 38 s
Sternzeit MC pr	22 h 55 m 21 s
MC pr	12.27 ♓

Die primären Direktionen heißen »primär«, weil sie ganz aus der primären Bewegung der Erde, nämlich der Rotation um die Erdachse, heraus berechnet werden. Die sekundären Direktionen beziehen sich auf eine andere Bewegung der Erde, nämlich deren Drehung um die Sonne. Im weiteren Sinne beziehen sich sekundäre Direktionen auf die Eigenbewegung der Planeten in ihrer Drehung um die Sonne. Wir wollen uns nun auch kurz die Berechnung der Sekundärdirektionen klarmachen. Hier gilt im Prinzip dasselbe Vorgehen: Für unser Beispiel werden zwei Hilfshoroskope berechnet, wiederum für den 13. und den 14. Juni 1950, also 24 bzw. 25 Tage nach der Geburt. Hier wollen wir nicht schon bei den Achsen enden, sondern auch noch die zwischenzeitlich erfolgten Eigenbewegungen von Sonne, Mond, Merkur, Venus und Mars berücksichtigen. In der Abbildung 6 ist ein Hilfshoroskop für den 13. Juni 1950 um das Geburtshoroskop unseres Beispiels eingezeichnet.

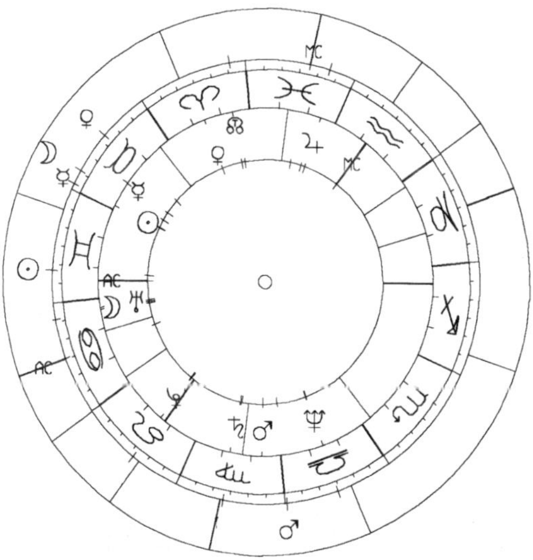

Abbildung 6: Primär- und Sekundärdirektionen (24. Lebensjahr)

Bis auf die Mondposition (24° 31' ♉) liegen alle Positionen des Hilfshoroskops nahe beieinander. Mit anderen Worten: Direktionen, abgesehen von der des Mondes, schreiten pro Lebensjahr nur verhältnismäßig langsam voran, und da die Direktionen in Aspekten zu den als unveränderlich gedachten Elementen des Geburtshoroskopes gemessen und gedeutet werden, ergeben sich keineswegs in jedem Lebensjahr eine oder mehrere markante Direktionen. Machen wir uns aber klar, daß der Mond an jedem Tag durchschnittlich 12° bis 15° im Tierkreis voranschreitet. Für die Monddirektion gilt entsprechendes, d.h. für ein bestimmtes Lebensjahr schreitet der dirigierte Mond ebenfalls 12° bis 15° im Tierkreis voran. Man kann also auch Monddirektionen monatsweise berechnen.

In unserem Beispiel in Abbildung 6 zeigt sich, daß die primäre Direktion des Medium Coeli recht genau den Oppositionspunkt zum Geburts-Saturn erreicht. Auch hier also das Thema Bindung (Saturn), zugleich freilich mit der Antönung eines Entwicklungs- oder Ablösungskonfliktes (MC/Saturn-Opposition). Der primär dirigierte Aszendent erreicht das Quadrat zum Neptun und etwa ein Jahr später das Quadrat zur Venus. Das bisherige Milieu (Aszendent) wird unterschwellig verändert, womöglich unterminiert (Neptun).

Sekundäre Direktionen erscheinen in diesem Lebensjahr nicht so markant, abgesehen vielleicht vom dirigierten Merkur, der im 25. Lebensjahr eine exakte Konjunktion mit der Geburts-Sonne bildet. Für den direktionären Fortgang des Mondes mache man sich klar, daß dieser im Lauf des 25. Lebensjahres, relativ bald nach dessen Beginn, ebenfalls die Geburts-Sonne erreicht. Kombinationen von Sonne und Mond werden in der Astrologie nicht selten auf partnerschaftliche bzw. eheliche Belange hin interpretiert. Da der Mond im Horoskop auch für Stimmungsbildungen und Gefühle »zuständig« ist, muß man von Monddirektionen nicht unbedingt die Auslösung markanter Ereignisse erwarten. Überhaupt liegt der Vorteil der verschiedenen Direktionssysteme nicht so sehr darin, daß man für einen bestimmten Zeitraum bestimmte Ereignisse oder Ereignisketten prognostizieren könnte, obwohl natürlich auch Direktionen bestimmte Ereignisbildungen zu begünstigen scheinen. Der Vorteil der Direktionen liegt viel eher darin, daß man mit ihnen langfristige Entwicklungen bzw. etwas längere Lebensphasen veranschaulichen kann. Wenn man sich klarmacht, daß der sekundär dirigierte Mond etwa 28 Jahre benötigt, um einmal durch das ganze Horoskop zu gehen, so leuchtet unmittelbar ein, daß der Gang des sekundären Mondes durch ein bestimmtes Haus für die betreffenden Jahre eine spezielle Färbung der persönlichen Stimmung, des persönlichen Lebensgefühls und damit auch der Lebensgestaltung begünstigt. Ein primär oder sekundär dirigiertes Element, das über mehrere Jahre hin stetig auf ein Element des Geburtshoroskopes oder einen Winkel zu diesem zuläuft, begünstigt nach und nach den Aufbau einer bestimmten Neigung oder Lebenstendenz. Ist der exakte Direktionsaspekt überschritten, so verschwindet nach und nach die einschlägige Tendenz wieder oder wird zumindest weniger wichtig. Mit anderen Worten: Direktionen erzeugen sozusagen die Bilder langsamerer und hintergründigerer geistiger und psychischer Entwicklungen, vor denen dann, begünstigt durch eben diese Entwicklungen, bestimmte äußere Ereignisse und »Schicksalsbildungen« abrollen. Astrologische Prognose, die mit den primären und sekundären Direktionen arbeitet, sollte sich also klarmachen, daß es bei der Direktionstechnik und Direktionsdeutung noch weniger als bei den anderen Techniken um Ereignisprognose gehen kann, sondern um den Aufweis psychischer, mentaler und intellektueller Dispositionen.

Noch einige kurze Anmerkungen zu den Direktionen:
1. Der sogenannte tägliche Sternzeitfortschritt von knapp 4 Minuten ist nichts anderes als der aus der älteren Literatur bekannte *Naibod-Schlüssel* von 59'08". Hier wurde einfach der tägliche Sternzeitfortschritt in Rektaszensions-Grade umgerechnet.

2. Gelegentlich wird innerhalb der Revidierten Klassik auch mit sogenannten konversen oder »vorgeburtlichen« Direktionen gerechnet. Die Rede ist insofern von vorgeburtlichen Direktionen, weil wiederum nach der Entsprechung 1 Tag = 1 Lebensjahr in Tagen vom Geburtsdatum an zurückgerechnet wird. Theosophische Spekulation hat unter Einbezug des Reinkarnationsgedankens tatsächlich die sogenannten vorgeburtlichen Direktionen auf karmische Einflüsse aus früheren Leben des Horoskopeigners bezogen und daraus eine spezielle Deutung der jeweils prognostizierten Ereignis- und Stimmungsbildungen erschlossen. Technisch lassen sich die konversen Direktionen einfach durch Umkehrung der oben geschilderten Berechnung für primäre Direktionen der Achsen und sekundäre Direktionen der Horoskopelemente bis einschließlich Mars gewinnen. Für das 25. Lebensjahr würde man also von dem Geburtsdatum an 24 Tage zurückrechnen, hätte also die Verhältnisse vom 26. April 1950, 6:01 Uhr MEZ, bei 7°38' östliche Länge und 51°58' nördliche Breite, als konverse Direktionen in bezug auf das Geburtshoroskop zu deuten. Man muß sich hier nur klarmachen, daß man konsequent die Richtung wechselt, daß also hier die Direktionen gegen den sonst üblichen Richtungssinn im Tierkreis laufen. Im Ereignisjahr 1974 bewegt sich das konvers geführte Medium Coeli von 24°36' Steinbock zu 23°40' Steinbock, der konvers geführte Aszendent von 25°02' Stier zu 23°28' Stier. Hier wäre ein Bezug beider konvers geführter Achsen zur Mars-Position im Grundhoroskop gegeben. Die konversen Direktionen entfernen sich durch die Umkehr ihres Richtungssinnes natürlich noch weiter von einer möglichen astronomischen Begründung.

3. Wie schon die konversen Direktionen zeigen, hat sich um die Idee der astrologischen Direktionen eine Fülle von spekulativen Techniken gerankt. Wo astronomische Begründbarkeit kaum mehr gegeben ist, ist natürlich jeder weitergehenden Spekulation Tür und Tor geöffnet. Gerade die vielen spekulativen Modelle begünstigen indirekt die radikale Ablehnung aller

Direktionssysteme in der Revidierten Klassik. Wir wollen es hier innerhalb des Abschnitts über die Revidierte Klassik auch bei der Darstellung der beiden wichtigsten jetzt noch gebräuchlichen Direktionssysteme bewenden lassen, eben der Primärdirektionen der Achsen und der Sekundärdirektionen von Sonne, Mond, Merkur, Venus und Mars. Einige andere Direktionssysteme werden weiter unten in dem Abschnitt über die traditionelle bzw. theosophisch inspirierte Klassik vorgestellt.

Zur Revidierten Klassik gehört schließlich noch die sogenannte Synastrie, der direkte Vergleich zweier Horoskope zum Zweck einer Partnerschaftsanalyse. Die nachfolgende Abbildung zeigt unser Beispielhoroskop im Vergleich mit dem Horoskop der zweiten Ehefrau des Horoskopeigners:

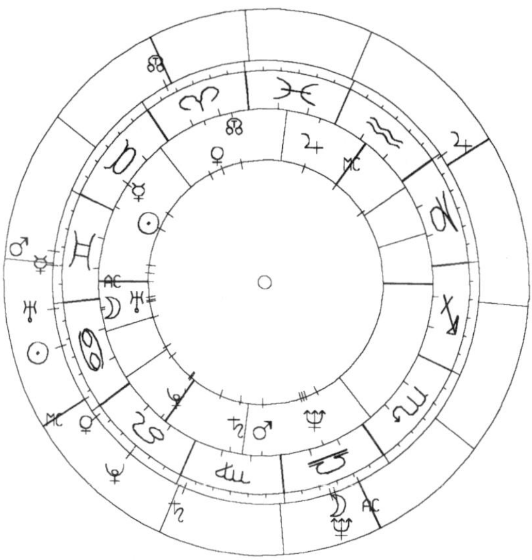

Abbildung 7: Partnervergleich (Partnerin außen)

In der Regel wird der astrologische Partnervergleich bei bestehenden oder möglichen Lebenspartnerschaften, ehelichen Beziehungen usw. angewendet, doch ist natürlich auch die Analyse von Geschäftspartnerschaften und sonstigen Freundschaften möglich. Daß dabei der Blick auf jeweils unterschiedliche Verbindungen zwischen den beiden Horoskopen gerichtet wird, versteht sich von selbst. In unserem Beispiel handelt es sich um eine Ehe, und hier wird natürlich zumal die erotische Beziehung, aber auch die Beziehung im Blick auf Lebenspartnerschaft, auf seelischen und intellektuellen Austausch usw. analysiert. Die Technik ist schnell erklärt: Die Elemente aus dem einen Horoskop werden zu den Elementen aus dem anderen Horoskop in Verbindung gebracht, und zwar sowohl, was mögliche Aspekte untereinander betrifft, als auch, was die Plazierung der Elemente aus dem einen Horoskop in den Häusern des anderen Horoskops anbelangt. Man sieht z.B. leicht, daß die Venus aus unserem Beispielhoroskop (innen) ungefähr eine Opposition zum Aszendenten des Partnerhoroskops (außen) bildet und zugleich eine allerdings weite Konjunktion zu dessen Mondknoten. Venus aus dem weiblichen Horoskop bildet ein Trigon zum Mondknoten aus dem Beispielhoroskop; die Sonne aus dem Beispielhoroskop ein Trigon zum Jupiter des Partnerhoroskops usw. Jupiter aus dem Beispielhoroskop fällt in das 5. Haus des Partnerhoroskops; und der Merkur des weiblichen Horoskops bildet noch eine Konjunktion zum Aszendenten unseres Beispielhoroskops. All diese Beziehungen bedürfen der Deutung; freilich vergißt man dabei gern, auch die einzelnen Horoskope im Blick auf den Zweck der jeweiligen Partnerschaft zu deuten. Man muß sich im Sinn des »Programms der Bescheidenheit« klar machen, daß der astrologische Partnervergleich nur begrenzten Aussagewert haben kann. Ein Partnervergleich kann »gut« ausfallen, wenn zwischen zwei Horoskopen viele entspannende Aspekte, wie Trigone oder Sextile, gegeben sind, oder sonstige Aspekte, an denen die sogenannten »Wohltäter« (Sonne, Mond, Venus, Jupiter, eventuell noch Merkur) beteiligt sind. Dennoch kann ein solch »guter« Partnervergleich zu einer an und für sich schwierigen Partnerschaft gehören, wenn einer der beiden Partner oder alle beide an sich wenig Partner- oder Teamfähigkeit zeigen. Zur astrologischen Partnerschaftsanalyse gehört also immer auch eine Analyse der beteiligten Einzelhoroskope!

Damit sei der verhältnismäßig ausführliche Überblick über die Revidierte Klassik abgeschlossen. Sie ist, wie oben schon angedeutet, gleichsam der Bezugspunkt aller modernen Astrologie. Ihre Technik und ihr Programm sind weltweit bekannt; sie ist sozusagen die »lingua franca«, die allgemein verstandene Verkehrssprache der Astrologie. Ihr Anspruch auf astronomische Begründbarkeit jedweder astrologischen Technik, wiewohl argumentativ nicht durchhaltbar, hat doch dazu geführt, daß die Astrologie von allen möglichen und vor allem unmöglichen Findungen und Erfindungen gereinigt wurde. Ihr »Programm der Bescheidenheit« hat es überhaupt erst möglich gemacht, daß Astrologie im 20. Jahrhundert Anschluß finden konnte an die wissenschaftliche und öffentliche Diskussion. Dieses Programm der Bescheidenheit ist keineswegs der Kotau vor einem Wissenschaftsbetrieb, der der bildhaften, symbolischen Zugriffsweise der Astrologie auf die Wirklichkeit von vornherein eher Mißtrauen und Abwehr entgegenbringt, sondern es ist die Konsequenz aus den Überzogenheiten und Fehlern der traditionellen Astrologie. Mit der Wahrnehmung der Aussagegrenzen der Astrologie in der Revidierten Klassik hat sich zugleich das Bewußtsein für den Wert der Bilder, für den Wert der bildhaften Annäherung an das Individuum verstärkt. Wo ich mich freilich in Bildern dem Individuum nähere, kommt Psychologie, kommt Psychoanalyse, aber auch Gestaltpsychologie ins Spiel. Glaubte die alte Astrologie noch, mit der Horoskopdeutung schicksalsbezogene und moralische Wertungen setzen zu können, so erweist sich im astrologischen Vorgehen der Revidierten Klassik nun viel eher der Aufweis von Möglichkeiten, von Wahrscheinlichkeiten, aber auch von Verstrickungen, die in den Kategorien eines »Schicksalszwanges« oder einer ganz bestimmten, womöglich rigiden Moral erst gar nicht verstanden würden. In Möglichkeiten freilich zu denken, pragmatischen wie psychischen, erfordert den engeren Kontakt zu einer Reihe von Humanwissenschaften und Beratungswissenschaften. Insofern hat die Astrologie mit der Revidierten Klassik sozusagen zwanglos den Kontakt zu weiten Teilen des »rationalen Diskurs« (Jürgen Habermas) gefunden, an dem teilzuhaben ihr die meisten ihrer Gegner nicht zutrauen.

3.2. Die Determinationslehre nach Morin

Das System von Morin innerhalb der klassischen Astrologie genießt bis in die Gegenwart hinein hohe Anerkennung unter den Astrologen, die die Klassik ausüben. Zwar hat die Revidierte Klassik auch eine Kritik des Morin'schen Systems gegeben, doch viele Bestände der Lehre von Morin werden auch heute noch verwendet. Insbesondere die *Zeichenherrschaft* der Planeten ist ein Grundbegriff im System nach Morin und gehört auch heute zum unabdingbaren Kenntnisstand des ausübenden Astrologen.

Jean Baptiste Morin de Villefranche (1583-1656) war Mathematiker und Astrologe am französischen Königshof. Die Astrologie des Renaissance, die vor allem antike und arabische Überlieferungen neu belebt hatte, befand sich zu dieser Zeit bereits im Niedergang. Ähnlich wie einige Jahrzehnte zuvor Johannes Kepler in Mitteleuropa, bemühte sich Morin, die antiken astrologischen Überlieferungen im Geist der Neuzeit mit dem damals aktuellen Einsichten der Astronomie und der Menschenkunde zu verknüpfen. Sein astrologisches System legte er nieder in der 26 Bände umfassenden ASTROLOGIA GALLICA, seinem Hauptwerk, das erst nach seinem Tod 1661 erschien. In den ersten acht Bänden beschäftigt Morin sich ausschließlich damit, sich gegen Einwände von theologischer und philosophischer Seite abzusichern. Die Essenz seiner astrologischen

Theorie, die sogenannte Determinationslehre legte er im 21. Buch der ASTROLOGIA GALLICA nieder.

Im Unterschied zu den oft willkürlich und wahrsagerisch anmutenden Überlieferungen aus der antiken Astrologie erlaubt Morins Systematik eine gedanklich und technisch nachvollziehbare und dabei sehr feinspürige Charakter- und Schicksalsdeutung des Horoskops. Grundlage des Morin'schen Systems ist der Gedanke von der *Zeichenherrschaft* der Planeten. Jedem Tierkreiszeichen ist ein Planet – Sonne und Mond wiederum eingeschlossen, nicht aber der Mondknoten – bedeutungsmäßig zugeordnet. In der alten Planetenreihe bis einschließlich Saturn – die transsaturnischen Körper waren ja noch gar nicht entdeckt – sieht dies folgendermaßen aus:

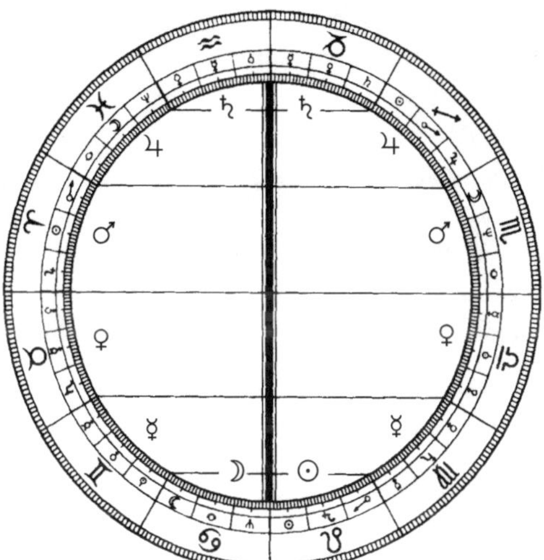

Abbildung 8: Zeichenherrschaft

Die Sonne beherrscht das Zeichen Löwe, der Mond beherrscht das Zeichen Krebs. Symmetrisch zu beiden Seiten einer Achse, die durch 0° Löwe bzw. 0° Wassermann geht, beherrschen die fünf alten Planeten jeweils ein männliches und ein weibliches Zeichen: Merkur also das männliche Zeichen Zwillinge und das weibliche Zeichen Jungfrau, Venus das weibliche Zeichen Stier und das männliche Zeichen Waage, Mars das männliche Zeichen Widder und das weibliche Zeichen Skorpion usw.

In den ihnen zugeordneten Zeichen stehen die Planeten – bzw. Sonne und Mond – jeweils am stärksten, einmal nach ihrer männlichen Seite hin (also etwa Jupiter im Schützen), einmal nach ihrer weiblichen Seite hin (also etwa Jupiter in den Fischen usw.). Die Sonne wird dabei als rein männlich, der Mond als rein weiblich verstanden. Nun ist es im Lauf der Planeten bzw. von Sonne und Mond eher die Ausnahme als die Regel, daß die Elemente in demjenigen Zeichen stehen, welche sie beherrschen. Stehen die Planeten sowie Sonne und Mond in anderen als in den jeweils »eigenen Zeichen«, so verändert sich ihre Bedeutung im Horoskop natürlich auch je nach der »Natur des Zeichens«, in dem sie stehen. In der Systematik der *Zeichenherrschaft* folgt daraus ein recht komplexes System von »Würden« und »Schwächen« der Planeten bzw. von Sonne und Mond je nach der Zeichenstellung. Die erste und stärkste *Würde* der Planeten kennen wir nun schon: Es ist ihre Stellung im jeweils »eigenen Zeichen«. Man sagt auch, daß die Planeten in ihrem männlichen bzw. weiblichen *Domizil* stehen:

Planet		Domizile			
		männlich		weiblich	
☉	Sonne	♌	Löwe		
☾	Mond			♋	Krebs
☿	Merkur	♊	Zwillinge	♍	Jungfrau
♀	Venus	♎	Waage	♉	Stier
♂	Mars	♈	Widder	♏	Skorpion
♃	Jupiter	♐	Schütze	♓	Fische
♄	Saturn	♒	Wassermann	♑	Steinbock

Tabelle 5: Domizile

Die Natur des Planeten kommt in seinem Domizil besonders stark und rein, also auch besonders positiv zum Tragen, je nachdem mehr zur männlichen oder mehr zur weiblichen Seite hin.

Die zweite, schon schwächere *Würde* ist die der *Erhöhung*. In der Erhöhung steigert der Planet seine Kraft, verbessert deswegen aber nicht seine Qualität. Die Erhöhungen werden etwas willkürlich durch Trigonal- und Sextilstellungen zu den Planetendomizilen gewonnen. Jeder Planet kann, im Unterschied zu den zwei Möglichkeiten eines Domizils nur in einem einzigen Zeichen erhöht stehen:

Planet	Erhöhung
☉ Sonne	♈ Widder
☾ Mond	♉ Stier
☿ Merkur	♍ Jungfrau
♀ Venus	♓ Fische
♂ Mars	♑ Steinbock
♃ Jupiter	♋ Krebs
♄ Saturn	♎ Waage

Tabelle 6: Erhöhung

Die dritte und schwächste *Würde* ist die der *Trigonokratie*. Diese Würde kommt jedem Planeten in demjenigen Zeichen zu, welches demselben Elementartrigon angehört wie die beiden Domizilzeichen des Planeten. Die Elementartrigone beziehen sich auf die eigentümliche Zuordnung der einzelnen Tierkreiszeichen zu den vier Elementen Feuer, Erde, Luft und Wasser. Die drei dem Feuer zugeordneten Zeichen Widder, Löwe und Schütze bilden zueinander ein Trigon, ebenso die drei irdischen Zeichen Stier, Jungfrau und Steinbock. Dasselbe gilt für die luftigen Zeichen Zwillinge, Waage, Wassermann und schließlich für die dem Wasser zugeordneten Zeichen Krebs, Skorpion, Fische.

Abbildung 9: Trigonokratie

Im Zeichen Fische, um ein Beispiel zu geben, wirkt also nicht nur Jupiter nach seiner weiblichen Seite als Zeichenherrscher, sondern auch Mond sowie Mars nach seiner weiblichen Seite – da eben Mond und Mars die beiden anderen Zeichen Krebs und Skorpion beherrschen, die zusammen mit dem Zeichen Fische das wäßrige Elementartrigon bilden. Wenn also Mars in den Fischen steht, so wird über die Würde der Trigonokratie (Fische im Trigon zum Mars-Zeichen Skorpion) seine Stellung geringfügig verstärkt und verbessert.

Den Planetenwürden stehen die *Schwächen* gegenüber. Wenn ein Planet sich in einem Zeichen befindet, das zu einem seiner Domizilzeichen in Opposition steht, so ist er im *Exil.* Im Exil kommt nach der Systematik der Würden und Schwächen die disharmonische, die ins Schwierige und Übertriebene verkehrte Natur des Planeten zum Tragen. Mond, mit Domizil im Zeichen Krebs, steht entsprechend im Oppositionszeichen Steinbock im »Exil«. Dies führt auf die folgende Tabelle:

Planet	Exil	
	männlich	weiblich
☉ Sonne	♒ Wassermann	
☾ Mond		♑ Steinbock
☿ Merkur	♐ Schütze	♓ Fische
♀ Venus	♈ Widder	♏ Skorpion
♂ Mars	♎ Waage	♉ Stier
♃ Jupiter	♊ Zwillinge	♍ Jungfrau
♄ Saturn	♌ Löwe	♋ Krebs

Tabelle 7: Exil

Ganz ähnlich wird über das jeweilige Oppositionzeichen zu der Würde der Erhöhung die Schwäche des *Falls* bestimmt. Sonne steht im Widder erhöht, also steht sie im Oppositionszeichen Waage »im Fall«. Steht ein Planet im Fall, so kann nach der Morin'schen Überzeugung seine Wirkung nur geschwächt zum Ausdruck kommen. Insgesamt gelten folgende Zuordnungen:

Planet	Fall
☉ Sonne	♎ Waage
☾ Mond	♏ Skorpion
☿ Merkur	♓ Fische
♀ Venus	♍ Jungfrau
♂ Mars	♋ Krebs
♃ Jupiter	♑ Steinbock
♄ Saturn	♈ Widder

Tabelle 8: Fall

Diese Systematik ist nicht gänzlich widerspruchsfrei. So hat der Mond im Zeichen Skorpion einerseits die Würde der Trigonokratie, steht andererseits aber im Skorpion im Fall. Hier wirkt dann die Schwäche des »Falls« vor der – ohnehin nicht sehr starken – Würde der »Trigonokratie«.

Befindet sich ein Planet in Zeichen, die für ihn weder eine Würde noch eine Schwäche angeben, so spricht man von der »fremden« oder neutralen Stellung solcher Planeten. Man sagt mit einem lateinischen Wort auch, daß die Planeten *peregrin* stehen. Sie wirken hier entsprechend neutral, nämlich unter Aufgabe ihres Eigencharakters.

Zu erwähnen ist schließlich die *Rezeption*, nämlich der wechselseitige Austausch der Würden zweier Planeten. Da es drei Würden gibt, gibt es auch drei Formen der Rezeption: Durch Domizilaustausch, durch Erhöhungsaustausch und durch Trigonokratie-Austausch. Entsprechend gibt es eine Rezeption hinsichtlich der Schwächen. Sonne im Zeichen Schütze mit Jupiter im Löwen wäre ein Beispiel für eine Rezeption durch Domizilaustausch. Diese Rezeption würde als sehr recht vorteilhaft gelten, da ohnehin beide Planeten in ihnen Trigonokratie-Zeichen stehen. Recht ungünstig dagegen wäre die Rezeption, die mit Mars im Krebs und Mond im Skorpion gegeben ist, denn beide Planeten stehen hier zugleich im Fall.

Die Systematik der Zeichenherrschaft mit den zugehörigen Bewertungen nach Würden und Schwächen der Planeten liefert für den einzelnen Planeten und seine Stellung in den zwölf Tierkreiszeichen zunächst nur ein etwas genaueres Instrument der grundsätzlichen Bedeutungsbestimmung für den jeweiligen Planeten. Um es in einem Bild auszudrücken: Der einzelne Planet und seine Grundbedeutung ist in jedem der zwölf Tierkreiszeichen kenntlich, aber der Planet trägt jeweils ein etwas anderes Gewand, wie es der Natur des jeweiligen Zeichens entspricht. Bezogen auf die Natur des Planeten paßt das eine Gewand besser, das andere eben etwas schlechter. Anders ausgedrückt, das eine Kleid »steht« dem Planeten gut, das andere weniger gut. Im Morin'schen System wird die Kombination aber noch weitergetrieben. Betrachten wir dazu wiederum unser Beispiel:

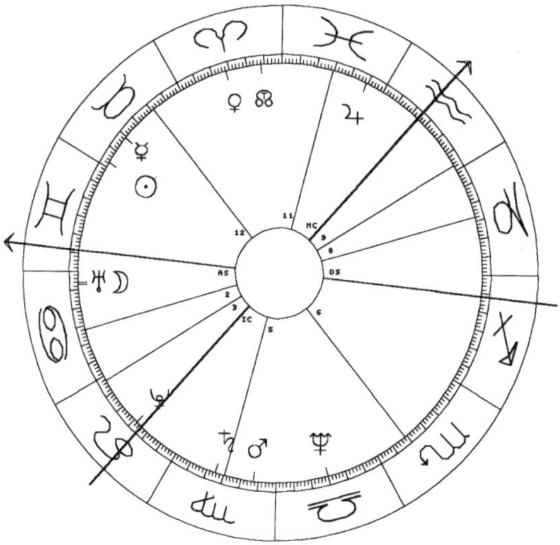

Abbildung 10: Horoskop klassisch, Regiomontanus-Häuser

Wir finden hier Mars im Zeichen Jungfrau. Das Zeichen Jungfrau ist also die Deutungs- und Wirkungsgrundlage für den Mars, ein weibliches, irdisches und veränderliches Zeichen. Wir wissen nun freilich, daß Merkur Zeichenherrscher der Jungfrau ist. Merkur ist damit in diesem Horoskop *Dispositor* des Planeten Mars. Die Stellung von Merkur in diesem Horoskop beeinflußt damit ebenfalls die Deutung des Mars. Man spricht von einer »Als-ob-Konjunktion« von Mars mit Merkur und erwartet allgemein einen intellektuell und kritisch (Merkurzeichen Jungfrau) geprägten Einsatz der Lebens- und Arbeitsenergie (Mars) des Horoskopeigners. Merkur selbst freilich steht im Zeichen Stier, ein weibliches, ebenfalls irdisches und fixes Zeichen. Damit läßt sich der intellektuelle Energieeinsatz des

Horoskopeigners noch näher bestimmen: Die Prägung ist realitätsorientiert, organisch-langsam und dabei gründlich (Zeichen Stier als Positionszeichen des Merkur).

Mars ist hier also in Abhängigkeit von seinem Dispositor Merkur und dessen Stellung im Horoskop wirksam. Diese Abhängigkeit wird zudem noch verstärkt, weil Mars und Merkur einen Aspekt miteinander bilden, nämlich ein Trigon. Der Dispositor Merkur freilich wird seinerseits durch einen weiteren Planeten »disponiert«: nämlich Venus, da Merkur im Venuszeichen Stier steht. In bezug auf Mars ist Venus der »sekundäre Dispositor«, während Merkur als Dispositor des Mars auch genauer als der »primäre Dispositor« bezeichnet wird. In unserem Beispielhoroskop erhält nun der intellektuelle Energieeinsatz durch Venus als dem sekundären Dispositor noch eine sinnliche und ästhetische Note. Diese würde um so deutlicher hervortreten, wenn Venus als sekundärer Dispositor wiederum mit Mars als dem Ausgangsplaneten durch einen Aspekt verbunden wäre. Immerhin wird Venus in unserem Beispiel durch ihre Stellung im Zeichen Widder wiederum von Mars disponiert.

Somit ergibt sich ein ausgesprochen komplexes System von stärkeren oder schwächeren Abhängigkeiten und Mehrfach-Abhängigkeiten der Planeten untereinander. Diese Abhängigkeiten oder, wie sie allgemein genannt werden, *Determinationen*, gebildet durch sinnvolle und auf eindeutigen Regeln beruhende Kombinationen der einzelnen Planeten mit ihren Dispositoren, machen die Grundlage der Kombinationslehre nach Morin aus. Diese wird, wie man sich leicht klarmachen kann, noch feiner, noch genauer, wenn man zusätzlich auch die Häuserpositionen der Planeten und ihrer primären und sekundären Dispositoren berücksichtigt. In unserem Beispiel fällt Mars ins 5. Haus, womit eine kreativitätsbetonte Note des intellektuell-kritischen Einsatzes angedeutet ist. Merkur, als Dispositor des Mars, steht im 12. Haus. Damit sind auch die Themen angerissen, die der Horoskopeigner in seinem betont intellektuellen und kritischen Arbeitseinsatz bevorzugt: Psychologie, Wissenschaft, eventuell Grenzfragen.

Über das System der Disposition läßt sich innerhalb der Morin'schen Kombinationslehre auch eine ungefähre Schicksalsentwicklung angeben. Ausgangsplanet, sein primärer und sein sekundärer Dispositor können zusammen als Ausdruck einer zeitlichen Abfolge gedeutet werden. Die Anlage eines Planeten in einem bestimmten Zeichen deutet an, wie die durch diesen Planeten betroffenen Lebensthemen und Lebensbereiche beginnen. Die Anlage des primären Dispositors deutet die Fortentwicklung dieser Themen und Angelegenheiten an. Der sekundäre Dispositor verweist auf das Ende dieser Themen und Sachverhalte. Freilich soll der sekundäre Dispositor wenigstens zweifach auf den Ausgangsplaneten determiniert sein. In unserem Beispiel mit Venus als sekundärem Dispositor von Mars haben wir nur eine Determination, eine Abhängigkeit gefunden, nämlich daß Venus ihrerseits wiederum vom Ausgangsplaneten Mars disponiert ist. In einem solchen Fall deutet der primäre Dispositor (Merkur) neben der Fortentwicklung auch noch das Ende der durch die Mars-Stellung bezeichneten Themen und Sachverhalte an. Für unser Beispiel dürfen wir also folgendermaßen deuten: Der Horoskopeigner richtet seine Energie vorwiegend auf intellektuelle, wissenschaftliche Angelegenheiten, sein Energieeinsatz bezieht sich auf eine ordnend-kritische, dabei originelle und schöpferische Aufarbeitung dieser Themenstellung (Mars in Jungfrau und im 5. Haus). Im weiteren Verlauf der Aufarbeitung geht der Geborene langsam und organisch vor. Eine Neigung zu Grenzgebieten, zu etwas außergewöhnlicheren Sachthemen macht sich bemerkbar (Merkur im Stier und im 12. Haus). Der Horoskopeigner muß damit rechnen, daß sich ihm Verlauf intellektueller Arbeiten Widerstände in den Weg stellen, weshalb die Weiterentwicklung bzw. Beendigung einer jeweiligen Aufgabe gefährdet sein kann (12. Haus).

Eine solche Deutung geht schon sehr weit, obwohl wir in unserem gewählten Beispiel noch nicht einmal die weiteren

Aspekte von Mars und von seinem primären Dispositor Merkur berücksichtigt haben, z.B. Mars Trigon Sonne, Mars Quadrat Aszendent, Merkur in freilich sehr weiter Konjunktion zur Sonne und im Quadrat zum Medium Coeli).

Zur Lehre Morins gehört noch der Begriff des *Geburtsherrschers*. Dies ist derjenige Planet, der im Zeichen des Aszendenten herrscht. In unserem Beispiel handelt es sich um Merkur nach seiner männlichen Seite, da der Aszendent ins Zeichen Zwillinge fällt. In der astrologischen Theorie von Morin kommt dem Geburtsherren im Horoskop überragende Bedeutung zu. Das vorliegende Horoskop wäre demnach als merkurbetont zu bezeichnen, man rechnet also mit einem überwiegend intellektuell und wissenschaftlich geprägten Horoskopeigner oder einem Geborenen, der sich vorwiegend kaufmännischen, geschäftlichen und vermittelnden Tätigkeiten zuwendet.

Aus der Morin'schen Kombinationslehre wurde später noch ein Ansatz entwickelt, um auch in bezug auf unbesetzte Horoskopfelder zu Aussagen zu gelangen. In unserem Beispiel ist das 7. Haus, das die Partnerschafts- und Eheangelegenheiten regelt, nicht durch einen Planeten besetzt. Das 7. Haus fällt in die Zeichen Schütze und Steinbock. Herrscher des 7. Hauses ist somit Jupiter, Mitherrscher ist Saturn. Man muß demgemäß die Positionen von Jupiter und Saturn im Horoskop untersuchen, um Aussagen über Partnerschaft und Ehe beim Horoskopeigner zu machen. Wir finden Jupiter im Trigon zu Mond und Uranus, aber auch – wenn wir den Orbis, wie es in der alten Astrologie üblich war, recht groß nehmen – in Opposition zu Saturn. Die Verbindung von Jupiter zu Uranus können wir innerhalb des alten Systems von Morin, genaugenommen, gar nicht beurteilen. Jupiter steht nach dem Morin'schen System als Herrscher des 7. Hauses zugleich in seinem weiblichen Zeichen, im Zeichen Fische. Die Konstellierung sowie das Trigon von Jupiter zu Mond würden nach dieser Erweiterung der Morin'schen Systematik auf insgesamt günstige Erfahrungen des Horoskopeigners im ehelichen bzw. partnerlichen Bereich schließen lassen. Die Opposition von Jupiter zu Saturn, der ja zugleich Mitherrscher im 7. Haus ist, läßt jedoch auch auf wichtige Trennungserfahrungen schließen.

Hinter der außerordentlich filigranen Kombinationstechnik im Morin'schen System wird gern übersehen, daß das ganze Modell eigentlich nicht genügend individuell ist, um die Aussagen wirklich zu rechtfertigen, zu denen man innerhalb dieses Systems gelangt. Nehmen wir den sogenannten *Geburtsherrscher*. In unseren Breiten bleibt der Aszendenten durchschnittlich 1 Stunde und 45 Minuten im Zeichen Zwillinge. Jemand, der am selben Tag, am selben Ort, jedoch eine Stunde früher geboren ist, hätte ebenfalls den Aszendenten im Zeichen Zwillinge, ebenfalls also Merkur als Geburtsherrscher. Nach der Morin'schen Lehre müßte er deshalb gleichermaßen merkurbetont, mithin wissenschaftsorientiert sein. Dies ist aber kaum zu erwarten. Die nach der Morin'schen Systematik überragende Stellung des Geburtsherrschers müßte also zumindest relativiert oder aber um einen weiteren technischen Ansatz ergänzt werden. Diese technische Ergänzung hat eigentlich erst die Revidierte Klassik mit ihrer Dominanzenlehre ermöglicht.

Neben der letztlich ungenügend individuellen Horoskopdeutung im Morin'schen System ist auch kritisch anzumerken, daß die in den »Würden« und »Schwächen« der Planeten enthaltenen moralischen Wertungen einen therapeutisch-beratenden Umgang mit dem Horoskop nahezu unmöglich machen. Das moralische Urteil, das die Morin'sche Determinationslehre mit transportiert, erinnert sehr an eine fatalistische Haltung gegenüber der Astrologie. Genau diese fatalistische Haltung freilich gilt es zu hinterfragen! Dies hat die Revidierte Klassik, im übrigen auch historisch zu einem guten Teil in aktiver Absetzung gegenüber dem Morin'schen System, geleistet.

Gerade aber in lockerer Verbindung mit der *Revidierten Klassik* steht die Morin'sche Determinationslehre nach wie vor sehr hoch im Kurs. Bis heute zählt die Zeichenherrschaft der Planeten zum Grundbestand des astrologischen Unterrichts, und zwanglos sind die seit 1781 neu entdeckten Planeten Uranus, Neptun und Pluto mit in dieses System integriert worden. Danach regiert Uranus den Wassermann, Neptun die Fische und Pluto den Skorpion. Anzumerken gilt übrigens, daß die meisten heutigen Verfechter der Morin'schen Systematik mit Placidus-Häusern rechnen, während Morin selbst mit dem Häusersystem des Regiomontanus arbeitete. Auch wenn das Modell von Morin letztlich ungenügend individuell ist, so soll doch nicht verkannt werden, daß es in hohem Maße Ordnung sichtbar macht bzw. Ordnung stiftet. Selbst wenn man die Ideen von »Würden« und »Schwächen« der Planeten ablehnen muß, so mag man sich doch in einem Denkmodell wie der Astrologie, das von vornherein den Kosmos nicht nur als äußere, sondern auch als innere Ordnung begreift, für die Idee einer grundlegenden Verwandtschaft zwischen Tierkreiszeichen einerseits und Planeten andererseits offenhalten. Diesen Gedanken der Verwandtschaft ausgesprochen und versuchsweise durchgearbeitet zu haben, dürfte das bleibende Verdienst der Morin'schen Arbeit sein.

3.3. Die theosophisch beeinflußte Astrologie

Die theosophisch beeinflußte Astrologie steht in Deutschland im ausgehenden 19. Jahrhundert am Beginn der Wiederbelebung der Astrologie überhaupt. Während in England die Astrologie ein Stück weit unabhängig vom positivistischen Denken des 19. Jahrhunderts ihren Platz bewahren konnte und dort die theosophisch beeinflußte Astrologie seit 1875 – dem Jahr der Gründung der Theosophischen Gesellschaft – keineswegs die einzige Art von Astrologie war, existierte die Astrologie auf deutschem Boden praktisch seit dem ersten Viertel des 19. Jahrhunderts nicht mehr. Die theosophische Bewegung freilich erreichte bald auch Deutschland, und mit ihr kam die Wiederbelebung der Astrologie. Für deutsche Verhältnisse ist also die theosophisch beeinflußte Astrologie sozusagen wie die Mutter aller modernen Astrologie. Dies rechtfertigt eine eigene Darstellung.

Dabei ist es gar nicht so einfach anzugeben, was nun die theosophisch beeinflußte Astrologie ausmacht. Zunächst einmal handelt es sich im wesentlichen um esoterische Astrologie, und damit würde eine Beschreibung der theosophisch beeinflußten Astrologie in das 8. Kapitel unserer Gesamtdarstellung gehören. Freilich spielt die Theosophie in der gegenwärtigen Esoterik kaum mehr eine große Rolle; und somit ist es kaum der esoterische Gehalt der theosophisch beeinflußten Astrologie, der ein aktuelles Interesse rechtfertigen würde, sondern vielmehr eine Reihe ihrer technischen Ansätze, die die gesamte Astrologie in Deutschland im 20. Jahrhundert beeinflußt haben und die zum Teil auch die Revision der Klassik seit den Zwanziger Jahren überdauert haben.

Das »esoterische Programm« der theosophischen Astrologie ist denn auch rasch beschrieben. Theosophisches Denken offenbart Max Heindel in seiner kurzen Beschreibung der Astrologie: *»Die zwölf Zeichen des Tierkreises sind die sichtbaren Träger der zwölf großen schöpferischen Hierarchien, die den Menschen zur Erlangung seines jetzigen Selbstbewußtseins hilfreich zur Seite standen. Die Sonne ist die Hülle der höchsten geistigen Intelligenz, die sich gegenwärtig in unserem System offenbart. Die sieben Planeten Uranus, Saturn, Jupiter, Mars, Erde, Venus, Merkur sind die Körper der sieben großen Planeten-Geister, von denen in allen Religionen gesprochen wird. Es sind die sieben Geister vor dem Thron, die sieben Erzengel der Mohammedaner, die sieben Rishis der Hindus, die sieben Amshaspands der Parsen usw. Sie arbeiten im Einklang mit dem Gesetz der Wirkung, sind die Gehilfen unseres Herrn, des Sonnengeistes, jeder von ihnen hat einen Teil des göttlichen Willens zu vollführen.«*[9]

9 Max Heindel. *Astrologie – ihr Zweck und ihre Begrenzung*. (Darmstadt, o.J.) p. 11.

Das »Gesetz der Wirkung« ist nichts anderes als das Gesetz des Karma, welches im theosophischen Glauben unmittelbar auf die Lehre der Wiedergeburt verweist. Die »Wirkungen«, die ich in einem Leben durch meine Taten erzielt habe, werden für ein oder mehrere Folgeleben umgeformt zum Karma, das ich nach entsprechender Wiedergeburt zu tragen habe. Zwar geht es auch der Theosophie, ähnlich wie dem Hinduismus, darum, durch stete Vervollkommnung, durch stetes Hinzulernen in einer Vielzahl von Erdenleben letztlich vom »Rad des Todes und der Wiedergeburt« fortgenommen zu werden, doch ganz praktisch beschäftigt sich die Theosophie zunächst einmal damit, karmische, d.h. hier schicksalhafte Einflüsse als solche zu erkennen und namhaft zu machen. Das Interesse der Theosophie an einer Astrologie, die durch Berechnung das Schicksal erkundbar macht, erscheint darum ganz natürlich. Und diese Schicksalserkundung geschieht mit Hilfe ausgefeilter und komplizierter Techniken, die zu einem gewissen Teil auch in die Gegenwartsastrologie eingegangen sind.

Dabei ist die Perspektive auf das »Schicksal« keineswegs eindeutig. In der Theosophie findet sich ebenso der fatalistische Blick auf das unvermeidliche Schicksal als auch der Aufweis zahlreicher Möglichkeiten, schlechte Einflüsse zu vermeiden oder das eigene Schicksal etwas günstiger zu gestalten. Und für beide Perspektiven bietet die theosophische Astrologie Techniken an. Egal nun, ob Schicksalserkundung oder Schicksalsbeeinflussung, die Theosophie und mit ihr die theosophische Astrologie denkt in bestimmten Zeitzyklen, und zyklische Umläufe unterschiedlicher Dauer verknüpfen sich zu einem komplexen System günstiger und ungünstiger Stunden, Tage, Jahre.

Hier gilt es zunächst, die allgemeinen zyklischen Umläufe wenigstens im Umriß kenntlich zu machen. Die theosophische Astrologie greift unter anderem zurück auf die alte Vorstellung der *Jahresregenten*. Danach ist das Jahr 1950, das Jahr, in dem der Horoskopeigner unseres Beispiels geboren ist, ein Jupiter-Jahr, 1951 ist ein Mars-Jahr. Es läßt sich folgende Tabelle aufstellen:

☉	Sonne	1945	1952	1959	1966
♀	Venus	1946	1953	1960	1967
☿	Merkur	1947	1954	1961	1968
☾	Mond	1948	1955	1962	1969
♄	Saturn	1949	1956	1963	1970
♃	Jupiter	1950	1957	1964	1971
♂	Mars	1951	1958	1965	1972

Tabelle 9: Jahresregenten

Ganz ähnlich wie die Jahre von einem der sieben alten Planeten – bis einschließlich Saturn – regiert werden, so werden auch einzelne Stunden von Planeten regiert. Man mache sich zunächst klar, daß die Reihenfolge der Planeten bei der Ermittlung der Jahres- bzw. Stundenregentschaft genauso ist, wie in der obigen Tabelle angegeben. Auf Sonne folgt Venus, auf Venus Merkur, auf Merkur Mond, auf Mond Saturn, auf Saturn Jupiter, auf Jupiter Mars – und auf Mars wieder die Sonne. Gleichermaßen gilt diese Reihung auch für die Planetenregentschaft der Stunden. Dabei beginnt die erste Stunde mit Sonnenaufgang, und diese erste Stunde untersteht demjenigen Planeten, dem der gesamte Tag untersteht. Handelt es sich um einen Samstag, der dem Saturn untersteht, so ist auch die erste Stunde mit und nach Sonnenaufgang eine »Saturn-Stunde«. Die zweite Stunde ist dann dem Jupiter unterstellt, die dritte dem Mars usw. Dabei gilt, daß die sogenannte Tageslänge der Sonne, also die Zeit, in der die Sonne über dem Horizont steht, durch 12 geteilt wird. Bei kurzen Tagen im Winter sind also die einzelnen Tages»stunden« kürzer als etwa im Sommer. Umgekehrt sind dann die Nacht»stunden« länger. Die Zuordnung der Planeten zu den Wochentagen ist folgende:

☾	Mond	Montag
♂	Mars	Dienstag
☿	Merkur	Mittwoch
♃	Jupiter	Donnerstag
♀	Venus	Freitag
♄	Saturn	Samstag
☉	Sonne	Sonntag

Tabelle 10: Planetenregenten und Wochentage

Die erste Stunde mit und nach Sonnenaufgang an einem Freitag untersteht also der Venus, die zweite würde dann entsprechend dem Merkur unterstehen. Eine »Sonnenstunde« ist nach der Einschätzung der theosophischen Astrologie günstig für den Verkehr mit hochgestellten Personen oder für den Kauf und Verkauf von Gold, jedoch ungünstig für den Bezug einer neuen Wohnung oder eine Heirat. Eine »Venus-Stunde« ist günstig für Freundschaften und Liebesbündnisse, für die Schließung einer Ehe oder den Antritt einer Reise, ungünstig aber für den Antritt einer Seereise oder einer Wasserfahrt. Dabei sollen diese »Planetenstunden« nur in Verbindung mit dem Geburtshoroskop betrachtet werden. In unserem Beispielhoroskop erscheint der Jupiter durch die Trigone von Mond und Uranus als recht günstig gestellt, und entsprechend ist für den Horoskopeigner nach theosophischer Einschätzung die Jupiter-Stunde von vornherein eine günstige Tageszeit, während der etwas kritischer gestellte Merkur bedingen würde, daß die Merkur-Stunde ungünstig ist.

Hinzu kommt in der Beurteilung ungünstiger und günstiger Zeiten die tägliche Mondstellung. Der Mond, der einmal im Monat durch den ganzen Tierkreis läuft, hält sich durchschnittlich $2^1/_2$ Tage in einem Tierkreiszeichen auf. Aus jeder Tierkreiszeichen-Stellung des Mondes wird in der Theosophie eine ganz bestimmte Handlungsanweisung geschlossen bzw. wird ein bestimmtes Vermeidungsverhalten empfohlen. Wenn der Mond aktuell durch das Zeichen Widder geht, soll man Geldanlagen vermeiden, doch begünstigt ist alles, was mit Eisen und Feuer in Verbindung steht. Zugleich sollen Operationen am Kopf vermieden werden. Geht der Mond durch das Zeichen Jungfrau, so sind grundsätzlich Lernen und Unterricht begünstigt, ebenso schriftliche Arbeiten und Korrespondenz. Vermieden werden sollen dagegen Kauf und Verkauf von Grundbesitz sowie Eheschließung.

Selbst wenn man Tabellen zu Hilfe nimmt, ist es doch nicht ganz einfach, aufgrund der vielfältigen Zyklen die exakte Qualität dieser oder jeder Stunde zu berechnen. Aber auch wenn man das jeweilige Geburtshoroskop im Blick auf einen bestimmten Beratungsfall mit heranzieht, so fragt man sich doch, ob nach all diesen Berechnungen und Tabellierungen schon ein genügendes Maß an Individualität erreicht ist. Man sieht schon an dieser Stelle, daß die theosophische Astrologie das Geburtshoroskop gleichsam mit einem dichten Kokon von allgemein gültigen Zyklen und Regeln umgibt, die zum Teil das Schicksal manipulieren sollen, die zum anderen Teil aber auch einfach erklären, warum das Schicksal nun einmal so und nicht anders läuft. Es war gerade diese Schicksalsdeutung des Horoskops und diese grundsätzlich schicksalsorientierte Haltung gegenüber dem Horoskop, die in den frühen Zwanziger Jahren in Deutschland die Revision durch Klöckler; und Thomas Ring begünstigte.

Auch Neumondstellungen, Sonnenfinsternisse und Mondfinsternisse können mit dem individuellen Horoskop zu tun haben. Soweit ich blicke, wird in der Astrologie allgemein nur noch in der sogenannten Mundanastrologie mit Sonnen- und Mondfinsternissen gearbeitet. Sogenannte Neumondhoroskope gibt es bei der *Hamburger Schule*. Die Berechnung von *Lunationen*, also Neumondstellungen, erfolgt durch Interpolation aus den Ephemeriden. Sonnenfinsternisse sind nichts anderes als spezielle Neumondstellungen; Mondfinsternisse sind spezielle Vollmondstellungen. Die Revidierte Klassik beachtet für das Individualhoroskop die Transite von Sonne und Mond erst gar nicht, von der Häuserstellung des Mondes einmal abgesehen. Die theosophische Astrologie aber geht von der Wirkung von Neumondstellungen bzw. Sonnen- und Mondfinsternissen im Individualhoroskop aus, wenn gleichzeitig von Sonne und Mond ein Aspekt auf einem Punkt des Horoskops gebildet wird.

Eine Spezialität der theosophischen Astrologie ist die Arbeit mit den Analogien von Jahr und Tag, wie wir sie oben bei der Revidierten Klassik schon für die Direktionen kennengelernt hatten, aber auch mit der Analogie von Monat und Jahr. Überhaupt sind die verschiedenen Direktionssysteme, auch wenn sie nicht von der theosophisch orientierten Astrologie erfunden wurden, im wesentlichen durch diese Richtung ins 20. Jahrhundert überliefert worden.

Wir kommen damit zu den diversen Direktionsmethoden, wie sie in der Theosophie und ihrer Astrologie überliefert worden sind. Neben den beiden Direktionssystemen, wie wir sie schon oben bei der Revidierten Klassik geschildert haben – primäre Direktionen der Achsen und sekundäre Direktionen der erdnahen Elemente bis einschließlich Mars – hat die theosophisch orientierte Astrologie noch eine Reihe weiterer Direktionsverfahren verwendet.

Betrachten wir zunächst die synodische Mondwandlung, die in der älteren klassischen Literatur auch als *Tertiärdirektion* bekanntgeworden ist. Die Definition der synodischen Mondwandlung ist recht einfach. Es handelt sich hierbei um die Wiederkehr des fortschreitenden Mondes nach der Geburt zur selben Entfernung von der fortschreitenden Sonne, wie sie zwischen dem Radix-Mond und der Radix-Sonne bestand. Eine solche synodische Mondwandlung findet etwa alle 29 bis 30 Tage statt. Diese Periode wird nun in Analogie zu einem Lebensjahr gesetzt. Für das 25. Lebensjahr in unserem Beispielhoroskop müssen wir also die 25. synodische Mondwandlung nach der Geburt ermitteln und das zugehörige Hilfshoroskop als symbolisches Horoskop für das 25. Lebensjahr deuten. Die Berechnung der synodischen Mondwandlung ist nicht ganz einfach, und da sie nicht nur für die Belange der theosophisch orientierten Astrologie von Bedeutung ist, sondern z.B. auch in der astrologischen Bestimmung von Konzeption und Schwangerschaft eine Rolle spielt, wollen wir hier die wesentlichen Berechnungsgänge nachvollziehen. Die nachfolgenden Zahlenangaben stützen sich nun nicht mehr auf das Berechnungsprogramm, mit dem die hier gegebenen Beispiele kurzerhand berechnet wurden, sondern auf Ephemeridenwerte von 1950 bzw. 1952.

Wir müssen uns zunächst klarmachen, daß die synodische Mondwandlung nichts anderes ist als die genaue Mondphase zum exakten Zeitpunkt der Geburt. Mondphase ist der Abstand vom Mond zur Sonne, außerdem eine Angabe darüber, ob der Mond zunehmend oder abnehmend ist. In unserem Beispiel ist der Mond zunehmend. Aus den Angaben der Ephemeride errechnen wir für den 20. Mai 1950, 5:01 Uhr Greenwich-Zeit folgende Positionswerte für Sonne und Mond sowie deren Abstand:

☉	28°37'08"	♉
☽	3°39'25"	♋
D	35°02'17"	

Dieser Wert D = 35°02'17" ist die für das ganze Leben feststehende Mondphase. Auf ihre genaue Wiederkehr wird das jeweilige Hilfshoroskop berechnet. Für die 25. Wiederkehr dieser Mondphase nach der Geburt haben wir bereits das Datum ermittelt: 27. April 1952. Nun muß die genaue Zeit berechnet werden, zu der am 27.4.1952 die Mondphase wieder exakt jene besagten 35°02'17" beträgt. Für diese Berechnung gelten zunächst folgende Überlegungen:

Zu Beginn des in Rede stehenden Tages, also am 27. April 1952, gilt ein Abstand von Sonne und Mond, der kleiner ist als die genaue Mondphase von 35°02'17". Am Ende desselben Tages gilt ein Abstand zwischen Sonne und Mond, der natürlich größer ist. Die Differenz zwischen diesen beiden Abständen ist die sogenannte Mondbeschleunigung, die man im übrigen auch einfach durch die Differenz der Tagesbewegung des Mondes und der Tagesbewegung der Sonne erhält. Zwischen der tatsächlichen Mondphase und dem Abstand von Sonne und Mond zu Beginn des zu berechnenden Tages besteht ebenfalls eine – natürlich kleinere – Differenz. Diese kleine Differenz, ins Verhältnis zur Mondbeschleunigung an jenem Tag gesetzt, entspricht dem Verhältnis der zum genauen Zeitpunkt der Mondphase abgelaufenen Zeit zur Gesamtlänge des Tages von 24 Stunden. Für die 25. Wiederkehr der Mondphase am 27. April 1952 ergeben sich folgende Zahlenbeziehungen:

a)	27.4.1952 0 h 00:		6°40'29" ♉
			9°13'31" ♊
	Entfernung		32°33'02"
b)	Mondphase		35°02'17"
	Entfernung	27.4.1952, 0 h 00	32°33'02"
	Differenz d		2°29'15"
c)	Tagesbewegung	27.4.1952	0°58'21"
	Tagesbewegung	27.4.1952	12°31'32"
	Mondbeschleunigung M		11°33'11"

d) d : M = x : 24
x = 5h 10m 03s

Der Wert für x bezeichnet die Greenwich-Zeit, die Zeit, die seit 0 h verstrichen ist (in Weltzeitangabe) und zugleich die Zeit, auf die das Hilfshoroskop zu berechnen ist. Mit anderen Worten: Die genauen Daten des Hilfshoroskops sind: 27. April 1952, 5h 10m 03s Weltzeit, 7°38' östliche Länge, 51°58' nördliche Breite.

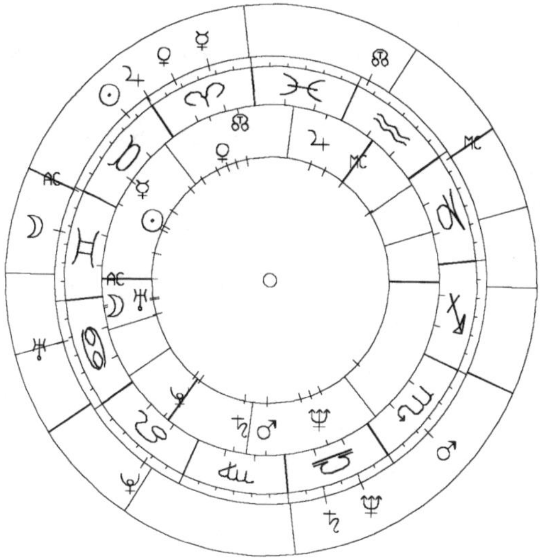

Abbildung 11: 25. Synodische Mondwandlung (außen)

Betrachtet man das Hilfshoroskop der 25. synodischen Mondwandlung, die zugleich für das 25. Lebensjahr im Beispielhoroskop steht, so fällt das Bindungsthema eigentlich nicht besonders ins Auge. Mondknoten im 11. Feld des Hilfshoroskops, Mond im 1. Feld und Pluto an der Spitze des 5. Feldes – das sind eigentlich die einzigen und auch eher vagen Hinweise auf die Bedeutung des Partnerschaftsthemas. Viel markanter erscheint die starke Besetzung des 12. Horoskophauses. Wenn überhaupt, so weist dieses Horoskop eigentlich eher auf die Schwierigkeiten hin, die sich im Zusammenhang mit der Eheschließung des Horoskopeigners seinerzeit ergaben.

Nun ist es unabdingbar, daß dieses Hilfshoroskop nicht an und für sich gedeutet wird, sondern lediglich im Zusammenhang mit dem Geburtshoroskop. Denn als Horoskop einer synodischen Mondwandlung kann es zu vielen Geburtshoroskopen gehören, bei denen die Mondphase dieselbe ist wie in unserem Beispielhoroskop. Und auch hier ist der Aussagewert eher begrenzt. So vermerken denn Alan Leo und H. S. Green in ihrem noch ganz der traditionellen Astrologie verpflichteten Bändchen über Direktionen, daß die synodischen Mondwandlungen in der Praxis weniger Anwendung finden als andere Methoden der Vorhersage; »*sie variieren in Bedeutung, geben aber in der Regel keine klaren Anzeichen über die Begebenheiten des Lebens, wie sie aus den gewöhnlichen Direktionen ersichtlich sind, und müssen im Lichte dieser Direktionen und des progressiven Horoskops beurteilt werden.*«[10]

Dann wäre allerdings die Frage, welchen Nutzen überhaupt die synodischen Mondwandlungen bzw. Tertiärdirektionen haben. Da die synodische Mondwandlung die Wiederkehr einer ganz bestimmten Mondphase bedeutet, wäre zu überlegen, ob synodische Mondwandlungen im Sinne einer Direktionslehre lediglich dann eine größere Bedeutung im Blick auf das Geburtshoroskop haben, wenn bestimmte Themen aus dem Geburtshoroskop wiederkehren. In unserem Beispiel wäre das mit der Venus-Neptun-Opposition gegeben. Auch die Kombination von Sonne und Mars ist wiederkehrend, wenn auch nicht, wie im Geburtshoroskop, durch ein Trigon, sondern durch eine Opposition. Denkbar wäre also, ähnlich wie bei der Deutung des Solarhoroskops, daß eine synodische Mondwandlung vor allem dann eine größere Bedeutung hat, wenn eine gewisse Anzahl von Kombinationen und Aspekten aus dem Geburtshoroskop wiederkehrt. Aber zumindest die theosophische Astrologie hat darüber nicht geforscht.

Die synodischen Mondwandlungen lassen sich selbstverständlich auch monatsweise anwenden, gewissermaßen in einer anderen Art von Lunaren. Werden die Lunare auf den genauen Übergang des Mondes über den eigenen Ort berechnet und auf einen Monat hin gedeutet, so lassen sich diese monatlichen

10 Alan Leo und H. S. Green. *Direktionen und ihre Berechnung* (Bietigheim 1971) p. 63.

synodischen Mondwandlungen eben auf die genaue Wiederkehr der Mondphase wie im Geburtshoroskop berechnen. Die 25. synodische Mondwandlung nach der Geburt in unserem Beispielhoroskop würde also nicht nur als Direktionsart etwas über das 25. Lebensjahr aussagen, sondern selbstverständlich auch über den kurzen Zeitraum von etwa einem Monat, beginnend ab 27. April 1952 selbst. Alan Leo und H. S. Green verweisen auf diese Anwendungsmöglichkeit, vermerken aber ebenfalls, daß diese laufenden synodischen Mondwandlungen ganz bedeutend in ihrer Wichtigkeit variieren, *»aber in vielen Fällen geben sie ganz deutliche Kennzeichen bevorstehender Ereignisse für die Zeit ihrer Herrschaft, das ist für den betreffenden Monat.«*[11] In der Praxis werden solche laufenden synodischen Mondwandlungen wohl nur ganz selten angewendet, und man darf davon ausgehen, daß auch die theosophische Astrologie in der Praxis nur wenig Gebrauch gemacht hat von diesen sehr ins Einzelne gehenden Kleinzyklen.

Sehr starke Anwendung fanden in der theosophischen Astrologie auch die sogenannten vorgeburtlichen Direktionen, die wir oben schon als konverse Direktionen kennengelernt haben. Ebenso wurden in der theosophisch orientierten Astrologie innerhalb des Systems der Primärdirektionen der Achsen auch die Spitzen der Zwischenhäuser dirigiert. Gedeutet wurden dann auch die Winkel der Zwischenhäuser-Spitzen zu den als feststehend gedachten Horoskopelementen, insbesondere Planeten. Schließlich fanden auch noch etwaige Winkelbildungen dirigierter Planeten und Häuserspitzen untereinander Berücksichtigung.

Charakteristisch für die theosophisch orientierte Astrologie ist die Aufstellung einer ganzen Anzahl besonderer Regeln, die über die grundlegende Charakter- und Schicksalsdeutung des Gesamthoroskops hinaus schematisch bestimmte Einzelheiten

11 Alan Leo und H. S. Green. *Direktionen und ihre Berechnung*. (Bietigheim 1971) p. 63

der Deutung nahelegt. Um wahllos einige Beispiel herauszugreifen:

»Das 1. Haus im Zeichen Krebs oder Steinbock macht ehrgeizig, gibt große Freude an der Politik wie überhaupt die Neigung zu öffentlicher Betätigung, besonders der Krebs. Das Zeichen Steinbock macht sehr selbstsüchtig und listig.

Im Zeichen Widder ist der Merkur günstig, da er sehr wißbegierig macht und eine reiche fruchtbare Phantasie gibt, allein er beeinflußt auch zu Heftigkeit, Überstürzung, Zorn, Rechthaberei und allzu raschem Sprechen.

»Saturn vorherrschend oder in gutem Aspekt mit den beiden Himmelslichtern gibt Neigung zu Selbstsucht, auch Geiz. Diese Konstellation macht karg, verschlossen und bringt oft sehr ungünstige Eigenschaften. Desgleichen wenn der Mond im 1. Hause oder in irgend einem Aspekt zum Saturn steht, so ist meist ein Hang zur Selbstsucht und zum Zusammenscharren irdischer Güter vorhanden.«[12]

Derartige Regeln machen die Beschäftigung mit Astrologie zu einem schwierigen Feld, weil sozusagen für jede Konstellation im Horoskop erst überlegt werden muß, ob eine der zahlreichen besonderen Regeln zutrifft. Diese besonderen Regeln freilich sind zu einem großen Teil auch der Perspektive der theosophisch orientierten Astrologie geschuldet, welche eine Perspektive der Begünstigung oder Belastung ist, eine Perspektive von »gut und böse«.

Überwiegend sind diese Regeln schon Ergebnisse älterer Überlieferung. Gerade die mittelalterliche Astrologie und die Astrologie der Renaissance kannten ebenfalls eine Reihe von besonderen Regeln, die in wahrsagerischem Sinn angewandt wurden. So wurden Planetenstellungen und sonstige Konstellationen auf das körperliche Aussehen bezogen, es gibt Regeln über Reichtum und Armut, über Kinder, über die Zahl der Kinder oder die Zahl

12 Karl Brandler-Pracht. *Die astrologische Prognose: Die Interpretation und Ausdeutung des Horoskops*. (Berlin-Pankow 1920) p. 197-199.

der Ehefrauen, über die beruflichen Auswirkungen usw. Insgesamt ist so schon die Deutung des Geburtshoroskops sehr stark prognostisch ausgerichtet; mit der Perspektive der theosophisch orientierten Astrologie geht es gar nicht so sehr um eine psychologische Deutung, um eine Ausdeutung des Charakters an und für sich, sondern sofort um die Deutung des Lebensganges und der wichtigen Lebensereignisse bzw. Lebensentscheidungen.

In diesen Zusammenhang gehört auch die Stunden- und Frage-Astrologie, die in der theosophisch beeinflußten Astrologie recht intensiv betrieben wurde. Über die Bedeutung der Planetenstunden haben wir oben schon gesprochen. Wichtig für die theosophisch beeinflußte Astrologie ist aber auch der Augenblick, in dem eine wichtige Frage gestellt wird, und ebenso der Augenblick, in dem eine Tat getan wird, eine Firma gegründet wird usw. Die gesamte ausgedehnte Zyklenlehre, die sich niederschlägt in einer Reihe von Direktionsverfahren, in der genauen Beobachtung zyklischer Zuordnungen, wie sie zum Ausdruck kommen in Planetenjahren, Planetentagen, Planetenstunden, kultiviert die alte Auffassung, daß eben alles seinen Tag, seine Zeit, seine Stunde habe. Vielleicht wird nirgendwo so deutlich wie in der ausgefeilten Technik der theosophischen Astrologie, daß Zeit für die Astrologen eine Qualität besitzt und daß es darauf ankommt, bis ins Detail die Qualität von Zeitphasen und Zeitpunkten zu ermitteln. Aus der Qualität dieser Zeitphasen und Zeitpunkte ergibt sich dann die Einschätzung, ob der Zeitpunkt »gut« oder »böse« ist, ob das zu diesem oder jenem Zeitpunkt angefangene Werk günstig oder ungünstig verläuft. Dann freilich kann man auch gezielt versuchen, den günstigen Augenblick zu wählen, man kann gezielt versuchen, im vorhinein für ein durchzuführendes Unterfangen den richtigen, den zuträglichen Startzeitpunkt zu ermitteln. So hat denn die theosophisch beeinflußte Astrologie auch eine Reihe von Regeln aufgestellt für die astrologische Wahl der richtigen Stunde, des richtigen Augenblicks für dieses oder jenes Vorhaben. Diese Haltung kommt letztlich auch schon in der Ausdeutung der Planetenstunden zum Tragen, wenn eben vorgeschlagen wird, bestimmte Handlungen und Vorhaben nicht zu beliebiger Zeit, sondern in ganz bestimmten Planetenstunden bevorzugt durchzuführen. Gerade die astrologische Wahl des richtigen Augenblicks, des richtigen Gründungszeitpunktes usw., die ganze sogenannte Stundenastrologie ist gegenwärtig wieder sehr modern geworden. Zeitgenössische Autoren greifen hier unabhängig von der Revidierten Klassik, die von stundenastrologischen Überlegungen ganz bewußt abgesehen hatte, direkt zurück auf die theosophisch beeinflußte ältere Literatur.

Technisch bedeutet die Konstruktion eines günstigen Horoskops nichts anderes als die Erstellung eines Geburtshoroskops. Aber gerade bei der Erstellung eines in der Zukunft liegenden Horoskops für einen ganz bestimmten Handlungszweck sind gewisse Regeln peinlich genau zu beachten. Der Mond darf nicht *»void of course«* stehen, d.h. bevor er das Zeichen wechselt, muß er noch einen Hauptaspekt mit einem anderen Element desselben Horoskops bilden. Laut Al H. Morrison, der diesen Gedanken entscheidend prägte, eignet sich diese Zeit nicht für Neuanfänge. Der Herrscher des Aszendenten muß günstig plaziert sein, der Herrscher desjenigen Horoskophauses, zu dessen Angelegenheiten das zu startende Unterfangen gehört, muß ebenfalls gut konstelliert sein. In der Praxis ist es oft kaum möglich, für ein Vorhaben, das ja aus pragmatischen Gründen schon nicht ewig lange aufgeschoben werden kann, das »richtige«, d.h. absolut günstige Horoskop zu finden. Gerade mit der Stundenastrologie, die heute wieder modern geworden ist, verkehrt die theosophisch orientierte Astrologie ihren starken fatalistischen Zug ins glatte Gegenteil: Es ist nicht mehr das Horoskop, das durch allerlei gute und böse Regeln den Menschen hierhin und dorthin zwingt, den Menschen prägt und bis in jede kleine Lebenseinzelheit beeinflußt, sondern es ist umgekehrt der Mensch, der in der Lage ist, durch Stunden- und Tageswahl Ereignisse und Abläufe zu manipulieren und zu seinem Vorteil zu wenden.

Die theosophisch orientierte Astrologie seit dem letzten Viertel des 19. Jahrhunderts hat zuerst in England, dann aber auch im übrigen Europa die alten astrologischen Traditionen nach Jahrzehnten des Stillschweigens neu belebt und fruchtbar gemacht. Über den vielen ganz praktischen Regeln und nahezu wahrsagerisch-konkretistischen Deutungen, die die theosophisch beeinflußte Astrologie gegeben hat, sollte das Grundziel der Theosophie und ihrer Astrologie nicht vergessen werden. Die Theosophie verficht ein relativ streng dualistisches Weltbild. Sie spricht von den zwei Seiten der Dinge, von der materiellen und der spirituellen, von der formalen und der inhaltlichen Seite. Auf der materiellen Seite, die es freilich genau zu verstehen gilt, gibt es Unterschiede, gibt es Konflikte, Antagonismen. All diese Unterschiede aber lassen sich zurückführen auf eine zentrale, primäre Quelle. Um zu dieser Quelle zu gelangen, muß man zunächst die materielle Seite mit all ihren Verschiedenheiten und Konfliktorientierungen studieren. Doch die Quelle selbst ist nicht mehr auf der materiellen Seite der Wirklichkeit, sondern auf der spirituellen. Versucht man, zur Quelle zu gelangen, nenne man diese Gott oder nenne man sie energetisches Zentrum, so sieht man die vielen variierenden Ausdrucksformen des Lebens nicht mehr aus dem Blickwinkel der Verschiedenheiten, der Trennung, sondern unter der Perspektive göttlicher Einheit. Um aber die göttliche Einheit zu verstehen, muß auch die materielle Seite der Wirklichkeit verstanden werden. Hat man dies erarbeitet, so kann man zum Verständnis der Einheit vorstoßen. Gerade die Theosophie hat eine »esoterische Astrologie« entwickelt, die sich mit dem Verständnis dieser zentralen Einheit, dieser primären göttlichen Quelle befaßt. Diesem Verständnis freilich dient auch das Studium der Verschiedenheiten im äußeren, exoterischen Bereich, dem Verständnis der Alleinheit im inneren, esoterischen Bereich. In der dualen Weltsicht der Theosophie sind diese beiden Bereiche – Exoterik und Esoterik – einerseits voneinander geschieden, andererseits aber miteinander verknüpft. Die Verschiedenheit im exoterischen Bereich ist als Ausfluß der zentralen Alleinheit, der »primären Quelle« zu betrachten. Insofern hat es auch einen höheren, geistlichen Sinn, die exoterische Astrologie zu studieren, es hat einen geistlichen Sinn, die Phänomene, die Konflikte, die Trennungen, all die Verschiedenheiten zu beschreiben und mit ihnen umzugehen, wie es die exoterische Astrologie lehrt. Dahinter aber gilt es, das Wirken der Alleinheit zu erkennen.

Hier wird der Sinn deutlich, den für die Theosophie die Wiederbelebung der »exoterischen«, eben der traditionellen, auch schicksalswahrsagend gerichteten Astrologie hat. Hier wird aber auch verständlich, warum sich die theosophische Bewegung so sehr dem bis ins letzte Detail gehenden Studium der Bewegungen und Zyklen, der einzelnen Regeln und der korrespondierenden wahrsagerischen Bedeutungen hingab. Es gilt, alle Ausdrucksformen des Lebens zu beachten, zu studieren, zu verstehen – um damit zu einem wirklichen Verständnis jener zentralen Alleinheit, jener primären Quelle vorzustoßen.

Den esoterischen Ansätzen der theosophisch beeinflußten Astrologie werden wir weiter unten im Abschnitt 8 noch wiederbegegnen.

3.4. Weitere Ansätze und Methoden

3.4.1 Frank Glahn

Frank Glahn, einer der bekannteren Anreger der Astrologie in der ersten Hälfte des 20. Jahrhunderts in Deutschland, hat zur traditionellen bzw. revidierten klassischen Astrologie zwei eigene Findungen hinzugefügt, von denen die eine, der sogenannte *Lebenskreis* offenbar auch anregend auf weitere Schulen gewirkt hat. Der Lebenskreis nach Frank Glahn ist schnell erklärt: Jeder Quadrant des Horoskops wird einer Lebenszeit von 25 Jahren gleichgesetzt. Der vierte Quadrant steht für die ersten

25, der dritte Quadrant für die zweiten 25, der zweite Quadrant für die dritten 25 Jahre des Lebens usw., wobei die einzelnen Häuser nach Placidus berechnet sind und somit jeweils 8 $^1/_3$ Lebensjahre umfassen. Mit Beginn am Aszendenten wandert also ein Punkt gegen die Richtung des Tierkreises über das 12., 11., 10., 9. Haus usw. und begegnet »unterwegs« direkt einem Punkt im Horoskop bzw. einem Winkel zu einem solchen Horoskopelement. Nach der Vorstellung von Frank Glahn soll dann ein Lebensereignis ausgelöst werden. In unserem Beispielhoroskop wird somit innerhalb der ersten 8 $^1/_3$ Lebensjahre zunächst die Sonne, dann der Merkur ausgelöst.

Glahn hat außerdem vorgeschlagen, den ersten Quadranten des Horoskops mit den ganzen 75 Lebensjahren gleichzusetzen, wobei dann jedes Haus 25 Lebensjahren entspricht. Diese Idee, daß ein Punkt durch das ganze Horoskop wandert, gleichsam gesteuert durch die Größe der Häuser, finden wir später bei Wolfgang Döbereiner sowie in der Schule von Bruno und Louise Huber wieder. Überflüssig zu sagen, daß der Lebenskreis nach Frank Glahn, aber auch die Findungen von Döbereiner und Huber, auf die wir im 4. Abschnitt noch zu sprechen kommen werden, astronomisch nicht begründet sind.

Zweitens hat Frank Glahn noch sogenannte Kardinal- und Zeichenauslösungen vorgeschlagen. Planetenstände im Horoskop lösen sich entsprechend ihres Abstandes von den beiden umgebenden Kardinalpunkten, also 0° Widder, 0° Krebs, 0° Waage und 0° Steinbock, nach dem Schlüssel »1 Grad entspricht 1 Lebensjahr« aus. In unserem Beispielhoroskop ist die Sonne – bei 28°37' Stier – vom nächsten Kardinalpunkt auf 0° Krebs genau 31°23' entfernt, nach Glahn müßte also im 32. Lebensjahr des Horoskopeigners eine deutlichere Auslösung geschehen sein. Vom anderen Kardinalpunkt, also 0° Widder, steht die Sonne in unserem Beispielhoroskop 58°37' entfernt; es müßte also im 59. Lebensjahr wiederum eine sonnenbezogene Auslösung erfolgen. Dieses Denkmodell krankt, wie man rasch sieht, daran, daß es nicht genügend individuell ist. Individuell wird ein Horoskop erst, wenn mit der genauen Geburtszeit und dem Geburtsort auch die Häuser und die Achsen in die Technik und Deutung einbezogen werden können. Mag man bei Sonnen- und Mondständen, die ja im Horoskop auch zu den sogenannten persönlichen Punkten gehören, noch eine gewisse individuelle Entwicklung unterstellen, so verliert sich die Möglichkeit einer individuellen Deutung und Zuschreibung spätestens bei der Planetenreihe ab Merkur!

Dieselbe Kritik gilt für die sogenannte Zeichenauslösung, wie Glahn sie vorgeschlagen hat: Planetenstände in den Tierkreiszeichen lösen sich entsprechend ihrem Abstand von 0° und von 30° ihres Zeichens nach dem Schlüssel »1 Grad entspricht 2 $^{1}/_{2}$ Lebensjahren« aus. Die Sonne in unserem Beispielhoroskop müßte sich also nach knapp vier Lebensjahren ausgelöst haben, und eine nächste Auslösung der Sonne müßte dann im 72. Lebensjahr erfolgen.

3. 4. 2. Udo Walendy

Udo Walendys astrologisches System, dessen Hauptrolle von sechs hypothetischen Transpluto-Planeten gespielt wird, hat bisher überhaupt keinen Eingang in die praktisch ausgeübte Astrologie gefunden. Es bedarf trotzdem einer Erwähnung, einesteils, weil die Arbeit mit zusätzlichen Punkten, mit hypothetischen Zusatzplaneten, in der Astrologie keine ganz geringe Rolle spielt, zweitens, weil Walendy in der Gegenwart vielleicht derjenige Forscher ist, der am konsequentesten fatalistisch denkt.

Walendy hat seine Forschungen und Überlegungen in einem gewaltigen fünfbändigen Werk niedergelegt: DIE WELTANSCHAUUNG DES WISSENS. Die ersten beiden Bände dieses Werkes befassen sich mit den philosophisch-naturwissenschaftlichen Zusammenhängen zwischen Mensch und Kosmos. Das Thema der letzten drei Bände ist die konkrete Schicksalsforschung.

Walendy nimmt das Modell der Astrologie als Grundlage, und als Naturwissenschaftler hält er sich von psychologisch orientierten Deutungen, soweit es eben geht, zurück. Er versucht, aktuelle Planetenübergänge über Horoskopstellungen bzw. mundane Konstellationen ganz für sich sprechen zu lassen.

Von den prognostischen bzw. metagnostischen Methoden, die die Astrologie im Laufe ihrer Geschichte entwickelt hat, läßt Walendy nur die Transite gelten. Aus einer naturwissenschaftlichen Sicht mag dies sinnvoll sein, denn von allen astrologischen Prognosemethoden sind die Transite noch am ehesten astronomisch begründbar. Freilich kommt Walendy so fast zwangsläufig in die Lage, daß er bei manchen Lebensereignissen keine entsprechende aktuelle astrologische Konstellation nachweisen kann, nicht einmal einen Transit oder eine Mundankonstellation bisher bekannter Planeten. Walendy befindet sich demnach in derselben Situation, in der sich Alfred Witte – der Begründer der *Hamburger Schule* – während des ersten Weltkrieges befand, als er Horoskope nach der klassischen Manier untersuchte und gravierende Schicksalsbildungen mit den überkommenen Methoden nicht belegen konnte (siehe Kapitel 5). Und ähnlich wie Witte verlegt Walendy sich auf die Findung zusätzlicher, hypothetischer Planeten.

Walendys Ansatz ist streng physikalisch. Nach seinem Verständnis sind die Lichter und die Planeten »astrale Richtungsstrahler«. Sie geben bei der Geburt des Individuums eine kosmische Prägung, und diese wird bei einem Transit einschlägig aktiviert. Mit einem solchen materialistisch-monokausalen Verständnis von den »Uhr des Kosmos« werden sofort alle astrologischen Ansätze eliminiert, die nicht streng astronomisch begründbar sind. Direktionssysteme, aber auch das Solarhoroskop fallen unter den Tisch.

Walendys sechs Transplutonier füllen dann – scheinbar – diese technische Lücke. Walendy kommt auf folgende Reihe:

Name	Position am 1. Januar 1945	jährliche Bewegung
Pirus	21°26' Löwe	1°46'
Expire	14°25' Widder	1°12'
Utos	17°07' Skorpion	1°07'
Artex	15°34' Stier	0°45'
Rino	17°02' Skorpion	0°44'
Solur	19°48' Skorpion	0°37'

Tabelle 11: Die Transplutonier nach Walendy

Walendy gibt keine Bedeutungen für die von ihm zusätzlich gefundenen sechs Transpluto-Prinzipien an. Auch die Ephemeriden, die Walendy aufführt, beziehen sich lediglich auf den von ihm an vielen Horoskopen insbesondere untersuchten Kriegszeitraum 1939 – 1945. Walendy kommt es auch nicht so sehr darauf an, mit den von ihm gefundenen sechs Transpluto-Elementen Individualastrologie zu betreiben, schon gar nicht im Sinn einer Deutung des Geburtshoroskops als Charakterstruktur, sondern es ist ihm wichtig, die Existenz dieser Punkte durch Transite anderer Planeten über diese Stellen und die damit verknüpften zeitgleichen Ereignisse nachzuweisen. Auf eine Einsetzung der von Udo Walendy gefundenen Transpluto-Planeten in unser Beispielhoroskop kann – mangels jeder relevanten Praxis – an dieser Stelle verzichtet werden.

Walendy hält sich übrigens im Blick auf die sogenannte »Häuserfrage« sehr zurück, zwar äußert er sich nicht weiter dazu, doch seine Beispielhoroskope sind sämtlich ohne Zwischenhäuser gezeichnet.

Die Probleme, die sich aus dem Vorgehen von Walendy ergeben, liegen eigentlich unmittelbar auf der Hand: Er geht immer wieder von konkreten Ereignissen aus und listet sorgfältig Tagesgeschehnisse für seine Beispielbiographien auf. Doch seelische

Entwicklungen, Stimmungen, längerfristige innere Veränderungen werden nicht berücksichtigt. Walendy reduziert alles auf »Daten und Ereignisse«. Die Entwicklung der Astrologie weg von der Ereignisorientierung hin zu einer mehr psychologischen Lebensdeutung findet bei Walendy keine Erwägung.

In der Frage der Orben ist Walendy radikal. Für taggenaue Ereignisse werden bogenminutengenaue Positionen der bekannten und schließlich auch der zusätzlich gefundenen Langsamläufer angegeben. Hier geht Walendy ähnlich vor wie die *Hamburger Schule*, wenngleich noch radikaler. Zwar ist heute bekannt, daß es keinen Sinn macht, mit großzügigen Orben zu rechnen, weil dann letztlich alles beweisbar wird. Aber andererseits gibt es in der Astrologie – wie auch in der Natur – keine hundertprozentige Exaktheit. Das Lebendige befindet sich in Fließgleichgewichten; das Lebendige ist innerhalb kleiner Spielräume »genau«, und absolute Exaktheit würde Erstarrung bedeuten. Mit seinem ganzen Denken gerät Walendy ohne Umschweife in die Nähe des Fatalismus, er redet vom »scheinbar freien Willen«.

Walendy will offenbar kein praktischer Astrologe sein und auch die praktische Astrologie nicht weiter befruchten. Da er keine Deutungen für seine Transpluto-Findungen angibt, da er ausdrücklich betont, daß genauere Ephemeridenberechnungen der Zukunft vorbehalten bleiben müßten, hat sich von den praktisch arbeitenden Astrologen wohl keiner bisher mit Walendys System näher beschäftigt. Für den forschenden Astrologen kann Walendy unter Umständen anregend sein, für die Praxis trägt sein System bislang jedenfalls nichts aus.

3.4.3. Die Kosmobiosophische Gesellschaft (KBSG)

Die Arbeit in der *Kosmobiosophischen Gesellschaft*, die sich insbesondere mit den Namen Helmut und Edith Wangemann verknüpft, stellt eigentlich kein eigenes System dar, sondern bewegt sich auf dem Boden der Revidierten Klassik mit einigen kleineren Sonderentwicklungen. Die Kosmobiosophische Gesellschaft wurde 1946 gegründet, zu ihren Mitgliedern zählten in der frühen Zeit immerhin so bekannte Astrologen wie Hans Genuit und Dr. Walter Koch. Seit 1966 war Helmut Wangemann Vorsitzender der Kosmobiosophischen Gesellschaft, und nach seinem Tod übernahm seine Frau Edith Wangemann bis auf den heutigen Tag den Vorsitz. Wirklich schulbildenden Charakter hat die »Kosmobiosophie« eigentlich nicht. Zu den wichtigen Eigenheiten der Kosmobiosophie gehört die Anwendung des Geburtsort-Häusersystems (GOH), das auf den Grundlagen der Arbeiten von Heinz Specht und Friedrich Zanzinger von Dr. Walter Koch seit den sechziger Jahren propagiert wurde. Nach Überzeugung der Kosmobiosophen hat sich dieses Häusersystem insbesondere bei einschlägigen Forschungen, wie etwa der Zwillings- und Unfallforschung, bewährt. Ein Anliegen der Kosmobiosophie ist die *rationelle Horoskopauswertung*, die auf bestimmte Punktebewertungen zurückgreift. Die sogenannten persönlichen Faktoren – Aszendent, Medium Coeli, Sonne und Mond – erhalten 4 Punkte, Merkur, Venus und Mars erhalten 3 Punkte, Jupiter, Saturn und Mondknoten erhalten jeweils 2 Punkte und die übrigen Langsamläufer werden mit je 1 Punkt bewertet. Berücksichtigt wird dann die allen Astrologen bekannte Konstellierung von Elementen in den kardinalen, fixen bzw. beweglichen Tierkreiszeichen, die Verteilung der Planeten in den einzelnen Quadranten des Horoskops, aber auch die Verteilung der Positionen in den Tierkreiszeichen gemäß deren Element-Zugehörigkeit. Durch die Punktbewertung werden somit bestimmte inhaltliche Schwerpunktsetzungen, bestimmte Temperaments- und Schicksalsäußerungen quantifiziert.

Die Kosmobiosophie hat schon relativ früh mit dem Transpluto-Planeten Isis gerechnet und hat überdies die Arbeit mit den sogenannten Entfernungswerten von Sonne, Mond und den übrigen Planeten von der Erde gearbeitet. In Erdnähe, so die Deutung der Kosmobiosophie, wirkt ein Planet stärker innerhalb der Materie, ist körperlicher, erdgebundener, umweltnäher und spürbarer als in Erdferne. Befindet sich ein Planet im individuellen Horoskop in Erdferne, hat der Geborene nach der Deutung der Kosmobiosophie einen größeren Abstand zur realen Auswirkung des Planeten, die im Planetenprinzip enthaltene Gabe kann entwickelt werden, ohne daß die Umwelt bedrängt wird bzw. die eigene, persönliche Haltung allzu stark beeinflußt. Erdferne bedingt auch eine mehr geistige, immaterielle Auswirkung der durch den Planten gegebenen Anlage.

Um den Transpluto-Planeten Isis ist es heute recht still geworden – soweit ich blicke, auch in der Kosmobiosophie – obwohl vor einigen Jahren noch genaue Ephemeriden von Klaus Bonert vorgelegt wurden. Inzwischen haben Astronomen nachgewiesen, daß eine Existenz eines Transpluto-Planeten dieser Art höchst unwahrscheinlich sei.

Bedeutsam in der Systematik der Kosmobiosophie ist die Arbeit mit den Zwischenfelderspitzen – immer im GOH-System nach Dr. Koch. Die Zwischenfelderspitzen werden selbst als sensitive Punkte betrachtet, die von Transiten usw. ausgelöst werden können. Die astrologischen Häuser werden von den Kosmobiosophen gleichsam als Verwirklicher der durch die planetaren Stellungen gegebenen »Substanz« gesehen. Die »Substanz«, gegeben durch die Konstellation der Planeten am Geburtstag, aber auch an einem Ereignistag, formt ein Individuum bzw. macht ein Ereignis zur Auswirkung bereit. Die astrologischen Häuser aber zeigen, wie diese Substanz genutzt bzw. erlebt werden kann. Dies führt, auch im Sinn der durchrationalisierten Horoskopdeutung, zu folgenden Deutungsschemata:

			ERLEBNIS als			
			Einzelperson, Individuum			Glied des Ganzen
			des Ich	der Werte	der Kontakte	der Formung
SUBSTANZ	in Eigennützung	in der Darstellung des Ich	Darstellung des Ich I Erlebnis der Person	Darstellung der Persönlichkeit X Erlebnis des Gewordenseins	Darstellung im Du VII Erlebnis der Partnerschaft	Darstellung der Ichform IV Erlebnis des Werdens aus dem Sein
		in der Wertung, Gestaltung	Gestaltung des Ich V Erlebnis des Ich	Gestaltung der Materie II Erlebnis der Wertumformung (Nutzung)	Gestaltung am Du, mit dem Du XI Erlebnis der Substanzgestaltung	Gestaltung in der Formenhaltung VIII Erlebnis des Formenwandels
	im Austausch	in der Bezugsform	Bezugsform der Auseinandersetzung IX Erlebnis der Wahl	Bezugsform der Wertigkeit VI Erlebnis der Ordnung oder Einordnung	Bezugsform zum Du III Erlebnis des Austausches	Bezugsform in der Einschränkung XII Erlebnis der Persönlichkeit

Tabelle 12: Häuserdeutungstabelle

Kürzer wird dieses auch im folgenden Aufriß dargestellt, der die einzelnen Häuser nach einem Viererprinzip und nach einem Dreierprinzip aufgliedert:

Nutzungsformen der Substanz

I, IV, VII, X	=	Darstellung der Substanz
II, V, VIII, XI	=	Gestaltung der Substanz
III, VI, IX, VII	=	Bezugsform der Substanz

Erlebnisform der Substanz

I, V, IX	=	das Ich- oder Persönlichkeitserlebnis
II, VI, X	=	das Wert- oder Wertungserlebnis
III, VII, XI	=	das Du- oder Mitwelterlebnis
IV, VIII, VII	=	das Form- oder Gestaltungserlebnis

Zu den Eigentümlichkeiten der Kosmobiosophie gehört es, daß es keine zusamenfassende Darstellung der kosmobiosophischen Arbeitsweise gibt. Die Zeitschrift der Kosmobiosophischen Gesellschaft, SEIN UND WERDEN, ging Anfang der achtziger Jahre im MERIDIAN auf, der heute das Verbandsorgan des »Deutschen Astrologen-Verbandes« ist. Um die Arbeitsweise der Kosmobiosophischen Gesellschaft zu erfahren, ist man auf die alten Ausgaben von SEIN UND WERDEN angewiesen oder aber auf die unmittelbare Mitarbeit innerhalb der Kosmobiosophischen Gesellschaft. Als Literatur zur Kosmobiosophie lassen sich damit eigentlich nur verschiedene Tabellenwerke angeben.

3.4.4. Astrologie nach Bernd A. Mertz

Bernd Mertz (geboren 1924), ist wohl einer der fruchtbarsten astrologischen Schriftsteller in deutscher Sprache. Mertz hat neben seinen zahlreichen astrologischen Büchern auch über Tarot, über die Geschichte der Astrologie, über das Verhältnis von

Astrologie und Glaube sowie einige astrologisch-esoterische Bücher geschrieben. Wir werden ihm in Abschnitt 8, wo es um Schulen der esoterischen Astrologie geht, noch einmal begegnen. Mertz ist im Grunde ein Vertreter der revidierten klassischen Astrologie, der versucht, unter Einbezug von Tiefenpsychologie, Esoterik, aber auch einer gesunden pragmatischen Lebensauffassung die Astrologie praktisch anzuwenden. In seinen Büchern steht immer wieder der Beratungsfall, das aus der Beratungsarbeit aktuell herausgegriffene Beispiel im Vordergrund. Eigentümlich für Mertz ist eigentlich nur die Verwendung der äqualen Häuser.

Medium Coeli und Aszendent werden auf die in allen astrologischen Systemen übliche Weise berechnet. Das 1. Haus beginnt mit dem Aszendenten als Spitze, und dann werden alle Häuser im gleichmäßigen Abstand von 30°, ausgehend vom Aszendenten, der Reihe nach im Horoskop eingetragen. Das Medium Coeli ist somit ein Punkt außerhalb der zwölf Häuserspitzen, der zumindest bei Geburten in den mittleren nördlichen Breiten je nach Lage der Dinge im 8., 9., 10. oder 11. Horoskophaus steht. In unserem Beispielhoroskop würde sich das Medium Coeli verhältnismäßig weit am Ende des 8. Horoskophauses nach der Mertz'schen Berechnung befinden.

Kennzeichnend für Bernd Mertz ist, daß er die in der Astrologie gängigen Analogiebildungen noch etwas weiter treibt. Die bekannteste Analogiebildung in der Astrologie ist wohl die Zuordnung von bestimmten Planeten zu bestimmten Tierkreiszeichen – in dem Sinn, daß z.B. die Mars-Kraft analog zum Widder- bzw. Skorpion-Prinzip gesehen wird. In einer anderen Analogiebildung spricht man z.B. vom 1. Haus als dem Widder-Haus, vom 4. Haus als dem Krebs-Haus usw. – wobei eben Häuserzählung und die Zählung der Tierkreiszeichen in Parallele gesetzt werden. Mertz versucht nun dasselbe mit den verschiedenen Aspekten. Hierbei kommt er zu folgender Reihe:

Konjunktion	=	Merkuraspekt
Opposition	=	Saturnaspekt
Trigon	=	Jupiteraspekt
Quadrat	=	Marsaspekt
Sextil	=	Venusaspekt
Halbsextil	=	Uranusaspekt
Quincunx	=	Neptunaspekt
aspektlos	entspricht	Pluto

In diesem System kommen die kleinen, auch klassischen Aspekte Halbquadrat und Anderthalbquadrat nicht vor. Man kann dieser Analogie schon darum eine gewisse Willkür vorwerfen; und zusätzlich könnte man noch fragen, ob es nicht einen »Sonnenaspekt« und einen »Mondaspekt« geben müßte. Bedeutungen haben diese Analogiebildungen insofern, als eben das Quadrat, um bei diesem Bleispiel zu bleiben, als »Marsaspekt« zum Handeln auffordert, wenn auch nicht zum blindwütigen Handeln. Die Opposition als »Saturnaspekt« wird von Mertz als »Schicksalsaspekt« beschrieben. Die Konjunktion als »Merkuraspekt«, ist nach Mertz ein Winkel, der Vereinigung bewirkt, der aber auch im Sinne von Merkur ein Aspekt ist, der Denken und auf Denken basierendes Handeln erfordert.

Diese Analogiebildungen können für die deutende Arbeit am Horoskop durchaus zusätzlich sensibilisieren, aber einmal mehr sind diese Analogiebildungen astronomisch nicht begründet, und sie können – z.B. im Falle der Opposition als »Saturnaspekt« – möglicherweise allzu schnell die Deutung in eine ganz bestimmte, einseitige Richtung (»Schicksal«) drängen.

Mertz wartet noch mit einer weiteren Spezialität auf: Er teilt jedes Tierkreiszeichen in zwölf Sektoren zu je 2 ½°. Dies ergibt insgesamt zwölf Sektoren für jedes Tierkreiszeichen, welche wiederum die gesamte Reihe der Tierkreiszeichen ausmachen. Der »Widdersektor« des Tierkreiszeichens Stier würde also von 0°00' bis 2°30' Stier gehen, der »Waagesektor« des Zeichens Zwillinge also von 15°00' bis 17°30' Zwillinge. In unserem

Beispielhoroskop ist folglich die Sonne – bei 28°37' Stier stehend – somit im »Fischesektor« des Zeichens Stier; Mond und Uranus – im 4. Krebsgrad – befinden sich im »Stiersektor« des Zeichens Krebs. Für Mertz ergibt sich damit eine weitere Analogiebildung, die wiederum zur Deutung herangezogen werden kann. Für unser Beispielhoroskop würde man sagen, daß die Stiersonne im Fischesektor dieses Zeichens und im 12. Haus stehend – auch nach der äqualen Methode von Mertz! – sehr deutlich auf die beim Horoskopeigner vorhandene Bereitschaft zur persönlichen Entgrenzung, zur Kenntnisnahme von Randgebieten usw. verweist. Ähnlich würden Mond und Uranus im Stiersektor des Zeichens Krebs die durch Sonne und Merkur ausgedrückte Stierqualität – Beharrlichkeit, Festigkeit, Emotionalität und Realismus – verstärken.

3.4.5. Astrologie nach Johannes Vehlow

Johannes Vehlow (1890 – 1958) ist ähnlich wie der eine Generation nach ihm geborene Bernd A. Mertz, viel eher ein großer Darsteller und Zusammenfasser der klassischen Astrologie als ein Erfinder neuer Systeme. Zwischen den beiden Weltkriegen gehörte Johannes Vehlow zu den bedeutendsten Astrologen in Deutschland, bekannt vor allem durch sein achtbändiges Hauptwerk LEHRKURSUS DER WISSENSCHAFTLICHEN GEBURTS-ASTROLOGIE. Hier hat Vehlow praktisch alles gesammelt und systematisiert, was an Technik und Deutung in der traditionellen klassischen Astrologie seinerzeit bekannt war. Vehlow stellt die Astrologie zum Teil sehr stark aus esoterischer bzw. theosophischer Sicht dar, wobei bei ihm noch sehr die traditionelle Perspektive auf das gute oder üble »Schicksal« dominiert.

Eine Besonderheit bietet Vehlow nur insofern, als er versucht hat, die Häusertechnik zu verfeinern. Vehlow geht davon aus, daß der Aszendent die Mitte eines ersten äqualen Horoskophauses sei. In unserem Beispielhoroskop wäre also der Aszendent bei 24°08' Zwillinge die Mitte des ersten äqualen Horoskophauses, dessen Grenzen bei rund 11° Zwillinge bzw. 11° Krebs liegen. Das Medium Coeli – bei Vehlow als »mathematischer Zenit« bezeichnet – wäre also wiederum ein Punkt außerhalb der Häusersystematik, in unserem Beispielsfall im 9. Haus gelegen.

Neben diesen äqualen Häusern, deren erstes durch die Lage des Aszendenten bestimmt wird – Vehlow spricht hier von Häusern nach der »Horizonteinteilung« – benutzt Vehlow noch ein weiteres Häusersystem nach der »Sonnenorteinteilung«. Hierbei bildet die Sonne selbst die Mitte des ersten sogenannten »Sonnenhauses«. Auch die Sonnenhäuser nach Vehlow sind äqual, das 1. Sonnenhaus würde in unserem Beispielhoroskop dann von 13°37' Stier bis 13°37' Zwillinge reichen. Merkur befände sich somit im 1. Sonnenhaus, der Aszendent, aber auch Mond und Uranus, befinden sich somit im 2. Sonnenhaus.

Um diese doppelte Einteilung fruchtbar zu machen, zieht er im wesentlichen die Morin'sche Systematik heran, also die Theorie der Planetenherrschaft über die Zeichen.

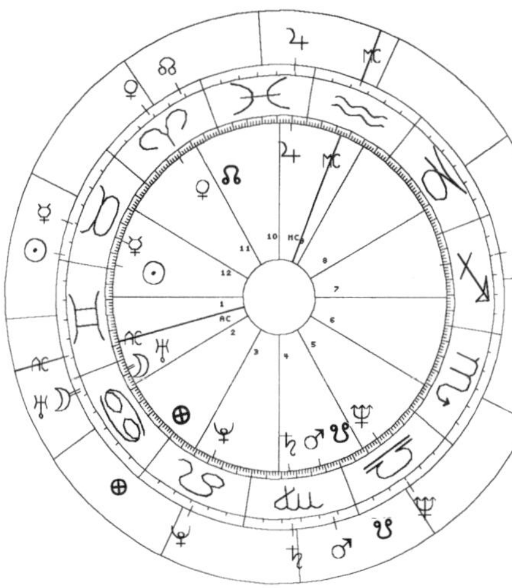

Abbildung 12: Horoskop nach Vehlow (Sonnenhäuser außen)

Die vorstehende Abbildung zeigt unser Beispielhoroskop nach der Methode Vehlow gezeichnet. In den zusätzlichen Außenring sind die Sonnenhäuser nach Vehlow eingezeichnet. Vehlow arbeitet zusätzlich mit dem *Glückspunkt* oder *Glücksrad*, das nach der Formel Aszendent plus Mond minus Sonne berechnet wird und in unserem Beispielhoroskop bei 29°07' Krebs steht. Zusätzlich ist hier die Stellung Plutos eingezeichnet, und Vehlow weist auch ausdrücklich den absteigenden Mondknoten in der Position genau gegenüber dem aufsteigenden Mondknoten aus.

Vehlow teilt – nach einer Überlieferung der traditionellen Klassik – die Horoskophäuser ein in *Malefizhäuser* und *Benefizhäuser*. Die Malefizhäuser zeigen nach Vehlow Lebensverhältnisse an, die zu den weniger angenehmen oder gar unglücklichen gehören, während die anderen Häuser günstige und angenehme Dinge des Lebens, die erhofft und erstrebt werden können, andeuten. In diesem Sinne sind das 3., 6., 7., 8., 9. und 12. Haus Malefizhäuser, das 1., 2., 4., 5., 10. und das 11. Haus Benefizhäuser. Auch hier zeigt sich die tradierte Einteilung in »gut« und »böse«, die ihren Niederschlag ebenso in der Klassifizierung der Planeten in sogenannte »Wohltäter« und »Übeltäter« reflektiert. Betrachten wir nun die Stellung der Venus in unserem Beispielhoroskop. Venus steht nach Vehlow im 11. Horizonthaus und im 12. Sonnenhaus. Venus herrscht gleichzeitig über das 12. Horizonthaus und das 1. Sonnenhaus, weil die Mitten dieser beiden Häuser in das Zeichen Stier fallen, über das bekanntlich die Venus herrscht. Ebenso aber herrscht die Venus auch über das 5. Horizonthaus und das 6. Sonnenhaus, wiederum weil die Mitte dieser beiden Häuser in das Venuszeichen Waage fällt. Die jeweilige Hausherrschaft definiert sich also immer aus der genauen Lage der jeweiligen Häusermitte in einem Tierkreiszeichen. Die Venus holt nach Vehlows System die Angelegenheiten des 5. und des 12. Horizonthauses, aber auch die Angelegenheiten des 1. und des 6. Sonnenhauses mit in das 11. Horizonthaus herein, in dem sie unmittelbar steht. Auch Vehlow bewertet zunächst einmal die unmittelbare Stellung der Venus im 11. Haus, aber auch im Zeichen Widder. Hier gilt auch für Vehlow die »exilierte Stellung« der Venus im Zeichen Widder, andererseits aber die Stellung der Venus in einem Benefizhaus, d.h. der Geborene wird in Partnerschaftsangelegenheiten (Venus) manches Gute, manche Freundschaft und Zuneigung erfahren (11. Haus), auch wenn die Venus an sich im Zeichen Widder wenig günstig steht. Das Thema Erotik – Herrschaft der Venus über das 5. Horizonthaus – wird in der Partnerschaft für den Geborenen eine wichtige Rolle spielen, aber er muß – Herrschaft der Venus über das 6. Sonnenhaus – mit der Partnerschaft auch viel Arbeit, Dienst, eventuell eine gewisse Zurücksetzung erfahren.

Bei dieser Deutung kommen natürlich die üblichen Aspekte der Venus hinzu. Vehlow, der sich sehr stark um die systematische und ausführliche Deutung des Horoskops bemüht hat, hat für die grundlegenden, existentiellen Lebensbereiche die jeweiligen Horoskopelemente – Planeten, Häuser, Aspektierungen usw. – zusammengestellt, die zur Analyse des entsprechenden Lebensbereichs im Horoskop heranzuziehen sind. Hier folgt Vehlow mit seinem zusätzlich verfeinerten Häusersystem im wesentlichen der klassischen bzw. traditionellen Astrologie unter Anwendung der Zeichenherrschaften nach Morin.

Das System von Johannes Vehlow ist heute nur noch bei wenigen Astrologen im Gebrauch. Vehlows Zugriff auf die Astrologie im Sinn einer schicksalsorientierten, nahezu fatalistischen Deutung muß vom Standpunkt der Revidierten Klassik aus als fragwürdig empfunden werden, doch laßt sich seine ausgefeilte Häusersystematik grundsätzlich auch unter der Perspektive der Revidierten Klassik anwenden.

3.4.6. Astrologie nach Holger Stenson-Raché

Holger Stenson-Raché (1902 – 1985) spielte vor allem in der Astrologie zwischen den beiden Weltkriegen und bald nach dem Zweiten Weltkrieg eine wichtige aufbauende Rolle. Ganz im Unterschied zu dem großen, ja universalen Entwurf einer »wissenschaftlichen Geburts-Astrologie« in acht dicken Bänden, wie Johannes Vehlow sie vorlegte, kam es Stenson-Raché darauf an, die Astrologie von jeglichem Ballast zu reinigen, Astrologie sozusagen mit einfachsten Mitteln und ohne umfängliche Dogmatik zu betreiben. Insofern kann Stenson-Raché als ein Vertreter der Revidierten Klassik gelten. Von dieser unterscheidet er sich freilich durch manchen spekulativen Zug, aber auch durch manche Neigung, die Astrologie doch nach wie vor traditionell im Sinne einer relativ starken Schicksalsorientierung zu betreiben. Stenson-Rachés literarisches Medium war eigentlich der astrologische Artikel, sozusagen astrologischer Journalismus. In schmalen Publikationen, in kurzen Beiträgen für die astrologische Fachpresse zwischen den beiden Weltkriegen und mit einer eigenen Zeitschrift zu Anfang der fünfziger Jahre, ASTRO-KURIER, kam es ihm vor allem darauf an, so kurz und prägnant als möglich seine klare und gewissermaßen karge Perspektive darzustellen. Bei Stenson-Raché ging es nicht um ausgefeilte Technik, sondern um die einfachen Grundlagen der Astrologie, die dann freilich einer deutenden Einfühlsamkeit bedurften, die nicht unbedingt technisch erlernt werden konnte, sondern die der Astrologe als Begabung mitzubringen hatte.

Stenson-Raché verzichtete auf die Theorie von der Zeichenherrschaft nach Morin, im Horoskop ließ er lediglich die sogenannten ptolemäischen Aspekte gelten, nämlich Konjunktion, Opposition, Quadrat, Trigon und Sextil. Die sogenannten kleinen Aspekte ignorierte er. In Abgrenzung von der Vulgärastrologie, die eine Gebrauchspsychologie der Tierkreiszeichen in den Vordergrund stellt, vertrat Stenson-Raché eine »planetare Typenlehre«.

Stenson-Raché schreibt in seinem gleichnamigen Buch, das 1950 erschien: »*Nicht die Tierkreiszeichen, sondern die Planeten sind die Hauptfaktoren, die im Horoskop den stärksten Einfluß ausüben. Aus diesem Grunde spreche ich von einer ›planetaren Typenlehre‹ und nicht, wie bisher üblich, von einer Typenlehre nach dem Tierkreiszeichen. Die Planeten haben, wofür gute Gründe vorliegen, allem Anschein nach auch die Zwölferzahl, da in der Zwölf sowohl der Begriff der Harmonie (4 x 3 und 3 x 4) als auch der Begriff der Vollkommenheit enthalten ist. Wir unterscheiden außer den bisher bekannten 11 Planeten noch einen weiteren, der noch nicht entdeckt ist, nämlich Cupido. Der Planet Vulkan dürfte das Zeichen Jungfrau, der Planet Cupido das Zeichen Waage ›beherrschen‹.*«[13]

Dabei bezog sich der hypothetische Planet Vulkan auf den Transneptunpunkt, den Friedrich Sieggrün »entdeckt« hatte, also auf den Vulkanus der *Hamburger Schule*! Stenson-Rachés Cupido hingegen hatte und hat nichts mit dem Cupido der *Hamburger Schule* zu tun. Ausdrücklich vermerkt Stenson-Raché ja, daß Cupido noch nicht entdeckt sei. Stenson-Raché vermutete gegen Ende seines Lebens, daß es sich bei Cupido um den hypothetischen Transpluto handle, der als Isis ja auch in der kosmobiosophischen Astrologie eine Rolle spielt. Doch Stenson-Raché hat mit Transpluto-Ephemeriden, wie sie von der *Kosmobiosophie*, aber auch innerhalb der *Ebertin-Schule* vorgelegt wurden, nie gearbeitet. So blieb es im Prinzip bei der Spekulation des Vulkanus, den Stenson-Raché allgemein »Vulkan« nannte.

Hier wird es dann doch problematisch! Einerseits lehnt Stenson Raché die ausgefeilte Theorie und Technik der Zeichenherrschaft, wie Morin sie vorgelegt hatte, ab; andererseits ordnet er jedem Tierkreiszeichen einen Planeten zu und fordert dann die vollkommene Zwölfzahl – wobei eben Sonne und

13 Holger Stenson-Raché *Planetare Typenlehre: Ein Weg zur Reform der Astrologie.* (Memmingen, 1950) p.20.

Mond als »Planeten« mit in die Zwölferreihe einbezogen sind. Aus systematischen Gründen fordert er dann für Jungfrau den Vulkan, für Waage einen hypothetischen Cupido. In der Deutung des hypothetischen Planeten Vulkan stützt Stenson-Raché sich sehr stark auf seine Zuordnung des Vulkan zum Zeichen Jungfrau. Stenson-Raché erwähnt sogar, daß der Vulkan dem Lehrgebäude der *Hamburger Schule* entstammt und daß er, Friedrich Sieggrün zufolge, Macht, Energie, Kraft, eventuell Gewalt versinnbildliche. Stenson-Raché allerdings weist dann ausdrücklich darauf hin, daß er Vulkan nicht im Sinne der Hamburger Schule deute, sondern als Planeten der Kritik und der Zersetzung. Im übrigen fügt Stenson-Raché den Vulkan ganz in das klassische System ein.

Problematisch ist auch Stenson-Rachés Begriff von der planetaren Typenlehre. Zwar ist Stenson-Rachés Gedanke richtig, daß es eigentlich die Planeten sind, die eine Typologie bestimmen müßten, und nicht die Tierkreiszeichen. Unbewußt wohl greift Stenson-Raché damit auf die mittelalterliche Vorstellung von den »Planetenkindern« zurück, wo es eben auch die Planeten waren – damals noch in der alten Reihe von Sonne, Mond, Merkur, Venus, Mars, Jupiter und Saturn – die einen ganz bestimmten menschlichen Typus formten. Doch Stenson-Raché kann nicht umhin, seine planetare Typenlehre wiederum mit einer Tierkreistypologie zu »erklären«. Stenson-Raché beschreibt den »Venus-Typ« folgendermaßen:

»Wer ist ein vollkommener Venus-Typ? Wer nach seinem individuell berechneten Horoskop das Zeichen Stier aufsteigend mit Venus im Zeichen Stier am Aszendenten oder im 1. Haus hat. Solche vollkommenen Venus-Typen sind gar nicht einmal so selten, denn die Venus befindet sich jedes Jahr einmal (und zwar ungefähr Ende April oder Anfang Mai) im Zeichen Stier. Wer zu dieser Zeit gegen Sonnenaufgang geboren ist, muß auch das Zeichen Stier aufsteigend haben. Als einigermaßen vollkommene Venus-Typen können alle Stier-betonten Menschen gelten, die Venus im 1., 4. oder 10. Haus ihres Horoskops haben. Wer nicht

Stier-betont ist oder nur die Sonne im Stier hat, also zwischen 20. April und 20. Mai irgend eines Jahres geboren wurde, dabei aber die Venus im 1., 4. oder 10. Haus, darf als 50%iger Venus-Typ angesehen werden.«[14]

Stenson-Raché beschreibt dann die in der Astrologie bekannten Grundzuschreibungen für das Prinzip Venus. Es fragt sich, ob Stenson-Raché soviel anderes tut als z.B. Klöckler, der einen ganz bestimmten Planeten im Horoskop als »maximalbedeutsam« herausarbeitet oder als Morin, der aufgrund der Lage des Aszendenten einen »Geburtsgebieter« bestimmt, also ebenfalls einen Planeten, der im Horoskop besondere Bedeutung hat. Die *planetare Typenlehre* ist aus dieser Perspektive nicht unbedingt eine neue Findung; aber sie bezieht ihre Berechtigung aus dem Grundprogramm ihres Autors, nämlich die Astrologie von allem Ballast, von allem »Schutt«, wie Stenson-Raché schreibt, zu befreien.

Es ist denn auch dieses, wodurch Stenson-Raché über den Tag hinaus gewirkt hat! Seine einfache Technik, die sich auf die wesentlichen Ansätze der Revidierten Klassik stützte, seine im Grunde klare und schnörkellose Deutung, die, bei aller Verhaftung an eine traditionelle und oft schicksalsorientiert-esoterische Astrologie im theosophischen Sinne, doch auch zu psychologischen und charakterologischen Aussagen fand – dies machte die Astrologie, wie man sie bei Stenson-Raché lernen konnte, zu einem klaren und nachvollziehbaren Gedankengebäude. Stenson-Raché hat somit einen, wenn auch zum Teil eigenwilligen und spekulativen, Beitrag zur Revision der klassischen Astrologie geleistet, der indirekt bis heute nachwirkt!

14 Holger Stenson-Raché *Planetare Typenlehre: Ein Weg zur Reform der Astrologie.* (Memmingen, 1950) p. 61.

3.4.7. Konzeptionshoroskope nach Hans Oster

Hans Oster, ein bekannter astrologischer Berater, der jahrelang in Frankfurt tätig war und nun in Bad Hersfeld lebt, ist wohl der einzige Vertreter der Klassik bzw. der revidierten Astrologie, der sich mit dem seit den Anfängen der Astrologie intensiv erörterten Problematik des wahren Lebensanfanges forschend auseinandergesetzt hat. Schon in der Antike wurde kontrovers diskutiert, ob der Geburtsaugenblick, welcher in der Astrologie durchweg als »Lebensbeginn« betrachtet wird und der ja auch die Grundlage des für das ganze Leben gültigen Geburtshoroskops liefert, wirklich ausschlaggebend sei. Immer wieder wurde gefordert, daß auch ein Horoskop der Empfängnis zu erstellen sei. Hypothetisch wurde vermutet, daß ein solches Konzeptionshoroskop bessere oder mindestens zusätzliche triftige Aussagen ermögliche.

Die theosophisch beeinflußte Astrologie seit dem ausgehenden 19. Jahrhundert benutzte ein spekulatives Konzeptionshoroskop für die Korrektur der Geburtszeit. Die spekulative Regel lautet so: Mit jedem korrekten Geburtshoroskop korrespondiert ein Konzeptions- oder »Epoche-Horoskop« rund neun Monate vor dem Geburtshoroskop. Es gibt den Zeitpunkt der Empfängnis an. Der Aszendent oder aber der Deszendent des Epoche-Horoskops steht an der Stelle, wo im Geburtshoroskop der Mond steht. Umgekehrt steht der Mond dieses Epoche-Horoskops an der Position, wo im Geburtshoroskop der Aszendent oder aber der Deszendent steht.

Im einzelnen gelten dabei folgende Regeln.

1.a. Wenn der Mond bei Geburt zunehmend ist, so ist der Mondstand des Empfängsnishoroskops gleich dem Aszendenten im Geburtshoroskop.

1.b. Wenn der Mond bei Geburt abnehmend ist, so ist der Mondstand im Empfängnishoroskop gleich dem Deszendenten des Geburtshoroskops.

2.a. Steht der Mond über dem Horizont zunehmend, so beträgt die Schwangerschaftsdauer 273 – x Tage.
2.b. Steht der Mond über dem Horizont abnehmend, beträgt die Schwangerschaftsdauer 273 + x Tage.
2.c. Steht der Mond unter dem Horizont zunehmend, beträgt die Schwangerschaftsdauer 273 + x Tage.
2.d. Steht der Mond unter dem Horizont abnehmend, beträgt die Schwangerschaftsdauer 273 – x Tage.

Danach zählt man vom Geburtstag an gerechnet 273 Tage zurück und stellt die Mondbewegung innerhalb von 24 Stunden an diesem errechneten Tag fest. Anschließend dividiert man die Zahl der Grade, die der Mond im Geburtshoroskop vom Deszendenten oder vom Aszendenten entfernt ist, durch die Zahl der Grade der Tagesbewegung des Mondes am errechneten Tag. Das Ergebnis dieser Division wird je nach dem Zutreffen einer der vier Regeln 2.a. bis 2.d. von der Zahl 273 abgezogen oder hinzuaddiert. Damit ist nach dieser Theorie der Empfängnistag ermittelt.

Anschließend stellt man die Sternzeit des Geburtsmondes fest, indem man die Stellung des Geburtsmondes als Wert eines Aszendenten betrachtet, zu dem man für die Breite des Geburtsortes die zugehörige Rektaszension des Medium Coeli in Sternzeit berechnet. Die Differenz zwischen der Sternzeit am Mittag des Empfängnistages und der Sternzeit der Geburtsmondposition, davon noch abgezogen die in mittlere Sonnenzeit umgewandelte Differenz der beiden Sternzeiten, stellt die genaue Empfängniszeit am Tag der Zeugung dar. Auf dieses Weise wird der entsprechende Mondstand berechnet, und mit ihm korrespondiert dann der Aszendent oder aber der Deszendent im Geburtshoroskop.

Mit diesem spekulativen Modell wurde in der theosophisch beeinflußten Astrologie im ausgehenden 19. Jahrhundert und vor allem in der ersten Hälfte des 20. Jahrhunderts die sogenannte Geburtszeitkorrektur betrieben. Auch heute noch wird dieser Ansatz hin und wieder für Korrekturzwecke verwendet.

Nach den gegebenen Regeln läßt sich für unser Beispiel das dazugehörige Epoche-Horoskop folgendermaßen errechnen. Von den angegebenen Regeln gelten zunächst die Regeln 1.a. – der Mond ist bei der Geburt zunehmend, der Mondstand der Empfängnis ist also gleich dem Aszendenten des Geburtshoroskops; weiterhin gilt die Regel 2.c. – der Mond steht unter dem Horizont zunehmend, d.h. die Schwangerschaftsdauer beträgt 273 Tage und einige Tage mehr! Nach Anwendung aller übrigen Regeln kommt man auf folgende Daten eines Epoche-Horoskops: 19. August 1949, 12:09:25 Uhr Weltzeit, 7°38' östliche Länge, 51°58' nördliche Breite. Dazu gehören die folgenden persönlichen Punkte – wir wollen dieses Horoskop hier nicht eigens abbilden:

MC	5°42' ♍
AS	17°04' ♏
☉	26°10' ♌
☽	25°38' ♊

Würde man dieses Epoche-Horoskop zur Korrektur des Beispielhoroskops heranziehen, so müßte eben nach der Theorie behauptet werden, daß der Aszendent des Beispielhoroskops nicht bei 24°08' Zwillinge, sondern bei 25°38' Zwillinge liegt. Damit würde die Geburt etwa um 4 Minuten später als angegeben liegen. Aber die Korrektur der Geburtszeit steht hier nicht zur Diskussion, schon gar nicht mit dem spekulativen Modell des Epoche-Horoskops. Hans Oster diskutiert dieses Epoche-Horoskop und kommt zu dem Schluß, daß es nicht das wirkliche Konzeptionshoroskop sein kann. Zwar geht auch Oster von einer Schwangerschaftsdauer von ungefähr 280 Tagen aus, aber er postuliert, daß im Konzeptionshoroskop Aszendent und Mond dieselbe Position einnehmen wie im Geburtshoroskop. Die Sonne ist um etwa 3/4 ihres Kreislaufes nach hinten gerückt. Mit diesen Postulaten ist ein Konzeptionshoroskop natürlich relativ einfach zu berechnen. Allerdings muß man sich dabei klarmachen, daß ein solches

Konzeptionshoroskop von vornherein nur fiktiv sein kann. Zunächst einmal gilt, daß nicht jede Schwangerschaft eine volle Periode von rund 280 Tagen dauert. Schon die Existenz einer einzigen Frühgeburt macht einen dicken Strich durch Osters Rechnungen! An die Möglichkeit aber von nicht voll ausgetragenen Schwangerschaften denkt Oster erst gar nicht.

Aber auch in astrologischer Sicht ergeben sich Fiktionen, die mit der astrologietechnischen Wirklichkeit wenig gemein haben. Berechnet man für den nach der Methode von Oster anzusetzenden Empfängnistag 20. August 1949 diejenige Mondposition, die identisch mit der des Geburtshoroskops ist, so erhält man hier eine Weltzeit von etwa 2:45 Uhr morgens. Das Horoskop, dann auf den Geburtsort, der auch der Ort der Konzeption ist, gestellt, ergibt freilich Werte für die persönlichen Punkte gemäß der folgenden Tabelle:

MC	18°20 ♈
AS	9°05' ♌
☉	26°45' ♌
☽	3°36' ♍

Mit anderen Worten, der Aszendent ist nicht identisch mit dem des Geburtshoroskops und kann mit diesem auch nicht identisch sein – jedenfalls nicht für die geographische Position des Geburts- bzw. Konzeptionsortes. Um ein Horoskop am 20. August 1949 mit der Weltzeit von 2:45 Uhr zu erreichen, bei dem die Mondposition und die Aszendentenposition identisch mit denen des Geburtshoroskops sind, müßte ein Konzeptionsort angenommen werden, der etwa einer westlichen Länge von 50° hat, bei gleichbleibender nordlicher Breite von 51°58'! Dieser Ort liegt irgendwo im Atlantik vor der Küste von Labrador! Mit anderen Worten: Oster ersetzt die Fiktion des alten Epoche-Horoskops durch eine andere Fiktion, nämlich das Konzeptionshoroskop.

In der praktischen Interpretation zieht Oster die Geburtshoroskope und die zugehörigen Konzeptionshoroskope gemeinsam zur weiteren Ausdeutung individuellen Charakters und individuellen Schicksals heran. Vor allem soll das Konzeptionshoroskop Lebenslinien und Lebensregungen »erklären«, die Oster zufolge allein aus dem Geburtshoroskop nicht erklärbar sind. Einmal mehr dient also das Konzeptionshoroskop dazu, noch einige Lebensregungen mehr astrologisch abzudecken und zu »beweisen«.

Zwar ist es Osters Verdienst, daß er beharrlich die alte Frage nach der Konzeption als dem eigentlichen Beginn des menschlichen Lebens auf Erden wieder aufgreift. Es ist auch sein Verdienst, darauf hinzuweisen, daß das theosophisch begründete Epoche-Horoskop ein Hirngespinst ist. Aber es bleibt unbegreiflich, warum er diese Fiktion durch eine andere Fiktion ersetzen möchte. An sich kann man sich als Astrologe ja ohne weiteres mit der Idee anfreunden, daß bestimmte planetare Konstellationen etwa neun Monate vor der Geburt ebenfalls eine Auswirkung auf den späteren Geborenen haben werden. Aber diese an sich plausible Betrachtung führt Oster mit falschen Mitteln und unter falschen Voraussetzungen durch. Mit dieser Grundsatzkritik soll freilich keineswegs ausgeschlossen werden, daß eine Beschäftigung mit Konzeptionshoroskopie – bei selbstverständlich großer Zurückhaltung, was astrologische Technik und detaillierte Postulate angeht – für die Deutung von Geburtshoroskopen fruchtbar sein kann.

3.4.8. Der Lichterachsenbogen nach Christian Scharmann

1988 überraschte der Astrologe Christian Scharmann die deutsche Fachwelt mit einem neuen Direktionssystem: dem *Lichterachsenbogen*. In einem Grundsatzartikel zu dieser Findung in der Fachzeitschrift MERIDIAN erklärte Scharmann den Lichterachsenbogen wie folgt: »*Er entspricht dem durchschnittlichen Tagesfortschritt der Halbdistanz Sonne/Mond, er beträgt 7°05'. (Das läßt sich folgendermaßen berechnen: Die Durchschnitts-*

geschwindigkeit der Sonne beträgt geozentrisch gesehen etwa 0°59' pro Tag, die des Mondes etwa 13°10' pro Tag. Beide addiert und das Ergebnis durch 2 geteilt ergibt den Durchschnitt, also 14°09' : 2 = 7°05').«[15]

Für jedes Lebensjahr anteilig wird also der Lichterachsenbogen um 7°05' im Tierkreis vorwärts bewegt. Anders als bei den Sonnenbogendirektionen der *Hamburger Schule* und im *Ebertin-System* wendet Scharmann seinen Lichterachsenbogen nur im Zusammenhang mit Medium Coeli und Aszendent an. Zur Auslösung des Lichterachsenbogens in Verbindung mit Medium Coeli und Aszendent schreibt Scharmann, daß nach seiner Erfahrung die Wirkung am stärksten bei Konjunktionen gegeben sei.

»Ebenfalls beachtlich und nahezu ebenso stark wirken die Winkel der 45°-Reihe: 45°, 90°, 135° und 180°. Die Winkel der 60°-Reihe (60° und 120°) haben zwar auch große Bedeutung, sie scheinen allerdings oft innere Entwicklungen anzudeuten, die sich nicht unbedingt in einem sofort sichtbaren Ereignis oder Wendepunkt nach außen hin konkretisieren; ähnliches gilt für Halbdistanzen.«[16]

Betrachten wir erneut unser Beispielhoroskop, und untersuchen wir wiederum das Ereignis der ersten Eheschließung, also nach 24 Lebensjahren und etwa 2 $^{1}/_{2}$ Lebensmonaten. Der zugehörige Lichterachsenbogen beträgt 171°29', die Positionen des um den Lichterachsenbogen vorgeschobenen MC bzw. Aszendenten sind dann:

MC pr.	9°13' ♌
AS pr.	15°37' ♐

Das um den Lichterachsenbogen vorgeschobene MC stünde um das in Rede stehende Ereignis herum in einem Halbquadrat

15 Christian Scharmann: »Metagnose und Prognose mit dem Lichterachsenbogen« in: MERIDIAN 6/1988, p. 36.
16 ebenda, p. 37.

zum Radix-Aszendenten und auch noch in einem Halbquadrat zum Radix-Mars. Der um den Lichterachsenbogen vorgeschobene Aszendent steht für das Ereignis im August 1974 in einem Trigon zur Venus einerseits, zum Pluto andererseits. Diese speziellen Konstellationen für das Ereignisdatum – auch im Blick darauf, daß der Horoskopeigner eine durchaus schwierige Partnerbindung einging – können schon verblüffen. Allerdings muß man sich auch klarmachen, daß der Lichterachsenbogen aufgrund seiner Größe verhältnismäßig schnell durch den ganzen Kreis läuft: nach knapp 51 Lebensjahren treffen der vorgeschobene Aszendent und das vorgeschobene Medium Coeli wieder an ihren Ausgangsorten ein. Eigentlich müßte dann in einem Horoskop mit zahlreichen Dominanzen – also Aspekten von Planeten auf die Achsen – um das 51. Lebensjahr herum eine Menge an Ereignissen oder Wandlungen ausgelöst werden. Hinzu kommt, daß der Lichterachsenbogen auf seiner relativ schnellen Wanderung durch den Kreis des Horoskops verhältnismäßig häufig Aspekte zu den anderen, als unveränderlich gedachten Elementen des Horoskops bildet. Je mehr Aspekte da sind, desto schneller kann man damit etwas »beweisen«.

Christian Scharmanns Lichterachsenbogen wurde 1988 und 1989 in der Fachzeitschrift MERIDIAN sehr rege diskutiert. Danach wurde es sehr schnell wieder still um Scharmann, zumal er selbst nie Anstalten gemacht hat, seine Findung innerhalb einer breiteren Veröffentlichung bzw. aufgrund von Reihenuntersuchungen näher zu erforschen.

3.4.9. Transzendente Astrologie nach J. Martin Sorge

J. Martin Sorge, geboren 1914, ist ein Schweizer Wissenschaftler und Paraforscher, der zu verschiedenen esoterischen Themen Untersuchungen durchgeführt und Publikationen vorgelegt hat. Sorge ist besonders an Jenseitsforschung interessiert und hier wiederum speziell an Reinkarnationsforschung. Aus seinen

Studien heraus hat Sorge ein spirituelles Modell der Entwicklung der geistigen Struktur eines menschlichen Individuums vor und bis zur physischen Geburt entwickelt. Dieses Modell, das hier nicht im einzelnen erörtert werden soll, führt für Sorge allerdings zu einer ganz praktischen Erweitung des astrologischen Ansatzes – eine Erweiterung, die auch die pragmatisch orientierte psychologische Deutung des Individualhoroskops beeinflußt.

Sorge geht von der häufigen Beobachtung aus, daß der Morgen eines beliebigen Tages dem Tag selbst das ganze Gepräge gibt. Er überträgt diese Empfindung auf den Geburtsvorgang: Für den Morgen vor einer Geburt wird ein zusätzliches Horoskop erstellt, das in Verbindung mit dem Geburtshoroskop gedeutet wird. Technisch heißt dies, daß jenes Hilfshoroskop, das auf den Morgen vor einer Geburt gestellt wird, die Sonne genau im Aufgang hat, d.h. Sonne und Aszendent liegen für den betreffenden Geburtsort an ein und derselben Stelle. Dieses Hilfshoroskop auf den Sonnenaufgang vor der Geburt nennt Sorge das *Induktionsbild*, da es bereits bestimmte prinzipielle Ausrichtungen in der geistigen Struktur des Geborenen erkennen läßt, weil durch die »Sonnenfelder« schon Tendenzen in einzelnen Lebensbereichen erkennbar werden. Im Induktionsbild sind Ideen und Tendenzen angegeben, mit denen das Individuum im Lauf seiner Inkarnation arbeiten muß. Die Wahl dabei steht dem Individuum frei. Was das Individuum aus den Ideen und Ansätzen, die im Induktionsbild gegeben sind, macht, ist im sogenannten *Resonanzbild*, nämlich im Geburtshoroskop selbst, angegeben, wenn auch hier wiederum nicht in vorherbestimmender, fatalistischer Weise. Die *Sonnenfelder* sind ganz einfach äquale Häuser, deren erstes mit der Position der Sonne, die ja identisch mit der Position des Aszendenten im Induktionsbild ist, beginnt.

Das Induktionsbild für unser Beispielhoroskop ist zu stellen auf das Datum 20. Mai 1950, 4:36 Uhr Weltzeit, 7°38' östliche Länge, 51°58' nördliche Breite und sieht folgendermaßen aus:

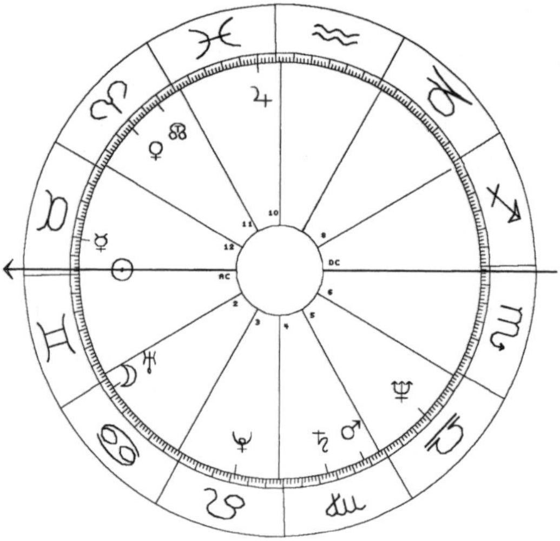

Abbildung 13: Induktionsbild nach Sorge

Eine absolut minutengenaue Berechnung ist beim Induktionsbild nicht einmal nötig, denn die ungefähre Sonnenposition genügt, um die Lage des Aszendenten im Induktionsbild einigermaßen exakt festzulegen – und damit auch die Lage aller übrigen äqualen Häuser. Das Medium Coeli spielt in dem Modell von J. Martin Sorge keine eigene Rolle.

Die Deutung dieses Induktionsbildes wird im wesentlichen mit den Mitteln der klassischen Astrologie durchgeführt. Sorge sind dabei besonders die Aspekte zwischen den einzelnen Planeten bzw. Lichtern wichtig. Im Blick auf die Aspekte ergeben sich beim vorliegenden Induktionsbild gegenüber dem Geburtshoroskop keine wesentlichen Änderungen, da das Induktionsbild ja auf eine Zeit berechnet ist, die nicht einmal 1 ½ Stunden früher als die reale Geburtszeit liegt. Im Blick auf Aspekte zeigt die Anlage, wie sie im Induktionsbild gegeben ist, also keine merklichen Unterschiede gegenüber der Realisierung, wie sie im späteren Resonanzbild vorliegt. Unterschiede ergeben sich natürlich in der Häuserbesetzung. Ideen und Tendenzen im Induktionsbild, die etwas stärker von dem uns vertrauten Geburtsbild nach der üblichen inäqualen Häuserberechnung abweichen, zeigen sich natürlich vor allem im Blick auf das zweite äquale Sonnenfeld, in dem nun die Mond/Uranus-Konjunktion steht, sowie im Blick auf das vierte Sonnenfeld, in dem jetzt der Saturn und auch noch der Mars stehen. Der Tendenz nach, wie sie sich im Induktionsbild zeigt, wäre also die materielle Situation des Geborenen (2. Feld) Schwankungen (Mond) und Sprüngen (Uranus) unterworfen; Saturn, im Induktionsbild im vierten Sonnenfeld stehend, würde anzeigen, daß die Geborgenheit im Leben des Horoskopeigners der Tendenz nach auf ein Minimum reduziert ist oder daß sich in dieser Hinsicht sonst Hemmungen ergeben. Noch einmal muß in diesem Zusammenhang betont werden, daß beim Induktionsbild nicht so entscheidend ist, eine ganz feste Charakter- oder Schicksalsdeutung zu geben, sondern daß es viel mehr auf die Nennung bestimmter Tendenzen und Möglichkeiten ankommt. Welche dieser Möglichkeiten tatsächlich verwirklicht werden und gegebenenfalls wie, das läßt sich dann aus dem Resonanzbild (siehe Abb. 14, S. 148) ablesen.

Auch hier gelten äquale Häuser; der Aszendent ist an der uns vertrauten Stelle des Horoskops, aber das Medium Coeli spielt keine Rolle. Erhebliche Abweichungen in der Deutung, wie wir sie mit der Revidierten Klassik und unter Verwendung der Placidus-Häuser erwarten würden, ergeben sich zumal im Blick auf das 3. und das 4. Haus, aber auch im Blick auf das 9. Haus. Freilich, wenn man das Induktionsbild und das Resonanzbild miteinander in Beziehung bringt, dann erhält man – eben in der Zusammenschau – schon einen Großteil der Aussagen, die man auch mit der Revidierten Klassik erhalten würde, sowie noch einige Aussagen und Tendenzhinweise mehr. Wichtig ist für Sorge, daß das Induktionsbild die Idee, das Resonanzbild die Verwirklichung dieser »Idee« symbolisiert. Idee und Verwirklichung fallen für ihn im Geburtsvorgang zusammen, der eben

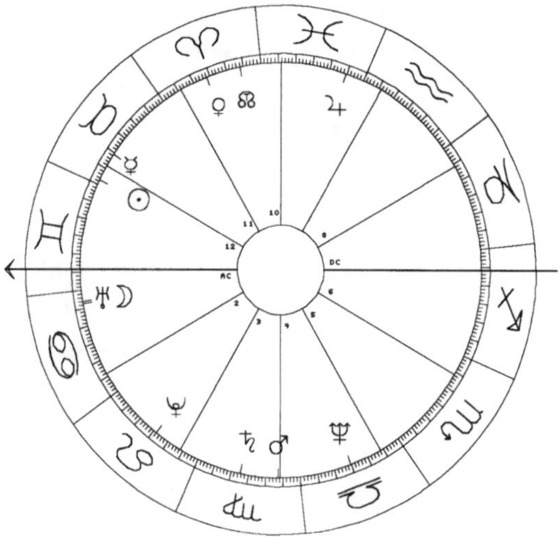

Abbildung 14: Resonanzbild nach Sorge

nicht nur die perinatale Phase umfaßt, sondern der schon an dem der Geburt vorangehenden Sonnenaufgang in eine geistig und esoterisch wichtige Phase eintritt.

Dabei ist es für Sorge auch von großer Bedeutung, daß man sich nicht auf allgemeine Deutungsschemata verläßt, sondern daß man »Idee und Verwirklichung« zumal im Blick auf Möglichkeiten, auf innere Dynamik, auf Gestaltung und Verantwortung deutet. Aus dieser Perspektive heraus versucht Sorge innerhalb seines astrologischen Denkmodells auch Prognose zu leisten. Für Sorge ist die Zukunft keine bloße Aneinanderreihung von Zufällen, aber es geht ihm nicht etwa um Ereignisprognose, sondern um die geistige Weiterentwicklung und das bewußtere Erleben des Individuums. »*Wenn beispielsweise jemand weiß, daß er in zwei Jahren eine Konstellation erwarten kann, die für ›berufliche Förderung‹ typisch ist, dann mag das für ihn ein Ansporn sein, sich bis zu diesem Zeitpunkt noch weiterzubilden, Verbindungen zu entsprechenden Stellen anzu-*

knüpfen, sich über Möglichkeiten zu informieren und sich zu bewerben. So wird er unter der Konstellation zwei Jahre später die Früchte dieser Bemühungen ernten können. Würde er jedoch im Vertrauen auf jene Konstellation die Hände in den Schoß legen und auf die Vorherbestimmung des beruflichen Erfolges hoffen, müßte er seine Erwartungen enttäuscht sehen.«[17]

Aus diesen Überlegungen heraus formuliert Sorge ganz bestimmte Vorraussetzungen, die gegeben sein müssen, damit im Leben eines Individuums ein Geschehen zustande kommt, das auch als Ereignis erkennbar ist.

»1. *Das Geschehene liegt innerhalb des geistigen Strukturbereichs der betreffenden menschlichen Individualität (es muß seiner Schicksalsstruktur entsprechen).*

2. *Der Mensch hat sich in Richtung auf das Ereignis hin entwikkelt (es muß mit seiner Bewußtseinsstufe vereinbar sein).*

3. *Die Geiststruktur, erkennbar aus dem Geburtsbild, wird durch eine bestimmte Konstellation während der Ereigniszeit induktiv angeregt.*

4. *Das Geschehen ist mit der äußeren Lebenssituation und Umwelt des Menschen vereinbar.«*[18]

Mit Blick auf diese Denkvoraussetzungen erklärt Sorge, daß bestenfalls 25 % der Ereignisfaktoren aus Horoskopen berechnet werden könnten. Immerhin ist also im bescheidenen Umfang astrologische Prognose möglich. Sorge arbeitet, wie die meisten anderen Astrologen auch, mit Transiten, wobei für ihn Transite keine Ereignisse, sondern »Ereignistendenzen« anzeigen. Neben den Transiten läßt Sorge noch die sekundären Direktionen gelten, und überdies entwirft er ein eigenes Modell des *Lebensbildes*, um verhältnismäßig grobe Aussagen über einige Einzelheiten des Lebensweges von Individuen machen zu können. Das

17 J. Martin Sorge. *Transzendente Astrologie: Eine umwälzende Deutungslehre in Theorie und Praxis.* (Genf, 1981) p. 302.
18 J. Martin Sorge. *Transzendente Astrologie: Eine umwälzende Deutungslehre in Theorie und Praxis.* (Genf, 1981) p. 303.

Lebensbild ist eine eigentümliche Kombination aus dem Induktionsbild und dem Resonanzbild. Dabei ist die Sonne eine Art »Alterspunkt« – ähnlich, wie wir es noch bei Wolfgang Döbereiner oder bei Bruno und Louise Huber (vgl. Kapitel 4) sehen werden. Dieser Alterspunkt wandert von seinem Ausgangspunkt im Häusersystem des Resonanzbildes aus im Richtungssinn des Tierkreises durch denselben und berührt dabei die anderen, als unveränderlich gedachten Elemente des Horoskops und zugleich natürlich auf diesem Weg die einzelnen Häuser. Dabei wird der Lauf der Sonne im Sinn des Induktionsbildes als Gang durch einen ganzen Tag betrachtet. Auch hier ist also die Analogie zwischen dem Lebenstag und dem ganzen Leben selbst gegeben. Sinnbildlich ist dies durch eine Sinuskurve dargestellt, die sich durch den Tierkreis zieht und an deren verschiedenen Stellen die einzelnen Planeten des Induktionsbildes stehen.

Diese Sinuskurve der Sonne wird nun in mehr dynamische und in mehr statische Abschnitte eingeteilt. Sorge zieht hier das Bild vom Tageslauf der Sonne heran. Die Sinuskurve beginnt mit dem Sonnenaufgang; dann wird die Kurve zunächst sehr steil, d.h. die Lichtverhältnisse werden sehr rasch, »dynamisch« besser. Im flachen oberen Teil der Kurve bleiben die Lichtverhältnisse konstant, um dann gegen Nachmittag wieder verhältnismäßig stark abzufallen. Entsprechend geht es auf der »Nachtseite« der Kurve zu, also im unteren Bereich. Zunächst nimmt die Dunkelheit sehr stark zu, bleibt um Mitternacht im tiefsten Tal der Kurve auf einem relativ konstanten Niveau, um dann gegen Morgen sehr stark abzunehmen. Grob gesprochen kann man also sagen, daß die steilen Abschnitte der Sinuskurve »dynamisch« sind, während die Kurve im Bereich der Wendepunkte als »statisch« gelten kann. Entsprechend wird dann gedeutet. Vor allem die Dynamik und die Statik der einzelnen Lebens- und Interessenfelder läßt sich, wie sie in den astrologischen Häusern zum Ausdruck kommen, mit diesem Bild angeben. Das 10. Haus, das »Berufshaus« fällt z.B. in einen dynamischen Teil der Sinuskurve und ist besetzt mit Venus und Mondknoten. Das Berufsfeld befindet sich auf der

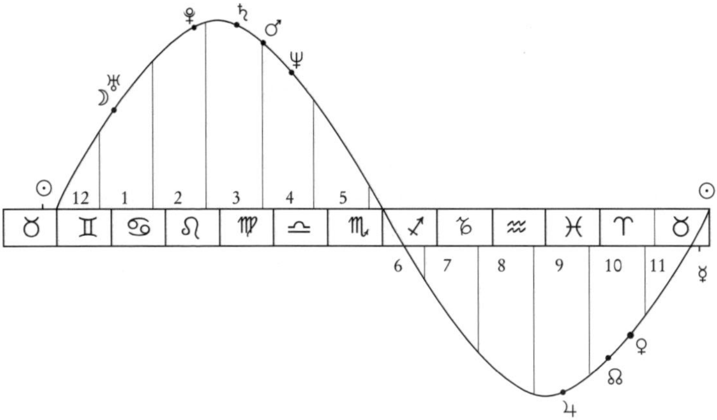

Abbildung 15: Prognosekurve nach Sorge

»Nachtseite« der Sonnenbahn, also im Bereich des mehr Unbewußten. Denkbar ist, daß in der beruflichen Entwicklung viel unbewußtes Material verwendet wird, um zu einem eigenen Berufsbild zu gelangen, oder aber der Beruf selbst wird in mehr unbewußten Bereichen des Menschlichen ausgeübt. Hier kann es zu markanteren Entwicklungen und Veränderungen kommen, da das 10. Haus in einem dynamischen Teil der Kurve zu liegen kommt. Gleichwohl ist die berufliche Entwicklung im großen und ganzen beglückend. Freilich, die traditionellen Aspektierungen der Venus – vor allem die Opposition zu Neptun und das Trigon zu Pluto – sind für die Deutung innerhalb des »Lebensbildes« mit zu beachten. Ein Transit zu Venus oder Mondknoten im Berufsfeld kann nun im Sinn dieser Lebenskurve zusätzlich gedeutet werden. Für das Lebensbild selbst kommt es nicht so sehr auf zeitliche Zuordnung an, sondern mehr auf die grundsätzliche Statik bzw. Dynamik innerhalb der einzelnen Lebens- und Interessenbereiche. Diese wird durch Transite, eventuell noch durch Sekundärdirektionen, sinnfällig gemacht und ist gleichzeitig zeitlich einzugrenzen.

Sorge betont an verschiedenen Stellen seines Entwurfs, daß es ihm nicht auf das völlig exakte, zeitgenaue Geburtshoroskop ankommt. Er räumt ein, daß genaue Geburtszeiten selten zu haben sind, und dabei verweist er darauf, daß der Geburtsvorgang selbst nicht auf eine einzige Minute eingegrenzt werden kann, sondern eben eine gewisse Zeit dauert. Der Aszendent ist damit für ihn nur der ungefähre astrologische »Ort« der Geburt. Für ihn ist der Aszendent eher ein Rechenpunkt, der irgendwo im ersten Drittel des ersten Horoskophauses steht. Da Sorge die Geburt selbst als Prozeß betrachtet, kann es für ihn ohnehin keine »minutengenaue« Geburt und damit auch keinen genauen Aszendenten geben. Die durch den Aszendenten angezeigte Horizontlinie ist eine ungefähre Orientierung; aber in der Art und Weise seines Zugangs zum persönlichen Horoskop mit Induktionsbild, Resonanzbild und Lebensbild braucht Sorge auch keine ganz minutengenauen Zeitangaben. Konsequenterweise verwirft er diejenigen prognostischen Methoden, die auf minutengenaue Zeitangaben angewiesen sind – also primäre Direktionen und Solarhoroskope. Überhaupt geht es Sorge gerade auch in seiner Prognose kaum um Ereignisse, sondern um die persönliche Entfaltung und Entwicklung des Menschen. Zwar läßt sich sein Modell insgesamt nur esoterisch begründen und kaum astronomisch, aber im Blick auf seinen Beratungsansatz zeigt Sorge sich der Revidierten Klassik als nahe verwandt. Wer sich auf Sorges grundsätzliche Denkmodelle einlassen kann, dem wird in seiner dreifachen Darstellung des Geburtshoroskops manches an Möglichkeiten und Potenzen des Individuums sichtbar gemacht werden können.

3.4.10. Astrologie nach Heinrich Kündig

Heinrich Kündig (1909 – 1989) ist einer der bekanntesten Schweizer Astrologen dieses Jahrhunderts. Er ist Vertreter der klassischen Astrologie und hat vor allem unmittelbar nach dem Zweiten Weltkrieg in der Schweiz Entscheidendes zur Verbreitung der Astrologie beigetragen. Aufgrund seiner Überlegungen zur kosmischen Ordnung und zu harmonikalen Proportionen im Sonnensystem gelangte er zu der Überzeugung, daß Geburten an einem gegebenen Ort nicht zu beliebigen Zeitpunkten, sondern nur zu ganz bestimmten Augenblicken stattfinden könnten, nämlich dann, wenn das Medium Coeli des Geburtsereignisses in einem ganz bestimmten proportionalen Verhältnis mit bestimmten Planeten stünde.

Grundlegend für Kündig ist das Verhältnis, das sich aus der Entfernung der Erde zur Sonne einerseits, aus der Entfernung des Saturn zur Sonne andererseits ergibt. Diese beiden Entfernungswerte stehen im Verhältnis 1:10. Betrachtet wird nun die Achse, die sich aus Medium Coeli und Imum Coeli ergibt. In unserem Beispielhoroskop steht sie in den Tierkreiszeichen Wassermann bzw. Löwe. Im System von Kündig sind die jeweiligen Herrscher der Tierkreiszeichen – und zwar in der alten Systematik, die die Planetenreihe nur bis Saturn berücksichtigt – sogenannte *Schnittpartner* im Blick auf die MC-IC-Achse. Für unser Beispielhoroskop sind dies Saturn (für das Zeichen Wassermann) einerseits und Sonne (für das Zeichen Löwe) andererseits. Nunmehr wird die Distanz von Sonne und Saturn in Rektaszension in unserem Beispielhoroskop berechnet und durch 10 geteilt. Der Sonne mit 28°37' Stier entspricht eine Rektaszension von 56°23'; dem Saturn mit 12°35' Jungfrau entspricht eine Rektaszension von 163°56'. Die Distanz zwischen den beiden Rektaszensions-Werten beträgt 107°33'. Der zehnte Teil dieser Strecke beträgt 10°45'3". Es ergeben sich durch fortlaufende Addition, ausgehend von dem Rektaszensions-Wert von 56°23' folgende Stationen zwischen Sonne und Saturn in Rektaszension:

0	56°23'	5	110°09'
1	67°08'	6	120°55'
2	77°54'	7	131°40'
3	88°39'	8	142°25'
4	99°24'	9	153°10'
		10	163°56'

Nach Kündigs Theorie nun kann die MC-IC-Achse nur auf eine dieser zehn Stellen (in Rektaszension) zu liegen kommen. Kündigs Ansatz von den Schnittpartnern ist somit zugleich eine Methode der Korrektur des Horoskops. Will man annehmen, daß die wahre Geburtszeit nach Kündig nicht allzu weit von der angegebenen Geburtszeit unseres Beispielhoroskops abweicht – 6:01 Uhr MEZ mit der MC-IC-Achse auf 17°44' Wassermann bzw. Löwe, mit der zugehörigen Rektaszension von 320°11' bzw. 140°11' – dann kämen für die wahre Lage der MC-IC-Achse entweder als Rektaszension 131°40' bzw. 311°40' (mit dem zugehörigen ekliptikalen Wert von 9°14' Wassermann) in Frage oder aber 142°25' bzw. 322°25' Rektaszension mit dem zugehörigen ekliptikalen Medium Coeli-Wert 19°01' Wassermann. Einige Zusatzregeln gelten da, wo die beiden Schnittpartner einer MC-IC-Achse jeweils auf der West- bzw. Ostseite des Horoskops liegen.

Kündig zieht für seine Überlegungen eine Reihe komplizierter, aber im Prinzip einleuchtender Belege für das harmonikale Maß im Kosmos heran. Proportionen, Goldener Schnitt, eine Reihe anderer genauer Maße – dies macht für Kündig wie auch für den Leser die Existenz harmonikaler Maße im Kosmos plausibel. Aber Kündig macht sich dabei nicht klar, daß seine Belege sich zunächst allemal auf die Aufgliederung bzw. Gestaltung räumlicher Gegebenheiten beziehen. Ein Horoskop freilich bedeutet auch eine Festlegung bzw. Gliederung zeitlicher Gegebenheiten. Im Horoskopbild wird eine zeitliche Fixierung bildlich in eine räumliche Gliederung übertragen. Gelten aber dann dieselben harmonikalen Gesetze? Die Erfahrung, gerade auch bei sehr gut belegten genauen Geburtszeiten, spricht eigentlich gegen das Modell von Kündig. Praktisch würden die Überlegungen von Kündig überdies bedeuten, daß an beliebigen Orten der Erde Geburten nur in »Schüben« stattfinden könnten. Für einen kleinen Ort würden solche Schübe praktisch unbemerkbar bleiben, aber für sehr große Städte, in deren Krankenhäusern an einem Tag verhältnismäßig viele Geburten stattfinden, müßte die Existenz solcher Schübe zumindest statistisch nachweisbar sein. Untersuchungen in diese Richtung sind nicht bekannt, aber nach bisherigen Erfahrungen mit gut belegten genauen Geburtszeiten steht auch nicht zu erwarten, daß solche Schübe tatsächlich existieren. Kündigs Überlegungen zur harmonikalen Aufgliederung räumlicher Gegebenheiten betreffen auch die Grundlagen der Astrologie und sind der Beachtung wert. Die Übertragung dieser Gedanken auf Zeitverhältnisse erscheint dagegen fragwürdig.

Kündig ist auch bei der Berechnung der Achsendirektionen eigene Wege gegangen. Sein Ansatz ist recht einfach. Gesucht wird im Geburtshoroskop der Ort der Sonne. In unserem Beispielhoroskop ist dies 28°37' Stier, also der 29. Stiergrad. Nun wird die »ascensio recta« des 29. Stiergrades nach einer Häusertabelle berechnet. Der Zwischenwert der »ascensio recta« vom Punkt 28°00' Stier zu 29°00' Stier beträgt 1°02'47". Dies ist der Zeitschlüssel der Primärdirektion des MC nach Heinrich Kündig für ein Jahr bei unserem Beispielhoroskop. Diese ascensio recta pro Jahr liefert die Berechnungsgrundlage für das primär vorgeschobene Medium Coeli. Man mache sich klar, daß der Betrag von 1°02'47" ascensio recta einer Sternzeit von 4 Minuten und 11,13 Sekunden entspricht. Kündig nimmt also nicht das Maß des sogenannten täglichen Sternzeitfortschrittes als Direktionsmaß, sondern sozusagen das Maß eines individuellen Sternzeitfortschrittes, der sich aus dem Sonnenstand errechnet. Dieses Maß gilt nicht nur für die Primärdirektion des MC, sondern auch für die Sonnendirektionen.

Kündig bemerkt selbst, daß eine Primärdirektion bzw. Sonnendirektion wenigsten zwei Jahre wirksam sei. Bei einem individuellen Direktionsschlüssel, der deutlich von dem Durchschnitts-Direktionsschlüssel von 1 Lebensjahr = 1 Grad abweicht, kumuliert sich natürlich im Lauf der Lebensjahre ein erhebliches Plus oder ein erhebliches Minus vom Durchschnittswert. Aber angesichts der von Kündig unterstellten Wirkungsdauer einer Achsendirektion fragt man sich auch, ob der Aufwand eines individuell errechneten »täglichen Sternzeitfortschrittes« zur Berechnung der Achsendirektionen und Sonnendirektionen wirklich gerechtfertigt ist oder ob es nicht doch sinnvoller ist, mit Durchschnittsbildungen wie dem »täglichen Sternzeitfortschritt« von 3 Minuten 56,6 Sekunden zu arbeiten.

3.4.11. Die Astroenergetik nach Hans-Hinrich Taeger

Hans-Hinrich Taeger, 1944 geboren, ist vor allem durch sein umfangreiches und sorgfältig zusammengestelltes INTERNATIONALES HOROSKOPE-LEXIKON weltweit bekannt geworden. Als Astrologe ist er schon seit den siebziger Jahren tätig und hat, ausgehend vom tibetischen Buddhismus, versucht, eine spezielle *Astroenergetik* zu entwickeln.

Nach Taeger symbolisieren die einzelnen Elemente im Horoskop bestimmte Energien, die unterschieden sind und die vom Horoskopeigner, wenn er versucht, sich zu sensibilisieren, auch erspürt werden können. Es ist wichtig, so Taeger, *»sich darum zu bemühen, die verschiedenen Energien in sich selbst zu erspüren und sich in dynamischer Wechselwirkung mit planetarem Geschehen zu empfinden.«*[19]

Die »dynamische Wechselwirkung« von Sternenwandel und Weltgeschehen einerseits, aber auch der planetaren und sonstigen im Horoskop gegebenen Energien andererseits bildet sozusagen den Schlüssel zum Verständnis der Taegerschen Astroenergetik. Wechselwirkung, dies besagt, daß man mit Taeger erst dann zu einer treffenden Horoskopdeutung kommt, wenn man die einzelnen Energien als aufeinander bezogen erkennt und nicht etwa einzeln deutet. Dynamik heißt, daß in der Wechselwirkung zwischen horoskopisch gegebenen Energien

19 Hans-Hinrich Taeger. *Astroenergetik: Die zwölf kosmischen Energien.* (München 1989) p. 11.

und der gelebten Wirklichkeit ein fortwährender Austausch stattfindet, in dem sich die Wirklichkeit verändert, und darum aber dann auch das pragmatische Verständnis der »Astroenergien«. Taeger spricht davon, daß sich das *»astroenergetische Bewußtsein im Zuge der Entwicklung stetig modifiziert, relativiert und vergrößert.«*[20]

Taegers Astroenergetik ist eigentlich kein ausgefeiltes System, vielmehr bezieht Taeger in seiner Arbeit im wesentlichen Elemente der Revidierten Klassik und auch der Huber-Schule ein. So arbeitet Taeger z.B. auch mit einer *Felder-Progression* (sechs Jahre pro Feld – ausgehend vom Aszendenten), was im Grunde die Anwendung des sogenannten Alterspunktes ist. Taeger geht nun noch einen Schritt weiter, indem er ein sogenanntes *Rhythmogramm* entwirft, was nichts anderes besagt, als die Kombination des direktionalen 6-Jahres-Rhythmus mit einem retrograden 7-Jahres-Rhythmus, der uns noch bei der Rhythmenlehre begegnen wird. Diese beiden Rhythmen stehen in Kommunikation, was bedeutet, daß bei Winkelbeziehungen dieser beiden Punkte energetische Auseinandersetzungen und Lernprozesse stattfinden. Taeger verwendet außerdem das äquale Häusersystem. Ihm zufolge haben äquale Häuser *»die älteste astrologische Tradition«*. Da er es aber für möglich hält, *»daß auch andere Feldersysteme zu richtigen Deutungen führen können, sollte aus der ungelösten Felderfrage kein Glaubensdogma gemacht werden«*.[21]

Taeger versucht darüber hinaus ansatzweise mit heliozentrischer Natalastrologie zu arbeiten, was zu einer weiteren speziellen Findung, nämlich der *Erdspannung*, einer Halbsumme aus dem heliozentrischen Stand der Erde und dem geozentrischen Stand des Mond geführt hat. Ferner betrachtet Taeger die Erde

20 Hans-Hinrich Taeger. *Astroenergetik: Die zwölf kosmischen Energien.* (München 1989) p. 13

21 Hans-Hinrich Taeger. *Astroenergetik: Die zwölf kosmischen Energien.* (München 1989) p. 18.

als die Entsprechung des Zeichens Stier: »*Wenn wir die Erde in unser Horoskop einbeziehen wollen, müssen wir dies aus heliozentrischer Sicht (...) tun, wobei die Erde sich von der Sonne aus betrachtet immer exakt gegenüber dem Sonnenstand des Geburtsbildes befindet.*«[22]

Auf unser Beispiel übertragen bekämen wir folglich die heliozentrische Position der Erde, indem wir die exakte Opposition zur geozentrischen Sonne auf 28°37'♉ suchen, also 28°37'♏; die Halbsumme Erde/Mond befindet sich auf 16°07'♍. Die kritische Rückfrage hier muß sich auf die unbefangene und weder astrologisch noch astronomisch begründbare Vermischung der geozentrischen und der heliozentrischen Perspektive beziehen.

Konsequent freilich wendet Taeger seine Idee an, daß sich die Astroenergien gegenseitig bedingen, aufeinander Einfluß nehmen und ergänzen. Auch hier ist Taeger keineswegs neu; es gehört gewissermaßen zum guten Standardwissen der Astrologie, die jeweils gegenüberliegenden Häuser bzw. die jeweils gegenüberliegenden Tierkreiszeichen als in einer Austausch- und Wechselwirkung befindlich zu sehen. Hierbei folgt Taeger locker jenen spirituellen Entwürfen, die östliche, buddhistische Weisheit und abendländische Philosophie und Physik vereinen, wonach »alles Leben Tanz« ist, wonach alles Leben, alle Atome in einem immerwährenden Austausch stehen, in einer fortwährenden Bewegung.

Aufgrund seiner Schulung im tibetischen Buddhismus geht Taeger auch von der esoterischen Idee der Reinkarnation aus, doch auch dabei kombiniert er westliches Wissen und östliche Weisheit, indem er einen eher undogmatischen Standpunkt einnimmt und trotz seiner Überzeugung, was die Existenz von Reinkarnation betrifft, auch andere religiöse Denkmodelle gelten läßt.

22 Hans-Hinrich Taeger. *Astroenergetik: Die zwölf kosmischen Energien.* (München 1989) p.146.

Einen wirklich eigenen Weg beschreitet Taeger mit seiner sogenannten *Mandala-Elementen-Analyse (MEA).* Dahinter verbirgt sich eine ganz bestimmte Punktbewertung der einzelnen Planeten, einschließlich Sonne, Mond und Mondknoten in bezug auf ihre Zeichenstellung und ihre Häuserposition. Dabei gelten folgende Regeln:

Sonne, Mond und Aszendent erhalten je 60 Punkte; das MC, Merkur, Venus, Mars Jupiter, Saturn, Uranus und Neptun erhalten 30 Punkte. Mondknoten, Chiron, Vesta, Erde/Mond-Halbsumme und Erde werden mit jeweils 10 Punkten bewertet. Taeger geht nun von einer Parallelität zwischen Zeichen und Häusern aus, dergestalt zum Beispiel, daß das 1. Haus dem Zeichen Widder entspricht und darum feurige Qualität hat, das 2. Haus dem Zeichen Stier und darum irdische Qualität zeigt usw. Faktoren auf den Felderspitzen (Sonne +/– 4° Orbis, übrige +/– 3°) werden als Felder-Mittler gerechnet, d.h. je zur Hälfte zu beiden Feldern gezählt.

In unserem Beispielhoroskop steht die Sonne im 12. Haus im Zeichen Stier. So bekommt einmal das irdische Element – für das Zeichen Stier – 60 Punkte, außerdem erhält aber auch das wäßrige Element 60 Punkte, weil die Sonne im fischeverwandten 12. Haus steht. Bei dieser Bewertung gibt es eine wichtige Besonderheit: Indem Taeger mit äqualen Häusern arbeitet wird das Medium Coeli wie ein sensitiver Punkt behandelt, der in eines der Häuser 8 bis 11 fällt. Der Aszendent wird in der Punktbewertung analog zu einem Planeten zweimal gerechnet. In unserem Beispielhoroskop stehen Mond und Uranus im 1. Haus, d.h. hier wird in der Häuserbewertung das feurige Element betont. Der Aszendent selbst als Spitze des 1. Hauses unterstützt in der Häuserbewertung ebenfalls das Feuer-Element. Für unser Beispielhoroskop gelten dann folgende Beurteilungen:

Element	Zeichen	Häuser
Feuer	Mondknoten, Venus, Vesta Pluto, Chiron	AC, Mond, Uranus Jupiter
Erde	Sonne, Merkur , Saturn, E/M, Mars	Pluto, Mondknoten, Erde, Chiron, Venus, Vesta
Luft	AC, Neptun, MC	Saturn, E/M, Merkur Mars (1/2)
Wasser	Mond, Jupiter, Uranus, Erde	Sonne,, Mars (1/2) MC, Neptun

Mars wird als Felder-Mittler gewertet, es werden also jeweils 15 Punkte zu den Luft- bzw. den Wasser-Häusern gerechnet. Setzt man für die einzelnen Planeten die entsprechenden Punktwerte ein, so ergibt sich die folgende Übersicht:

Element	Zeichen	Häuser	Gesamt
Feuer	90	180	270
Erde	160	100	260
Luft	120	85	205
Wasser	130	135	265
	(500)	(500)	(1000)

Taeger operiert auch mit den Begriffen Yin und Yang für weibliche und männliche Qualitäten im Horoskop. Yin ist allerdings für Taeger repräsentiert durch luftige und wäßrige Energie, während Yang, das männliche Prinzip, durch Feuer und Erde vertreten ist. Hier verläßt Taeger also die alte klassische Einteilung in »männliche« und »weibliche« Zeichen, indem er das irdische Element als gewissermaßen männlich, das luftige Element als gewissermaßen weiblich erklärt. Auf das Beispielhoroskop bezogen würde dies bedeuten, daß mit 470 Punkten Yin und mit 530 Yang betont wäre. Er vollzieht noch ähnliche

Unterscheidungen, indem jeweils verschiedene Element addiert werden. Die Summe aus Erde und Luft ergibt die Denkachse im Kontrast zur Gefühlsachse, bei der Wasser und Feuer zusammengezählt werden. Luft und Feuer stehen für Extroversion, Erde und Wasser für Introversion. Der Horoskopeigner unseres Beispiels hätte folgende Verteilung: Denkachse (465) und Gefühlsachse (535), Extroversion (475) und Introversion (525).

Eine Auszählung, wie Taeger sie vornimmt, kann dem Anfänger der Astrologie helfen, ein gegebenes Horoskop besser zu strukturieren und zu gewichten. Gerade weil die vier antiken Elemente im Horoskop auch als Repräsentanten der vier Temperamente gelten, läßt sich mit dem etwas hochtrabend Mandala-Elementen-Analyse genannten Punktbewertungssystem von Taeger verhältnismäßig rasch ein durchaus detaillierter Einblick in das jeweilige individuelle Horoskop gewinnen. Aber selbstverständlich kann ein solches Punktbewertungssystem nur ein Hilfsmittel bleiben; es kann nicht die einfühlsame Horoskopdeutung ersetzen. Freilich strebt auch Taeger nicht an, mit Hilfe der sogenannten Mandala-Elementen-Analyse eine komplette horoskopische Schnelldiagnose zu etablieren. In seiner Arbeit hat Taeger gezeigt, daß er mit Hilfe seines Denkmodells Astroenergetik durchaus in der Lage ist, ebenso gezielt wie einfühlsam astrologische Deutung zu betreiben. Allerdings ist es um die Astroenergetik seit Ende der achtziger Jahre recht still geworden. Nachdem Taeger sich ganz auf die Erstellung seines aufwendigen Horoskope-Lexikons konzentriert hat, wirkt die Astroenergetik, soweit ich sehe, jedenfalls in Europa nicht mehr schulbildend.

3.4.12. Transpersonale Astrologie nach Michael Roscher

Michael Roscher ist einer der bekannteren jüngeren Astrologen in Deutschland. Seine transpersonale Astrologie bedingt keine neue Horoskoptechnik, wohl aber ein etwas anderes Verständnis von Astrologie. In der Psychologie ist das Transpersonale dasjenige, was über die Individualität hinausweist und ins Kollektive bzw. in die geistige, spirituelle Welt hineinreicht. Ganz ähnlich verwendet Michael Roscher diesen Terminus. Für ihn ist transpersonale Astrologie vor allem entwicklungsorientiert. Dabei geht es nicht um die »Entfaltung der Persönlichkeit«, sondern darum, einen grundlegenden Auftrag, der von Gott bzw. vom Kosmos kommt, zu entdecken und zu verwirklichen. Entsprechend ist es also nicht das Anliegen der Deutung des Geburtshoroskops, die gleichsam unveränderlichen und damit starren Wesens- und Charakterzüge der »Persönlichkeit« herauszuarbeiten, sondern vielmehr die Entwicklungsmöglichkeiten, die Bedingungen des inneren und äußeren Wachstums. Roscher schreibt in seiner grundlegenden Schrift PRAXIS DER HOROSKOPINTERPRETATION:

»Jemand, der sich in Verhalten und Einstellung permanent verändert, ist eben keine Persönlichkeit, sondern scheinbar labil und gilt als charakterschwach. In der Praxis heißt dies, daß jemand schon sein Gesicht verliert, wenn er sichtbar eine Einstellung verändert oder öffentlich einen Fehler zugibt. Überspitzt formuliert, bedingt Persönlichkeit die Weigerung dazuzulernen, und die als Erlösungsweg gepriesene Selbstverwirklichung und Persönlichkeitsentfaltung dient der zunehmenden Verhärtung und Differenzierung unseres Kokons. Die Ausdifferenzierung dieser Erstarrung wird dann mit Entwicklung verwechselt – bunt bemalter Beton wird durch die Farbe leider auch nicht elastischer.«[23]

Roscher fordert, daß der Mensch nicht seinen »Kokon« weiter ausdifferenziert, sondern daß er »zum Schmetterling« wird. Hiermit wird die ganze Denkrichtung der Astrologie verändert. Es kommt nicht mehr auf Charakterdeutung an, sondern auf die Deutung einer jenseits des erworbenen Charakters liegen-

23 Michael Roscher. *Praxis der Horoskopinterpretation: Einführung in die Transpersonale Astrologie.* (München, 1992) p. 15.

den Aufgabe, es kommt darauf an, die Möglichkeiten herauszuarbeiten, die zur Erfüllung dieser Aufgabe beitragen. »Persönlichkeit« wird als das Verhärtete, das Statische gesehen, das einen womöglich an der Erfüllung der kosmischen bzw. von Gott gegebenen Aufgabe hindert. Insofern soll eine transpersonale Perspektive eingenommen werden, nämlich eine Perspektive, die über die »Persönlichkeit« im Sinne einer Charaktermaske hinausreicht.

Roscher geht nun von einigen Annahmen aus, die eigentlich in den Bereich der Esoterik gehören, insbesondere von der Annahme des Gesetzes von Karma und Reinkarnation. Mit dieser Auffassung kann Roscher begründen, warum er über die »Persönlichkeit« hinausgreifen will – denn »Persönlichkeit« ist eben an die Spanne zwischen Geburt und Tod gebunden, ist somit begrenzt auf zunächst eine einzige Inkarnation. Mit dem Tod wird Persönlichkeit abgelegt, aber gleichwohl bleibt etwas lebendig, eine »Bedeutung«, die über das Individuelle ins Kollektiv, in die gesamte Welt und ihre Geschichte hineinreicht. Und aus dem Kollektiv, aus der »Welt« tritt in einer nächsten Inkarnation wiederum eine (scheinbar mehr oder weniger feste) Persönlichkeit hervor.

Roscher teilt die Quadranten des Horoskops in »Körper« ein und ordnet diese »Körper« bestimmten karmischen Entsprechungen zu. Der erste Quadrant, also die astrologischen Häuser 1 bis 3, repräsentiert den »physischen Körper«, der den Trieben, den individuellen Handlungsmustern, den Instinkten, dem angeborenen Wissen entspricht. Die angeborenen Triebe, die gesamte Körperlichkeit – all dies ist im ersten Quadranten verankert. Auffälligkeiten im ersten Quadrant betreffen besondere körperliche Gegebenheiten, auf die der Mensch kaum einen persönlichen bzw. willentlichen Zugriff hat. Auffälligkeiten auf der Ebene der körperlichen Gegebenheiten verweisen auf karmische Entsprechungen von besonderer Tragweite.

Der zweite Quadrant mit den astrologischen Häusern 4 bis 6 repräsentiert den »emotionalen Körper«. In den bloßen Körper, der noch als ein Mechanismus verstanden werden kann, zieht nun die »Seele« ein, die den Körper in Bewegung bringt. Es ist die Seele, die Emotionalität, die die Lebendigkeit ausmacht und die auf Gefühle reagiert. Karmisch entspricht der zweite Quadrant vitalen Prozessen, verweist auf das Lebensgefühl und auf emotionale Potentiale. Veränderung ist hier in relativ engen Grenzen möglich, erfordert aber große Anstrengungen.

Der dritte Quadrant mit den astrologischen Häusern 7 bis 9 repräsentiert den »mentalen Körper«. Zur Seele tritt nun die Bewußtheit hinzu. Diese Bewußtheit wird gebraucht, um die Welt zu begreifen. Denken, Verständnis, Wahrnehmung der Umwelt – dies alles geschieht mit und im »mentalen Körper«. Karmisch verweist der dritte Horoskopquadrant auf das Denken, auf das persönliche Verhältnis zur Umgebung, ebenso auf Erbanlagen. Hier sind persönliche Einflußmöglichkeiten schon erheblich ausgeweitet. Denkvoraussetzungen, Bewußtseinshaltungen – dies läßt sich schon verhältnismäßig leicht ändern, und es ist letztlich einfacher, die Denkvoraussetzungen z.B. von Emotionen zu ändern als diese selbst (2. Quadrant).

Der vierte Quadrant mit den Horoskophäusern 10 bis 12 repräsentiert den »Kausalkörper«, gleichsam das, was vom Menschen übrig bleibt, wenn der physische, der emotionale und der mentale Körper die Schwelle zum Tod überschritten haben. Im »Kausalkörper« manifestiert sich die Bedeutung, die ein Individuum für die Gesellschaft, für die Welt hat. Karmisch gesehen verweist der 4. Quadrant auf das sogenannte Schicksal, verweist auf ganz bestimmte Lernaufgaben, die im gegenwärtigen Leben zu bewältigen sind. Hier ist die Einflußmöglichkeit am leichtesten, aber auch am dramatischsten. Indirekt gibt der 4. Quadrant auch Hinweise darauf, welches Karma im laufenden Leben erworben wird und welche Konsequenzen dies für künftige Inkarnationen haben wird.

Mit diesen grundlegenden Denkvoraussetzungen ist die transpersonale Astrologie zunächst ein Zweig der esoterischen Astrologie, doch Michael Roscher zieht diese eher esoterischen

Denkvoraussetzungen konsequent heran, um auf der Ebene mehr psychologischer und pragmatischer Horoskopdeutung auf die Möglichkeiten persönlicher Entwicklung und überpersönlicher Zielorientierungen hinzuweisen. Theoretisch könnte man also auch auf den esoterischen Unterbau von Roschers transpersonaler Astrologie verzichten.

Die Grundannahmen der transpersonalen Astrologie, wie Roscher sie voraussetzt, nehmen denn auch eigentlich keinen Bezug auf die Ausgangshypothese von Karma und Reinkarnation:

»1. *Die im Horoskop abgebildeten Anlagen im Körperlichen, Seelischen, Mentalen und Schicksalhaften haben einen Entfaltungsspielraum im Positiven wie im Negativen, der groß, jedoch nicht beliebig ist.*

2. *Umwelt, Intelligenz, genetische Voraussetzungen, Erziehung etc. sind nicht konkurrierende Faktoren, sondern werden im Radix widergespiegelt; d.h. das Horoskop ist nicht ein Faktor unter vielen, die unsere Wirklichkeit bestimmen, vielmehr ist es ein Abbild unserer gesamten Wirklichkeit.*

3. *Der freie Wille ist eine direkte Funktion des Bewußtseins. Je größer das Bewußt-Sein, um so größer der Entfaltungspielraum von Konstellationen.*

4. *Die transpersonale Astrologie geht davon aus, daß problematische Konstellationen den Weg zu ihrer Lösung bereits in sich tragen.*«[24]

Die zweite Grundannahme stellt eine sehr weitreichende Behauptung auf. Während die moderne Astrologie allgemein die Aussagegrenzen der Astrologie betont und davon ausgeht, daß sozusagen jenseits des individuellen Horoskops noch ein weites Feld von Einflüssen vorhanden ist, die auch auf das jeweilige Individuum wirken, bezieht Roscher grundsätzlich alle wirkenden Einflüsse in das Horoskop ein. Hier nähert sich Roscher wieder einer mehr traditionellen astrologischen Vorstellung an.

24 Michael Roscher. *Praxis der Horoskopinterpretation: Einführung in die Transpersonale Astrologie.* (München, 1992) p.56 f.

Roscher selbst vermerkt, daß diese zweite Grundannahme einen wichtigen Unterschied zu den übrigen astrologischen Schulen darstellt.

Zu den genannten vier Grundannahmen fügt Roscher noch eine fünfte hinzu, er fordert die Überprüfbarkeit des Wahrheitsgehaltes von astrologischen Aussagen. Nicht zuletzt aus diesem Grunde führt er zwar das esoterische Denkmodell von Karma und Reinkarnation ein, um seine Denkvoraussetzungen überhaupt zu begründen, basiert aber gleichwohl nicht die ganze Astrologie, insbesondere die transpersonale Astrologie, auf dieser Grundannahme, sondern er läßt weiten Raum für eine pragmatisch und psychologisch angewandte wachstums- und entwicklungsorientierte Horoskopdeutung.

Einen sehr eigenen Weg geht die transpersonale Astrologie technisch mit der Deutung der einzelnen Planeten, Sonne und Mond eingeschlossen, innerhalb sogenannter *Regelkreise*. Roscher spricht direkt vom »kybernetischen Modell« der transpersonalen Astrologie. In einer bildlichen Übersicht sieht das folgendermaßen aus:

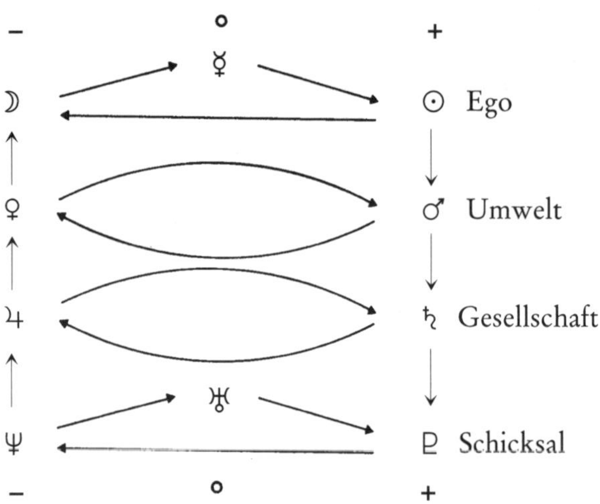

Abbildung 16: Kybernetisches Modell nach Roscher

Der erste Regelkreis in diesem Modell repräsentiert die »Ego-Ebene«, wobei der Mond die subjektive, ichbezogene Wahrnehmung andeutet, während die Sonne Aktivität, ichbezogenes Verhalten andeutet. Die Funktion des Merkur ist eine vermittelnde Funktion, der Merkur leitet über von der Wahrnehmung zur Handlung, aber auch aufgrund von Handlungen wiederum zurück zur Wahrnehmung. Durch die Funktion des Merkur ergibt sich das Modell des Regelkreises, in dem zwei Komponenten sich gegenseitig qualitativ beeinflussen.

Auf einer zweiten, umweltbezogenen Ebene markieren Venus und Mars einen ähnlichen Regelkreis. Mit der Venus nehmen wir mögliche Umweltbeziehungen und Umwelteinflüsse wahr, auf die wir dann mit der Mars-Energie aktiv handelnd antworten. Wiederum übernimmt das Merkur-Prinzip eine vermittelnde Funktion. Auf der dritten, der gesellschaftlichen Ebene verweist Jupiter auf die Wahrnehmung dessen, was als Zuwendung, Anerkennung, Begünstigung usw. aus der Gesellschaft kommt bzw. was von dort zu erwarten ist. Saturn verweist auf bestimmte gesellschaftliche Notwendigkeiten, verweist auf der Ebene aktiver Handlungen auch auf die mögliche und nötige gesellschaftliche Durchsetzung.

Auf der Schicksalsebene schließlich deutet Neptun ein Potential an Einsichten, Ahnungen und Gefühlen an, die jenseits ichbezogener Interessen liegen. Pluto auf der Ebene aktiven Handelns deutet auf überpersönliche, eben schicksalsorientierte Impulse, die nicht unbedingt auf persönliche Interessen Rücksicht nehmen. Hier ist als »neutraler Vermittler« Uranus eingezeichnet, der sozusagen eine höhere Oktave der Merkur-Funktion ist. Während Merkur das normale Alltagsdenken symbolisiert, verweist Uranus in seiner Vermittlungsfunktion auf Originalität, Genialität und letztlich überpersönliches Denken. Die Planetenreihe Mond, Venus, Jupiter und Neptun verweist insgesamt auf die rezeptiven, wahrnehmenden, aufnehmenden Wesensanteile des Individuums. Mond bedeutet damit Wahrnehmung als solche, Venus bedeutet Öffnung für die Umwelt,

Jupiter deutet auf gesellschaftliche Akzeptanz, Neptun ist Einsicht. Die Planetenreihe Sonne, Mars, Saturn und Pluto verweist auf die aktiven, handlungsbezogenen Wesensanteile im Individuum. Sonne bedeutet Verhalten schlechthin, Mars deutet auf die Aktivitäten des Individuums in seinem Umfeld, Saturn gibt Hinweise auf gesellschaftlichen Ehrgeiz und gesellschaftliche Durchsetzung, Pluto verweist auf Handlungsaktivität im überpersönlichen, kollektiven Erlebensbereich.

Wie die Pfeile innerhalb der Abbildung anzeigen, stehen diese vier Ebenen auch untereinander im Austausch und bedingen und beeinflussen sich gegenseitig. Um die individuellen Möglichkeiten dieses zunächst sehr allgemeinen Regelkreismodells im Einzelhoroskop sichtbar zu machen, bedient sich auch die transpersonale Astrologie des Zeichenherrscher-Systems von Morin und verwendet die traditionellen astrologischen Aspekte.

Eine eigene Findung der transpersonalen Astrologie bezieht sich auf die sogenannten *kritischen Grade*. Gemeint sind damit die Übergänge zwischen zwei Tierkreiszeichen und die Mitten jeweiliger Tierkreiszeichen. Was die Zeichenübergänge angeht, so ist diese Methode der transpersonalen Astrologie nicht ganz neu, denn auch in der Klassik wird bei einem Übergang von einem zum nächsten Tierkreiszeichen gern von einem Vakuum gesprochen, in dem ein Planet gewissermaßen von beiden Zeichen Charakteristisches annimmt – sei es im Sinn einer besonderen Begabung, sei es in der Form, daß der Geborene in bezug auf das Planetenprinzip besonders leicht irritierbar ist.

In der Deutung der sogenannten kritischen Grade stützt sich die transpersonale Astrologie ebenfalls ganz auf die Zeichenherrscher-Theorie von Morin, dabei allerdings in der modernen Fassung, bei der die neu entdeckten Planeten Uranus, Neptun und Pluto mit einbezogen sind. Steht ein Planet oder ein sonstiges Horoskopelement im Übergang zwischen zwei Zeichen, so wirken die Zeichenherrscher dieser beiden benachbarten Zeichen. Im Punkt 0° Fische wirken also Uranus als Herrscher von Wassermann und Neptun als Herrscher von Fische zusammen.

Der Punkt 0° Fische hat somit Uranus/Neptun-Qualität, die sich einem etwaigen Planetenprinzip oder sonstigen Horoskopelement, das auf diesen Punkt zu liegen kommt, mitteilt. Die Mitten der einzelnen Tierkreiszeichen verbinden im Modell der transpersonalen Astrologie den Herrscher des eigenen Zeichens mit dem Herrscher des Gegenzeichens. Der Punkt 15° Fische kombiniert folglich Neptun als Herrscher von Fische und Merkur als Herrscher des Gegenzeichens Jungfrau. Ein Horoskopelement auf 15° Fische verknüpft sich also mit einer besonderen Merkur/Neptun-Qualität. Michael Roscher behauptet in seiner Grundlagenarbeit PRAXIS DER HOROSKOPINTERPRETATION, daß er noch eine weitere Anzahl *kritischer Grade* entdeckt habe, die in der Praxis sehr präzise Aussagen erlauben würden. Ohne Zweifel ist etwas dran an der Überzeugung vieler Astrologen, daß einzelne Tierkreisgrade ganz besondere, einigermaßen fest umreißbare Bedeutungen haben. Nicht zuletzt spielt diese Vorstellung in der Astro-Medizin Reinhold Ebertins eine Rolle, wo einzelne Tierkreisgrade bestimmte anatomische Entsprechungen haben (vgl. Abschnitt 6). Roschers Modell der kritischen Grade erscheint insgesamt etwas schematisch. Bei Zeichenübergängen deutet der gute Astrologe fast selbstverständlich ein Horoskopelement im Blick auf beide Zeichen, und in der Zeichenmitte kann man die Wirkung des jeweiligen Zeichens und der ihm zugehörenden analogen Planetenprinzipien auch ohne das System von Roscher als besonders prägend deuten.

Mit dieser knappen Übersicht ist das ganze Denk- und Arbeitsmodell der transpersonalen Astrologie keineswegs komplett dargestellt. In seinen wichtigen Elementen hat das System der transpersonalen Astrologie freilich weniger eine eigene Horoskoptechnik entworfen, sondern vielmehr einen eigenen Zugriff auf die Horoskopdeutung. Wichtig und zukunftsweisend an der transpersonalen Astrologie dürfte in der Tat der transpersonale Aspekt des Denkmodells sein, in dem Sinn, daß der transpersonal arbeitende Astrologe nicht mehr im überkommenen Sinn Charakterologie betreibt, sondern den Ratsuchenden im Blick auf ein größeres Ganzes und auf seine Entwicklungsmöglichkeiten hin berät. Das Regelkreismodell, das Michael Roscher als grundlegend für die Deutung der Planeten, einschließlich Sonne und Mond, entwickelt hat, dürfte auch im Blick auf andere Elemente des Horoskops ausbaufähig sein. Zwar hat Michael Roscher auch hier keinen ganz neuen Weg beschritten, weil es ein ähnliches Modell zumindest in der *Münchner Rhythmenlehre* von Wolfgang Döbereiner gibt. Doch Roscher hat wohl erstmalig versucht, ein solches Denkmodell konsequent auf eine bestimmte Elementengruppe im Horoskop anzuwenden. Bemerkenswert ist schließlich, daß Roscher einerseits die spirituelle und esoterische Grundlegung seines Modells ausweist, andererseits aber für die Anwendung seines Modells keineswegs fordert, daß man seine geistliche Grundlegung teilt. Die Bedeutung der transpersonalen Astrologie liegt insgesamt nicht in ihren technischen Findungen, die allesamt astronomisch nicht begründbar sind, sie liegt auch nicht in ihrer weltanschaulichen Grundlegung, sondern sie liegt im ganz pragmatisch-praktischen Wechsel der Blickweise und der Deutungsrichtung. Ein solcher Perspektivenwechsel kann, selbst wenn vom eigentlichen System der transpersonalen Astrologie nichts übrig bleiben sollte, auch auf lange Sicht die Astrologie befruchtend durchdringen.

3.4.13. Astropsychotherapie nach Hermann Meyer

Hermann Meyer (geboren 1947) ist Psychologe und Astrologe zugleich und hat in Deutschland bereits in den siebziger Jahren ein therapeutisch ausgerichtetes Modell der Astrologie erarbeitet, das sich auf die Einsichten der humanistischen Psychologie stützt: Der Mensch hat Bedürfnisse nach Leben, nach Sicherheit, nach Geborgenheit, nach Liebe, nach Selbstentfaltung. Werden diese Bedürfnisse unterdrückt, wird der Mensch unbeweglich und unfrei – schließlich wird er krank, nihilistisch und gewalttätig. Gesund zu sein an Leib und Seele, das heißt, daß ein Mensch frei, offen, flexibel ist, und sich seinen Bedürfnissen entsprechend entfalten darf. Aggressive und pathologische Neigungen im Menschen sind Reaktionen auf Unterdrückung und Enttäuschung der Grundbedürfnisse. Ziel des therapeutischen Handelns ist es, die grundlegenden Bedürfnisse und Bestrebungen beim Menschen zu erkennen, Blockaden schrittweise abzubauen und den Menschen zu ermutigen, sich positiven, natürlichen Bedürfnissen entsprechend zu entfalten und zu entwickeln. Solche menschlichen Grundbedürfnisse nun sind aus der Perspektive von Hermann Meyers Astropsychotherapie durch kosmische Prinzipien symbolisiert – Planeten, Tierkreiszeichen, astrologische Häuser usw.

Meyer stützt sich zunächst darauf, daß astrologische Symbole in einem mehr ethischen oder moralischen Sinn ambivalent bewertet werden. Das Prinzip Mars kann eben einesteils im positiven Sinne Energie, Lebenskraft usw. bedeuten, in einem anderen, negativen Sinne jedoch Aggression und Zerstörung. Aber Meyer bewertet letztlich diese Ambivalenz astrologischer Symbolik ganz anders. Meyer verschärft zunächst das ambivalente Gesicht der Symbole, indem er von »Polen« spricht und den Planetenprinzipien bei bestimmten »Polzugehörigkeiten« unterschiedliche Deutungen zuerkennt. Mars verwirklicht sich am »Pluspol« als Angreifer, Eroberer, als Held, aber auch als Konflikt, als Egozentrik. An seinem »Minuspol« verwirklicht Mars sich als Durchsetzungsschwäche, als ohnmächtiger Ärger, als Mangel an Initiative. Meyer deutet also die Ambivalenz der astrologischen Symbole von vornherein etwas anders: In jedem Thema, gegeben durch ein astrologisches Symbol, ist gewissermaßen auch dessen Negation enthalten, die freilich nicht als radikaler Widerspruch verstanden wird, sondern eher als Mangel, als Fehlen, als Verhinderung. Solche unterschiedlichen Verwirklichungsmöglichkeiten und die entsprechenden Polzugehörigkeiten nun sind nach Hermann Meyer keineswegs durch das Schicksal determiniert. Sie sind an beiden Polen zugleich im

Menschen angelegt. Aufgabe des Menschen ist es, die gegebenen Anlagen in eine freie, offene und erwachsene Form zu überführen. Doch dazu gehört, die Verwirklichung der Anlagen, die in unserer Kultur ausschließlich an den »Polen« geschieht, zu transformieren. Zwischen Hemmung (Minuspol) und Kompensation bzw. Überkompensation (Pluspol) ist eine reife und erwachsene Weise der Selbstverwirklichung zu finden, die eben nicht mehr zwischen Untertreibung und Übertreibung hin und her schwanken muß. In der Transzendierung der Pole stößt der reif werdende Mensch zu den ursprünglichen Formen einer jeweils gegebenen Anlage vor. Meyer unterscheidet in seiner Astropsychotherapie vier Phasen: eine Informationsphase, eine analytische Phase, eine Phase der Gruppentherapie und schließlich eine Phase der Ausbildung der eigenen Anlagen. Innerhalb der Informationsphase macht sich der Ratsuchende mit den Gesetzen der Psychologie und mit astrologischen Grundgegebenheiten vertraut. In der folgenden analytischen Phase wendet der Ratsuchende – gegebenenfalls mit therapeutischer Hilfe bzw. mit der Hilfe eines ausgebildeten Astrologen – die in der ersten Phase gewonnenen Informationen und Einsichten auf seinen eigenen Fall an. Die analytische Phase sollte so weit gedeihen, daß der Ratsuchende eigene Widerstände und Projektionen schon reflektieren kann. Dann kann die dritte Phase beginnen, die Gruppentherapie. In dieser Phase setzt der Ratsuchende die Erkenntnisse aus den beiden ersten Phasen praktisch um. Er begibt sich in Konfrontation mit anderen Menschen, er läßt sich korrigieren und lernt dabei, sein eigenes Schicksal hinsichtlich anderer Schicksale, die vielleicht ebenso schwierig sind wie seines, zu relativieren. *»In der Gruppe«*, so schreibt Hermann Meyer in seinem Buch BEFREIUNG VOM SCHICKSALSZWANG, *»wird jeder in seinem So-Sein angenommen und akzeptiert. Über die Lebensgeschichte kann jeder beim anderen selbst ein abnormes und destruktives Verhalten verstehen. Der einzelne sieht, daß der andere aufgrund seiner Prägung zwangsläufig dieses Verhaltensmuster ausbilden mußte, sieht die Reaktionen* *seiner Seele. Er nimmt Einsicht (Jupiter) in eine fremde psychische Struktur und gleichzeitig keimt in seiner Seele das Verständnis (Jupiter) und Toleranz (Jupiter) auf, die er vorher dem anderen nicht entgegenbringen hätte können. Wenn Teile der Persönlichkeit oder bestimmte psychische Strukturen kritisiert werden, so ist damit nicht eine Entwertung der Gesamtpersönlichkeit verbunden.«*[25]

In der vierten Phase, der Phase der Ausbildung der eigenen Anlagen, stößt der Ratsuchende jenseits von »Karma« und »Schicksal« bzw. »Prägung«, also jenseits der alten Verwirklichungen am Minuspol oder am Pluspol vor zur Entwicklung seiner eigentlichen Anlagen. Die Lebenskraft der eigentlichen Anlage wird auf diese Weise erhöht, der Geborene wird anders und angenehmer wahrgenommen. Projektionen und Erwartungshaltungen werden zurückgenommen. Ebenso werden Feindbilder abgebaut. Gegebenenfalls wird Heilung erreicht, wo zuvor blockierte Anlagen psychosomatische Störungen und Krankheiten hervorriefen.

Astrologisch gesehen bringt Hermann Meyer eigentlich nichts ›Neues‹. Aber wie bei so vielen Astrologen, die mit einem psychologischen oder therapeutischen Ansatz arbeiten, entdeckt Hermann Meyer die Astrologie und ihre Deutungen gleichsam aus einer neuen Perspektive. Erfüllt vom Optimismus der humanistisch-psychologischen Ansätze, erfüllt von dem Wunsch, jedem Individuum persönliches leibliches, psychisches und geistliches Wachstum zu ermöglichen, setzt Meyer die Astrologie auf doppelte Weise für seine Ziele ein. Einerseits kann die Astrologie mit Hilfe ihrer Deutungen bestimmte Prägungen, bestimmte Fehlentwicklungen als solche erkennbar machen. Andererseits aber kann die Astrologie gerade auch durch ihre Deutungen den Prozeß der Therapie und Heilung entscheidend unterstützen. In beiden Fällen ist die Astrologie

25 Hermann Meyer. *Befreiung vom Schicksalszwang: Astropyschotherapie.* (Wettswil, 1986) p. 196.

ein kundiger Begleiter, ein Helfer, der vieles, wenn nicht alles sichtbar zu machen vermag und der den notwendigen Erkenntnis- und anschließenden Heilungsprozeß ganz entscheidend fördert.

Hervorzuheben ist, daß Meyer durch seinen Optimismus, durch seinen Glauben an das Glück im Leben, durch seinen Glauben an die Entfaltungsfähigkeit des Individuums eine ausgesprochen produktive Sonderrolle unter den oft eher fatalistisch orientierten bzw. auf diagnostische Warnung gestimmten Astrologen spielt. Hermann Meyers Konzept kommt aber, vielleicht abgesehen von diesem Optimismus, völlig unideologisch einher. Kein weltanschaulicher Bezug, kein Verweis auf irgend ein »Urwissen«, aber auch keine radikale Ablehnung irgendeiner weltanschaulichen Perspektive! Auch in der Propagierung von Optimismus und Lebensfreude bleibt Hermann Meyer pragmatisch, und gerade sein psychotherapeutischer Pragmatismus macht seinen Ansatz für viele Vertreter unterschiedlichster astrologischer Schulen, auch nichtklassischer Schulen verhältnismäßig leicht anwendbar. Hermann Meyers Bücher haben denn auch über die engere fachastrologische Szene hinaus eine relativ starke Bedeutung erlangt.

3.4.14. Die Astroskriptanalyse nach Roland Jakubowitz

Roland Jakubowitz, einer der bekannteren Schweizer Astrologen, legte 1987 sein Modell der *Astroskriptanalyse* vor. Dabei geht er von der Beobachtung aus, daß Transite in der Reihenfolge ihres Eintretens beim Horoskopeigner bestimmte Verhaltensmuster und Ablaufschemen auslösen, die »typisch« für das jeweilige Individuum sind. Transite aktivieren die Positionen im Radixhoroskop stets in einer bestimmten Reihenfolge der Gradzahlen. Diese ist zumal dann typisch und dementsprechend wichtig, wenn die Aktivierung in einer »Kette« jeweils rasch aufeinanderfolgt.

Eine derartige »Kette«, also ein *Skript*, liegt nach Jakubowitz dann vor, wenn Transite in einem Abstand von weniger als fünf Grad im Tierkreiszeichen nacheinander ausgelöst werden. Um diese Skripts technisch festzustellen, bedient sich Jakubowitz zunächst der 0-30-Grad-Tabelle, die wir in Abbildung 1 schon angegeben haben. Für das Beispielhoroskop würde innerhalb der 0-30-Grad-Tabelle

♅	3°02	♋
☾	3°36’	♋
☊	4°44’	♈
♃	5°15’	♓

ein solches Skript ergeben, aber ebenso die Reihe

♄	12°35	♍
♆	14°55’	♎
♇	15°50	♌
♀	15°57	♈
MC	17°44	♒.

Der erste Punkt im Skript bezeichnet die Motivation, der letzte das Resümee. In der ersten Skriptkette wäre Uranus der Anfangspunkt oder »Impuls« und Jupiter der Endpunkt oder das »Ziel«. Mond und Mondknoten fungieren als »Mittler«, sie leiten den Übergang ein. In der Deutung ergibt sich dann ein Reihenfolge, die man prinzipienartig so bezeichnen könnte:

Triebkraft, Inspiration	(Uranus)
Fühlen, Emotion	(Mond)
Bindung, Harmonie	(Mondknoten)
Wachstum, Sinn, Ganzheit	(Jupiter)

Um zum Jupiter, nämlich zu Wachstum, Sinn und Ganzheit zu gelangen, nutzt der Horoskopeigner nacheinander Inspiration, Emotion und Bindung.

In unserem Beispiel läuft Mars Anfang August 1974, kurz vor der Eheschließung des Horoskopeigners, durch die ersten

Grade des Zeichens Jungfrau. Nacheinander wird Uranus (Sextil), Mond (Sextil), Mondknoten (Quinkunx) und Jupiter (Opposition) ausgelöst, alles innerhalb der wenigen Tage vom 1. bis zum 6. August 1974. Einen Quinkunx-Winkel im Transit wird man von vornherein als zu schwach wirksam ausklammern. Das Verhaltensmuster vor der Eheschließung kann dann als Skriptfolge »Von der Triebkraft, der Inspiration über die Emotion zur Ganzheit« beschrieben werden, wobei Mars als Transitor einen Verweis auf die wirkenden erotischen Kräfte (Mars im 5. Haus des Beispielhoroskops) gibt. Bezeichnenderweise läuft Saturn in den Sommerwochen vor der Ehescheidung 1978, als das Scheidungsverfahren bereits im Gang ist, seinerseits durch die ersten Jungfrau-Grade und löst nach Jakubowitz dieselbe Skriptkette aus.

Für die Astroskriptanalyse ist die Reihenfolge der Auslösung von Bedeutung: eine andere Reihenfolge in der 0-30-Grad-Tabelle bringt entsprechend ein anderes Verhaltensmuster hervor. Würde Jupiter vorneweg stehen, so würde der Geborene zunächst (visionär) eine Ganzheitserfahrung machen, ehe sich Triebimpulse, Emotionen und Bindungserfahrungen einstellen. Der Uranus, der im tatsächlichen Skript der erste auslösende Faktor ist, gibt der im Gesamtskript niedergelegten Erfahrung den irritierenden, spannungsreichen, sozusagen lebenswendenden Anfangsimpuls, bevor schließlich Sinn und Maß (Jupiter) erkannt und gelebt werden. Stünde der Jupiter am Anfangspunkt, so wären Sinn, Maß – und Mäßigung – die Anfangsimpulse, und die spannungsgeladenen bzw. emotional gefärbten Erfahrungselemente wären entsprechend von vornherein gebunden, wären dementsprechend wohl als weniger irritabel einzustufen.

Die Astroskriptanalyse ist in ihrem Grundsatz eigentlich in der Transitanalyse enthalten. Sie läßt sich selbstverständlich auch für Direktionen anwenden. Das Verdienst von Jakubowitz ist es, auf die Bedeutung der Reihenfolge zeitlich nahe beieinander liegender Auslösungen hingewiesen zu haben. Die spezifische Wirkungsweise der auslösenden Winkel (analytische bzw. synthetische Winkel) gibt zusätzliche Aussagemöglichkeiten zum jeweiligen Skript. Auch für die Interpretation des Geburtshoroskops ist die Eigentümlichkeit eines jeweiligen Skripts von unmittelbarer Bedeutung.

3.4.15. Die Reformierte Astrologie von Gottfried Angeli

Gottfried Angeli arbeitet seit zwei Jahrzehnten als professioneller astrologischer Berater und Forscher in der Nähe von Memmingen. Von der klassischen Astrologie herkommend hat er in den achtziger Jahren seine *Reformierte Astrologie* entwickelt, die einen möglichst rationalen Ansatz mit genauen Berechnungen verfolgt und auf empirischer Basis beruht. Unterschiede zur Berechnung des klassischen Horoskops ergeben sich bei Angeli in zweifacher Hinsicht. Erstens verwendet er neben den Lichtern und den Planeten jeweils auch die entsprechenden nördlichen und südlichen Planetenknoten und deren ekliptikale Positionen. Zweitens arbeitet er mit dem im deutschsprachigen Raum ansonsten wenig verwendeten topozentrischen Häusersystem.

Gottfried Angeli, der seinen Ansatz seit Jahren testet und erfolgreich anwendet, hat bis jetzt nichts darüber publiziert. Die nachfolgende Darstellung beruht daher auf einer mündlichen Darstellung, verbunden mit einer Demonstration, die mir Gottfried Angeli dankenswerterweise im persönlichen Gespräch gegeben hat.

Zunächst zum topozentrischen Häusersystem. Angeli hat im Lauf der Entwicklung seines Ansatzes mit verschiedenen Häusersystemen experimentiert, unter anderem mit dem GOH-System von Dr. Walter Koch, den äqualen Häusern, dem sogenannten porphyrischen System, das die Quadranten einfach auf der Ekliptik drittelt sowie dem System nach Placidus. Das Häusersystem nach Placidus brachte in Grenzen triftige Ergebnisse, die topozentrischen Häuser gelten Angeli heute als die besten. Wilhelm Knappich, der in seiner Schrift ENTWICKLUNG DER HOROSKOPTECHNIK VOM ALTERTUM BIS ZUR GEGENWART[26] auch eine Darstellung des zuerst in Südamerika entwickelten topozentrischen Häuser gibt, vermerkt, daß dieses System weitgehend – mit Differenzen von weniger als einem Grad – mit dem Placidianischen System übereinstimmt.

Allerdings wendet Angeli die Häuser schon technisch ganz anders an, als in der klassischen Astrologie sonst üblich. Gedeutet werden nicht die Positionen von Planeten (bzw. Planetenknoten) in den Häusern, sondern die Aspekte von Planeten und Planetenknoten auf die Häuserspitzen. Je nach Zahl und Exaktheit der Aspekte, die auf eine Häuserspitze bzw. einen Planeten gebildet werden, erhalten Häuserspitze und Planet eine Punktbewertung zwischen 1 und 9. Der Punktwert von 9 entspricht sehr intensiver, der Punktwert von 1 entspricht sehr schwacher Wirksamkeit des jeweiligen Faktors im Horoskop. Als Aspekte läßt Angeli die klassischen Winkel gelten – Konjunktion und Opposition mit einem Orbis von maximal 5°, Quadrat und Trigon mit einem Orbis bis zu 4°, das Sextil mit einem Orbis bis zu 2,5°, Anderthalbquadrat und Halbquadrat mit einem Orbis bis zu 2° sowie Quinkunx und Halbsextil mit einem Orbis von höchstens 1°. Bewertet wird ferner die Stellung eines Faktors im Tierkreiszeichen. Am reinsten steht dieser in der Mitte des jeweiligen Zeichens, außerhalb der Mitte macht sich nach Angeli sukzessive ein wachsender Einfluß des jeweiligen Nachbarzeichens bemerkbar.

Aspekte und Zeichenstellungen werden ihrerseits einer Punktbewertung zwischen 1 und 9 Punkten unterzogen – je nach Intensität. Es ist diese Punktbewertung, welche nach genau definierten Kriterien vorgenommen wird, die das mit 30 Faktoren, neun Aspekten und der genauen Gewichtung der Zeichenzugehörigkeit zunächst recht unübersichtliche Gefüge

26 Wilhelm Knappich. *Entwicklung der Horoskoptechnik vom Altertum bis zur Gegenwart* (Wien 1978) p. 67.

sauber durchstrukturiert. Hohe Punktwerte von Faktoren, Aspekten usw. machen diese für die individuelle Horoskopdeutung erst relevant; auf die Interpretation niedrig punktender Elemente und Konstellationen verzichtet Angeli von vornherein. Dabei wird schnell klar, daß Angeli in seinem System auf genaueste Horoskopdaten, sprich eine möglichst exakte Geburtszeit angewiesen ist. Die Geburtszeit beeinflußt unmittelbar die Lage der zwölf Häuserspitzen und damit die Intensität aller Aspekte von Planeten und Planetenknoten auf eben diese Spitzen, damit aber zugleich auch die Punktbewertung der 30 Elemente im Horoskop als solche. Angeli legt denn auch Wert auf eine Geburtszeitkorrektur selbst dann, wenn verläßliche standesamtliche Angaben vorliegen, und nutzt für seine Korrekturbemühungen im wesentlichen die klassischen Ansätze der Korrektur nach Ereignisdaten mit Hilfe der metagnostischen Umkehr bestimmter Prognosetechniken.

Hieraus freilich entsteht eine gewisse Argumentationslücke in Angelis System. Macht die Favorisierung des topozentrischen Häusersystems vor dem Placidianischen wirklich Sinn, wenn sich die Ergebnisse beider Häuserteilungen um kaum einen Grad unterscheiden? Macht sie vor allem dann noch Sinn, wenn ohnehin eine Geburtszeit (wie so häufig) nur auf 5-10 Minuten genau bekannt ist und dementsprechend die Häuserspitzen im topozentrischen wie im Placidianischen System nur in Spielräumen von bis zu 4° genau sein können? Macht aber umgekehrt dann die Korrektur innerhalb des einen oder anderen Systems Sinn in Bezug auf die Bevorzugung der einen oder anderen Methode? Eine Korrektur nach Ereignissen im Placidianischen System wird etwas anders aussehen als eine Korrektur nach denselben Ereignissen im topozentrischen System – jedenfalls innerhalb der Horoskoptechnik von Angeli. Aber welches Horoskop dann das triftige ist, läßt sich nur empirisch-kasuistisch feststellen. Diese Feststellung aber hängt wiederum häufig genug von subjektiven Einschätzungen des Horoskopeigners bzw. des Beobachters ab.

Mit Recht wird Angeli angesichts solcher Kritik darauf verweisen, daß er sich ja gerade um größtmögliche Sicherung der empirischen Basis bemühe. Aber dies würde im strittigen Einzelfall mit voraussetzen, daß ein jeweiliger Horoskopeigner unabhängig von der astrologischen Analyse mit Hilfe psychologischer Persönlichkeitstests untersucht wird. Das durch solche Tests ermittelte Persönlichkeitsprofil müßte dann – innerhalb von Angelis fein ziselierter, filigraner Horoskoptechnik – eigentlich eindeutig die Triftigkeit entweder des topozentrischen Systems oder der Häusermethode nach Placidus nahelegen. Allerdings weiß jeder Psychologe (und Astrologe) mittlerweile, daß auch sorgfältig ermittelte Persönlichkeitsprofile nach psychologischen Tests weit von der subjektiven bzw. intersubjektiven Wirklichkeit, weit vom jeweiligen Selbstkonzept eines Probanden abweichen können. Dieses Phänomen war ja nicht zuletzt eine empfindliche Lücke in der ansonsten so selbstsicher vorgetragenen Demontage der Astrologie im Test von Shawn Carlson.

Es bleibt also Ungewißheit – Ungewißheit, welche die eindeutige Bevorzugung des einen Häusersystems und den Rekurs auf die »exakte« Geburtszeit etwas fragwürdig macht. Fairerweise muß gesagt werden, daß *jedes* astrologische System mit dieser Kritik, dieser Ungewißheit, konfrontiert wird. Aber Angeli lehnt sich, wenn man so sagen darf, mit seiner feinen Horoskoptechnik und seinem Verweis auf genaue Berechnungen, auf die empirische gesicherte Basis, eben auch besonders weit aus dem Fenster.[27]

27 Gottfried Angeli bemerkt mit einem insgesamt zu dieser Darstellung zustimmenden Brief speziell zu den hier kritisch vorgebrachten Anfragen, daß er sich für das topozentrische System entschieden habe nach Überprüfung einiger hundert Geburtszeiten mit mehreren Häuser-Methoden. Er überprüft ausschließlich nach taggenau vorliegenden Ereignissen und arbeitet lediglich mit Transiten der langsam laufenden Gestirne und der Planetenknoten (ab Jupiter aufwärts). Orben werden nur im Rahem von 10 Bogenminuten zugelassen. Dies läßt »genaues Zielen« und auch »die eindeutige Entscheidung für ein bestimmtes Häusersystem zu« (Brief an den Autor vom 22.09.1995).

Mit diesen kritischen Bemerkungen soll nicht verkannt werden, daß Angelis Systematik in sich konsistent ist und zumal im Blick auf die Verwendung von Aspekten auf Zwischenhäuserspitzen und auf die Verwendung von Planetenknoten eine echte und im Ansatz triftige Weiterentwicklung darstellen dürfte. Akzeptiert man überhaupt die Zwölfteilung des Erdraums und die Projektion dieser Teilung auf die Ekliptik, dann darf man die Aspektlehre auch über die Spitzen des 1. und 10. Hauses, also Aszendent und Medium Coeli hinaus auf die anderen Häuserspitzen beziehen. Läßt man die Mondknoten gelten, so haben auch die anderen Planetenknoten astrologisch eine Bedeutung, Hierzu haben ja auch schon andere Astrologen, wie z.B. Theodor Landscheidt, schon geforscht. Ob sich die Häuserdeutung im Sinn eines »Entweder-Oder« angehen läßt, also entweder Deutung von Planeten **in** Häusern oder Deutung von Planentenaspekten **auf** die Häuser**spitzen**, bezweifle ich nach meiner eigenen astrologischen Erfahrung. Ich sehe aber angesichts der Grundprobleme der Häuserdeutung überhaupt ähnlich wie Angeli hier weiteren Forschungsbedarf mit der Perspektive einer möglichen Erweiterung der Häusertechnik.

Schauen wir uns nun anhand unseres Beispielhoroskops an, wie Angeli bei der Horoskopdeutung im Prinzip vorgeht. An dieser Stelle muß auf die komplette Tabellierung der topozentrischen Häuserspitzen und Planetenknoten verzichtet werden. Aber einige Positionen werden exemplarisch genannt und gedeutet.

Vorweg die grundsätzliche Deutung der Knoten: Ein Planet selbst liefert die grundlegende Information gemäß seinem planetaren Prinzip. Der zugehörige nördliche Planetenknoten tendiert in der Auswirkung des entsprechenden planetaren Prinzips zur Aktivität, zur Expansion. Der südliche Planetenknoten tendiert in der Auswirkung zur Passivität, zum Erleben, gegebenenfalls auch zur Rücknahme, Einengung. Anders als beim mittleren Mondknoten, wo nördlicher und südlicher Knoten einander im Tierkreis genau gegenüberliegen, stehen die nördlichen und südlichen Knoten der übrigen Planeten keineswegs immer in gradgenauer Opposition zueinander. Es ergeben sich also im Individualhoroskop viele unterschiedliche Aspektmöglichkeiten. In unserem Beispielhoroskop gilt:

Venus-Nordknoten	5°56' ♊
Venus-Südknoten	24°09' ♈.

Der Aszendent bei 24° 08' Zwillinge bildet also ein Sextil mit dem Venus-Südknoten, jedoch keinen Aspekt mit dem Venus-Nordknoten. Selbstdarstellung (Aszendent) und passives Wünschen, passiver Eros sind also in diesem Horoskop aufeinander bezogen. Angeli zieht nun für die Deutung auch noch die jeweilige Punktbewertung heran: Der Aszendent hat in seinem System 7, der Venus-Südknoten lediglich 1 Punkt. Der Aszendent gilt damit als der stärkere Partner in dieser Kombination: Die Selbstdarstellung des Horoskopeigners bedingt dessen passives, erlebnisorientiertes Wünschen; aus der persönlichen Selbstdarstellung folgt eine eher passive oder gegebenenfalls abwartende Haltung auf erotischem Feld. Die Frage wäre, ob wir nicht in der klassischen Deutung von Saturn an der Spitze des 5. Hauses und von Venus in Opposition zu Neptun für unser Beispielhoroskop ein ähnliches Ergebnis herausinterpretieren würden.
Weiter gilt für unser Beispiel:

Spitze 2. Haus (topozentrisch)	10°30' ♋
Merkur-Nordknoten	26°03' ♉.

Diese Positionen bilden zueinander ein Halbquadrat, wobei von der Punktbewertung her die 2. Häuserspitze der stärkere Faktor der Kombination ist. Das Interesse am persönlichen Besitz bedingt damit die aktive Planung, führt zu aktiven Denk- und Kommunikationsleistungen.

Wir kommen damit zur Deutung der Häuserachsen nach Angeli. Die Achse bzw. einzelne Häuserspitzen werden ähnlich wie in der klassischen Astrologie verstanden:

Aszendent – Deszendent: Die zwischenmenschliche Achse
1. Haus: Selbstdarstellung
7. Haus: Umwelt-Verhalten, von anderen etwas erhalten

Zweites – Achtes Haus: Die materielle Achse
2. Haus: Persönlicher Besitz
8. Haus: Gemeinsame Finanzen, etwas hergeben (müssen)

Drittes – Neuntes Haus: Die Kommunikationsachse
3. Haus: Das eigene Denken und Reden
9. Haus: Erwartete, »offizielle« Meinung, Weltanschauung

Imum Coeli – Medium Coeli: Die Entwicklungsachse
4. Haus: Woher: Die Kinder- und Jugendzeit
9. Haus: Wohin: Interesse, Entfaltung, Beruf

Fünftes – Elftes Haus: Die Kreativitätsachse
5. Haus: Private Kreativität, Eros, Hobby, Freizeit
11. Haus: Kreativität mit Freunden

Sechstes – Zwölftes Haus: Die Fehlerachse
6. Haus: Eigene Fehler, Arbeit, Gesundheit
12. Haus: Fehler, in die andere miteinbezogen sind.

In der Prognose beschränkt Angeli sich auf Planeten- und Knotentransite. Aufgrund seiner Horoskoptechnik erhält er aber auch so schon genügend deutbares Material. Ohne Anwendung in der eigenen Praxis experimentiert Angeli aber auch mit dem Solarhoroskop und ist hier zu der Überzeugung gelangt, daß ein Solar nicht, wie in der Klassik sonst gedacht, ab dem astrologischen Geburtstag, sondern ein halbes Jahr vor und ein halbes Jahr nach dem astrologischen Geburtstag wirkt. Der Jahresgeburtstag macht also den Höhepunkt einer Lebensperiode aus, die schon im vorangegangenen Lebensjahr begonnen hat.

Angeli fertigt nach eigener Aussage nicht sehr häufig Horoskopzeichnungen an – und dann auch lediglich solche, die nur die stärker punktenden Faktoren berücksichtigen. Bei 30 Elementen kann eine Zeichnung selbstverständlich schnell sehr unübersichtlich werden, selbst dann, wenn keine Aspekte eingezeichnet werden. Bei Angelis Art zu zeichnen kann aber auch schon einmal ein Horoskopbild ohne Sonne oder Mond vorliegen – einfach weil Sonne oder Mond nur eine geringe Punktzahl erreichen.

Um seine praktischen Ansätze abzusichern, verwendet Angeli viel Zeit und Energie auf Forschung. Angeli hat außerdem versucht, kosmische Gesetzmäßigkeiten für die Ziehung von Lottozahlen zu ermitteln. Es wäre Angelis *Reformierter Astrologie* eine größere Verbreitung in der Fachwelt zu wünschen. Sein Ansatz könnte eine echte und triftige Erweiterung sein, die zwar nicht ohne angreifbare Denkvoraussetzungen, wohl aber ohne symbolische Spekulationen, hypothetische Faktoren usw. auskommt. Dies spricht sehr für weitere Forschungen in dieser Richtung.

3. 4. 16 Weitere Planeten, Asteroiden und Elemente in der modernen Astrologie

Chiron: Die Entdeckung von Chiron gehört inzwischen schon zu den modernen astrologischen Legenden. Der Astronom Charles Kowal entdeckte das Objekt am 1. November 1977. Kowal hatte einen Freund, Zane B. Stein, der als Astrologe arbeitet und der noch 1978 eine erste astrologische Analyse des neu entdeckten Himmelskörpers vorlegte.

Chiron darf in astrologischer Sicht ruhig als ein Planet gelten, dessen Einfluß nicht geringer ist als der von Merkur oder Pluto. Die Umlaufbahn von Chiron ist ausgesprochen exzentrisch. Am sonnennächsten Punkt seiner Umlaufbahn steht er der Sonne näher als Saturn; am sonnenfernsten Punkt reicht er fast bis an die Bahn des Uranus heran. Chiron wirkt sozusagen als Brücke zwischen diesen beiden Prinzipien, also zwischen Saturn und Uranus, und die Astrologie hat ihm mittlerweile diese Rolle auch offiziell zuerkannt: nämlich eine Verbindung zwischen den »inneren Planeten« und den »äußeren Planeten« herzustellen. Die genaue Umlaufzeit von Chiron im Tierkreis beträgt zirka 50 Jahre, wobei sich Chiron wegen seiner extrem elliptischen Umlaufbahn in den einzelnen Zeichen unterschiedlich lange aufhält. Insofern gleicht Chiron dem Pluto, der ebenfalls eine exzentrische Umlaufbahn hat.

Die Schlüsselworte, die Stein sehr bald nach der Entdeckung von Chiron fand, gelten auch heute für die Deutung dieses besonderen Elements im Horoskop. Zunächst kennzeichnet Stein den Chiron mit dem englischen Wort »maverick«, das man am besten mit »Einzelgänger« übersetzt. »*Das Wort wurde schließlich zur Bezeichnung für denjenigen, der sich abseits von seinen Zeitgenossen stellt. Es charakterisiert ein unabhängiges Individuum, welches sich weigert, konform zu sein. Es steht für denjenigen, der sich keiner Partei, keiner Clique oder bestimmten Gruppe anschließt ... ›Mavericks‹ schaffen sich allzu leicht Feinde bei denen, die irgendeiner bestimmten Gruppierung angehören, denn diese Leuten meinen ›wer nicht für mich ist, der ist gegen mich‹. Was nun jedoch den Maverick anbelangt, so ist dieser weder für noch gegen ihre Prinzipien. Und das ist auch genau der Punkt, an dem sich Chiron sowohl von Saturn, als auch von Uranus unterscheidet. Saturn möchte die Tradition erhalten und traditionelle Glaubenssysteme verteidigen ... Uranus dagegen will das Alte niederreißen, nicht selten in der Manier der Bilderstürmer. Allzu leicht kann er den Drang entwikkeln, die Struktur irgendeiner Gruppe in die Luft zu sprengen. Aber Chiron, der Einzelgänger, will das Bestehende weder verteidigen noch es vernichten – er steht vielmehr abseits davon.*«[28]

Ein weiteres wichtiges Stichwort für Chiron ist die Heilung, das Ganzwerden, wobei Chiron selbst den Heiler darstellt. Dies entspricht auch am ehesten dem mythologischen Namen, den Kowal dem Planet bald nach seiner Entdeckung gab – ein Name, der unmittelbar auf das astrologische Planetenprinzip zu passen scheint. Denn in der griechischen Mythologie war Chiron oder Cheiron einer der Kentauren, jener Wesen mit

28 Zane B. Stein. *Chiron* (Mössingen, 1993[3]) p. 13f.

Pferdeleib und menschlichem Oberkörper bzw. menschlichem Gesicht. Chiron besaß heilerische Fähigkeiten, die er aber geradezu aus eigenem Leid entwickelte. Denn er war von einem vergifteten Pfeil des Herakles getroffen worden und erlitt unsägliche Schmerzen, die er aber heilend in Hilfe für andere transformierte. Nach der griechischen Mythologie war Chiron unsterblich, doch der Göttervater Zeus gewährte ihm schließlich die Erlösung durch den Tod.

Ein anderes Schlüsselwort für Chiron ist der »Wendepunkt«, der entweder negativ oder positiv ist, der aber allgemein eine Richtungsänderung im ganzen Lebenszuschnitt anzeigt. An solchen Wendepunkten spielt Chiron als astrologisches Prinzip immer wieder ein Rolle.

In seiner Funktion als Verbindung zwischen inneren und äußeren Planeten, also zwischen bewußtseinsnahen und mehr bewußtseinsfernen oder kollektiv unbewußten Prinzipien, markiert Chiron auch Bewußtseinsgrenzen und Bewußtseinsübergänge. Aus dieser Perspektive hat sich in den letzten Jahren auch eine stark spirituell-esoterische Deutung von Chiron herausgeschält, die in der Literatur unter anderem von Melanie Reinhart vertreten wird.

Astrologisch-technisch wird Chiron so behandelt wie die übrigen Elemente im Horoskop, d.h. er wird nach Häusern und Aspekten gedeutet, und mundan auch nach seiner Stellung im Tierkreiszeichen. Die Abbildung unseres Beispielhoroskops am Ende dieses Abschnitts zeigt das Geburtsbild nach der klassischen Manier unter anderem mit dem eingezeichneten Chiron. Dessen Symbol ist die Ellipse mit aufgesetztem K für den Namen seines Entdeckers (⚷). In der Zwischenzeit ist Chiron nicht mehr allein, denn es wurden weitere Objekte gesichtet, die ähnliche Eigenschaften aufweisen und von den Astronomen als Gruppe der Kentauren klassifiziert werden. So bewegt sich etwa Pholus auf einer Bahn zwischen Saturn und Neptun.

Lilith, der Schwarze Mond: Die traditionelle Astrologie sah im »Schwarzen Mond«, nach der ersten dunklen weiblichen Schöpfung Gottes vor Eva auch Lilith genannt, allgemein noch ein eigenes astronomisches Objekt, das freilich schwer zu sichten war, über das dementsprechend eine Reihe von Legenden und Phantasien in Umlauf waren. Noch Alfred Fankhauser, einer der bekannteren Schweizer Astrologen des 20. Jahrhunderts, spricht in seiner Darstellung DAS WAHRE GESICHT DER ASTROLOGIE von Lilith als der »üblen Himmelsruine«, die angeblich im Lauf des Mittelalters und der Neuzeit mehrfach gesichtet worden sei. Der Astrologe Max Karlhuber hat in seinen ASTROLOGISCHEN DEUTUNGS-RICHTLINIEN sogar Ephemeriden von Lilith veröffentlicht, betont aber dabei, daß man diese nicht ganz ernst nehmen solle. Max Karlhuber markiert einen Übergang in der traditionellen bzw. modernen Astrologie weg von der Auffassung, daß es sich bei Lilith um einen weiteren astronomischen Körper, vielleicht sogar um einen weiteren Erdtrabanten handeln könnte, hin zu der heutigen modernen Auffassung, daß Lilith ein bestimmter mathematischer Punkt im Zusammenhang mit der Mondbahn um die Erde ist.

Die moderne Definition von Lilith geht denn auch zunächst von der elliptischen Bahn des Mondes um die Erde aus. Der eine Brennpunkt dieser Mondbahn ist die Erde selbst, der zweite Brennpunkt, nicht repräsentiert durch einen astronomischen Körper, ist der Schwarze Mond, gewissermaßen das Gegenstück zur Erde, zur Welt, insofern also eine »Anti-Welt«. Aus der Perspektive der Erde – und das ist ja die Perspektive der Astrologie – läßt sich jener andere Brennpunkt der Mondbahn in den Tierkreis hineinprojizieren; und da sich mit der Bewegung der Erde um die Sonne und mit der Bewegung des Mondes um die Erde die Position dieses zweiten Brennpunktes laufend ändert, ist es auch sinnvoll, eine Bewegung dieses mathematischen Punktes zu rekonstruieren bzw. in den Tierkreis als Meßkreis zu projizieren. Manche Astrologen betrachten auch den Lauf des Apogäums, des erdfernsten Punktes des Mondes als Lilith.

Nachdem es in der Astrologie eine ganze Generation lang um Lilith still geworden war, wurde der Schwarze Mond im Zusammenhang mit feministischen Fragestellungen auch für die Astrologie wieder interessant. Joëlle de Gravelaine, die Mitte der achtziger Jahre die erste moderne Monographie über Lilith in der Astrologie vorgelegt hat, bezeichnet Lilith kurzerhand als die »Große Göttin«. Allerdings ist diese Göttin eine alte Mutter-Göttin, die für uns, die wir ganz in einer patriarchalen Gesellschaft und Kultur aufgewachsen sind, dunkle, nachthafte, wilde und uns zum Teil unverständliche Seiten unseres Wesens repräsentiert. Joëlle de Gravelaine beschreibt den Schwarzen Mond folgendermaßen: *»Da er Träger radikaler Werte ist, die manchmal so plötzlich auftauchen, wie der »Insight« in der Psychoanalyse oder der Schritt zum selbstmörderischen Akt, kann er das Beste, aber auch das Schlimmste zu einem Lebensthema beisteuern: die vertikale und reiche Initiation, die Rolle des Vermittlers schlechthin, aber auch dem Kriminellen die Waffe in die Hand drücken oder manchmal gegen sich selbst das Opfermesser richten. Er kann die Ambivalenz von Verlangen und Ablehnen abzeigen, aber auch den schnellen Zugang zum Unterbewußtsein, wie auch den blinden Widerstand gegen dieses Unbewußte.«*[29]

Insofern ist Lilith ein Stück weit mit Saturn, aber auch mit Pluto verwandt. Im Unterschied aber zu diesen beiden Prinzipien bedeutet Lilith unter Umständen die extreme Infragestellung, gegebenenfalls auch die Übertretung eines Gesetzes, die Verneinung einer an sich angezeigten Entwicklung. Infragestellung ist denn wohl auch das wichtigste Schlüsselwort, das seit den achtziger Jahren für das astrologische Prinzip Lilith gefunden worden ist.

In eine etwas andere Deutungsrichtung geht eine neuere Darstellung über Lilith, vorgelegt im Jahr 1994 von der italienisch-

29 Joëlle de Gravelaine. *Lilith – der Schwarze Mond: Die Grosse Göttin im Horoskop.* (Wettswil, 1990) p. 67.

deutschen Astrologin Lianella Livaldi Laun. Hatte sich Joëlle de Gravelaine vor allem auf das feministische Thema, in Verbindung mit radikaler Infragestellung bei Lilith eingelassen, so betont Lianella Livaldi Laun in ihrem Buch LILITH – DIE BEGEGNUNG MIT DEM SCHMERZ, daß der Schwarze Mond an sich nichts Böses in sich trage. Aus der Infragestellung kann so eine radikale Öffnung werden: Lilith ist nicht unheilbringend, sondern einfach menschlich:

»*Schmerz, Tod und Trauer gehören zu unserer irdischen Existenz. Wir fürchten diese Erfahrungen jedoch zu sehr und wehren sie deshalb ab. Der Schwarze Mond in der Astrologie konfrontiert uns mit den Grenzsituationen und Schattenseiten unseres Daseins und zwingt uns dazu, daß wir uns ihnen stellen. Oft läßt Lilith uns ebenso verzweifeln, wie auch sie selbst verzweifelt war, als sie den Garten Eden verlassen und unter den Dämonen leben mußte.*«[30]

Freilich, auch Lianella Livaldi Laun betont das Wilde, das Ungezähmte dieses weiblichen Prinzips in der Astrologie. Das von Joëlle de Gravelaine so betonte Thema der Infragestellung schwingt in dem deutenden Zugriff von Lianella Livaldi Laun doch mit in ihrer Bemerkung, daß Lilith die nicht integrierte Anima in der männlichen Psyche darstelle: »*Sie (Lilith) repräsentiert die dunkle, bedrohliche und verschlingende Mutter. Dieser Gesichtspunkt ist furchterregend und wird verdrängt. Er taucht aber immer wieder im seelischen Bewußtsein auf und ist mit der Angst verbunden, von dieser instinkthaften Seite bestimmt zu werden. Ich halte Lilith für eine archaische Erinnerung, die noch immer in der männlichen Psyche wirksam ist: ein Nachklang aus der Zeit des Matriarchats, als die Aufgabe des Königs vornehmlich in der Fortpflanzung bestand. Nach Erfüllung seiner Pflicht und einer Herrschaftsdauer von einem Jahr wurde er geopfert oder kastriert. Deshalb kann die Position*

30 Lianella Livaldi Laun. *Lilith – die Begegnung mit dem Schmerz: Die Astrologie des Schwarzen Mondes.* (Mössingen, 1994) p.15.

Liliths in männlichen Horoskopen für die Ablehnung der Frauen oder für eine Urangst vor ihnen stehen.«[31]

Mit dieser Deutung kann man Lilith auch als Symbol für unerfüllte oder unerfüllbare Wünsche sehen. So tut es auch Lianella Livaldi Laun und verweist darauf, daß dieses Prinzip letztlich nicht nur in der männlichen, sondern auch in der weiblichen Psyche eine wichtige Rolle spielen kann.

Soweit ich sehe sind die deutenden Forschungen zu Lilith noch längst nicht abgeschlossen. Eines freilich darf sicher sein, daß Lilith als astrologisches Prinzip eine Schattenseite in der Persönlichkeit repräsentiert bzw. die Aufgabe markiert, womöglich eine Schattenseite zu integrieren. Ist solche Integration geschehen, dann kann Lilith einen Verweis auf notwendige bzw. integrierte Unkonventionalität, Wildheit usw. darstellen. Allgemein läßt sich sagen, daß Lilith die schmerzlichen Seiten unseres Lebens und unserer Entwicklung markiert, durch die wir letztlich reifen – oder an denen wir gegebenenfalls scheitern.

Die Umlaufzeit von Lilith beträgt nahezu 9 Jahre, genau 8,9 Jahre, die Bewegung ist gleichmäßig, und Lilith wird üblicherweise einfach durch das Mondsymbol gekennzeichnet, jedoch ausgeschwärzt, gegebenenfalls noch mit einem kleinen Kreuz unter der Mondsichel. In unserem Beispielhoroskop am Ende dieses Abschnitts ist auch Lilith eingezeichnet.

Asteroiden: Die astronomischen Objekte des Asteroidengürtels wurden immer wieder seit ihrer Entdeckung auch für astrologische Zwecke herangezogen. Während nun aber Chiron seit seiner noch jungen Entdeckung 1977 fast unmittelbar das Interesse der Astrologen auf sich zog und gewissermaßen einen Siegeszug durch die Astrologie angetreten konnte, steckt die astrologische Berücksichtigung der Hauptobjekte des Asteroidengürtels noch in den Kinderschuhen. Möglicherweise ist in den Köpfen der Astrologen auch noch die Vorstellung sehr

31 Lianella Livaldi-Laun. *Lilith – die Begegnung mit dem Schmerz: Die Astrologie des Schwarzen Mondes.* (Mössingen, 1994) p.35.

stark verankert, daß der Asteroidengürtel das Ergebnis eines weiteren Hauptplaneten sei, der in seine Einzelteile zerborsten ist. Was zerstört ist, läßt sich als astronomisches Objekt und damit als astrologisches Prinzip nur noch bedingt nutzen. Die übriggebliebenen Brocken haben damit zumindest aus astrologischer Sicht ihre Individualität verloren. Dem läßt sich die heute in der Astronomie bevorzugte Theorie entgegenhalten, die genau vom Gegenteil ausgeht und besagt, daß es sich bei den Asteroiden um einen noch nicht verfestigten Planeten handelt. Ein Zusammenschluß der Planetesimale wird durch die Bahnkräfte Jupiters verhindert.

Immerhin hat man in der Astrologie inzwischen versucht, die vier größten Asteroiden, die bereits in den Jahren 1801 bis 1807 gesichtet wurden, auch inhaltlich einzuordnen. Klaus Bonert verweist in seinen Ephemeriden von Ceres, Pallas, Juno und Vesta auf die vier Typen des Weiblichen, die durch die vier größten Asteroiden symbolisiert werden:

Asteroid	Frauentypus	Symbol	Element	Funktion
Ceres	Mutter	⚳	Erde	Realempfinden
Pallas	Amazone	⚴	Luft	Denken
Juno	Geliebte	⚵	Wasser	Fühlen
Vesta	Priesterin	⚶	Feuer	Intuition

Tabelle 13: Schlüsselbegriffe zu den vier Hauptasteroiden

Ceres wird in der Astrologie assoziiert mit der persönlichen Mutterliebe, mit Wärme und Geborgenheit, jedoch auch mit dem Aspekt der überzogenen Mutterbindung, mit dem Aspekt jener Mutter, die ihre Kinder nicht loslassen kann. Pallas – im Griechischen meist als Pallas Athene bezeichnet – ist in der griechischen Mythologie dem Kopf ihres Vaters Zeus selbst entsprungen. Sie stellt in der Astrologie ein kämpferisches Symbol dar, doch hinter ihrer Kampfbereitschaft steht das Prinzip der Gerechtigkeit und der Friedfertigkeit. Pallas symbolisiert die überlegene Weiblichkeit und Weisheit; Pallas ist die Beschützerin der großen griechischen Helden. Astrologisch gesehen ist die durch Pallas symbolisierte Weisheit nicht nur ein intellektuelles Prinzip, sondern verbunden mit Kultur, mit gesundem Menschenverstand und nicht zuletzt mit Mut und Einsatzbereitschaft.

Juno stellt astrologisch das Prinzip der Geliebten, aber auch der Ehefrau dar, und sie ist schon in der Mythologie schwer zu fassen – oszillierend zwischen dem herrscherlichen Anspruch der rechtmäßigen Ehefrau und der häufig genug von Zeus selbst hintergangenen Geliebten. In Juno kommt vor allem das fordernde Liebesgefühl zum Tragen, das auf seinem Recht besteht und notfalls überspitzt auf seine Rechte pocht. Vesta, die Hüterin des Feuers, kann als Prinzip der Transformation, der Veränderung gelten. Vesta in der Astrologie bedeutet darum Energie, Aufbruch, Leben, aber eben auch das, was im Feuer der Transformation geläutert werden soll: Angst, Ohnmacht, Unbewußtes. Die priesterliche Funktion von Vesta in der Mythologie dürfte im astrologischen Gebrauch dieses Prinzips relativ stark zurücktreten, es sei denn, daß man auch in der praktischen Deutung dem reinigenden und transformierenden Feuer von Vesta eine spirituelle Funktion zuerkennen möchte.

Bereits Anfang der fünfziger Jahre wies der deutsche Astrologe Heinrich Christian Meier-Parm darauf hin, daß der Asteroid Vesta in der Horoskopdeutung Berücksichtigung finden müsse. Meier-Parm erkannte der Vesta vor allem das »Prinzip des gastlichen Hauses« zu.

Ausgedehnte Untersuchungen zu den Asteroiden liegen bislang nur in einer einzigen größeren Veröffentlichung von Demetra George, DAS BUCH DER ASTEROIDEN, vor. Zumindest in Deutschland hält sich der astrologisch-praktische Gebrauch der Asteroiden in der Astrologie vorab in engen Grenzen. Die Umlaufzeiten der vier Hauptasteroiden beträgt bei Ceres, Pallas und Juno rund 4 1/2 Jahre, bei Vesta gut 3 1/2 Jahre.

Isis/Transpluto: Bald nach dem Zweiten Weltkrieg wurde von Astronomen aufgrund von Bahnabweichungen bei Neptun und Pluto die Existenz eines weiteren Transplutoplaneten vermutet. Verhältnismäßig bald wurden vorläufige Ephemeriden vorgelegt, und vielerorts begannen Astrologen mit dem Transplutoprinzip zu arbeiten, dessen Schlüsselwort von Klaus Bonert angegeben wird mit »Impuls aus der Einheit zur Einheit«. Transpluto bzw. Isis war damit ein übergeordnetes Prinzip, das gewissermaßen die gesamte solare Welt im Innersten zusammenhielt und zugleich an deren äußerstem Rand Wacht hielt. In Deutschland waren es insbesondere die Astrologen um die *Kosmobiosophische Gesellschaft*, aber auch um die *Ebertin-Schule*, die mit Transpluto zu arbeiten versuchten.

Isis bzw. Transpluto wurde in der Theorie eine Umlaufzeit von 686 Jahren zuerkannt, und die Astrologen waren sich der Arbeit mit Isis insofern sehr sicher, als es ja Astronomen waren, die zum ersten Mal die Existenz eines Transpluto-Planeten gefordert hatten. Allerdings ist es seit Herbst 1993 um Transpluto/Isis sehr still geworden. Der Astrophysiker Myles Standish veröffentliche im ASTROPHYSICAL JOURNAL eine genaue Analyse der Plutobahn, für die er auf eine sehr präzise Berechnung der Plutomasse zurückgegriffen hatte, welche 1989 mit der Raumsonde Voyager 2 vorgenommen worden war. Die Bestimmung der Masse von Pluto war deshalb möglich geworden, weil der Einfluß des Pluto auf die Bahn von Voyager 2 genau untersucht werden konnte. Das Ergebnis der Untersuchungen von Myles Standish war, daß in der neuen Analyse der Pluto-Bahn die Störungen nicht von einem weiter entfernten Planeten abhängen könnten.[32]

Damit war die Axt an die Wurzel einer astrologisch eigenständigen Isis-Forschung gelegt. Transpluto war nach dem Zweiten Weltkrieg von vornherein nicht als ein hypothetischer Planet in die astrologische Diskussion eingeführt worden, sondern als

32 vgl.: DIE ZEIT, 29.10.1993, p. 55, ebenso: MERIDIAN 5/93, p. 2.

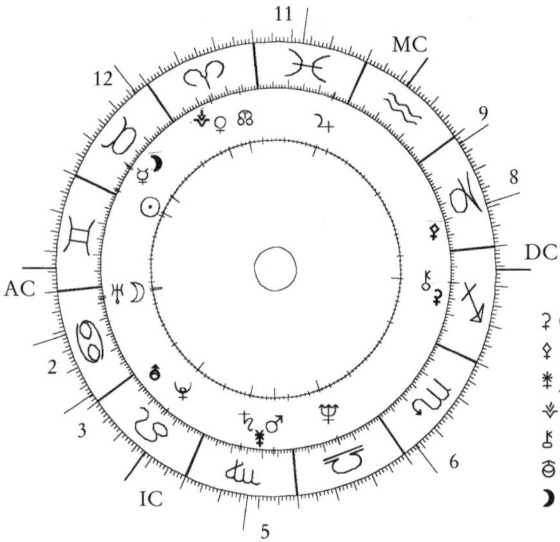

⚳ Ceres 15° 55' ♐
⚴ Pallas 5°44'R ♉
⚵ Juno 19°00' ♍
⚶ Vesta 18°57' ♈
⚷ Chiron 20°02' ♐
Isis 5°16' ♌
Lilith 14°22' ♉

Abbildung 17: Horoskop mit Asteroiden, Chiron. Lilith, Isis

reales astronomisches Objekt, das auch astrologisches Interesse erregte. Nachdem nun die Astronomen die Realität dieses Objekts verneint hatten, mußte Transpluto auch für die Astrologie schleunigst uninteressant werden.

Es sei in diesem Zusammenhang etwas über die Entdeckung und Klassifizierung von Asteroiden und sonstigen Kleinplaneten in der Astronomie gesagt. Es gibt inzwischen über 6 000 numerierte Kleinplaneten bzw. Asteroiden. Einige Objekte sind sogar jenseits der Plutobahn entdeckt worden, dürfen aber nicht mit den hypothetischen Transpluto-Planeten Isis bzw. den Transneptunern der *Hamburger Schule* verwechselt werden und ihre Bahnen zeigen auch keine Ähnlichkeit mit diesen. Nach ihrer Entdeckung erhalten Asteroiden zunächst immer eine provisorische Bezeichnung mit der Jahreszahl ihrer Entdeckung und einem nachfolgenden zweistelligen Buchstabenkürzel. Erst wenn genügend Beobachtungen und photometrische Vermessungen des jeweils entdeckten Asteroiden gegeben sind und die Bahn genau zu bestimmen ist, wird er numeriert und in den sogenannten Kleinplanetenkatalog (»Minor Planet Catalogue MPC«) aufgenommen.

4. Klassiknahe astrologische Schulen

4.1. Die Münchner Rhythmenlehre nach Wolfgang Döbereiner

Wolfgang Döbereiner entwickelte in den frühen fünfziger Jahren aus der revidierten klassischen Astrologie die sogenannte »Münchner Rhythmenlehre«. Diese glänzt nicht mit einer eigenen Findung, sondern sie versucht, einerseits einen besonderen psychologischen Deutungsansatz in die Astrologie einzubringen, und auf der anderen Seite geht sie auf eigene Weise mit den in der klassischen und in der traditionellen Astrologie gegebenen Prognosetechniken um.

Zunächst einmal konzentriert die Münchner Rhythmenlehre ihr Augenmerk vor allem auf den Entwicklungsbezug und auf die Geschichtlichkeit, die mit einem Horoskop und der zugehörigen Zeitqualität zugleich gegeben sind. Döbereiner vergleicht ein beliebiges Ereignis oder eine Geburt mit einem ins Wasser geworfenen Stein. So wie der eintauchende Stein Wellen erzeugt, so bildet ein beliebiges Ereignis »Wellen in der Zeit«. Das Ereignis ist nicht nur an einem Punkt des Zeitkontinuums, sondern es schwingt wie die Wellen beim Steinwurf in rhythmischer Vergrößerung weiter. Das Ereignis bringt in der rhythmischen Vergrößerung Details zum Ausdruck, die zum Zeitpunkt, als der Stein eintauchte, noch nicht sichtbar waren. Döbereiner richtet somit den Blick verstärkt auf das Horoskop als *Rhythmogramm*. Das Horoskop zeigt nicht nur eine augenblickliche statische Zeitqualität, sondern im Sinn einer »eingefalteten

Ordnung« auch den Rhythmus biographischer Entwicklung mit entsprechenden Zeitqualitäten. Diese ergeben sich astrologisch-technisch unmittelbar aus der Zeitqualität des allerersten Horoskops.

Die Münchner Rhythmenlehre bezieht in ihrem Blick auf das Geburtshoroskop die Morin'sche Lehre von den Zeichenherrschern ganz wesentlich mit ein. Döbereiner folgt dabei auch der »modernen« Zuordnung der neu entdeckten Planeten Uranus, Neptun und Pluto zu bestimmten Tierkreiszeichen als »Herrscher« – also Uranus zu Wassermann, Neptun zu Fische, Pluto zu Skorpion. Rein technisch unterscheidet sich die Horoskopberechnung in keiner Weise von jener der Revidierten Klassik; Döbereiner favorisiert im übrigen die Placidus-Häuser.

Stärker als die sonstige klassische Astrologie betont die Münchner Rhythmenlehre die jeweils spezifische Bedeutung der einzelnen Quadranten im Horoskop. Betrachten wir wieder unser Beispielhoroskop. Die vier Quadranten werden in der Münchner Rhythmenlehre als Grundmuster gesehen, in dem sich die Gegebenheiten, Anlagen und Möglichkeiten eines Menschen, einer Situation, eines Ereignisses usw. darstellen. Dabei haben die vier Quadranten bestimmte prinzipienartige Bedeutungen, die etwa folgendermaßen umrissen werden können:

1. *Quadrant* – Stoff. Anlagen, die am Menschen selbst und seiner äußeren Erscheinung sichtbar werden.
2. *Quadrant* – Formgebung. Anlagen, die durch den Menschen sichtbar gemacht werden, sein kreativer Ausdruck.
3. *Quadrant* – Wirkung. Anlagen, die dem Menschen sichtbar entgegenkommen als personale oder sachbezogene »Begegnung«.
4. *Quadrant* – Ergebnis. Bedeutung und Bestimmung der Entwicklung des Bewirkten, sichtbar außerhalb des einzelnen Menschen, unabhängig von ihm.

Solche und ähnliche Deutungen der vier Horoskopquadranten gehören auch ohne die Münchner Rhythmenlehre zum

Bestand der klassischen Horoskopdeutung. Aber die Deutung der vier Quadranten vom Stofflichen über Formgebung und Wirkung hin zu einem »Ergebnis« ist bei der dynamischen, entwicklungsbezogenen Blickrichtung der Münchner Rhythmenlehre besonders von Bedeutung. Hierdurch werden die persönlichen Punkte Aszendent, Medium Coeli und Sonne in ein dynamisches inhaltliches Verhältnis zueinander gebracht. Im Aszendenten eines Geburtshoroskops manifestiert sich die Anlage, der Sonnenstand zeigt das Verhalten, das diese Anlage gleichsam begleitet, und das Medium Coeli verweist auf die Zielrichtung, die Verwirklichung der Anlagen. In unserem Beispielhoroskop würde der Zwillingsaszendent die vielseitige, etwas unruhige, wissens- und kommunikationsorientierte Anlage symbolisieren. Ähnlich wie im Morin'schen System läßt sich auch der Aszendenten-Herrscher Merkur mit zur Auslegung dieser Anlage heranziehen – hier würde also Merkur im Blick auf Stier und auf seine Position im 12. Haus zu deuten sein. Die Anlage des Horoskopeigners hat neben den allgemeinen »Zwillingsmerkmalen« auch mit dem Stier und dem 12. Haus zu tun. Bei aller Anregsamkeit und Vielseitigkeit ein ruhiger, stetiger, eventuell langsam verarbeitender, organischer Umgang mit den eigenen Anlagen (Stier) bei ausgeprägter Reflexionshaltung in Verbindung mit einer Neigung zu Randgebieten (12. Haus).

Die Sonne, wie Merkur im Stier und im 12. Haus, verstärkt dies. Die Verwirklichung der Anlage geschieht auf stetige, mitunter sture Weise und bei relativ großer Realitätsverbundenheit (Stier). Gleichwohl werden transzendente, mystische oder auch nur psychologische Haltungen (12. Haus) mit einbezogen. Die Sonne steht im 4. Quadranten; die Verwirklichung der Anlage ist, allgemein gesprochen, auf Ergebnisse, auf Ziele gerichtet, wobei die »Früchte« dieser Verwirklichung entsprechend dem Charakter des 12. Hauses das Unangepaßte, das Besondere, eventuell das Transzendente betreffen.

Die Zielrichtung des Horoskopeigners ist gemäß dem Stand des Medium Coeli im Zeichen Wassermann »uranisch«. Wassermann hebt Gegensätze auf, verändert die Gegebenheiten, »stürzt um«. Veränderung ist, auf einen Nenner gebracht, das Ziel im Lebensentwurf des Horoskopeigners. Die Veränderung realisiert sich dort, wo der Herrscher des Medium Coeli steht. Der Herrscher des Wassermann-MC, nämlich der Uranus, ist im 1. Haus in Konjunktion mit dem Mond.

Die Veränderung – als Zielrichtung des Horoskopeigners – realisiert sich in der Persönlichkeit selbst, in ihren Anlagen, in ihrer äußeren Erscheinung. Gemüthafte Anteile der Persönlichkeit (Uranus-Mond-Konjunktion) sind dabei angesprochen; die Veränderungen betreffen somit den Bereich der emotionalen Anlagen (Mond-Bezug). Faßt man diese komplexen Aussagen zusammen, so läßt sich sagen, daß der Horoskopeigner seine vielseitige, wissens- und kommunikationsbezogene Anlage (Zwillings-Aszendent) in einem ruhigen und stabil gestalteten Umfeld (Stier-Sonne) in Randgebieten (Sonne im 12. Haus) verwirklicht, mit dem Ziel der vorwiegend persönlichen Veränderung (MC im Wassermann, Herrscher des MC im 1. Haus).

Diese entwicklungsbezogene dynamische Blickweise der Münchner Rhythmenlehre auf das Horoskop bringt eine Reihe von Einzelaussagen in eine sinnvolle Beziehung und macht somit das Leben als Entwicklungsverlauf, als Schicksalsverlauf sichtbar. Nun kann auch sinnvoll nach den Einzelheiten dieses Verlaufs gefragt und ein detailliertes zeitliches Nacheinander ermittelt werden. Hierfür hat die Münchner Rhythmenlehre verschiedene Instrumente der Prognose herangezogen und weiterentwickelt. Im Sinn der Münchner Rhythmenlehre liefert das Geburtshoroskop den unmittelbaren Lebensplan. Döbereiner geht aus vom Prinzip des Mondes, das ja vor allem Wandel, Umschwung bzw. Stimmungsumschwung oder »Laune« bedeutet. Döbereiner ordnet dem Mond die Zahl 7 zu. »Lebenswandel« als »Wandel des Lebens« vollzieht sich dann entsprechend in Perioden von jeweils 7 Jahren. Diese Perioden werden den einzelnen Häusern des Horoskops zugeordnet. Ähnlich nun wie beim *Lebenskreis* von Frank Glahn beginnen die ersten

7 Lebensjahre im 12. Haus, die zweiten 7 Lebensjahre im 11. Haus usw. Mit anderen Worten, die »Lebensreise« startet am Aszendenten und bewegt sich gegen den Richtungssinn des Tierkreises.

Kennzeichnend für Döbereiner ist, daß er bei der Umkehrung des Richtungssinnes auch die Häuserherrschaften verändert. Das 12. Haus in unserem Horoskopbeispiel hat als »Hauptherrscher« die Venus, weil das 12. Haus im Zeichen Stier beginnt und der Herrscher vom Stier die Venus ist. Da das 12. Haus in das Zeichen Zwillinge hinüberreicht, gilt Merkur, der Herrscher der Zwillinge, als »Mitherrscher«. In der Umkehrung freilich für prognostische Zwecke wird Merkur zum Hauptherrscher des 12. Hauses – d.h. Merkur prägt die Lebensperiode der ersten 7 Jahre des Horoskopeigners. Entsprechend ist die Periode der zweiten 7 Jahre des Horoskopeigners von Venus geprägt, die in der Umkehrung des Richtungssinnes die erste Herrscherin im 11. Haus ist.

Zunächst geht Döbereiner bei seinem 7-Jahres-Rhythmus ähnlich vor wie Frank Glahn: So löst sich z.B. innerhalb des ersten Jahrsiebtes des Horoskopeigners die Sonne aus. Das 12. Horoskophaus umfaßt etwa 51° im Tierkreis. Diese 51° werden durch die Zahl 7 geteilt, pro Lebensjahr kommt man auf eine Gradzahl von etwa 7,3 (oder 7°17'). Die Entfernung vom Anfang der Häuserspitze – in unserem Beispiel identisch mit dem Aszendenten – zur Sonne beträgt 25,5 (oder 25°31') geteilt durch 7,3 ergibt etwa 3,5. Mit etwa $3^1/_2$ Jahren also erlebt der Horoskopeigner eine spezielle mentalitäre oder körperliche (Sonne) Entwicklung. Nach demselben Verfahren berechnet wird mit etwa 4,6 Lebensjahren Merkur ausgelöst usw.

Betrachten wir nun die vierte 7-Jahres-Periode, also die Zeit vom 22. bis zum vollendeten 28. Lebensjahr. Hier wird das 9. Horoskophaus wichtig, und zwar, wie schon erwähnt, von seinem Ende her. Dieses Ende, nämlich das Medium Coeli selbst, schneidet den Tierkreis im Zeichen Wassermann, Uranus ist also in diesem speziellen Fall der Herrscher des 9. Hauses.

Dieser Herrscher selbst wird innerhalb der anstehenden 7-Jahres-Periode zwischen dem 22. und dem 28. Lebensjahr ausgelöst. Dies geht technisch folgendermaßen: Man betrachtet das Haus, in dem Uranus steht, in unserem Beispiel also das 1. Horoskophaus. Obwohl es eigentlich um das 9. Haus geht, kommt nun auch das 1. Haus in Betracht! Das 1. Haus umfaßt im Tierkreis etwa 17°, der Abstand des Uranus vom Ende des 1. Hauses beträgt etwa 8°. Die im 1. Haus geltende Jahresgradzahl beträgt 17 : 7, also rund 2,4°. Den Abstand des Uranus vom Endpunkt seines Hauses, nämlich 8°, teilt man durch diese Jahresgradzahl 2,4. Dies ergibt ungefähr 3,3. Nach 21 + 3,3 Jahren, also etwa mit 24,3 Jahren ist eine weitreichende Veränderung beim Horoskopeigner zu erwarten. Dies trifft recht genau zu, wenn man sich für unser Beispiel vor Augen hält, daß etwa in dieser Zeit die Ehe des Horoskopeigners geschlossen wurde. Wichtig ist hier die »indirekte Auslösung«. Obwohl im 9. Haus, zuständig für die vierte 7-Jahres-Periode des Horoskopeigners, selbst kein Planet steht, wird doch der Herrscher des 9. Hauses, in der Umkehrung des Richtungssinnes also der Planet Uranus, der selbst im 1. Horoskophaus steht, »ausgelöst«.

Diese erweiterte und veränderte, teils auf der Morin'schen Lehre basierende Auslösetechnik, teils auf dem Glahn'schen Lebenskreis basierende Perspektive ersetzt keineswegs die detaillierte Prognose. Aber sie macht, ähnlich wie die klassischen Direktionssysteme, auf einen Blick die bedeutenderen Schritte und Veränderungen im Lebensplan sichtbar. Dabei ist die Umkehrung des sonst üblichen Richtungssinnes (nämlich die Auslösungen im Uhrzeigersinn) im Tierkreis nur im ersten Moment merkwürdig. In Wirklichkeit, so Döbereiners durchaus einleuchtende Erläuterung, wandern die Häuser und Planeten im Richtungssinn des Tierkreises nach und nach in das 1. Haus, in dem die persönliche Verwirklichung geschieht, nämlich eben die Auslösung. Für die technische Darstellung ist es jedoch einfacher (und genauso richtig), umgekehrt den Aszendenten als gewissenmaßen topographischen Punkt gegen den Richtungssinn des Tierkreises durch die Häuser, beginnend mit dem 12. Haus, wandern zu lassen. So können die Auslösungen jederzeit am Bild des Geburtshoroskops sichtbar gemacht werden.

Den 7-Jahres-Rhythmus zeigt Döbereiners Rhythmenlehre noch mit Hilfe einer anderen Technik auf. Hier kommt dann das Bild vom Steinwurf, der im Wasser fortlaufende Wellen erzeugt, voll zur Geltung. Döbereiner geht aus von der klassischen astrologischen Technik der Solarhoroskope. Er fordert im übrigen durchgängig die Berechnung des Solarhoroskops auf den Geburtsort und nicht auf den Aufenthaltsort. Beim Blick auf das Solarhoroskop denkt nun Döbereiner nicht nur an das jeweilige Lebensjahr. Innerhalb der Rhythmenlehre ist das Solarhoroskop zugleich das *Septar*, nämlich ein »7-Jahres-Horoskop«. Das Solarhoroskop für das 4. Lebensjahr des Horoskopeigners ist als Septar zugleich das Horoskop für die vierte 7-Jahres-Periode des Horoskopeigners, also für die Zeit zwischen dem 22. und dem 28. Lebensjahr. Der »Steinwurf« im Kleinen, im 4. Lebensjahr, erzeugt also zugleich im Großen, im 4. Lebensjahrsiebt, eine »Welle«, die bildlich durch das entsprechende Solarhoroskop dargestellt ist. Was im Kleinen für das 4. Lebensjahr zum Austrag gekommen ist, wird im Großen – und darum in den Einzelheiten deutlicher – im 4. Lebensjahrsiebt noch einmal zum Tragen kommen.

Betrachten wir einfach einmal das Solarhoroskop für das 4. Lebensjahr, gestellt auf den Geburtsort des Horoskopeigners.

Wir haben dieses Solarhoroskop isoliert, also ohne Verbindung mit dem Geburtshoroskop abgebildet, um die einschlägigen Themen etwas deutlicher herauszupräparieren. Hier dürfte sich die kindliche Erotik entwickeln. Mars steht im 5. Haus, Venus in Opposition mit Neptun. Intensive Gefühlserfahrungen (Mond in Konjunktion mit Pluto), aber auch Versagungs- und Trennungserlebnisse (Venus-Saturn-Opposition, Uranus im 7. Haus) – das etwa würde der Astrologe als durchaus markante Themen in 4. Lebensjahr erkennen. Und nun gilt, nach der Döbereiner'schen Vorstellung, dieses Grundthema des

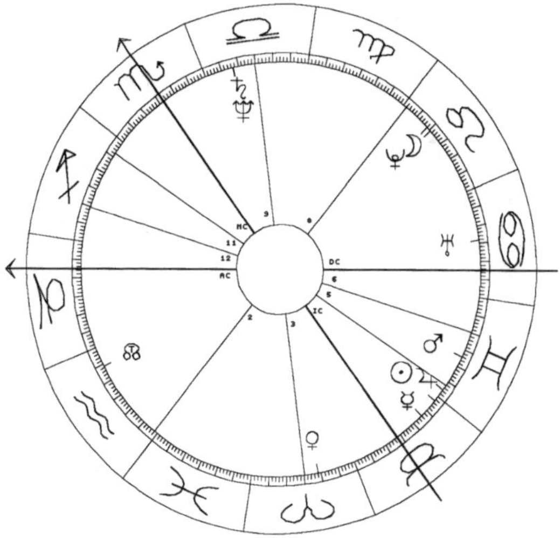

Abbildung 18: Solarbild 4. Lebensjahr

4. Lebensjahres auch für das 4. Lebensjahrsiebt! Die entsprechenden Themen werden jetzt aber auf den Entwicklungsstand eines jungen Erwachsenen bezogen. Erotische Wünsche spielen in diesem Lebensjahrsiebt eine ganz herausragende Rolle und führen zu einer neuen Weise der Begegnung und Beziehung mit anderen Menschen (Uranus im 7. Haus), führen aber zugleich im Blick auf eine oder mehrere erotisch gefärbte Partnerschaften zu massiven Konflikt- und Trennungserfahrungen (Uranus im 7. Haus, Venus-Opposition Saturn). Mond in Konjunktion mit Pluto verweist auf die tiefgreifende Wandlung auf emotionaler Ebene. Die in dieser Zeit gemachten Erfahrungen führen für den Horoskopeigner zugleich zu einer Reflexion der eigenen Herkunft, letztlich auch zu einer Reflexion der Beziehungen zu den Eltern (Merkur im 4. Haus des »Septars«). Weiter soll dieses Septar an dieser Stelle gar nicht ausgedeutet werden. Bindung und Trennung, Eros und Versagung – das gehört in der Tat in der Zeit zwischen dem 22. und 28. Lebensjahr zu den

Grunderfahrungen des Horoskopeigners. Andere Themen dieses Septars mögen hier unberücksichtigt bleiben.

Der Zugriff von Wolfgang Döbereiner auf das klassische Horoskop läßt sich einmal mehr astronomisch nicht begründen. Was die Auslösungen durch die einzelnen Häuser im 7-Jahres-Rhythmus angeht, so hat Döbereiner sich wohl vom Lebenskreis von Frank Glahn inspirieren lassen, hat aber hier konsequent die Siebenerzahl als »Zahl des Mondes« und damit Zahl der Verwandlung verwendet. Doch Döbereiner baut diesen Lebenskreis auf besondere Weise in seine eigene Perspektive vom Horoskop als Rhythmogramm ein. Die Zeithaftigkeit des Horoskops noch verschärft sichtbar gemacht zu haben, dürfte das eigentliche Verdienst von Wolfgang Döbereiner sein. Zwar wissen die Astrologen in der Regel darum, daß ein Horoskop ja nicht nur eine statische Charakter- oder Schicksalsdeutung verlangt, sondern daß ein Horoskop in sich »dynamisch« ist und enstprechend gedeutet wird. Aber in der Praxis sind die Charakterdeutung des Grundhoroskops und die aktuelle Horoskopdeutung anhand prognostischer Techniken meist relativ stark voneinander getrennt. Döbereiner richtet mit seiner Systematik den Blick mehr auf den inneren Zusammenhang! Gleichgültig, ob man den technischen Ansätzen von Döbereiner im einzelnen zustimmen kann oder nicht, Döbereiners besonderer Zugriff auf das klassische Horoskop verdient auch schulübergreifend durchaus spezielle Beachtung!

4.2. Das Astrologisch-Psychologische Institut (Huber-Schule)

Bruno und Louise Huber haben gewissermaßen im Alleingang seit den sechziger Jahren eine der bedeutendsten Schulen für Astrologie geschaffen, die zugleich eine der wichtigsten Varianten der klassischen Astrologie überhaupt geworden ist. Die sogenannte *Huber-Schule* wird im »Astrologisch-Psychologischen Institut« (API) gelehrt, das sich in Adliswil im Kanton Zürich befindet.

Louise Huber (geb. 1924) beschäftigt sich schon früh mit theosophischen Denkmodellen und studiert auch Astrologie ganz im theosophischen Sinn. Anfang der fünfziger Jahre kommt sie von der Schweiz nach Stuttgart, wo sie in theosophischen Kreisen tätig ist und auch bereits astrologische Beratungen gibt. Eines Tages kommt zu ihr ein junger Mann aus der Schweizer Heimat zu Besuch, Bruno Huber, gut 6 Jahre jünger als sie. Die beiden beginnen bald eine intensive Beziehung, sie heiraten und entschließen sich, für die Arkan Schule von Alice A. Bailey nach Genf zu gehen, um dort ein Zentrum aufzubauen. Gemeinsam betreiben sie auch weiterhin Astrologie, doch 1958 kommt in beider Leben eine große Wende: Sie lernen in Florenz den italienischen Psychiater Roberto Assagioli kennen, den Begründer der Psychosynthese.

Assagioli lädt Bruno und Louise Huber ein, für längere Zeit nach Italien zu kommen, um die Psychosynthese zu studieren und ihre Anwendung in der Astrologie zu untersuchen. Drei Jahre verbringen Bruno und Louise Huber mit Assagioli in Italien und kehren dann in die Schweiz zurück. Zunächst betreiben die beiden intern astrologische Beratung, seit 1968 geben sie in ihrem »Astrologisch-Psychologischen Institut« (API) Wochenendseminare, Abendkurse, seit 1973 auch eine Beraterausbildung mit Diplomabschluß. Heute ist das API, die *Huber-Schule*, aus der europäischen Astrologie nicht mehr wegzudenken; das Ehepaar Huber hat wohl eine der wichtigsten klassiknahen Astrologie-Schulen geschaffen, wichtig sowohl wegen eigener technischer Ansätze als auch wegen des grundsätzlichen Denkmodells, das der Huber-Schule zugrunde liegt und in dem astrologisches, psychologisches und esoterisches Wissen in einen neuen und eigenen Zusammenhang gebracht sind.

Bezeichnend ist, daß im Vorfeld der *Huber-Schule* wiederum die Theosophie eine Rolle spielt, und bemerkenswert ist, daß theosophische und esoterische Ansätze die Huber-Schule bis heute begleiten, obwohl die Hubers in den fünfziger Jahren letztlich den Dienst in der Arkan-Schule zugunsten der Psychosynthese von Roberto Assagioli »gekündigt« haben. Assagiolis Psychosynthese besagt, daß der Mensch ein geistiges Zentrum hat, ein »höheres Selbst«, das gewissermaßen die Lebensessenz des Menschen bildet. Um diese Essenz herum baut sich die menschliche Persönlichkeit auf. Damit wird der Mensch als eine Ganzheit erfaßt. Aus der Perspektive von Assagioli gibt es keine Persönlichkeitsanteile, die besser oder schlechter gegenüber anderen Persönlichkeitsanteilen sind, sondern in einer ganzheitlichen Anordnung, in einer Ordnung einzelner Charakterzüge zueinander ergibt sich ein Gesamtsinn. Wertungen wie »gut« und »schlecht« werden in Assagiolis Psychosynthese nicht mehr gebraucht.

Assagioli unterscheidet zwischen dem Ich des Menschen, seinem persönlichen Selbst und dem höheren Selbst, welches letztere mit dem transzendentalen Bewußtsein eins ist. Dieses innere Zentrum, dieses höhere Selbst, soll als Kraft bewußt gemacht werden, die eine Synthese anstrebt. Die Rolle der Astrologie bei der Psychosynthese, wie sie dann in der Zusammenarbeit zwischen Assagioli und dem Ehepaar Huber Ende der fünfziger Jahre entwickelt wurde, besteht darin, durch das persönliche Horoskop das menschliche Individuum zu seinem »Zentrum« zu führen, zu seinem höheren Selbst, Selbsterkenntnis zu betreiben und seine Ganzheit, seine »Synthese« wahrzunehmen bzw. zu finden.

Bemerkenswert ist, daß in der *Huber-Schule* eine direkte Brücke von der Theosophie, also auch von der alten, schicksalsorientierten Astrologie mit ihrer stark moralisierenden Bewertung von Planeten und Konstellationen geschlagen wird zu einer modernen Psychologie, die von derartigen Beurteilungen absieht und an der Entwicklung und Verganzheitlichung des Menschen interessiert ist. Bemerkenswert ist weiter auch, daß esoterisches Denken einbezogen bleibt. Schon relativ früh, also

Anfang der sechziger Jahre, nehmen die Hubers in ihrer psychologischen und esoterischen Perspektive etwas vorweg, was sich eigentlich erst im Psychoboom und in der sich anschließenden Esoterikwelle bzw. dem Aufkommen der New-Age-Bewegung in der zweiten Hälfte der siebziger und der ersten Hälfte der achtziger Jahre vollends offenbart: eine Zusammenschau von mehr psychologischen, mehr therapeutischen und mehr esoterischen Denkansätzen.

Wichtig in der »astrologischen Psychologie« nach dem Modell des API ist die Perspektive auf den Menschen als seelisches und als geistiges Wesen, das einerseits – als seelisches Wesen – eingewoben ist in die Umwelt und in den ganzen Kosmos, das andererseits aber – als geistiges Wesen – eine freie und bewußte Beziehung zur Umwelt und zum Kosmos bilden kann. Determination und freier Wille liegen hier gewissermaßen dicht beisammen, werden gewissermaßen auch zusammen gedacht.

Der Evolutionsgedanke ist in der Astrologie nach der *Huber-Schule* besonders wichtig. Das einzelne Menschenleben reift in einem stufenweisen Prozeß von der Geburt bis zum Tod. Dieser Prozeß wird in der ganzen Natur sichtbar. Entfaltung und Entwicklung, Keimung, Reifung und Sterben – dies macht praktisch die ganze Natur aus. In der Astrologie wird ein besonderer Sinn für Zeit und zeitliche Abläufe entfaltet, indem ein Verständnis für diese Vorgänge gefördert wird. Dadurch wird die eigene Gegenwart besser verstanden und ein Überblick über das menschliche Leben, aber auch über die Entwicklungsgeschichte der Menschheit als solcher, gewonnen.

Indem Entwicklung – als persönliche und als kollektive – wahrgenommen wird, wird zugleich der Sinn des Lebens erkannt. Wer die persönliche Entwicklung erkennt, wer sich ihr anheim gibt, erfährt Verganzheitlichung, erfährt einen Ausgleich möglicher und tatsächlicher Fehlentwicklungen und erlangt schließlich eine gewisse Vervollkommnung. Hierin liegt der Sinn des Lebens, und wo es um Entwicklung, um Ausgleich von Fehlentwicklungen und schließlich um Vollendung geht, da ist von vornherein alles sinnvoll, was der einzelne Mensch erlebt bzw. was im Horoskop als Erfahrungsraum aufgezeigt ist. In der astrologischen Psychologie nach der Huber-Schule hat jedes Element im Horoskop eine symbolische Bedeutung für die persönliche Weiterentwicklung.

Damit ist in wesentlichen Zügen ganz knapp das psychologische Denkmodell der *Huber-Schule* gekennzeichnet. Es kann für sich in Anspruch nehmen, zu einer Zeit entworfen zu sein, als es noch nicht »modern« war, solch eine Synthese zu denken und zu entwerfen. Es hat von daher den Vorteil, daß es nicht in einem »Schnellschußverfahren« entstanden ist, wie so manche astrologische Technik und auch mancher astrologische Denkansatz, sondern es ist in verhältnismäßig langen Jahren gereift, auch wenn es heute gewissermaßen zum selbstverständlichen Bestand des »modernen Astrologen« gehört.

Die astrologische Psychologie des API ist ein durchaus kompliziertes Miteinander spezieller technischer Entwürfe und spezieller Deutungen. Es ist kaum möglich, alle Einzelheiten, die die *Huber-Schule* im Lauf der mehr als 30 Jahre ihres Bestehens entwickelt hat, in eine knappe Darstellung zu bringen. Wenigstens die wichtigen Eigenheiten aber sollen genannt werden. Der Hauptunterschied in der Berechnungstechnik eines Geburtshoroskops zur Revidierten Klassik besteht in der Verwendung der sogenannten »Koch-Häuser«, des *GOH-Systems.*

Innerhalb des einzelnen Horoskophauses werden in der Huber-Schule aber zunächst die sogenannten *Häusergrade* bestimmt. Sie zählen einfach ein Dreißigstel der gesamten Hausgröße. Ist ein Horoskophaus kleiner als 30 Tierkreis-Grade, so ist auch der jeweilige Häuser-Grad kleiner als ein Tierkreis-Grad. Ist ein Haus größer als 30°, so ist auch der einzelne Häuser-Grad größer als der normale Tierkreis-Grad. Eigentümlich für die Huber-Schule ist nun die Ermittlung des sogenannten Talpunktes. Der *Talpunkt* selbst innerhalb eines Hauses wird nach der Regel des Goldenen Schnittes berechnet. Bezogen auf die (veränderliche) Größe des Häuser-Grads, befindet sich der

Talpunkt nach dieser Regel des Goldenen Schnittes im 19. Grad. Die Regel des Goldenen Schnittes bezieht sich auf eine fortlaufende ideale Teilung einer gegebenen Strecke. Dabei verhält sich die Gesamtstrecke zu dem größeren Teil so, wie das größere Teil zum kleineren. In der Astrologie der Huber-Schule markiert der Talpunkt einen Übergang von einem Häuserbereich, der insgesamt bewußtseinsaktiv und integriert ist, zu einem mehr schattenhaften Bereich, in dem ein gegebenes Planetenprinzip eher desintegriert oder unbewußt erlebt wird. Grob gesprochen kann man so deuten, daß nach der Huber-Schule Planeten an den Spitzen, also den Anfängen eines Hauses intensiv wirken, daß diese intensive Wirkung kontinuierlich abnimmt bis hin zu den Talpunkten, wo die Intensität ihr Minimum erreicht. Danach steigt die Intensitätskurve wieder an bis zur Spitze des nächsten Hauses. Allerdings wirkt die Intensität im ersten Viertel eines Hauses anders als eben im letzten Viertel, auch wenn die Intensität als solche ähnlich stark ist. Planeten, die sich im allerletzten Häuser-Grad befinden, werden bereits auf das folgende Haus bezogen.

Diese Häuser-Einteilung ist für die Berechnung und Deutung des Geburtshoroskops schon fast die wichtigste technische Besonderheit in der Huber-Schule. Sie ist aber, wie wir noch sehen werden, eng mit dem deutenden Ansatz der Huber-Schule verbunden. Wichtig für die Deutung des Geburtshoroskops ist eine Zuordnung der Planeten einschließlich Sonne und Mond zu drei unterschiedlichen Ebenen. Wir haben oben bei der Darstellung der »weltanschaulichen« und psychologischen Grundlage der Huber-Schule zwischen dem Ich, dem persönlichen Selbst und dem höheren Selbst des Menschen unterschieden. Zum »Ich« kann man die lebenserhaltenden Funktionen des Menschen zuordnen, den »unterbewußten Raum«. Das persönliche Selbst des Menschen bezieht sich auf sein Tagesbewußtsein, auf sein unmittelbares Ichgefühl. Auf das höhere Selbst bezieht sich die Möglichkeit des geistigen Wachstums, das in einem überbewußten Raum geschieht.

Es gilt dann die folgende Tabelle:

AUFSCHLIESSBARER BEREICH ASPIRATIONEN **GEISTIGES WACHSTUM**	Spirituelle Ebene Überbewusster Raum	**SCHÖPFERISCHE INTELLIGENZ** MUTTER — IMAGO **Okkultist** **METHODIK** Ideal der perfekten Welt **O r d n e n**	**ALL - LIEBE** (CHRISTOS) KIND — IMAGO **Mystiker** **MEDIALITÄT** Ideal der bedingungslosen Liebe **D i e n e n**	**GEISTIGER WILLE** VATER — IMAGO **Magier** **METAMORPHOSE** Ideal des vollkommenen Menschen **Erschaffen**
PERSÖNLICH-KEIT (EGO) ROLLEN des ICH Interessen + Motivationen	Persönliche Ebene Tag-Bewusstsein	**K Ö R P E R** Selbst – Vertrauen **Immunität** haushalten MUTTER **Sicherheit** schliessen heteronom	**G E M Ü T** Du – Bewusstsein **Sensitivität** lernen KIND **Sympathie** öffnen ambivalent	**M E N T A L I T Ä T** Selbst – Bewusstsein **Vitalität** wachsen VATER **Denkkraft** strahlen autonom
Trieb-Instinkt = Leistungen **LEBENSERHALTENDE FUNKTIONEN**	Kreatürliche Ebene Unterbewusster Raum	**Geniessen** AESTHETIK **Assimilierung** **Selektion** Frau Fruchtbarkeit	**L e r n e n** KOMBINATORIK — SENSORIK **Formulierung Information** — **Bewertung Wahrnehmung** Mensch Empfänglichkeit	**Durchsetzen** MOTORIK **Leistung** **Aktivität** Mann Potenz
		w e i b l i c h Materie Heiliger Geist Shiva	**n e u t r a l** Bewusstsein Sohn Vishnu	**m ä n n l i c h** Geist Vater Brahma

Tabelle 14: Planeten und Bewußtsein nach API

Dabei gelten die drei Planeten des Tagesbewußtseins, also Sonne, Mond und Saturn, als Hauptplaneten, als Persönlichkeitsträger. Bewertet wird nun, welcher dieser drei Planeten am stärksten steht. Ist es die Sonne, dann ist das Selbstverständnis des Horoskopeigners das des Verstandesmenschen. Steht der Mond am stärksten, dann ist der Horoskopeigner eher gefühlsorientiert, Inhalte emotional ausgerichteter Erfahrungen sind für ihn zentral. Wenn Saturn relativ am stärksten steht, erfährt sich der Betreffende sehr intensiv im Blick auf seinen Körper. Wünschenswert ist, daß diese drei Funktionen des Tagesbewußtseins, in der unmittelbaren Persönlichkeit integriert zusammenwirken. Eine solche Integration zu erreichen, ist Aufgabe einer psychologischen bzw. astrologischen Beratung.

Das »Ich«, das sich vornehmlich aus der Sonne, dem Mond und dem Saturn und ihren Aspekten und Konstellationen in den Häusern zusammensetzt, gilt gewissermaßen als Zentrum der Gesamtpersönlichkeit. Das Ich kann stark oder schwach, integriert oder nicht integriert sein. Hier spielen auch die Stärkungen und Schwächungen durch das Milieu eine Rolle. Zum Milieu gehört für jeden Horoskopeigner auch die Elternbeziehung, das Elternhaus. So repräsentiert die Sonne zugleich den Vater bzw. das väterliche Leitbild, und so symbolisiert – und das ist eine weitere Besonderheit der Huber-Schule! – der Saturn die Mutter, das mütterliche Leitbild. Aus der Deutung des Saturns im Blick auf Körperlichkeit, Schutzbedürfnis und Schutzfunktion wird in der Huber-Schule, übrigens unter Hinweis auf antike Deutung, der Saturn als das Symbol für die Mutter, für das mütterliche Leitbild gesehen.

Der Mond erscheint dann als ein »Kind-Leitbild«, er repräsentiert eine kindliche Haltung, in der das Individuum bereit ist, vieles, wenn nicht alles anzunehmen, offen zu sein, sich dem anderen Menschen einfach zuzuwenden. In der Funktion des Mondes *»ist man gezwungen, sich jung zu verhalten«*, wie

Bruno Huber in seinem Buch Die Persönlichkeit und ihre Integration schreibt.[33]

Unterhalb dieser Persönlichkeitsebene, auf der Ebene der lebenserhaltenden Funktionen, wirken Mars, Merkur mit Jupiter sowie Venus. Mit diesen Planeten sind unbewußte bzw. unterbewußte Funktionen umschrieben, sei es mehr auf der körperlichen, sei es mehr auf der verstandesmäßigen Ebene. Gerade Venus und Mars aber spielen, wie im übrigen auch in der sonstigen klassischen Astrologie, bei der astrologischen Beurteilung von Liebes- und Kontaktfähigkeit im Horoskop eine wichtige Rolle.

Die geistigen Planeten, nämlich Uranus, Neptun und Pluto, symbolisieren eher transpersonale Wesenskräfte im Individuum, bezeichnen Fähigkeiten, die im geistigen oder im feinstofflichen Bereich liegen. In dieser Deutung folgt die Huber-Schule durchaus theosophischen bzw. esoterischen Denkansätzen. Die Planeten wirken im Prinzip ähnlich wie die Planeten auf der Persönlichkeitsebene. Uranus ist der Qualität nach mit dem Saturn verwandt, Neptun mit dem Mond und Pluto mit der Sonne. Allerdings wirken sie über das Ich hinaus, sie wirken außerpersönlich, sie transzendieren das Ego. Die geistigen Planeten im persönlichen Horoskop gelten darum als »Kontaktstellen« zu den außerpersönlichen, im Kollektiv eingebundenen bzw. transzendenten Vorgängen. Kollektivschicksal, aber auch Transzendenz wird durch diese Planeten symbolisiert.

Hier geht die Huber-Schule in der Deutung und Integration dieser überpersönlichen Planeten einen eigenen Weg: *»Das Kollektiv kennt Störungen, die nicht Eigenart des einzelnen Menschen sind, sondern Eigenart der Ansammlung von Individuen, die sich als Kollektiv erleben und bekennen. Positive Auswirkungen der drei neuen Planeten können deshalb nur von einem*

33 Bruno Huber. *Die Persönlichkeit und ihre Integration.* (Adliswil: 1982) p. 83.

individuellen Bewußtsein erfahren werden, das überpersönliche, transpersonale Motivationen bejahen und verwirklichen kann, wozu heutzutage immer mehr Menschen fähig sind. Dies führt dann zur Astrologischen Psychosynthese.«[34]

Zur Horoskopauslegung gehört also die Herausbildung einer persönlichen Einstellung, in der man versucht, die geistigen Planeten innerlich zu bejahen, in der man versucht, sich auf die transpersonalen, transzendenten und kollektiven Anregungen und Auswirkungen dieser Planeten einzustellen.

Die Deutung des Horoskops nach der Methode des API greift stark auf visuelle Elemente zurück. Horoskopzeichnungen werden farbig angefertigt – mit eigenen Farben für die einzelnen Aspekte und für die Tierkreiszeichen entsprechend ihrer Elementenzugehörigkeit. Besonders werden auch die aus der Klassik bekannten Aspektfiguren berücksichtigt. Neben den Hauptfiguren, auch *Leistungsfiguren* genannt (z.B. das große Quadrat oder das sogenannte T-Quadrat) oder den *Talentfiguren* (z.B. das geschlossene Trigon oder das durch zwei Sextile angeregte einfache Trigon), berücksichtigt die Huber-Schule zahlreiche weitere Figuren. Hier wurden u.a. Lernfiguren, Reizfiguren oder Ambivalenzfiguren herausgearbeitet, die im wesentlichen auf den in der klassischen Astrologie nicht immer gebräuchlichen Winkeln Halbsextil oder Quinkunx beruhen.

Aspektbilder können zunächst vier- bzw. mehreckig oder dreieckig sein. Dies entspricht einem statischen Bewußtseinszustand bei vier- oder mehreckigen Aspektbildern oder einer variablen, flexiblen Grundeinstellung bei dreieckigen Strukturen. Bei linearen Aspektbildern, also solchen, die eigentlich keine Aspektfiguren bilden, ist eine dynamische Grundhaltung des Horoskopeigners angedeutet. Selbstverständlich sind im individuellen Horoskopbild nicht selten mehrere Grundmuster zugleich angezeigt.

34 Bruno Huber. *Die Persönlichkeit und ihre Integration.* (Adliswil: 1982) p. 107.

Neben der Analyse der graphischen Struktur wird die Lage der Aspektfigur im Quadranten untersucht. Die Aspekte selbst werden, wie dies im Prinzip aus der revidierten Klassik bekannt ist, unter Zuhilfenahme eines Farbschlüssels klassifiziert. Quadrate, Oppositionen, Konjunktionen werden mit der Farbe Rot gekennzeichnet und verweisen auf Energie; Trigone und Sextile sind blau gekennzeichnet und verweisen auf Genuß und Entspannung; Halbsextil und Quinkunx werden mit der Farbe grün gekennzeichnet und deuten Sensitivität, Denken und Bewußtsein an. Die revidierte Klassik spricht von analytischen Aspekten (Quadrat, Opposition, aber auch Halbsextil und Anderthalbquadrat), die im allgemeinen rot gezeichnet werden und von synthetischen Aspekten (Trigon, Sextil), die meist ebenfalls blau gezeichnet werden, während die Konjunktion eine Sonderrolle einnimmt.

Gedeutet werden die Aspektbilder in der Huber-Schule überdies entsprechend der Farbgebung *dreifarbige* und *zweifarbige* Aspektbilder. Die dreifarbigen Aspektbilder (also solche, die z.B. Trigon- Quadrat- und Quinkunx-Verbindungen in sich vereinigen,) verweisen auf ein ganzheitliches, sich ständig durch Krisen, Lernbereitschaft und Problemlösungsfähigkeit weiterentwickelndes Bewußtsein. Die zweifarbigen Aspektbilder erscheinen demgegenüber defizitär. Rot-blaue Aspektfiguren oszillieren zwischen Leistung (rot) und Entspannung (blau), ohne ein relativierendes, bewußtseinsorientiertes Prinzip (grün) zulassen zu können. Rot-grüne Figuren gelten als Reizfiguren; blau-grüne Figuren verweisen auf Sensibilität ohne entsprechende Durchsetzungs- bzw. Leistungskraft.

Eine wichtige Besonderheit in der praktischen Arbeit am Geburtshoroskop ist die sogenannte *Dynamische Auszählung*, die nichts anderes als ein etwas komplizierteres Punktbewertungssystem ist, allerdings mit einer ganzen Reihe spezieller Regeln und mit recht weitgehenden Einblicken. Wir haben oben schon ein einigermaßen detailliertes Punktbewertungssystem kennengelernt, nämlich das von Hans-Hinrich Taeger. Ähnlich wie bei

Taeger werden die Zeichen in eine grundsätzliche Parallele zu den Häusern gesetzt, und die Punktbewertung geschieht sowohl auf der Ebene der Tierkreiszeichen als auch auf der Ebene der Häuser.

Zunächst einmal erhalten die Planeten normativ bestimmte Punktzahlen. Sonne, Mond und Saturn erhalten je 12 Punkte, Merkur, Venus, Mars und Jupiter je 8 Punkte, Uranus, Neptun und Pluto jeweils 6 Punkte, und der Mondknoten wird mit 4 Punkten bewertet. Zusammen ergibt dies 90 Punkte; das ist sozusagen die Durchschnitts- oder »statistische Normzahl«, die sich je nach Stellung der Planeten in Zeichen oder Häusern nach oben oder unten verändern kann. Diese Änderung der Durchschnittszahl ist zurückzuführen auf die besondere Stellung der Planeten in verschiedenen Regionen eines Zeichens oder eines Hauses.

Betrachten wir zunächst die Zeichenauszählung der Planeten. In der Betrachtung der Zeichenenergien geht die Huber-Schule von insgesamt fünf Bereichen in einem Tierkreiszeichen aus. Die ersten beiden Grade eines Zeichen gelten als noch im Übergang des vorangehenden Zeichens zum neuen Zeichen und werden daher schwach bewertet. Steht ein Planet in diesem schwachen Bereich, so werden von seiner Normzahl 3 Punkte abgezogen. Von 2° bis einschließlich 7° in einem Zeichen steht ein Planet normal, d.h. er erhält seine jeweilige Normzahl. Es folgt ein sogenannter starker Bereich, von 7° bis 18° eines jeweiligen Zeichens. Steht ein Planet in diesem Abschnitt, so erhält er besonders viel von der Zeichenenergie, so daß er hier stärker wirkt als an anderen Stellen desselben Zeichens. Zu seiner Normzahl werden dann 3 Punkte hinzuaddiert. Von 18° bis 27° folgt wieder ein normaler Sektor, und von 27° bis 30° befinden wir uns wieder in einem sogenannten schwachen Bereich, in dem von der Normzahl eines Planeten 3 Punkte abgezogen werden.

Gesondert aber werden noch die sogenannten Grenzgrade betrachtet – nämlich der jeweils letzte Grad eines Tierkreiszeichens und der erste Grad des darauffolgenden Tierkreiszeichens. Steht ein Planet in einem Grenzgrad, so werden zunächst von seiner Normzahl 3 Punkte abgezogen. Die abgerundete Hälfte des Ergebnisses wird aber dem anderen Zeichen zugeschlagen. Ein Merkur zum Beispiel in 29°30' Zwillinge erhält 8 – 3 = 5 Punkte, weil er in einem sogenannten schwachen Bereich steht. Aber zusätzlich steht Merkur auf einem Grenzgrad, d.h. daß die abgerundete Hälfte von 5, nämlich 2, schon dem Zeichen Krebs zugeschlagen wird.

Mit dieser akribischen Auszähltechnik wird zunächst einmal die grundsätzliche Dynamik des Horoskopeigners ermittelt. Bekanntlich sind die Tierkreiszeichen vier Elementen zugeordnet, die auch die vier Temperamente symbolisieren. Mit der Punktbewertung von Planeten hinsichtlich ihrer Zeichenstellung kann man schon relativ genaue Aussagen über das individuelle Temperament des Horoskopeigners machen. Gleichzeitig sind die Tierkreiszeichen nach ihrer Dynamik strukturiert – die sogenannten kardinalen Zeichen (Widder, Krebs, Waage und Steinbock) sind willens- und handlungsbetont; die sogenannten fixen Zeichen (Stier, Löwe, Skorpion und Wassermann) zeigen vorwiegend Beharrungsvermögen, statisches und gefühlsbetontes Verhalten; die sogenannten veränderlichen Zeichen (Zwillinge, Jungfrau, Schütze und Fische) sind eher labil, flexibel, intellektuell, geistig regsam getönt, wobei es weniger um tathaften Willen oder um ausgleichende Beharrung geht, sondern letztlich um das sich Anverwandeln an gegebene Situationen. Diesen beiden Hauptordnungstypen – dem nach den vier bekannten Temperamenten und dem nach der individuellen Dynamik – folgt auch die Zeichenauszählung in der Huber-Schule.

Noch eine weitere Regel ist bei der Zeichenauszählung nach der Huber-Schule zu beachten: Steht ein Planet im selben Zeichen wie der Aszendent, so werden ihm noch 5 Punkte hinzugefügt. Stehen zwei oder mehr Planeten im selben Zeichen wie der Aszendent, erhält jeder Planet jeweils 3 Punkte mehr.

Nachfolgend nun eine Abbildung unseres Beispielhoroskops, berechnet mit den sogenannten Koch-Häusern nach dem GOH-System.

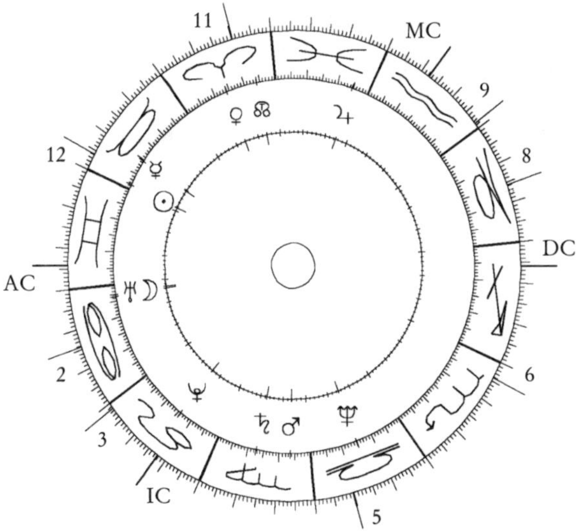

Abbildung 19: Horoskop nach der Huber-Schule mit Koch-Häusern

Die fünf Regeln der Zeichenauszählung ergeben folgende Punktbewertung in unserem Beispielhoroskop.

1.Planeten im starken Bereich (7° – 18°)

Saturn	12 + 3	Jungfrau	15
Neptun	6 + 3	Waage	9
Pluto	6 + 3	Löwe	9
Venus	8 + 3	Widder	11

2. Planeten im schwachen Bereich (27° – 30° und 0° – 2°)

Sonne	12 – 3	Stier	9

3. Planeten in Grenzgraden (29 – 30 und 0 – 1 Grad)

entfällt

4. Planeten im normalen Bereich (2° – 7° und 18° – 27°)

Mond	12	Krebs	12
Uranus	6	Krebs	6
Mondknoten	4	Widder	4
Jupiter	8	Fische	8
Merkur	8	Stier	8
Mars	8	Jungfrau	8

5. Planeten im Aszendent-Zeichen

entfällt

Für die Temperamenten- bzw. Elementen-Auszählung errechnet sich nun folgendes:

Feuer	24
Erde	40
Luft	9
Wasser	26
	99

Für die Auszählung für die Dynamik ergibt sich entsprechend:

Kardinal	42
Fix	26
Veränderlich	31
	99

In dieser Zahl 99 und der Verteilung der Punkte nach Temperamenten und Dynamik haben wir die *Erbquoten-Gesamtsumme*. Es ist das gesamte Energiepotential, das als Anlage in unserem Beispielhoroskop vorhanden ist.

Die entsprechende Häuserauszählung ist verhältnismäßig kompliziert. Zunächst einmal werden, ähnlich wie die Zeichen, auch die Häuser in starke und schwache Bereiche unterteilt. Dies geschieht nach einem ausgeklügelten System, bei dem vor allem der sogenannte *Talpunkt*, den wir oben schon behandelt haben, eine Rolle spielt. Die gesamte Auszählung beruht auf dem System der sogenannten Koch-Häuser (GOH-System) und kann eigentlich nur für diese verwendet werden. Da in der Astrologie die Triftigkeit dieses oder jenes Häusersystems durchaus noch unentschieden ist, erscheint es vermessen, wenn man für ein favorisiertes Häusersystem eine ganz bestimmte Punktbewertungsmethode einführt, mit sehr genauen Rechenregeln, und daraus eine eherne Beurteilung des Horoskops ableitet. Solange die Häuserfrage in der Astrologie nicht wirklich entschieden ist – und es spricht wenig dafür, daß das Häuserproblem zu einer schnellen Entscheidung kommt – sollte man in der Häuserdeutung etwas zurückhaltend verfahren und die Gewichtungen gewissermaßen locker handhaben. Eine solche lockere, flexible Handhabung wird allerdings durch ein allzu genau definiertes Punktsystem verhindert. Dessen ungeachtet aber soll nicht bestritten werden, daß in der *Huber-Schule* mit der Dynamischen Auszählung erfolgreiche Deutungsarbeit geleistet wird. Einmal mehr muß aber gefragt werden, inwieweit der Erfolg astrologischer Deutung wirklich komplett von dieser oder jener filigranen Rechentechnik abhängt und inwieweit die Deutung auf der Kunst und auf der Einfühlung des Deutenden beruht.

In die Auszählung der Häuser fließt schon recht viel Deutung ein, die wir gewissermaßen aus der Revidierten Klassik bereits kennen. In der Klassik gilt die gute Faustregel, daß ein Planet, der 5° und weniger vor der Spitze eines nächsten Hauses steht, deutungsmäßig schon zu diesem Haus zu rechnen ist, obwohl er technisch noch im vorangehenden Haus steht. In der Dynamischen Auszählung nach der Huber-Schule wird diese Faustregel gewissermaßen aufgegriffen und filigraner ausgeführt. Steht ein Planet in einem Haus jenseits des Talpunktes, dann hat er nicht nur mit dem Haus zu tun, in dem er technisch steht, sondern er hat auch bereits mit dem nachfolgenden Haus zu tun. Dies wird sehr schön an einem Bild erklärt: Der Wanderer, der durch das Gebirge wandert, sieht, wenn er in einem Tal ist, bereits den nächsten Berggipfel vor sich und vergrößert seinen Einsatz, um diesen Gipfel zu erreichen. Die Realität ist das Haus, in dem der Planet steht, aber der Planet zeigt gewissermaßen auch schon Interesse für das, was als nächstes kommt; in der Vorstellung ist der Horoskopeigner sozusagen schon am nächsten Punkt, sprich: im nächsten Haus.

In dem Bereich zwischen dem Talpunkt eines vorangehenden Hauses und der Spitze eines nächsten Hauses befinden sich die Planeten einerseits in einem Schattenbereich, zeigen andererseits aber eine relativ hohe Energieumsetzung. In diesen Positionen heißen die Planeten *Schattenplaneten* bzw. *Streßplaneten*. Überhaupt spricht die Huber-Schule neuerdings von »Streßplaneten« oder »Streßbereichen«, anstatt wie früher üblich, von »Schattenplaneten« oder »Schattenbereichen«. Planeten im Talpunkt wirken schwach, sind sie aber aus dem Talpunkt »herausgekommen«, so »interessieren« sie sich für die Thematik des nächsten Hauses und setzen sich entsprechend ein und um.

Bei der Punktbewertung wird nun folgendermaßen vorgegangen: Zunächst einmal werden die Häuser in sechs Intensitätsbereiche geteilt. Der Bereich von der Häuserspitze bis zum Talpunkt wird in drei gleiche Teile geteilt, und wiederum wird der Bereich vom Talpunkt bis zur Spitze des nächstfolgenden Hauses in drei gleiche Teile geteilt. Der Talpunkt, wie wir bereits wissen, wird nach der Regel des Goldenen Schnittes ermittelt.

Es ergeben sich folgende sechs Bereiche:

1. Der erste starke Bereich: von der Hausspitze bis zum ersten Drittel der Strecke Spitze – Talpunkt. Dieser Punkt wird auch Invertpunkt genannt.
2. Der erste normale Bereich: vom ersten bis zum zweiten Drittel der Strecke Hausspitze – Talpunkt.
3. Der erste schwache Bereich: vom zweiten Drittel der Strecke Spitze – Talpunkt bis $^{2}/_{30}$ der Gesamthäusergröße nach dem Talpunkt.

4. Der schwache Stress- oder Schattenbereich: von $^2/_{30}$ der Gesamthäusergröße nach dem Talpunkt bis zum ersten Drittel der Strecke Talpunkt – folgende Häuserspitze.
5. Der normale Stress- oder Schattenbereich: vom ersten bis zum zweiten Drittel der Strecke Talpunkt – folgende Häuserspitze.
6. Der starke Stress- oder Schattenbereich: vom zweiten Drittel der Strecke Talpunkt – folgende Häuserspitze bis $^1/_{30}$ der Gesamthäusergröße vor der nächsten Häuserspitze.

Planeten, die $^1/_{30}$ und weniger der Gesamthäusergröße vor der folgenden Häuserspitze stehen, wirken ausschließlich für das folgende Haus. Für die Punktbewertung gilt nun folgendes:

1. Im ersten starken Bereich werden dem Normalwert 3 Punkte hinzugefügt. Handelt es sich um eine Stellung in einem sogenannten kardinalen Haus, also in einem der Häuser 1, 4, 7 und 10, werden sogar 5 Punkte hinzugefügt.
2. Im ersten normalen Bereich erhalten die Planeten ihre Normzahl.
3. Im ersten schwachen Bereich werden den Planeten von ihrer Normzahl 3 Punkte abgezogen.

Im Schattenbereich nun, in dem gewissermaßen schon das nächstfolgende Hause seine Wirkung mit einbringt, verdoppeln die Planeten ihre Wirkung. Zwar werden die Planeten im schwachen Schattenbereich gleich hinter dem Talpunkt zunächst einmal geschwächt und erhalten einen Punktabzug, aber das Ergebnis wird verdoppelt, und die eine Hälfte dieser Verdoppelung wird bereits dem folgenden Haus zugeschlagen. – Es gilt dann weiter:

4. Im schwachen Schattenbereich – bei Geltung der Verdoppelung! – werden den Planeten 3 Punkte von ihrem Normwert abgezogen.
5. Im normalen Schattenbereich erhalten die Planeten ihren Normwert, wobei aber wiederum verdoppelt wird.
6. Im starken Schattenbereich werden zu den Normwerten der

Planeten 3 Punkte hinzuaddiert, und dieses Ergebnis wird verdoppelt! – Befindet sich der starke Schattenbereich vor der Spitze eines kardinalen Hauses, werden nicht 3, sondern 5 Punkte zu den Normwerten hinzuaddiert, das Ergebnis wird wiederum verdoppelt.

Zunächst wollen wir nun für unser Beispielhoroskop eine Übersicht bringen, in welchen der jeweils sechs Bereiche in den Häusern die einzelnen Planeten fallen:

Sonne	erster starker Bereich (1)
Mond	erster schwacher Bereich (3)
Mondknoten	starker Schattenbereich (6)
Merkur	starker Schattenbereich (6)
Venus	erster starker Bereich (1)
Mars	schwacher Schattenbereich (4)
Jupiter	erster normaler Bereich (2)
Saturn	erster schwacher Bereich (3)
Uranus	erster schwacher Bereich (3)
Neptun	erster starker Bereich (1)
Pluto	starker Schattenbereich (6)

Wir müssen uns nun noch einmal für diejenigen Planeten, die im sogenannten Schattenbereich stehen – in unserem Beispielhoroskop also für Mondknoten, Merkur, Mars und Pluto – klarmachen, daß hier Punktwertverdoppelungen stattfinden, die auch für das jeweils folgende Haus noch eine Rolle spielen.

Daraus ergibt sich nun der folgende Überblick über die Punktbewertung der einzelnen Planeten in den jeweiligen Häusern:

Sonne	12. Haus	15 Punkte		
Mond	1. Haus	9 Punkte		
Mondknoten	10. Haus	7 Punkte	11. Haus	7 Punkte
Merkur	11. Haus	11 Punkte	12. Haus	11 Punkte
Venus	11. Haus	11 Punkte		
Mars	4. Haus	5 Punkte	5. Haus	5 Punkte
Jupiter	10. Haus	8 Punkte		

Saturn	4. Haus	9 Punkte		
Uranus	1. Haus	3 Punkte		
Neptun	5. Haus	9 Punkte		
Pluto	3. Haus	11 Punkte	4. Haus	11 Punkte

Wiederum wird nun einerseits die Temperamentzugehörigkeit nach Elementen berechnet, andererseits die Dynamik. Dabei gilt, daß z.B. das 1. Haus, dem Widder verwandt, dementsprechend ein feuriges Haus ist, ebenso das 5. und das 9. Haus; das 2., 6. und 10. Haus sind folglich dem Element Erde zugeordnet usw. Gleichermaßen sind die kardinalen Häuser die Häuser 1, 4, 7 und 10; die fixen Häuser dementsprechend die Häuser 2, 5, 8 und 11 usw. Für unser Beispiel ergeben sich folgende Punktbewertungen:

Feuer	26
Erde	15
Luft	40
Wasser	51
	132

Entsprechend für die Dynamik:

Kardinal	52
Fix	43
Veränderlich	37
	132

Die Huber Schule bleibt nun nicht bei einer solchen parallelen Analyse von Zeichen- und Häuser-Auszählung stehen. Die beiden Auszählungen werden hinsichtlich der Dynamik und hinsichtlich der Temperamente miteinander verglichen. Dabei gelten, wie schon gesagt, die Zeichenauszählungen insgesamt als *Erbquote*, während die Häuserauszählung insgesamt die *Formungsquote* bezeichnet. Das, was der Mensch als Anlage mitbekommen hat (Erbquote), wird durch die Umwelt und die Erziehung geformt (Formungsquote). Zunächst einmal werden die beiden Quoten zueinander in Beziehung gesetzt, wie es für unser Beispielhoroskop in der folgenden Tabelle geschieht.

	Dynamik				Temperament			
	Ka	Fi	Ve		F	E	L	W
(99)	42	26	31	Zeichen	24	40	9	26
(132)	52	43	37	Häuser	26	15	40	51
	+10	+17	+6	Differenz	+2	-25	+31	+25
	Motivation				Verhalten			

Um nun die Tabelle kurz zu erläutern: In der Zeichenauszählung hatten wir für die kardinalen Zeichen insgesamt einen Punktwert von 42 ermittelt, bei der Häuserauszählung für die kardinalen Häuser einen Punktwert von insgesamt 52. Es ergibt sich eine Differenz von +10, denn man muß 10 zu den 42 Punkten der Zeichenauszählung hinzuaddieren, um zu den 52 Punkten der entsprechenden Häuserauszählung zu gelangen. In der Deutung heißt dies, daß die Umwelt und die Erziehung im Blick auf Wille und Tathaftigkeit (»kardinale« Anlagen) vom Horoskopeigner relativ mehr forderte (nämlich »+10«) als in ihm angelegt war, als er eigentlich von seiner Natur aus wünschte. Dies gilt übrigens, wie wir an dem Differenzbild sehen, für alle Anlagen, von dem erdbezogenen Temperamentsanteil einmal abgesehen. Das ist eigentlich auch normal, denn aufgrund der Auswertungsregeln ergeben sich für die Häuserauszählung im allgemeinen mehr Punkte als für die Zeichenauszählung. Insofern geht also das Menschenbild der Huber-Schule im Licht dieser Auszählung davon aus, daß Umwelt und Erziehung – zusammengefaßt in den Begriffen Motivation für die Dynamik einerseits und Verhalten für das Temperament andererseits, stets mehr fordert als im Individuum selbst angelegt oder erwünscht. Interessant in diesem Zusammenhang ist die Minus-Differenz in unserem Beispiel für den irdischen Temperamentsanteil. Hier sind der Anlage nach 40 Punkte ausgezählt, der

Formung nach aber lediglich 15 Punkte. Die Huber-Schule würde hier also so deuten, daß die im Horoskopeigner an sich angelegte irdische Qualität von der Umwelt verhältnismäßig wenig gefordert wurde, daß diese Qualität in der Erziehung verhältnismäßig gering berücksichtigt wurde. Das ist für unser Beispiel um so interessanter, als die irdische Temperamentsanlage die relativ stärkste ist, die aber in der Formung durch die Umwelt relativ am schwächsten gefordert wird. Hier ist es einerseits möglich, daß die erdbezogene Anlage aufgrund der fehlenden Anforderungen aus der Umwelt sich ungebunden und verhältnismäßig leicht verwirklichen kann. Es ist aber ebenso denkbar, daß aufgrund der relativ geringen Anforderungen aus der Umwelt die erdbezogene Anlage beim Horoskopeigner nur ungenügend oder kaum ausgelebt wird.[35]

35 In einem dankenswert ausführlichen Brief- und Faxwechsel zu diesem gesamten Darstellungsversuch des API haben Louise und Bruno Huber darauf hingewiesen, daß die Dynamische Auszählung nur ein geringfügiger Teil der Huber-Methode sei. Demgegenüber sei die Deutung der Aspektfiguren und Aspektbilder von weit größerer Bedeutung. Es spricht durchaus für die Huber-Schule, daß sie die Betonung auf eine ganzheitliche Deutung legt und eine entsprechende »*Formenlehre*« (Thomas Ring) favorisiert. Aber steckt nicht in der nunmehrigen Bagatellisierung der einmal eigens entwickelten Methode der Dynamischen Auszählung ein Denkfehler? Immerhin ist die Häuserstellung von Planeten (und diese bezieht die Dynamische Auszählung mitentscheidend ein) mindestens ebenso individuell wie diese oder jene Aspektfigur, die über mehrere Stunden, ja Tage erhalten bleiben kann. Und in der Technik der Dynamischen Auszählung, in der das einzelne Horoskophaus in sechs bedeutungsmäßig unterschiedene Bereiche untergliedert wird, gewinnt die jeweilige genaue Position eines Planeten im jeweiligen Horoskophaus zusätzliche individuelle Qualität. Dies nun ist für die Geamtdeutung des Horoskops keineswegs geringfügig. Entweder sind die der Dynamischen Auszählung innewohnenden individuellen Deutungsmöglichkeiten innerhalb der Huber-Schule bislang unerkannt geblieben, oder aber das technische Vorgehen im Rahmen der Dynamischen Auszählung ist der Huber-Schule inzwischen fragwürdig oder wird gar als falsch erkannt, so daß man dort Zuflucht zu Bagatellisierung dieser Methode nimmt.

Innerhalb der Huber-Schule werden das Erd- und das Luftelement auch als die beiden *Du-Temperamente* bezeichnet, während Feuer und Wasser als *Ich-Temperamente* gelten. Im Fall unseres Beispielhoroskops würde die Minusdifferenz beim irdischen Temperament nach der Deutung der Huber-Schule auch heißen, daß der Horoskopeigner zu sehr auf das Du eingeht, daß er zu sehr eine Selbstbestätigung durch ein Gegenüber, ein Du sucht, daß er entsprechend lernen muß, sich mehr auf sich selbst zu besinnen, daß er lernen muß, selbständiger und unabhängiger zu werden.

Auch in der Prognose hat die Huber-Schule eigene Wege beschritten, vor allem durch die Einführung des sogenannten *Alterspunktes.* Im Prinzip ähnlich wie bei der Systematik der Münchner Rhythmenlehre wird ein eigener Punkt angenommen, der im Horoskop nach und nach durch die einzelnen Häuser geht und im Verlauf des gesamten Lebens einmal das ganze Horoskop durchläuft. Auf seinem Weg werden technisch bestimmte Konstellationen sichtbar – sei es im Gang als solchem durch die Häuser, sei es in der Bildung von Aspekten zu den als unveränderlich gedachten Positionen im Horoskop – und diesen Konstellierungen entsprechen bestimmte Lebensaufgaben, Ereignissen oder Stimmungsbildungen. Die Regeln sind dabei allerdings etwas anders als im System von Wolfgang Döbereiner. Nach der Lehre der Huber-Schule geht der Alterspunkt vom Aszendenten aus, freilich – im Gegensatz zur Münchner Rhythmenlehre von Döbereiner – im Richtungssinn des Tierkreises vorwärts durch die Häuser. Alle sechs Jahre wechselt er das Haus; das heißt zum Beispiel, daß der Alterspunkt in den ersten 18 Lebensjahren durch Häuser 1, 2 und 3 des Horoskops wandert.

Dabei ist es für die Huber-Schule besonders wichtig, daß nicht nur die einzelnen Aspektbildungen betrachtet werden, sondern generell der Durchgang des Alterspunktes durch die einzelnen Horoskopquadranten bzw. Horoskophäuser und durch die Zeichen. Mit dieser Betrachtungsweise soll der

»Lupeneffekt«, wie die Huber-Schule sich ausdrückt, vermieden werden, nämlich die ausschließliche Konzentration auf eine prognostische Konstellation, die vergleichsweise kurzzeitig wirkt, wobei man dann aber leicht geneigt ist, den Blick für das Ganze, für Hintergründe und allgemeinere Stimmungsbildungen zu verlieren. Zugleich, so die Huber-Schule, lehrt der Alterspunkt und seine Verwendung den deutenden Astrologen, Lebensabschnitte und Lebenszyklen im Geburtsbild des Horoskopeigners wahrzunehmen. Neben der Wahrnehmung dieser länger dauernden Entwicklungs- und Zeitphasen steht natürlich die Deutung der im Verlauf der Alterspunktprogression gebildeten Aspekte und natürlich ebenso die Deutung der Durchgänge des Alterspunktes durch die sogenannten Talpunkte und Invertpunkte in den einzelnen Horoskophäusern sowie der Zeichenwechsel. Wir erinnern uns, daß die Talpunkte in der Huber-Schule, ausgehend von der Gesamtlänge eines Hauses durch das Maß des Goldenen Schnittes ermittelt werden. Die Invertpunkte werden auf die gleiche Weise gefunden, hier jedoch in umgekehrter Richtung. Der Talpunkt liegt immer in der zweiten Hälfte eines Horoskophauses; der Invertpunkt liegt immer in der ersten Hälfte eines Horoskophauses. Geht der Alterspunkt durch den Talpunkt eines Hauses, so erlebt der Horoskopeigner nach der Deutung der Huber-Schule einen Stillstand, muß sich neu orientieren, was die thematischen Belange des jeweiligen Horoskophauses angeht. Der Durchgang durch den Invertpunkt, entsprechend früher, wird nach Angabe der Huber-Schule nicht so deutlich erlebt, doch er bedingt häufig ein Umkippen maximaler Entfaltungskräfte zu einer schrittweisen Zurücknahme, zu einer schrittweisen Richtungsänderung nach innen.

Im Blick auf die Schließung der ersten Ehe im August 1974 gilt für unser Beispielhoroskop, daß der sogenannte Alterspunkt bei 11°16' Waage im Horoskop steht. Der Horoskopeigner ist 24 Jahre und gut 2 Monate alt, d.h. der Alterspunkt ist kurz zuvor in das 5. Horoskophaus eingerückt, nachdem er vier

Häuser (4 x 6 Jahre = 24 Jahre) durchquert hat. An der Spitze des 5. Hauses ist die Intensität des Alterspunktes in Verbindung mit der spezifischen Wirkung der in Rede stehenden Hausqualität relativ am stärksten. Dies dürfte sich beim Horoskopeigner besonders deutlich ausgewirkt haben. Freilich wäre dann nach der grundsätzlichen Deutungsmöglichkeit zu erwarten, daß alle Menschen um den Beginn des 25. Lebensjahres herum eine besonders deutliche und intensive Erfahrung im Blick auf das 5. Haus machen – Partnerschaft, körperliche Liebe usw. Dies kann natürlich nicht generell angenommen werden.

Um den Termin der Eheschließung herum selbst bildet der Alterspunkt keinen unmittelbaren Aspekt. Etwa zwei Monate später wird ein Halbsextil zum Saturn erreicht; ungefähr acht Monate später wird eine Konjunktion zum Neptun gebildet. Bindung und Verfestigung in den ersten Monaten nach der Eheschließung (Saturn) und die verhältnismäßig bald beginnende Unterminierung der Partnerschaft (Neptun) werden hier durch die Alterspunktprogression auch zeitlich einigermaßen präzise zum Ausdruck gebracht. Der Talpunkt im 5. Haus wird vom Alterspunkt übrigens relativ zeitgenau zu einem Zeitpunkt im Spätwinter des Jahres 1978 erreicht, da der Horoskopeigner durch räumliche Trennung die ohnehin schwierige Beziehung praktisch beendete. Die förmliche Trennung geschah dann im Herbst 1978.

Daß hier die Alterspunktprogression in der Tat mit ganz bestimmten Ereignisbildungen zusammenfällt, muß nicht schon an und für sich überzeugend wirken. Die unbequeme Tatsache bleibt – einmal mehr! – daß eine Horoskoptechnik absolut astronomisch nicht begründbar ist. Sogar die Verwendung der Zahl 6 – also 6 Jahre pro Haus! – erscheint fremd und willkürlich. In der Huber-Schule wird gesagt, daß diese Maßzahl durch Probieren gefunden worden sei. Nur mit dieser Maßzahl habe man zutreffende Ergebnisse erzielt. Experimente mit der Maßzahl 7 schlugen offenbar fehl.

Insgesamt darf aber auch der Skeptiker, ähnlich wie im Fall

der Münchner Rhythmenlehre, zugestehen, daß die Alterspunktprogression nach Huber einen deutlicheren Blick auf Lebensabschnitte und Lebenszyklen möglich macht. Zwar bewirken auch die klassischen Prognosetechniken wie Direktionen, Solarhoroskope und Transite nicht ausschließlich »Lupeneffekte«, sondern man kann mit ihnen sehr wohl längerfristige Entwicklungen und Hintergrundstimmungen ausleuchten. Aber es muß zugegeben werden, daß die Prognosetechniken der Revidierten Klassik insgesamt doch eher dem Blick auf kürzere Zeitabschnitte verpflichtet sind. Wenn schon nicht die Alterspunktprogression nach Huber selbst, so kann doch deren besondere Blickweise eine neue Denk- und Deutungsrichtung bei der Horoskopinterpretation nahelegen.

Auch im Partnervergleich sind die Hubers neue Wege gegangen. Es seien zunächst die üblichen Wege erwähnt, nämlich die ganz normale Synastrie, bei der zwei Horoskope, natürlich insbesondere von Lebenspartnern, aufeinandergelegt und miteinander verglichen werden. Der Bezugspunkt des Vergleichs ist dabei die Position 0° Widder, d.h. 0° Widder aus dem einen Horoskop und 0° Widder aus dem anderen Horoskop liegen genau übereinander. Diese Technik der Synastrie, bei der Planetenpositionen aus dem einen Horoskop bestimmte Winkel zu Planetenpositionen aus dem anderen Horoskop bilden bzw. bei der Planeten aus dem einen Horoskop in bestimmte Häuser aus dem anderen Horoskop fallen und umgekehrt, ist die einzige in der Klassik akzeptierte Partnerschafts-Vergleichstechnik.

In neuerer Zeit hat sich sehr stark die Verwendung des sogenannten Composits durchgesetzt. Hier wird eigentlich eine Halbsummentechnik verwendet. Von der Sonnenposition des einen Horoskops und der Sonnenposition des anderen Horoskops wird die arithmetische Mitte gebildet, und dieser Halbsummenpunkt bildet die neue »Sonne« des Composits. Auf diese Weise werden alle Planetenstände des Composits ermittelt; die Häuser ergeben sich aus der entsprechenden Halbsummenbildung der beiden Medium-Coeli-Positionen, und zu diesem neuen Medium Coeli wird auf die Breite des Aufenthaltsortes der beiden Partner der Aszendent und die übrigen Häuser berechnet. Das Composit stellt also ein völlig neues Horoskop dar, das aber ausschließlich im Blick auf Möglichkeiten und Aufgaben der gegebenen Partnerschaft hin interpretiert wird. Im Composit werden ausschließlich die Planetenpositionen in den Häusern berücksichtigt.

Die Huber-Schule kennt diese beiden Methoden, wendet aber vorzugsweise eine andere Technik an, die auf dem sogenannten *Häuservergleichshoroskop* beruht. Danach werden die beiden Horoskope eines Paares hinsichtlich der Häuser übereinander gelegt. Dies nun ist technisch nicht ohne weiteres sinnfällig. Grob gesprochen geht es darum, daß sich im »Häuservergleich« die beiden Partner hinsichtlich ihrer jeweiligen Häuserbesetzung konfrontieren. Wo identische Häuser in einer Partnerschaft besetzt sind, also z.B. jeweils das 5. Haus oder das 7. Haus, ergeben sich entsprechend gewisse Gleichklänge, während sich bei stark unterschiedlicher Besetzung der Häuser eher Spannungen, aber gegebenenfalls auch fruchtbare Ergänzungen ergeben können. Wichtig ist im sogenannten »Häuservergleich« bei einer Lebenspartnerschaft das Vorhandensein einer oder mehrerer sogenannter *Klickstellen*. Eine Klickstelle ist ein gegebener Punkt in ein und demselben gegebenen Haus zweier Horoskope, der in beiden Horoskopen von einem Planeten besetzt ist. Wenn zum Beispiel in den beiden Horoskopen eines Paares der Talpunkt etwa des 11. Hauses durch jeweils einen Planeten besetzt ist, so ist für diese beiden Horoskope eine Klickstelle gegeben. Es kommt also dabei nicht, wie in der Synastrie, darauf an, daß zwei Planeten aus zwei gegebenen Horoskopen zueinander eine Konjunktion oder einen sonstigen Aspekt bilden, sondern diese beiden Planeten können an ganz unterschiedlichen Punkten im Tierkreis stehen. Aber hinsichtlich ihrer Häuserstellung müssen sie exakt gleich sein. Im Grunde wird im Häuservergleich die Idee der Synastrie konsequent vom Tierkreis als Meßkreis auf die Reihe der Häuser umgeändert.

Eine Klickstelle im sogenannten »Häuservergleichshoroskop« würde dabei einer Konjunktion in der Synastrie entsprechen. In der Huber-Schule wird gefordert, daß bei einer glückenden Partnerschaft in den beiden Horoskopen wenigstens ein bis zwei Klickstellen gegeben sind. Es sollen jedoch nicht mehr als fünf Klickstellen sein.

In der Huber-Schule experimentiert man inzwischen mit einer ganzen Reihe von Zusatz- und Hilfshoroskopen. Neben dem normalen Radix-Horoskop hat man das sogenannte *Häuserhoroskop* entwickelt. Danach werden die Häuser, die ja im GOH-System unterschiedlich groß sind, als jeweils 30 »Grad« große Häuser betrachtet. Doch es handelt sich dabei um sogenannte *Häusergrade*, die eben je nach Größe des Hauses auf dem Tierkreis ihrerseits unterschiedlich groß sind.

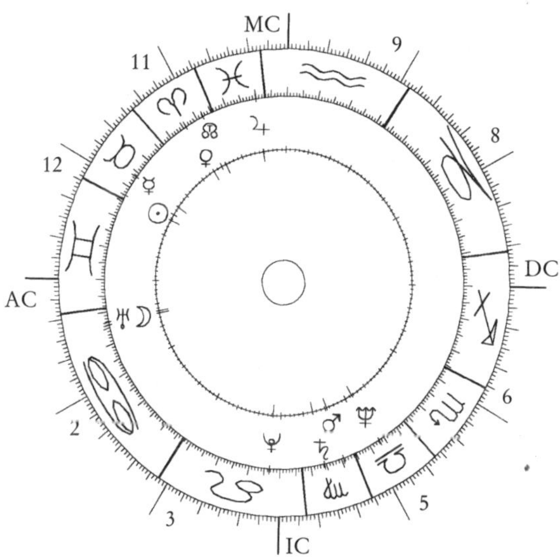

Abbildung 20: Häuserhoroskop

In unserem Beispielhoroskop steht etwa der Uranus im 14. Häusergrad des 1. Hauses. Entsprechend steht der Mond bereits im 15. Häusergrad des 1. Hauses. Zugleich steht der Saturn im 15. Häusergrad des 4. Haus. Im sogenannten *Häuserhoroskop* der Huber-Schule würden Mond und Saturn somit ein Quadrat bilden. Dieses Häuserhoroskop bietet nach der Lehre der Huber-Schule einen pragmatischen und gegenwartsbezogenen Zugang zum Horoskopeigner. Die in der Umwelt (»Häuser«) wirkenden Kräfte werden interpretiert; es sind diese Kräfte, die direkte Anreize zur Weiterentwicklung oder aber zur äußeren Hemmung des Horoskopeigners bieten. In unserem Beispielsfall wird man zwar nicht von der Anlage her (Radix-Horoskop), wohl aber aufgrund der Milieueinflüsse beim Horoskopeigner einen gewissen ernsten, eventuell sogar depressiven Zug vermuten.

Eine weitere Besonderheit in der Huber-Schule ist das esoterisch orientierte *Mondknotenhoroskop*. Man muß sich für die Deutung des Mondknotenhoroskops in Erinnerung rufen, daß das Ehepaar Huber vor seinem Zusammentreffen mit Roberto Assagioli starke theosophische Bezüge pflegte und zum Teil auch hauptamtlich in der Genfer Zentrale der europäischen Theosophie beschäftigt war. Auch nach der äußerlichen Trennung von der theosophischen Bewegung hat das Ehepaar Huber keineswegs die Theosophie gänzlich aufgegeben, sondern blieb stets einer esoterischen Weltperspektive verpflichtet, die sich auch in einer umfassenden spirituellen und esoterischen Horoskopdeutung wiederfand. In ihren Buch MONDKNOTEN-ASTROLOGIE beschreiben die beiden das Mondknotenhoroskop wie folgt: »*Dieses Horoskops betrifft unterschwellige Zustände, es liegt in den tiefsten Schichten des Bewußtseins, sogar im Raum des kollektiven Unbewußten. Es ist also auch die Öffnung in den kollektiv unbewußten Raum. Diesseitig gesehen, in den Begriffen der normalen Psychologie, kann man es so definieren: Das Mondknotenhoroskop zeigt den ›Schatten‹ einer Persönlichkeit. Wir haben in uns einen Schatten, einen nicht sichtbaren Wesensanteil, der Triebfeder und Wünsche enthält, Projektionen und Inhalte, die unserem Bewußtsein nur schwer oder gar nicht zugänglich sind. Wir verdrängen sie auch, denn sie sind, gemessen an dem alltäglichen Leben, unbrauchbar oder sogar gefährlich. Es ist häufig und normal, daß man diesen Schatten als negativ oder schwarz bezeichnet. Dieser Bereich liegt im Schatten des Lichts unseres Bewußtseins, unserer Sonne, auf die wir zählen. Wir sind eigentlich in dieser Richtung alle nachtblind. Wenn aber ein Mensch langsam anfängt, seine Schattenpartien zu durchschauen und dort Kontraste wahrnimmt, die er vorher nicht wahrgenommen hat, dann wird er erst ein wirklich voller Mensch. Er verdrängt dann gewisse Inhalte, die ihn noch mitbestimmen, nicht mehr und lebt dann aus seiner Ganzheit.«*[36]

In der Huber-Schule wird dann, wie in der esoterischen Astrologie allgemein üblich, der Mondknoten als wichtiger Ausgangspunkt für die esoterische Horoskopdeutung genommen, hier also für den technischen Aufriß des Mondknotenhoroskops. »Esoterisch« ist dieses Mondknotenhoroskop – als Schattenhoroskop oder Spiegelhoroskop – insofern, als hier mit den unbewußten Bindungen, mit dem eigenen »Schatten« auch ein Blick in die Vergangenheit getan wird, und zwar diejenige Vergangenheit, die sich aus der Idee von Reinkarnation und Karma ergibt. Das Mondknotenhoroskop in der Huber-Schule wäre gewissermaßen ein karmabezügliches Horoskop. Wir wollen hier auf eine Deutung im reinkarnationsbezogenen, karmaesoterischen Sinn von vornherein verzichten. Wenigstens aber soll die Technik des Mondknotenhoroskops kurz erläutert werden. Die Position des nördlichen Mondknotens bildet im Mondknotenhoroskop die neue Aszendentachse. Umgekehrt wird der Aszendent des Radix-Horoskops zum Mondknoten im Mondknotenhoroskop. Nun aber wird bei

36 Bruno und Louise Huber. *Mondknoten-Astrologie: Innerer Kompaß der Evolution.* (Adliswil, 1991) p. 133f.

der Konstruktion der Eigentümlichkeit des Mondknotens Rechnung getragen: Er läuft rückwärts durch den Tierkreis. Dementsprechend ist in der Konstruktion der Huber-Schule das Mondknotenhoroskop gewissermaßen spiegelverkehrt. Man kann das so darstellen, daß man bei gleichermaßen gegebenem Tierkreis die Häuser nicht im Richtungssinn des Tierkreises von 1 bis 12 abzählt, sondern im entgegengesetzten Richtungssinn, also im Uhrzeigersinn. Leichter faßlich ist die Darstellung, daß man die bisherige Richtung der Häuser beibehält und nur noch statt dessen einfach die Richtung des Tierkreises umkehrt. Das führt dann auf folgende Abbildung unseres Beispielhoroskops:

Abbildung 21: Mondknotenhoroskop

In der Huber-Schule werden nun das Radix-Horoskop und das Mondknotenhoroskop miteinander verglichen. Die Spiegelverkehrung des Mondknotenhoroskops definiert bestimmte psychische Motivationen neu, weil sie sich im Mondknotenhoroskop ganz anders darstellen. Da freilich, wo sich sowohl im Radix-Horoskop als auch im zugehörigen Mondknotenhoroskop eine Planetenstellung in ein und demselben Haus wiederholt, ist ein sehr klares Motivationsbild angezeigt, nämlich eine Motivation, die bis in die Tiefe der Persönlichkeit bewußt ist.

Als gewissermaßen bildlich-therapeutische Idee kann auch ein Mondknotenhoroskop eine gegebene Beratungssituation befördern, kann – eben durch die fruchtbare Idee der Spiegelung und Verfremdung – alte Strukturen aufbrechen oder in einem ganz neuen Licht erscheinen lassen. Aber das ändert nichts an dem Problem, daß die Findung des Mondknotenhoroskops astronomisch eigentlich nicht zu begründen ist. Es spricht aber durchaus für die *Huber-Schule*, daß sie im Zusammenhang mit der Findung des Mondknotenhoroskops schreibt: »*Wir brauchen bei dieser Betrachtungsweise einen Orientierungspunkt, damit wir uns nicht im irrational Spekulativen verlieren. Es gibt da eine gültige Meßgröße, auf die wir uns beziehen können, nämlich, ob wir uns von dem Gesagten berührt oder dazu bezogen fühlen, d.h. ob wir innerlich darauf reagieren. Das ist die einzige Wirklichkeit bei dieser Betrachtung.*«[37] Der spekulative Charakter der Findung des Mondknotenhoroskops wird hier also durchaus anerkannt, und es wird darauf hingewiesen, daß nur diejenige Deutung eines spekulativen Horoskops gültig sein kann, die beim Ratsuchenden einen Betreff – bzw. eine Betroffenheit – auslöst.

37 Bruno und Louise Huber. *Mondknoten-Astrologie: Innerer Kompaß der Evolution.* (Adliswil, 1991) p. 163.

5. Die Hamburger Schule

Die *Hamburger Schule* wird im englischsprachigen Ausland auch als »Uranian Astrology«, »uranische Astrologie«, bezeichnet. Damit vertritt sie den Anspruch, »uranisch«, also wirklich modern zu sein. Sie ist modern insofern, als ihre Systematik, die so ganz anders ist als die der klassischen Astrologie und der mit ihr verwandten Systeme, erst im 20. Jahrhundert gefunden wurde. Sie ist in gewisser Weise gar nicht modern, weil ihr Ausgangpunkt noch in der ereignisorientierten traditionellen Astrologie liegt, also vor der Wende der Revidierten Klassik zu Beginn der Zwanziger Jahre unseres Jahrhunderts.

Der Begründer der *Hamburger Schule*, der Vermessungsingenieur Alfred Witte (1878 – 1941), hatte in den Jahren des Ersten Weltkrieges 1914 bis 1918 zahlreiche Horoskope nach der klassischen Manier berechnet und untersucht. Witte stellte fest, daß auch gravierende Ereignisse, wie sie in jenen Kriegszeiten vielen Menschen widerfuhren, in den klassisch berechneten und gedeuteten Horoskopen nicht zu erkennen waren. Die wohl ausgeprägte Ereignisorientierung von Alfred Witte mag den heutigen Astrologen, der eher psychologisch zu deuten versucht, befremden. Aber gerade in dieser Hinsicht war Alfred Witte ein Kind seiner eigenen Zeit, eben geschult an der traditionellen Astrologie, welche Schicksale und Ereignisse zu deuten versuchte. Daß die Individualastrologie gegenüber großen kollektiven Ereignisbildungen, wie es z.B. Kriegszeiten sind, eine Aussagegrenze erreicht, daß also kollektive Ereignisse zwar wohl nicht transastrologisch, jedoch transhoroskopisch sind, dieser Gedanke, der in der *Revidierten Klassik* durchaus eine Rolle spielt, war für die traditionelle Astrologie und so auch für die *Hamburger Schule* eigentlich nicht denkbar.

Witte kam zu der Überzeugung, daß man aus einem Geburtshoroskop wesentlich mehr an Informationen und Einzelheiten herausholen könne, als es die traditionelle Astrologie vermochte. Dazu freilich mußte der technische Zugriff auf die berechneten Planeten verändert werden. Zudem ging Witte von weiteren, bislang unentdeckten Planeten aus, deren Existenz ihm aufgrund seiner ereignisbezogenen Untersuchung von Tausenden von Horoskopen gewiß war. Alfred Witte und seine Mitarbeiter – hier sind vor allem Friedrich Sieggrün (1877 – 1951) und Ludwig Rudolph (1893 – 1982) zu nennen – schufen ein komplexes System der Astrologie. An die Stelle der klassischen Planetenaspekte treten Summen- und Halbsummenpunkte, statt des klassischen Häusersystems nach Placidus werden mehrere parallele Häusersysteme verwendet. Außerdem gibt es acht zusätzliche Wirkpunkte, nämlich die »Transneptunplaneten«, welche als außerhalb der Plutobahn kreisend angenommen werden.

Um die komplizierte Systematik anschaulich und anwendbar zu machen, schuf Alfred Witte überdies einen ganz neuen Horoskopaufriß mit Hilfe einer drehbaren kreisrunden Scheibe, die auf ihren 12 Feldern von je 30° sowohl den üblichen Tierkreis als auch die Häusersystematik der *Hamburger Schule* zusammenfaßte und außerdem Kennzeichnungen zum Auffinden von Halbsummenpunkten trug.

5.1. Systematik der Hamburger Schule

Die zweifellos stärkste Herausforderung der Hamburger Schule liegt in der Annahme von acht zusätzlichen Wirkpunkten im Horoskop, den »Transneptunern«. Sie wurden zu einer Zeit aus

Horoskopen »ermittelt«, als Pluto astronomisch noch gar nicht entdeckt war – daher die Rede von »Transneptunplaneten«. Warum, so kann man mit Recht fragen, wurde da nicht schon Pluto vor seiner astronomischen Sichtung als »Transneptunplanet« erkannt? Hinzu kommt, daß Alfred Witte selbst von vier Transneptunern ausging – Cupido, Hades, Zeus und Kronos. Friedrich Sieggrün ermittelte weitere vier Transneptuner: Apollon, Admetos, Vulkanus und Poseidon. Witte freilich stand den Findungen Sieggrüns stets recht zweifelnd gegenüber. Dieses ganze Entdeckungsverfahren gibt natürlich Anlaß zur Skepsis.

Gerade wegen der acht Transneptuner begegnen auch innerhalb der recht kleinen astrologischen Fachwelt die meisten klassisch geschulten Astrologen der *Hamburger Schule* meist nur mit großen Vorbehalten. Das hat dazu geführt, daß zwar jeder »Hamburger« wenigstens die Grundzüge der klassischen Astrologie kennt und auch anzuwenden versteht, daß aber kaum ein »Klassiker« auch nur ansatzweise die Systematik der Hamburger Schule erarbeitet hat.

In den prinzipienartigen Bedeutungen der Transneptuner lassen sich die Grundmuster der klassischen Planetenbedeutungen durchaus wiedererkennen. Zeus ist beispielsweise recht eindeutig ein marsisches Prinzip, während Admetos dem Saturn verwandt ist. Doch die Transneptuner symbolisieren eigentlich etwas sehr Substantielles, gewissermaßen überindividuelle Prinzipien, die sich im Individualhoroskop oft in außergewöhnlicher oder massiver Weise manifestieren. Hier hätte man, folgt man der Philosophie der Hamburger Schule, gewissermaßen den Einbruch des Kollektiven, dessen, was in der Klassik als »transhoroskopisch« bezeichnet wird und was zugleich eine Aussagegrenze markiert, in das individuelle Horoskop. Aber genau da wird es schwierig, der Grundidee der Hamburger Schule zu folgen, denn das Überindividuelle, Kollektive bricht ja keineswegs in allen Horoskopen und bei allen Individuen in gleicher Weise in den glatten oder weniger glatten Gang des individuellen Lebens ein. Aber alle Horoskope haben auch acht Transneptuner im Bild!

Selbst wenn man nicht aus lauter Skepsis die Transneptuner von vornherein ablehnt, muß man sich angesichts dieser Fragen doch eingestehen, daß keineswegs schon alle Grundsatzfragen im Umkreis um die Bedeutung und die Anwendung der Transneptuner im Individualhoroskop gelöst sind. Dem Problem auszuweichen, indem man eine bloße Gleichsetzung vornimmt – etwa Zeus = Mars, Admetos = Saturn, Poseidon = Neptun –, würde zu kurz greifen. Die Erfahrung an zahllosen Horoskopen legt nahe, daß an den Transneptunern etwas »dran« ist, auch wenn sie bislang nicht als stoffliche Planeten entdeckt wurden. Die Hamburger Schule vermeidet inzwischen die alte Redeweise von den »Transneptunplaneten«, eben weil diese bislang als »Planeten« astrophysikalisch nicht greifbar sind. Doch im Horoskop werden sie praktisch so gebraucht wie die realen Planeten; es gibt ganz normale Ephemeriden für die acht Transneptuner. Überlegungen, daß es sich bei den Transneptunern um »feinstoffliche Planeten« handele, müssen aber vorab als esoterische Spekulation betrachtet werden. In diesem Zusammenhang sei vermerkt, daß innerhalb der Hamburger Schule eine relativ deutliche Neigung zu esoterischer, gelegentlich auch theosophischer Grundlegung des eigenen Wissensbestandes besteht. Hingegen kommen viele klassische Astrologen im Sinne der *Revidierten Klassik* ohne eine religiöse oder esoterische Grundlegung ihres Faches aus.

Um Mißverständnissen vorzubeugen: Die Einbettung der Astrologie und der astrologischen Beratung in ein religiöses, ethisches oder esoterisches Weltbild soll hier überhaupt nicht bestritten werden, denn eine solche Einbettung kann den astrologischen Grundgedanken einer größeren, »kosmischen« Ordnung, in die der Mensch mit all seinem Handeln und Denken gestellt ist, nur stützen! Ob man aber weltanschauliche oder religiöse Modelle zur direkten Begründung des astrologischen Wissensbestandes, etwa als Basis für eine Theorie der Astrologie, heranziehen kann und darf, möchte ich bezweifeln. Lebenskundliche Anwendung der Astrologie kommt ohne Weltanschauung nicht aus, aber eine Theoriebildung, die klarzulegen versucht, was wir in der Astrologie vernünftigerweise wissen können, kann sich nicht auf Weltanschauung berufen.

Nachfolgend nun ein Überblick über die Transneptuner und ihre Grundbedeutung:

Symbol	Name	Umlaufzeit in Jahren	Bedeutung
⯠	Cupido	262,5	Familie, Ehe, Gesellschaft, Firma, Kunst
⯡	Hades	360,7	Einsamkeit, Schmutz, Bosheit, Widerwärtiges, Abfall
⯢	Zeus	455,6	Schöpfung, Zeugung, Maschinen, zielgerichtetes Tun
⯣	Kronos	521,8	Autorität, Herrschaft, Staat, das Große, Leiter
⯤	Apollon	576	großer Erfolg, Ausdehnung, Wissenschaft, negative oder positive Erfahrung
⯥	Admetos	618	große Hemmung, Stillstand, Urstoff, Kreislauf, Trennung
⯦	Vulkanus	663	Macht, Energie, Gewalt, große massive Kraft
⯧	Poseidon	740	Geist, Erkenntnis, Weisheit, Erleuchtung, aber auch Illusion

Tabelle 15: Die Transneptuner der Hamburger Schule

Wir betrachten nun unser schon bekanntes Beispielhoroskop nach der Technik der Hamburger Schule. Zunächst geben wir dieses Beispielhoroskop in die Ausgangsstellung der *360°-Scheibe*. Die Planeten und alle anderen Bezugspunkte werden

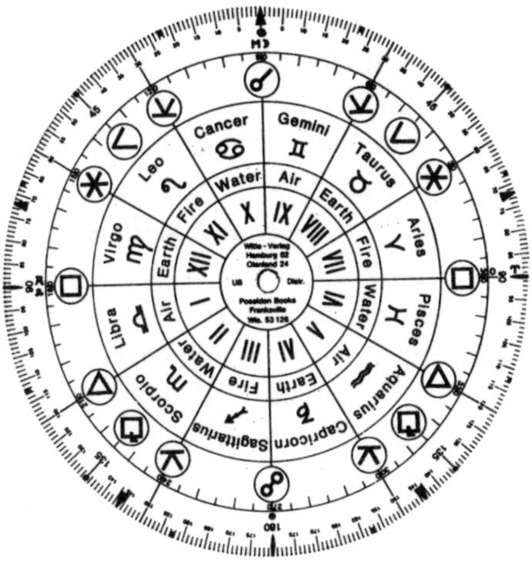

Abbildung 22: 360°-Scheibe

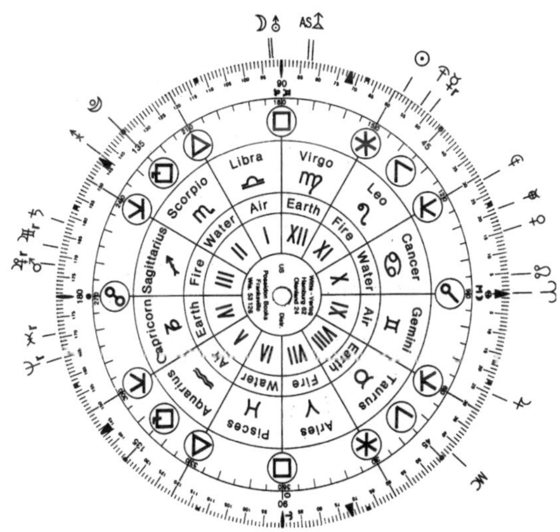

Abbildung 23: 360°-Scheibe Widderpunkt

am Außenrand der beweglichen Scheibe eingezeichnet. Die Scheibe wird so eingestellt, daß der Punkt 0° Widder auf dem Blatt rechts liegt und auch mit dem Symbol des Widder gekennzeichnet wird. Diese Position 0° Widder zu markieren, ist unerläßlich für das Wiederauffinden der planetaren Stellungen im Horoskop, denn die Horoskopscheibe selbst ist drehbar.

Individuell deutbar wird das Horoskop erst unter Zuhilfenahme des komplexen Häusersystems der Hamburger Schule. Wie schon bei einigen äqualen Häusersystemen in Varianten der klassischen Astrologie gilt für die Hamburger Schule, daß Medium Coeli und Aszendent nicht unbedingt zugleich Spitzen von Häusern, also des 10. Hauses (Medium Coeli) bzw. des 1. Hauses (Aszendent) sein müssen. Es gibt in der Hamburger Schule, wie schon gesagt, mehrere parallele Häusersysteme, von denen die beiden wichtigsten allerdings die sogenannten »MC-Häuser« und die »Aszendent-Häuser« sind. Die Hamburger Schule führt die Berechnung von Medium Coeli und Aszendent genauso durch wie die klassische Astrologie. Bei den sogenannten MC-Häusern bildet das MC selbst die Spitze des 10. Hauses, wie wir das aus der Klassik gewohnt sind. Dann freilich ist der Aszendent innerhalb der MC-Häuser ein Punkt außerhalb der Häusersystematik. Je nach Gegebenheiten in unseren nördlichen Breiten landet der Aszendent als Punkt im 11., 12., 1. oder 2. MC-Haus. Die MC-Häuser werden auf folgende Weise berechnet: Zur Sternzeit des MC werden zwei Sternzeitstunden hinzuaddiert. Die resultierende Sternzeit wird auf ekliptikale Länge umgerechnet, und diese ekliptikale Länge bildet die Spitze des 11. MC-Hauses. Wiederum wird zu dieser neuen Sternzeit der Betrag von 2 Stunden addiert, die danach resultierende Sternzeit, in ekliptikale Länge umgerechnet, ergibt die Spitze des 12. MC-Hauses usw. Aufgrund der ekliptischen Schiefe sind die solchermaßen berechneten MC-Häuser nicht völlig äqual, aber die Abweichung nach unten oder nach oben beträgt nur wenige Grade. Es ist deshalb möglich, durch gezielte Drehung der 360°-Scheibe auch eine einigermaßen genaue horoskopgraphische Darstellung

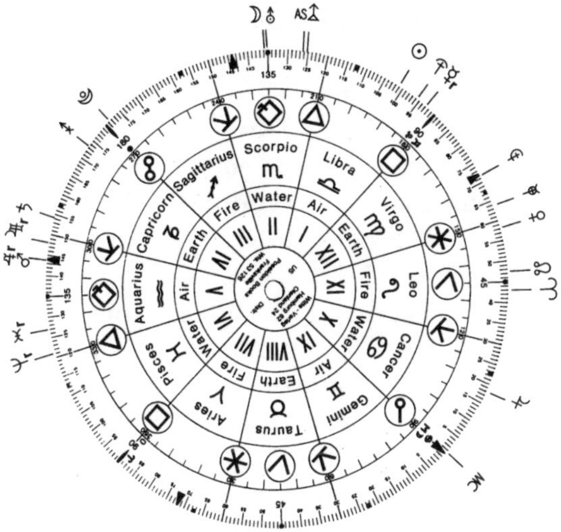

Abbildung 24: 360°-Scheibe MC-Häuser

der MC-Häuser zu geben. In der Hamburger Schule wird der Pfeil der 360°-Scheibe, der zugleich die Spitze des 10. Hauses auf der Scheibe selbst anzeigt, direkt auf das Medium Coeli gestellt. Damit ergeben sich automatisch die Konstellierungen aller anderen 21 Elemente der Horoskopzeichnung in den MC-Häusern.

Die MC-Häuser zeigen den Geborenen in seiner unmittelbaren Persönlichkeit. Die Häuser als solche haben die aus der Klassik bekannte Bedeutung. In der Einstellung auf die MC-Häuser finden wir in unserem Beispiel Venus etwa im 11. MC-Haus. In seiner persönlichen und seelischen Haltung (MC-Häuser) versucht der Geborene, im Bereich von Freundschaft und Geselligkeit (11. Haus) Harmonie, Geschmack, Zuneigung und Fürsorglichkeit (Venus) zu entwickeln. Im 1. MC-Haus sehen wir Merkur, Kronos und die Sonne. Die Durchsetzung (1. Haus) der eigenen Persönlichkeit (MC-Häuser) ist demnach gekennzeichnet von Lebendigkeit und Lebenswille (Sonne), von ausgeprägter Kommunikationsorientierung und den damit verbundenen Einstellungen und Tätigkeiten, wie Forschen, Schreiben (Merkur) und nicht zuletzt von einer durchaus selbstbewußten, eventuell machtorientierten Grundhaltung (Kronos).

Ähnlich können nun die anderen MC-Häuser gedeutet werden. Die Deutungsebene ist bei den MC-Häusern immer die unmittelbare Persönlichkeit, die seelische Grundlage des Geborenen. Wir sehen das 2. MC-Haus mit Vulkanus, Aszendent, Uranus und Mond besetzt, können also vermuten, daß das persönliche Verhältnis des Horoskopeigners zur eigenen materiellen Grundlage bzw. zur Sicherung der eigenen materiellen Gegebenheiten, aber auch sein persönliches Verhältnis zu seinen psychischen und physischen Ressourcen (2. Haus) von viel Wandel und Irritationen (Mond, Uranus), aber auch von mächtigen Einflüssen (Vulkanus), vorwiegend wohl aus der näheren Umgebung, dem unmittelbaren Milieu (Aszendent im 2. MC-Haus) bestimmt ist.

Wir erkennen hier bereits ein Grundprinzip in der Deutung nach dem »Hamburger« Modell: Stets werden drei Faktoren deutend miteinander kombiniert, während die klassische Astrologie mit ihren Varianten lediglich zwei Faktoren miteinander verknüpft. Im klassischen Horoskopaufriß unseres Beispiels steht die Sonne im 12. Haus – die Bedeutung der beiden Elemente »Sonne« und »12. Haus« muß in der Deutung sinnvoll miteinander verbunden werden. Im Horoskopaufriß nach der Hamburger Schule ist Sonne im 1. MC-Haus – zu kombinieren sind also »Sonne«, »Medium Coeli« (gewissermaßen als Deutungshintergrund) und »1. Haus«.

Bei der Einstellung auf die MC-Häuser wird der Aszendent zu einem Punkt außerhalb der Häuserberechnung, welcher in unserem Beispiel im 2. Haus steht. Wir stellen die Aszendenten-Häuser auf unserem Horoskopbild ein. Dazu drehen wir den Punkt 0° Waage, der auch durch die Zahlenangaben »90« respektive »180« gekennzeichnet ist, auf den Aszendenten ein.

Die Deutungsgrundlage der *Aszendentenhäuser* ist das Ver-

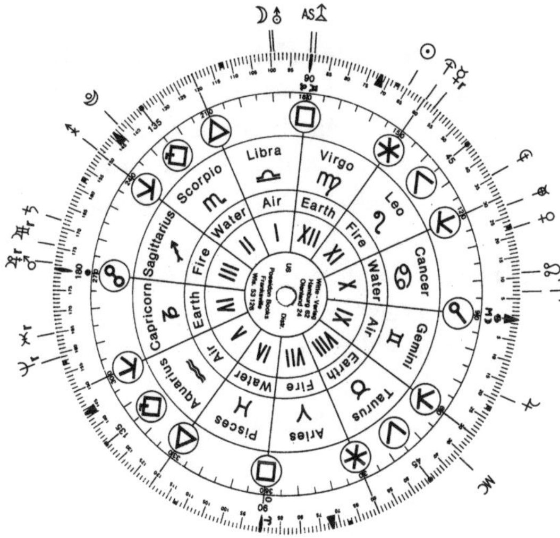

Abbildung 25: 360°-Scheibe Aszendenten-Häuser

hältnis des Geborenen zu seiner nahen Umgebung, seinem Milieu (Aszendent) und den Einflüssen aus diesem Milieu. Mond und Uranus finden sich im 1. Aszendenten-Haus – die Durchsetzung des Geborenen (1. Haus) im Hinblick auf seine Umgebung (Aszendenten-Häuser) ist emotional gefärbt, vom Gefühl her getragen (Mond) und zugleich eigenwillig und spannungsreich (Uranus). Die Umgebung dürfte den Geborenen nicht unbedingt als einfach zu nehmende, womöglich leicht zu lenkende Persönlichkeit empfinden. – Hades steht im 11. Aszendenten-Haus: In der eigenen Umgebung (Aszendenten-Häuser) hat der Geborene eher wenig (Hades) Freunde (11. Haus) oder aber problematische Freunde, die ihm möglicherweise schaden. Denkbar ist auch, daß der Horoskopeigner gegenüber dem eigenen Milieu mehr das Alleinsein, die Einsamkeit (Hades) betont anstelle von Geselligkeit (11. Haus).

Entsprechend können nun die anderen Häusersysteme mit Hilfe der drehbaren Scheibe eingestellt werden. Die *Mond-*

Häuser erhält man, indem man den Pfeil der Scheibe, die Spitze des 10. Hauses, auf den Mond einstellt. Mond ist damit zugleich die Spitze des 10. Mond-Hauses. Damit erscheint etwa der Mondknoten, das Symbol für Bindung und Beziehung, an der Spitze des 7. Mond-Hauses. Auf der Ebene des Gefühls (Mond-Häuser) ist dem Geborenen Bindung (Mondknoten) in der Partnerschaft (7. Haus) sehr wichtig. Mit Neptun und Poseidon im 1. Mond-Haus kann man aber auch von überdurchschnittlicher Feinfühligkeit des Geborenen ausgehen, ebenso aber von Gefühlsunsicherheit (Neptun) in der emotional gefärbten Durchsetzung der eigenen Persönlichkeit.

Die *Sonnen-Häuser*, welche Auskunft über die körperlichen Beziehungen und damit über gesundheitliche Dispositionen geben, stellt man ein, indem man die Spitze des 4. Hauses auf der Scheibe, also den Gegenpunkt der Pfeilspitze, auf die Sonne schiebt. Die Mondknoten-Häuser beziehen sich auf die Kontaktfähigkeit des Geborenen und geben Auskunft über seine sozialen und familiären Bindungen. Hier wird die Spitze des 1. Hauses auf der Scheibe auf den Mondknotenpunkt geschoben.

Die *Widder-Häuser* schließlich, nämlich die Ausgangsstellung mit dem Widder-Punkt der Scheibe, welcher zugleich die Spitze des 7. Hauses ist, auf dem Punkt 0 Widder des Horoskops – zeigen die Beziehungen des Geborenen zur Allgemeinheit, zur »Welt« schlechthin.

Am wichtigsten für die individuelle Deutung sind die MC-Häuser und Aszendenten-Häuser, außerdem noch die Mond-Häuser. Schon bei den Sonnen-Häusern ist der individuelle Wert fraglich, da alle, die an einem bestimmten Tag geboren sind, durchweg nahezu identische Positionen in den Sonnen-Häusern haben – abgesehen von Medium Coeli, Aszendent und Mond. Gleichwohl liefern im Hamburger Modell auch die weniger »individuellen« Häusersysteme noch eine Reihe zusätzlicher wichtiger Informationen.

Damit aber nicht genug. Alfred Witte und seine Mitarbeiter verwarfen die traditionelle Aspektlehre, die im besten Fall im

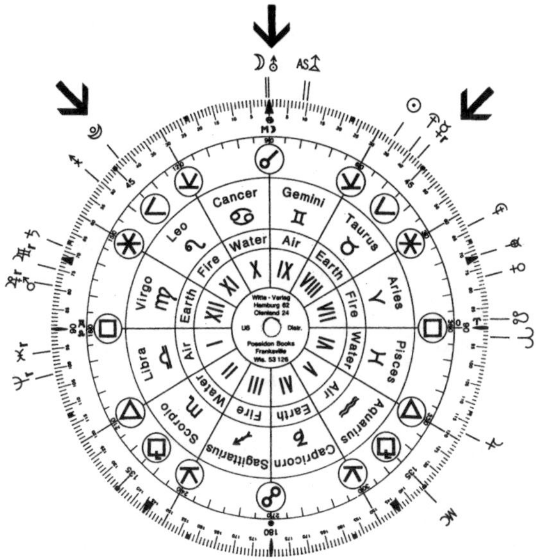

Abbildung 26: 360°-Scheibe Halbsumme ME/PL

individuellen Horoskop 20 bis 25 Kombinationen zur Deutung beiträgt. An die Stelle der Aspekte rückt in der Hamburger Schule die Arbeit mit Summen- und vor allem mit Halbsummenpunkten. Die Technik ist einfach, aber weitreichend. Man stellt die rechnerische Mitte zwischen zwei Horoskopfaktoren fest, beispielsweise von Merkur und Pluto. Die Kombinationen sind zunächst einmal beliebig. Da alle 22 Faktoren des »Hamburger Horoskops« in diesem Sinn kombiniert werden können, gibt es immerhin 231 solcher Zweierkombinationen. Betrachten wir nun die Halbsumme Merkur/Pluto in unserem Beispiel. Wir schieben den Pfeil der Scheibe auf die genaue Mitte zwischen Merkur und Pluto. Die Zahlen außen auf der Kreisscheibe müssen links und rechts vom Pfeil für die Position von Merkur und Pluto identisch sein.

Pluto steht links vom Pfeil auf 42,5 und Merkur rechts vom Pfeil auf 42,5. Der Pfeil selbst steht damit genau auf der recht engen Konjunktion von Mond und Uranus. Wir sagen somit, daß der Mond in der Halbsumme von Merkur und Pluto steht: Mond = Merkur/Pluto oder entsprechend der in der *Hamburger Schule* vielfach gebräuchlichen Kurzbuchstabierung MO = ME/PL. Es gilt aber auch Uranus = Merkur/Pluto bzw. UR = ME/PL.

Wiederum haben wir drei Elemente, die miteinander kombiniert werden. In die Kombination Merkur/Pluto – tiefgründiges (Pluto) Denken (Merkur), transformationbezogenes Denken – tritt direkt der Mond: Gefühlsbezug des tiefgründigen Denkens, emotional gefärbte Tiefgründigkeit, tiefe bzw. veränderungsbezogene Arbeit an und mit Gefühlen. Mit Uranus in derselben Halbsumme verknüpft sich das bohrende und tiefgründige Denken mit überraschenden Wendungen und Wandlungen und macht eventuell neue Einsichten möglich.

Mindestens die Halbsummengleichung UR = ME/PL ist nicht sonderlich individuell, da alle an diesem Tag Geborenen diese Halbsummenbildung in ihrem Horoskop haben dürften. »Individuell« wird aber auch eine solche Halbsummenbildung da, wo zusätzlich ein persönlicher Punkt, wie das MC oder der Aszendent, in diese Gleichung einbezogen ist. Dies ist – jedenfalls auf den ersten Blick – in unserem Beispiel nicht der Fall. Doch ein zweiter Blick ist möglich. Alfred Witte und seine Mitarbeiter gingen auch von sogenannten indirekten Halbsummenbildungen aus. In der üblichen, »direkten« Halbsumme steht das dritte Element, in unserem Beispiel Mond oder Uranus, genau zwischen zwei weiteren Elementen (Merkur und Pluto). Eine Halbsummenbeziehung liegt aber nach der Technik der Hamburger Schule auch dann vor, wenn ein drittes Element einen Winkel von 22,5° bzw. ein Vielfaches von diesem Winkel zu den direkten Halbsummenpunkten bilden. Und nun sehen wir sofort, daß in der Tat das MC selbst in der indirekten Halbsumme von Merkur und Pluto steht. Es befindet sich bei der Einstellung der Halbsumme von Merkur und Pluto genau auf dem Punkt 135 der Scheibe rechts vom Pfeil, der den Halbsummenpunkt selbst markiert. Damit wird zugleich die Funktion der herausgehobenen Zahlenangaben 22,5, 45, 67,5, 112,5 usw. auf dem Kreisrand der Scheibe deutlich: Diese Zahlen sind alle Vielfache von 22,5 – und in ihnen sind auch die klassischen Spannungswinkel Opposition, Quadrat, Halbquadrat und Anderthalbquadrat enthalten.

Auch die sogenannte indirekte Halbsumme – Medium Coeli im Anderthalbquadrat zum Halbsummenpunkt von Merkur und Pluto – wird als Gleichung geschrieben: MC = ME/PL. Tritt das Medium Coeli, der Aszendent, die Sonne oder der Mond in einen Halbsummenpunkt – direkt oder indirekt –, dann wird diese Halbsumme im Horoskop auch individuell wichtig. In unserem Beispiel ist somit durch MC = ME/PL auch die an sich nicht sonderlich individuelle Halbsumme UR = ME/PL individuell weit bedeutsamer.

Auf diese Weise kann man prinzipiell jede der 231 möglichen Halbsummenkombinationen im individuellen Horoskop überprüfen und abschätzen, welche individuelle Bedeutung diese oder jede Kombination – und damit das zugehörige Grundthema – im einzelnen Fall hat. Dies ermöglicht eine recht genaue Befragung des Horoskops nach einzelnen, auch weniger markanten Interessen und Charakterzügen. In der praktischen Analyse des Grundhoroskops für die Deutung wird man allerdings nicht nacheinander alle 231 Kombinationen durchprüfen. Man stellt statt dessen den Pfeil oder aber nacheinander die herausgehobenen Zahlenpunkte 22,5, 45, 67,5, 90 usw. auf die vier persönlichen Punkte MC, Aszendent, Sonne und Mond ein und sucht dann Faktoren des Horoskops, welche zu beiden Seiten des Pfeils auf zahlenidentischer Position stehen. Stellt man beispielsweise in unserem Horoskop den Punkt 67,5 rechts vom Pfeil der Scheibe auf das MC ein, so stehen Hades und Admetos zu beiden Seiten des Pfeils etwa auf der Gradzahl »4«. Auch so gilt demnach MC = HA/AD. Hades und Admetos, miteinander kombiniert, verweisen auf ferne Vergangenheit, aber auch auf Traurigkeit, Pessimismus. MC = HA/AD kann somit auf eine persönliche pessimistische Grundhaltung hindeuten, aber auch auf ein herausgehobenes persönliches Interesse an geschichtlichen Vorgängen.

Die Summenpunkte lassen sich nicht ganz so unmittelbar anhand der drehbaren Scheibe sichtbar machen. Sie werden in der Hamburger Schule insgesamt auch seltener angewendet. Die Positionen der einzelnen Horoskopfaktoren werden, stets ab dem Widder-Punkt gerechnet, miteinander addiert und ergeben somit den Summenpunkt. Mond bei 3°36'Krebs und Uranus bei 3°02' Krebs haben, gerechnet ab 0°00' Widder, die Positionen 93°36' bzw. 93°02'. Ihre Summe liegt bei 186°38', d.h. bei 6°38' Waage. Geht die rechnerische Summe über 360° hinaus, werden 360° einfach abgezogen, und die verbleibende Zahl kennzeichnet dann den Summenpunkt. Die Bedeutung der Summenpunkte ist jener der Halbsummenpunkte im Prinzip gleich. Manche Vertreter der Hamburger Schule ordnen den Summenpunkten prinzipiell mehr die innere Veranlagung, den entsprechenden Halbsummenpunkten mehr die äußere Verwirklichung zu. Diese Unterscheidung wird besonders bei der Prognose bedeutsam.

Die ausgefeilte und komplexe Technik der Hamburger Schule ermöglicht eine sehr ins Detail gehende Betrachtung des Horoskops. In Einzelheiten erscheint die Hamburger Schule als vielfach genauer und »erfolgreicher« denn die klassischen astronomischen Modelle. Aber ist die Hamburger Schule auch »wahr«? Die acht Transneptunpunkte bringen nichts wirklich prinzipiell Neues, sondern sozusagen »nur« eine über das Individuum hinausreichende Vergrößerung und Erweiterung. Die arithmetischen Operationen am Horoskop, also die Ermittlung von Halbsummenpunkten und Summenpunkten, lassen sich astronomisch nicht begründen. Die Vorgehensweise gleicht zum Teil der Ermittlung der zahllosen Sensitivpunkte in der arabischen Astrologie, die ebenfalls fern jeder astronomischen Begründbarkeit stehen und deren Brauchbarkeit umstritten ist. In der Fülle der möglichen Kombinationen und Informationen verliert man überdies rasch den Überblick. Man sieht den Wald vor lauter

Bäumen nicht mehr, um eine sprichwörtliche Redensart zu verwenden. In der Analyse des Horoskops nach der Hamburger Schule ist man also darauf angewiesen – und das erfordert sehr viel Übung und Erfahrung – daß man die Informationen sorgfältig gewichtet und sortiert. Es ist durchaus mühsam, zu lernen, wie man in der Unmenge der Einzeldaten doch gezielt und treffend die wirklich wichtigen Konstellationen benennt und deutet. Weiter kommt hinzu, daß in der Fülle der möglichen Informationen und Kombinationen letztlich fast alles am Horoskop beweisbar wird. Dies gilt um so mehr als einige »Hamburger« sogar noch mit Antiszien, den aus der traditionellen Klassik bekannten Spiegelpunkten, arbeiten. Selbst wenn man die Antiszien nur für die persönlichen Faktoren, also Medium Coeli, Aszendent, Sonne und Mond, eventuell noch Mondknoten gelten läßt, vergrößert sich die Zahl der Faktoren um 4 bis 5 und die Zahl der möglichen Kombinationen um ein Vielfaches.

Diese kritischen Bemerkungen sollen keineswegs den Eindruck verwischen, der sich dem Astrologen bei näherer Beschäftigung mit der Hamburger Schule aufdrängt: daß in vielerlei Hinsicht tatsächlich an ihrer Technik und an ihren Findungen etwas »dran ist«. Gerade weil die Hamburger Schule in vielen Einzelheiten »erfolgreich« erscheint, hat sie bei aller Kritik und bei aller Vorsicht gegenüber den in ihr beschlossenen Ausuferungen weit mehr Resonanz verdient. Möglich, daß die vielen technischen Herausforderungen und die Fülle von Einzelheiten einen Großteil der Astrologen von einer Beschäftigung mit der Hamburger Schule abhält. Auch wenn die oft krasse Ablehnung, die der Hamburger Schule im Laufe ihrer kurzen Geschichte widerfahren ist, in der kleinen astrologischen Welt so nicht mehr spürbar ist, so ist sie doch für das Gros der Astrologen so etwas wie eine »Geheimsprache« geblieben, die nur wenige beherrschen.

Die Schwierigkeiten der Hamburger Schule, auch ihre Begründungsschwierigkeiten, werden nicht kleiner, wenn man sich dem weiten Feld der Prognose zuwendet. Auch hier hat die

Hamburger Schule eine Reihe ganz eigener Ansätze entwickelt, die nicht ohne weiteres für den, der an der Klassik geschult ist, anwendbar sind. Wichtig in der Prognose nach der Hamburger Schule ist vor allem die *Sonnenbogendirektion*. Wer in der klassischen Astrologie mit sogenannten Sekundärdirektionen arbeitet (vgl. auch Abschnitt 3.1.), weiß bereits, was der »Sonnenbogen« ist. Bei unserem Beispielhoroskop steht die Sonne in 28°37' Stier. Um nun den Sonnenbogen für das 25. Lebensjahr zu bestimmen, schlagen wir die Ephemeride auf und notieren die Position der Sonne für 0:00 Uhr Weltzeit am 20. Mai 1950, dem Geburtsdatum für unser Beispielhoroskop. Der Stand der Sonne beträgt 28°25' Stier. Dirigieren wir nun die Sonne sekundär für den Beginn des 25. Lebensjahres, so müssen wir den entsprechenden Sonnenbogen ermitteln und schlagen den 25. Tag nach der Geburt in der Ephemeride auf. Das ist, der Tag der Geburt selbst mitgerechnet, der 13. Juni 1950. Der Sonnenstand an diesem Tag um 0:00 Uhr Weltzeit ist bei 21°25' Zwillinge zu finden. Der Sonnenbogen für den Beginn des 25. Lebensjahres ist dementsprechend die Differenz der beiden ermittelten Ephemeridenwerte für den Sonnenstand. Das Rechnen ist hier ausnahmsweise leicht, denn wir kommen auf einen Sonnenbogen von genau 23°00'. Um diesen Bogen dirigieren wir auch beim Gebrauch der klassischen Sekundärdirektionen die Sonne, wenn wir die Direktionen für das 25. Lebensjahr erarbeiten wollen. In der Klassik aber hat jeder der schnellaufenden Planeten seinen eigenen Bogen. Wir haben dies oben bei den Sekundärdirektionen schon gesehen. Die *Hamburger Schule* aber dirigiert jeden Planeten, ebenso auch Summen und Halbsummenpunkte jeweils um ein und denselben Sonnenbogen.

Aus der Schilderung des Verfahrens wird sichtbar, daß die Länge des jeweiligen Sonnenbogens entscheidend vom Geburtsdatum abhängt. Die Tagesbewegung der Sonne schwankt bekanntlich von 57 Bogenminuten im Sommer bis zu 61 Bogenminuten im Winter. Wer im Sommer geboren ist, hat z.B. bei Vollendung vom 24 Lebensjahren einen vergleichsweise kürzeren Gesamt-Sonnenbogen als jemand, der im Winter geboren ist. Die Hamburger Schule spricht vom »individuellen Sonnenbogen« und lehnt Durchschnittsbildungen und vereinfachte Rechnungen, wie sie beispielsweise im *Ebertin-System* benutzt werden, strikt ab. Wie bei allen Direktionssystemen wird auch bei den Sonnenbogendirektionen anteilig interpoliert. Der Sonnenbogen in unserem Beispiel beträgt zu Beginn des 25. Lebensjahres genau 23°00'; drei Monate später, am 20. August 1974, liegt er bei etwa 23°14'.

Man kann nun mit der 360°-Scheibe auch Sonnenbogendirektionen einstellen. Wir rücken den Pfeil der Scheibe, der zugleich den Punkt 0° Krebs auf der Scheibe selbst markiert, auf das Medium Coeli und gehen dann mit dem Pfeil um 23° nach links. Alle Positionen, die auf den besonders markierten Winkelpunkten der Scheibe zu stehen kommen, also auf 22,5°, 45°, 67,5° usw., werden nun direkt durch das um den Sonnenbogen von 23°00' dirigierte Medium Coeli berührt. Dies sind beispiels-

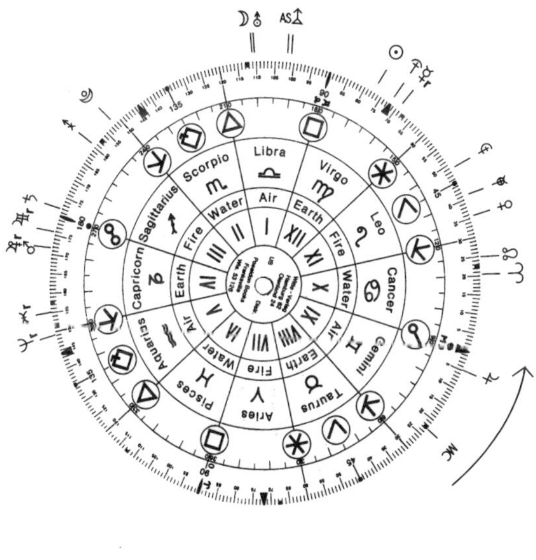

Abbildung 27: 360°-Scheibe MC + sbg 23°

weise Mond und Uranus sowie Saturn. Es gilt aber auch, daß das um den Sonnenbogen von 23° dirigierte Medium Coeli in die Halbsumme von Pluto und Poseidon vorgerückt ist.

Bedenkt man, daß die Hamburger Schule auch mit indirekten Halbsummen und entsprechenden Direktionsbildungen arbeitet, so wird deutlich, daß die Handhabung der 360°-Scheibe sehr schnell viel Unübersichtlichkeit erzeugt. Überdies ist die graphische Suche nach triftigen Direktionsbildungen mit der 360°-Scheibe nicht besonders exakt. Genaues Nachrechnen bestätigte zwar die Direktion des Medium Coeli zum Uranus, nicht aber zum Mond und auch noch nicht zum Saturn.

Um die Unübersichtlichkeit wenigstens teilsweise zu meistern und um zugleich die graphische Arbeit zu präzisieren, wurde innerhalb der Hamburger Schule zu dem die sogenannte *90°-Scheibe* entwickelt. Ihr Prinzip beruht darauf, daß die vier Kreisviertel des Tierkreises, also gewissermaßen die vier Jahreszeiten, übereinander geschichtet werden. Die Positionen der

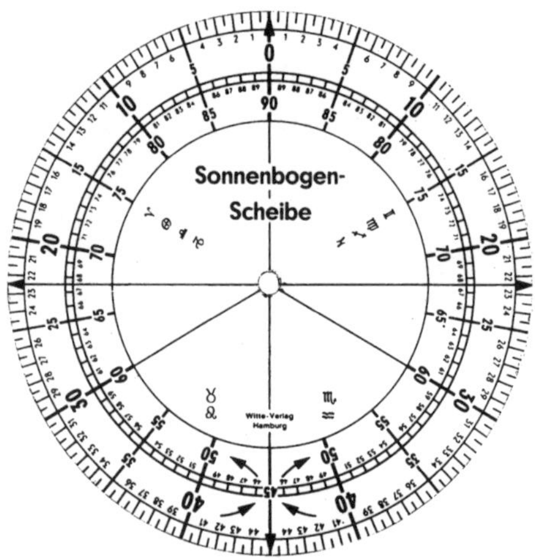

Abbildung 28: 90°-Scheibe

kardinalen Zeichen Widder, Krebs, Waage und Steinbock werden damit auf dem ersten Drittel der 90°-Scheibe eingetragen, die der fixen Zeichen Stier, Löwe, Skorpion und Wassermann auf dem zweiten Drittel und die der veränderlichen Zeichen Zwillinge, Jungfrau, Schütze und Fische auf dem letzten Drittel.

Die Ausgangsstellung unseres Beispielhoroskops sieht nun folgendermaßen aus:

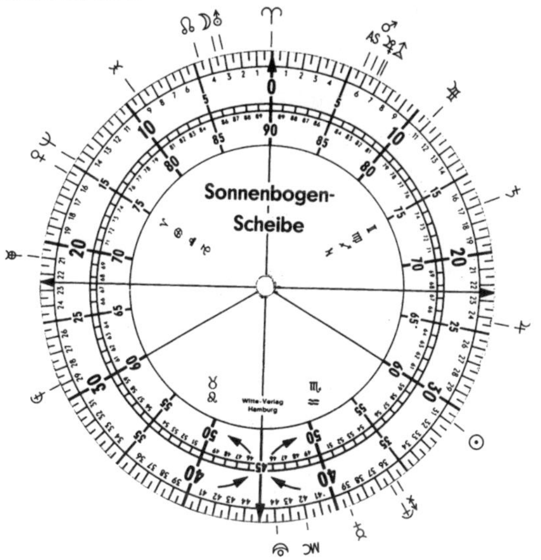

Abbildung 29: 90°-Scheibe: Widder-/Krebspunkt

Nach der Logik dieser 90°-Scheibe fallen Widder-Punkt und Krebs-Punkt in einem einzigen Punkt zusammen. Entsprechend wird der Widderpunkt nicht wie bei der 360°-Scheibe rechts auf das Blatt, sondern oben auf das Blatt gezeichnet. Wie bei der 360°-Scheibe wird zu beiden Seiten des Pfeils gradweise gezählt. Die ihrer Halbsummenpunkte werden folglich genauso wie auf der 360°-Scheibe ermittelt. Man kann den Horoskopaufriß nach der 90°-Scheibe also auch zum Auffinden von Halbsummenbeziehungen im Grundhoroskop benutzen. Rückt man den Pfeil von der Ausgangsstellung um ein wenig nach rechts, so stehen

Venus und Saturn zu beiden Seiten des Pfeils bei etwa 16,5°. Nach den in der Hamburger Schule zulässigen Spielräumen befindet sich der Widder-Punkt also noch in der Halbsumme von Venus und Saturn: WI = VE/SA. Würden wir auf der 360°-Scheibe die Halbsumme Venus/Saturn einstellen, so würden wir sehen, daß der Widder-Punkt in Wahrheit einen Winkel von 90° zu dem Halbsummenpunkt von Venus und Saturn bildet. Was auf der 90°-Scheibe als direkte Halbsumme erscheint, ist auf der 360°-Scheibe entweder auch eine direkte Halbsumme oder aber eine indirekte Halbsumme in Winkeln von 45°, 90° oder 135°. Die indirekten Halbsummen in den »kleinen« Winkeln von 22,5°, 67,5°, 112,5° und 157,5° ermittelt man auf der 90°-Scheibe, indem man die Linie, die durch die Markierung 22,5 zu beiden Seiten des Pfeils geht, auf den jeweils untersuchten Punkt einstellt.

Stellen wir die Sonnenbogendirektion des MC für den Beginn des 25. Lebensjahres ein – in unserem Beispiel bei 23°00'. Der Pfeil der Scheibe wird auf den Punkt MC gesetzt und um genau 23° nach links gedreht. Wir erhalten folgendes Bild:

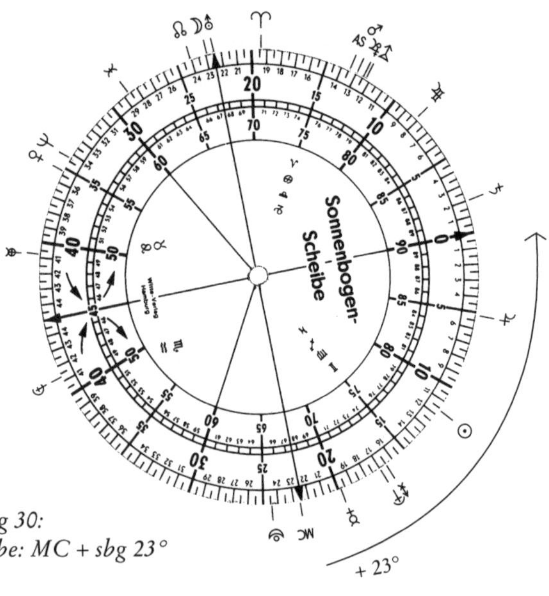

Abbildung 30:
90°-Scheibe: MC + sbg 23°

Nun sehen wir genau, daß für den Sonnenbogen von 23° das vorgeschobene Medium Coeli den Uranus fast erreicht hat. Uranus selbst steht in einer »Ecke« der Scheibe, in diesem Fall auf 22,5°. »Ecken« in diesem Sinn sind auch die Positionen von 0° und 45° Grad. Zugleich ist erkennbar, daß das vorgeschobene Medium Coeli den Saturn und ebenso die Halbsumme von Pluto/Poseidon erst bei einem Sonnenbogen von gut 25° erreichen wird. Allerdings gilt jetzt bei einem Sonnenbogen von 23°00', daß das vorgeschobene Medium Coeli die Halbsumme von Mondknoten und Pluto (jeweils bei 24,5° zu beiden Seiten des Pfeils) erreicht hat. In der Schreibweise der Hamburger Schule sieht dies folgendermaßen aus: ME_v = UR, M_v = KN/PL. Das kleine »v« steht für »vorgeschoben« und markiert, daß eine Sonnenbogendirektion des Medium Coeli gemeint ist. Mit Beginn des 25. Lebensjahres erwartet den Horoskopeigner also eine wichtige persönliche (MC) Veränderung (Uranus), die mit einer schicksalhaften Entwicklung (Pluto) im Bereich Bindung, Familie, Partnerschaft (Mondknoten) zu tun hat.

Nun kann man aber das Medium Coeli auf der Scheibe auch um 23° nach rechts drehen, also gegen den Tierkreis-Richtungssinn, und erhält wiederum verschiedene Halbsummenbeziehungen. Unmittelbar ist die Halbsumme von Uranus und Pluto ersichtlich (s. Abb. 31).

In der Hamburger Schule ermittelt man auf diese Weise diejenigen Planeten und Halbsummen, die, um den jeweiligen Sonnenbogen vorgeschoben, das Medium Coeli erreichen. Es gilt also auch: UR/PL_v = M. Eine plötzliche, ruckartige Veränderung (Uranus/Pluto) macht sich nun persönlich (MC) bemerkbar.

Bald nach Beginn des 25. Lebensjahres lernt der Horoskopeigner seine erste Frau kennen. Der starke Einbezug des Uranus läßt darauf schließen, daß diese Begegnung für den Horoskopeigner der Beginn einer größeren Veränderung gewesen ist. Noch im Jahr der Begegnung suchen die beiden Partner an ih-

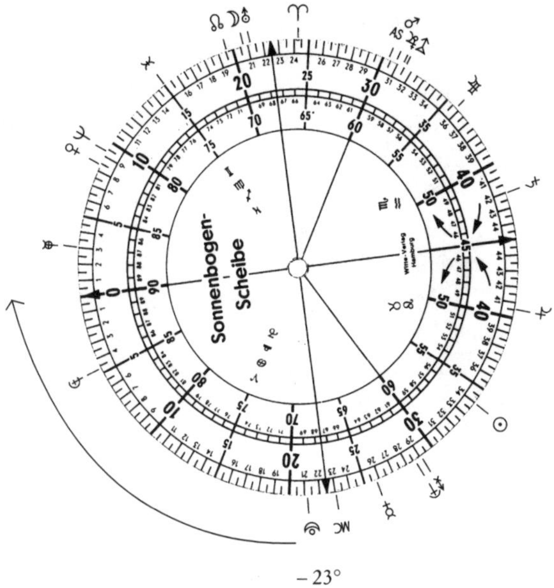

Abbildung 31: 90°-Scheibe: MC – sbg 23°

rem bisherigen Wohnort vergeblich eine Wohnung und ziehen schließlich in eine relativ weit entfernte Großstadtwohnung. Auch diese Situation können wir anhand der Sonnenbogendirektionen im Horoskop unseres Beispiels sichtbar machen. Nach den Erfahrungen der Hamburger Schule spielt die Verbindung von Aszendent und Cupido zumal in Wohnungs- und Familienangelegenheiten eine Rolle. Im Beispielhoroskop stehen Aszendent und Cupido verhältnismäßig dicht beieinander. Man stellt den Pfeil auf die Mitte genau zwischen die beiden beteiligten Faktoren und verschiebt die Scheibe von diesem Halbsummenpunkt aus um den Sonnenbogen nach links oder (wie in unserem Beispiel) nach rechts.

Neptun, um einen Sonnenbogen von etwa 23°45' vorgeschoben, erreicht die Halbsumme Aszendent/Cupido. Da wir bei dieser Untersuchung von der Halbsumme Aszendent/Cupido

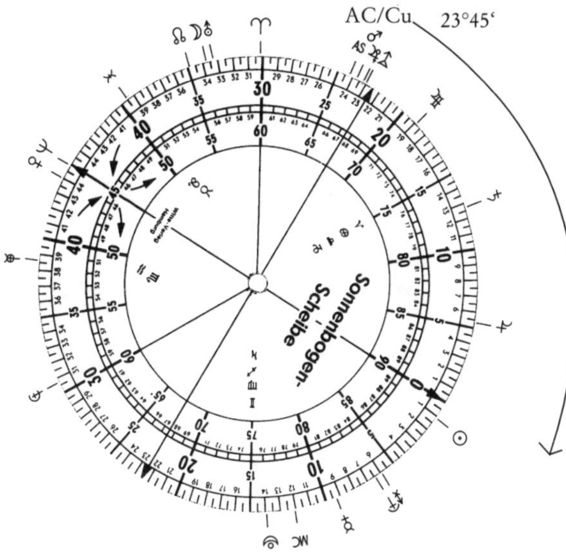

Abbildung 32: 90°-Scheibe: AC/Cu – sbg. 23°45'

ausgehen, drehen wir von diesem Halbsummenpunkt aus die Scheibe nach rechts und finden bei einem Sonnenbogen von etwa 23°45' den Neptun in einer »Ecke« stehen: Unklarheit und Verwirrung (Neptun) in Wohnungsangelegenheiten (Aszendent/Cupido).

Die 90°-Scheibe ermöglicht eine sehr genaue Untersuchung. In der Prognose betrachtet man für einen bestimmten Prognosezeitraum und die zugehörigen Sonnenbögen natürlich nicht alle theoretisch möglichen Planeten bzw. Halbsummenpunkte. In der Regel erhält man ein hinlänglich genaues Bild anstehender Entwicklungen, wenn man die Sonnenbogendirektionen der vier persönlichen Punkte MC, Aszendent, Sonne und Mond ermittelt und deutet. Selbst wenn man die indirekten Halbsummenbildungen in den »kleinen« Winkeln vernachlässigt, erhält man beispielsweise für einen Prognosezeitraum von drei

Monaten zwanzig und mehr Beziehungen. Für eine nach vorn hin offene Prognose reicht dies als astrologischer Aufweis von Tendenzen völlig aus.

Man kann zudem gezielt bestimmte Themen am Horoskop untersuchen. Nehmen wir an, jemand trägt sich mit Umzugsgedanken und möchte astrologisch untersuchen, ob eine anstehende Wohnungssuche erfolgreich ist bzw. welche Schwierigkeiten zu erwarten sind. Man stellt dann auf der Scheibe die Halbsumme Aszendent/Cupido ein und verschiebt sie um den aktuell geltenden Sonnenbogen nach links oder rechts. Dann sieht man, mit welchen Planeten (nämlich in den jeweiligen »Ecken«) oder mit welchen anderen Halbsummenbildungen die Halbsumme Aszendent/Cupido tatsächlich aktuell in Berührung kommt und deutet entsprechend.

Es empfiehlt sich, bei solchen Untersuchungen vor allem darauf zu achten, ob bei aktuellen Sonnenbogendirektionen ein weiterer Einzelfaktor die Halbsumme berührt oder von ihr berührt wird. Gegebenenfalls kann man auch noch die zugehörigen Summenpunkte und deren Direktionen in Betracht ziehen. In der Perspektive der Hamburger Schule muß die Halbsumme durch einen weiteren Faktor »ausgelöst« werden. Es ist aber wenig sinnvoll, mit Auslösungen von Halbsummen durch vorgeschobene Halbsummen zu arbeiten. Ganz nebenbei, das würde auch zu einer rasch ausufernden Unübersichtlichkeit führen.

Die Summenpunkte erschließen sich graphisch auf der 90°-Scheibe nicht unmittelbar. Man kann die Summenpunkte aber mit einer einfachen geometrischen Manipulation auch ohne Rechnung auf der 90°-Scheibe eintragen. Wir wollen den Summenpunkt Aszendent + Cupido bestimmen. Dazu stellen wir die Scheibe unseres Beispiels auf die Ausgangsposition, also den Pfeil auf den Widder- bzw. Krebspunkt. Wir nehmen nun die Distanz Widderpunkt bis Cupido auf der 90°-Scheibe in den Zirkel und setzen dann den Zirkel unverändert mit der Spitze auf den Punkt des Aszendenten. Von dort markieren wir mit der Bleistiftspitze des anderen Schenkels vom Zirkel auf der Zeichnung dieselbe Distanz und erhalten damit den Summenpunkt Aszendent + Cupido. Er ist etwa bei dem Gradpunkt 13 rechts vom Pfeil, also auf 17° eines der veränderlichen Zeichen. Genaues Nachrechnen führt auf knapp 17° Schütze.

Wie die klassische Astrologie arbeitet auch die Hamburger Schule mit *Sekundärdirektionen*. Diese werden jedoch dann in die Systematik der Halbsummenbildungen eingefügt. Beispielshalber betrachten wir hier die sekundär dirigierte Venus. Zu Beginn des 25. Lebensjahres befindet sie sich im Beispielhoroskop bei 13°17' Stier. Wir tragen die Sekundärdirektionen für das jeweils zu untersuchende Lebensjahr ebenfalls zusätzlich in die 90°-Zeichnung ein. Nachfolgend die Situation für die sekundär dirigierte Venus zu Beginn des 25. Lebensjahres, wobei der Pfeil der Scheibe auf die sekundäre Venus selbst eingestellt wird.

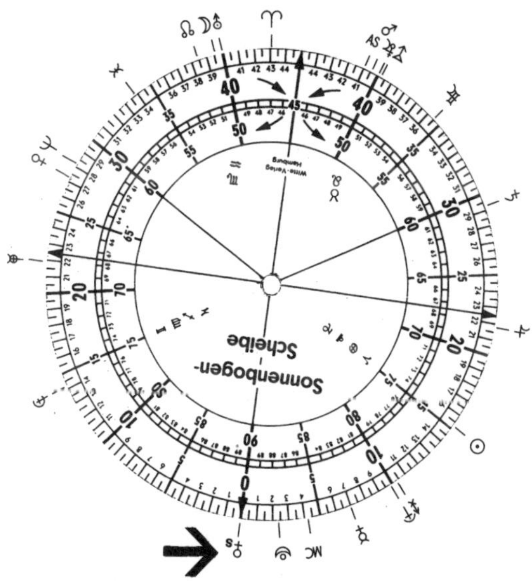

Abbildung 33: 90°-Scheibe: sek. Venus

Wiederum sehen wir sofort einige markante Halbsummenbeziehungen, die im laufenden 25. Lebensjahr gelten. Die sekundäre Venus steht in den Halbsummen Mond/Vulkanus, Mars/Uranus, aber auch noch in der Halbsumme Mond/Cupido. Die Faktoren sind auf der Zeichnung alle nahe bei 40° zu beiden Seiten des Pfeils auf der Scheibe zu finden. In der Schreibweise der Hamburger Schule wird der Befund dann folgendermaßen vermerkt: VE_s = MO/VU = MA/UR = MO/CU. In Partnerangelegenheiten (Venus) erwartet den Horoskopeigener eine innige (Mond/Cupido), gefühlsstarke (Mond/ Vulkanus), aber auch aufwühlene und eventuell verletzende (Mars/Uranus) Verbindung.

Lassen wir die sekundäre Venus etwas weiterrücken und folgen wir ihr mit dem Pfeil der Scheibe. Schon nach wenigen Monaten steht die sekundäre Venus in der Halbsumme von Sonne und Hades: Die Partnerschaft gerät in eine schwierige Situation und wird vom Horoskopeigner als Hemmung oder Unterdrückung, als Krise erfahren.

Entsprechend können in der Hamburger Schule auch Transite verwendet werden, zumal die langfristigen Transite der Langsamläufer und der Transneptun-Punkte. Sonnenbogendirektionen, Sekundärdirektionen und schließlich Transite machen den Bestand an prognostischen Techniken innerhalb der Hamburger Schule aus.

Wie schon erwähnt, datiert der Ausgangspunkt der Hamburger Schule aus der Zeit vor Beginn der *Revidierten Klassik*. Die filigrane Summen- und Halbsummentechnik, die Arbeit mit den Direktionen – dies alles verweist immer wieder auf eindeutig bestimmbare Punkte, auf bestimmte »Auslösungen«, mithin auf faßbare Zeitpunkte, die zu bestimmten Ereignisbildungen parallel laufen. Diese ereignisorientierte Philosophie schlägt sich auch in der Frage des Orbis nieder: die Hamburger Schule arbeitet mit möglichst geringen Orben, und es gibt Vertreter, die überhaupt keine Orben zulassen wollen. Tatsache ist, daß die Hamburger Schule bemüht ist, die Spielräume bei Sonnenbogendirektionen möglichst gering zu nehmen. Wenn man sich klarmacht, daß eine Sonnenbogendirektion pro Jahr etwa 1° weiterrückt, unbeschadet des »individuellen Sonnenbogens«, so ist klar, daß ein Lebensmonat etwa 5 Bogenminuten ausmacht. Wenigstens der idealen Theorie nach erwartet die Hamburger Schule, daß sich Sonnenbogendirektionen verhältnismäßig in dem Monat auslösen, in dem sie technisch fällig werden. Für Halbsummenbildungen im Geburtshoroskop gilt ein Orbis von 1° bis max. $1^1/_2$° um den exakten Halbsummenpunkt herum. Die starke Orientierung der Hamburger Schule am eindeutig bestimmbaren **Zeitpunkt** und die entsprechende Orientierung am punktuellen Geschehen, nämlich am »Ereignis« muß die Kritik jener Astrologen hervorrufen, die in der einen oder anderen Weise in der *Revidierten Klassik* oder an anderen astropsychologischen Varianten geschult sind. Wichtige Schriften der Hamburger Schule liefern solcher Kritik durchaus Munition. So wird im REGELWERK FÜR PLANETENBILDER in der Ausgabe von 1959 für die Kombination Mars/Kronos = Hades als Ereignisauslösung folgendermaßen gedeutet: *»Schädigung durch die Obrigkeit. Falsche staatliche Maßnahmen. Von der Staatsgesalt zurechtgewiesen oder umgebracht werden.«*[38] Derartige Deutungen lassen sich in dieser Ausgabe zur Genüge feststellen. Zwar wird auch 1959 dem Benutzer des damaligen Regelwerks geraten, die jeweiligen Konstellationen sorgfältig nachzuarbeiten und keineswegs wörtliche Deutungen zu übernehmen, doch kommt man auch als Astrologe, der der Hamburger Schule wohlwollend gegenübersteht, nicht an den oftmals sehr weitgehenden und direkt wahrsagerischen Aussagen des »Regelwerks« vorbei.

Schon in den vierziger Jahren schrieb Reinhold Ebertin, der zunächst selbst Anhänger der *Hamburger Schule* war und dann in der Abwendung von dieser sein eigenes System schuf, daß

38 Alfred Witte, Ludwig Rudolph, Friedrich Sieggrün und Hermann Lefeldt. *Regelwerk für Planetenbilder. (Hamburg 1959[5]) p.* 263.

das »Regelwerk« hinsichtlich der Prognose Gefahren zeige: *»Wenn zum Beispiel jemand in seinem Geburtsbild die Konstellation entdeckt: Jupiter = Mars/Hades mit der Deutung ›Selbstmord, gemeiner Mord, Aufregung oder Schaden bringende Tat‹, dann kann eine solche Aussage den Betreffenden in eine große Aufregung versetzen, die sich schließlich zu einer Angstvorstellung verdichten kann. Ich habe seinerzeit als Schriftleiter der Zeitschrift ›Mensch im All‹ viele Briefe erhalten, in denen die Frage gestellt wurde, ob wirklich damit zu rechnen sei, einmal durch Selbstmord zu enden. Das war die Folge davon, daß die Deutungen im Regelwerk in einer Form gegeben wurden, als seien unabänderlich, als sei das Schicksal in der angegebenen Richtung vorbestimmt. Gerade diese Erfahrungen bestärkten mich in der Ansicht, daß Regeln in dieser Form für eine wissenschaftliche Astrologie nicht tragbar sind.«*[39]

Auch heute noch steht die Hamburger Schule in der Gefahr, über ausgedehnten technischen Operationen und Berechnungen die Arbeit an Inhalten, die Arbeit an einem psychologisch tragbaren Beratungs- und Prognosekonzept der Astrologie zu vernachlässigen. Diese Gefahr ergibt sich nahezu zwangsläufig aus dem komplizierten Methodenarsenal der Hamburger Schule, mit dem man, wenn man damit nicht richtig umgeht, nahezu alles beweisen kann, und sie ergibt sich natürlich auch aus der grundsätzlichen ereignisorientierten Philosophie seit Anbeginn der Hamburger Schule. Es spricht aber sehr für die Hamburger Schule, daß sie selbst eine durchaus psychologische Wende versucht hat. Hier ist im wesentlichen auf die Schriften von Ruth Brummund hinzuweisen, vor allem auf ihren großen Versuch, eine Neufassung des REGELWERKS aus psychologischem Geist anzubieten. Die Arbeit von Ruth Brummund hat gezeigt, daß eine psychologische und auch psychoanalytische Arbeit mit den Transneptunpunkten, aber auch mit der Technik der Halb-

39 Reinhold Ebertin. *Kombination der Gestirneinflüsse.* (Freiburg 1986[13]) p.43.

summen- und Summenbildung grundsätzlich möglich ist. Ähnlich, wie es der klassischen Astrologie gelungen ist, einen Entwicklungsweg von der traditionellen, ereignisorientierten Astrologie zur psychologisch orientierten Astrologie der Revidierten Klassik zu nehmen, müßte es der *Hamburger Schule* im Prinzip möglich sein, innerhalb ihres eigenen Systems einen ähnlichen Weg zu bewältigen. Immerhin gibt es inzwischen einige Anwender der Hamburger Schule, die gerade in der Revidierten Klassik geschult sind und entsprechend mit dem Modell der Hamburger Schule arbeiten.

5.2. Willensfreiheit oder Determination: Hermann Lefeldt und seine Nachfolger

Die starke Ereignisorientierung am Beginn der Hamburger Schule und die ausgefeilte Technik, die scheinbar jedwede Ereignisbildung im individuellen Leben auch im Horoskop sichtbar machen kann, hat in der Tat zu einer Variante geführt, die der Versuchung erlegen zu sein scheint, das Horoskop als Bauplan für absolut jede Regung im menschlichen Individuum zu sehen und zu nutzen.

Was die Arbeit der Hamburger Schule zwischen den beiden Weltkriegen in Deutschland angeht, so ist bemerkenswert, daß sich sowohl Alfred Witte in seinen zahlreichen Aufsätzen als auch Ludwig Rudolph in seinem Grundlagenwerk LEITFADEN DER ASTROLOGIE im Blick auf die Grundfrage nach der Determination durch das Schicksal oder der Freiheit des Willens sehr zurückhalten. Zwar ließ und läßt die *Hamburger Schule* in ihren wichtigen Vertretern eine gewisse Nähe zur Theosophie erkennen, doch ist dies an und für sich überhaupt kein Anlaß, der Hamburger Schule von vornherein eine fatalistisch-deterministische Haltung zu unterstellen, wie sie möglicherweise dem einen oder anderen Vertreter der theosophisch orientierten traditionellen Klassik zu Beginn unseres Jahrhunderts zu eigen war. Hermann Sporner, wohl einer der besten Kenner und nebenbei der fruchtbarsten Autoren der Hamburger Schule, vermerkt in seiner Arbeit WITTES PLANETENBILDER + TRANSNEPTUNER = MODERNE ASTROLOGIE, daß astrologische Aussagen immer nur eine mehr oder weniger große Wahrscheinlichkeit haben können, nie aber eine Gewißheit. *»Wir dürfen daher immer nur von Tendenzen sprechen oder schreiben.«*[40] Die Annäherung auch der Hamburger Schule an eine psychologische Betrachtungsweise begünstigt natürlich eine nicht-fatalistische Perspektive auf die Astrologie überhaupt.

Hermann Lefeldt und seine Nachfolger liefern – im Rahmen einer Entwicklung der Hamburger Schule, die keineswegs von allen Anhängern geteilt wird und die darum als Sonderentwicklung bezeichnet werden muß – den Beleg dafür, daß die Hamburger Schule tatsächlich auch »fatalistisch« zu Ende gedacht worden ist. Historisch spielt Hermann Lefeldt in der Hamburger Schule durchaus eine sehr wichtige Rolle. Lefeldt (1899 – 1977) ist etwa eine Generation jünger als Witte und Sieggrün und ist zusammen mit Ludwig Rudolph der Hauptträger der *Hamburger Schule* in den fünfziger und sechziger Jahren. Lefeldt ist derjenige, der wesentlich die 5. Auflage des REGELWERKS von 1959 bearbeitet hat und aus Lefeldts Feder stammt auch die sogenannte METHODIK, eine umfassende Darstellung der Häuser-Lehre der Hamburger Schule. In der Einleitung zur METHODIK schreibt Lefeldt:

»Es möge an dieser Stelle auch ein Wort an die Hochschulpsychologen gerichtet sein. Wenn es möglich ist, anhand der Geburtsfigur das Bewußtsein zu zergliedern, dann verhält sich der Mensch zu seinen ›Sternen‹ nicht anders wie ein Radioapparat zum Sender. Das mag einem Theoretiker des freien Willens recht unglaubwürdig klingen, an den Tatsachen ändert

40 Hermann Sporner. *Wittes Planetenbilder + Transneptuner = moderne Astrologie.* (Hamburg, 1978) p. 130.

das nichts. Die Hochschulpsychologie ist unentwegt an der Arbeit, Psyche und Gehirn nebst Nervensystem zu zergliedern und zu erforschen, eines nur wird dauernd übersehen: der Sender, der das Ganze erst zum Klingen bringt. Die Hochschulpsychologen sind einem Menschen zu vergleichen, der fortwährend einen Radioapparat untersucht, um zu erfahren, woher eigentlich der Ton kommt und dabei keine Ahnung von der Existenz des Senders hat. Nach einem Wort des verstorbenen Prof. Deuchler ist die Astrologie ein ›exaktwissenschaftlicher Faktor der Psychologie‹. Es erhellt aus diesen Tatsachen aber auch, daß, wenn sogar die Gedanken exakt bestimmbar sind, es keinen freien Willen geben kann. Diejenigen, welche nicht müde werden zu behaupten, sie könnten denken und tun, was sie wollen, übersehen leider, daß eben das, was sie ihre Gedanken und ihre Taten nennen, nicht ihr Eigentum sind, sondern ihnen schon schicksalhaft gegeben waren. Wir sind metaphysisch restlos unfrei, psychologisch sind wir frei, d.h. wir handeln in dem Glauben, als wenn die Gedanken und Handlungen aus uns selber kämen.

Beim Schreiben dieser Sätze höre ich schon den Einwand, daß wir aber doch wenigsten eine Wahlfreiheit hätten. Wer das meint, beweist damit, daß er hier nicht zu Ende gedacht hat. Wahlfreiheit setzt voraus, daß ich die Folgen meiner Wahl bis ans Ende zu überschauen vermag, und das können wir nicht. Wenn wir es könnten, wäre es nämlich die so heiß ersehnte Willensfreiheit. Darum ist auch die sogenannte Wahlfreiheit nur ein blindes Greifen.«[41]

Lefeldt vertieft dann seine Überlegungen mit der angeblichen technischen Überlegenheit der Hamburger Schule, wonach es nun möglich sei, über das ungefähre astrologische Urteil der klassischen Astrologie hinaus zu gelangen zu einem sicheren astrologischen Urteil, das aber eben nur mit der Hamburger

41 Hermann Lefeldt. *Methodik der Astrologischen Häuser und Planetenbilder, Band 1.* (Hamburg, 1962) p. 18.

Schule erreicht werden könne. »*Mit welchen Mitteln arbeitet man hier?*«, so fragt Lefeldt gegenüber der klassischen Astrologie: »*Es sind einige Planeten, ein Dutzend Zeichen und Häuser und einige Aspekte. Damit kann man sogenannte Grobschmiedearbeit machen. Die dann ganz natürlich sich ergebenden Ungenauigkeiten werden auf das Konto freier Wille gebucht statt auf das Konto grobschlächtiges und ungenaues Werkzeug. Weil meine Seele so ist, wie sie ist, kann ich auch nicht aus meinem Schicksal heraus, lebe aber auch in diesem Schicksal wie in meinem eigenen Hause.*«[42]

Als Erbe des Gedankengutes von Lefeldt kann der Astrologe Karsten F. Kröncke; betrachtet werden, dem hauptsächlich zu verdanken ist, daß die *Hamburger Schule* auch in Süddeutschland verhältnismäßig festen Fuß gefaßt hat. Kröncke betreibt in Freiburg im Breisgau ein »Institut für Astrologie«, dem übrigens eine der besten astrologischen Privatbibliotheken angeschlossen ist. Zu dem Astrologen-Kreis um Karsten F. Kröncke gehört auch der Astrologe und Verleger Uwe Lehrian, in dessen Verlag eine Reihe von Hilfsmitteln und Büchern erschienen sind. Wiederum in naher Verbindung mit dem Kreis um Karsten F. Kröncke steht der Realschullehrer Jörg Heyse, der in Bonndorf im Schwarzwald regelmäßig hochqualifizierte Arbeitstreffen von Astrologen und Interessierten abhält, die nach dem Modell der Hamburger Schule arbeiten.

In rein technischer Hinsicht lassen sich zwischen der Hamburger Schule, wie sie in Hamburg selbst gelehrt wird, und der Variante, wie sie heute hauptsächlich durch Karsten F. Kröncke und seinen Kreis vertreten wird, wenig Unterschiede ausmachen. Der Hauptunterschied ist eigentlich, daß Karsten F. Kröncke und sein Umfeld gänzlich auf die Anwendung der 90°-Scheibe verzichten und sehr viel stärkeres Gewicht auf die Deutung der astrologischen Häuser legt. Unter anderem wird

42 Hermann Lefeldt. *Methodik der Astrologischen Häuser und Planetenbilder, Band 1.* (Hamburg, 1962) p. 18

auch die Plazierung von Halbsummenpunkten in einzelnen Häusern gedeutet. Dies freilich kann man nur auf der 360°-Scheibe erkennen.

Jene starre Ablehnung der Willensfreiheit, wie Hermann Lefeldt sie in seiner METHODIK niedergeschrieben hat, kann man dem Kreis um Karsten F. Kröncke heute nicht mehr unterstellen. Wohl aber ist die astrologische Arbeit dort stark auf das Finale ausgerichtet; entsprechend werden Deutung und Forschung betrieben. Als eine der wichtigen Voraussetzungen der Astrologie wird dort formuliert, daß im Erkenntniszusammenhang der Astrologie *»sich Ziele (verwirklichen). Ziele sind bereits im Anfang einer Sache, Angelegenheit oder Person angelegt. Diese Zielgerichtetheit oder Zweckrichtung heißt ›Finalität‹.«*[43] Dieses finale Denken wird in dem Kreis um Kröncke verknüpft mit einer wissenschaftlich-experimentellen Grundhaltung: *»Wenn im Horoskop eines Kaufmannes die Planetenkonstellation ME + JU = MC + MA beobachtet werden kann, ist es möglich, in einer beliebigen Zahl von Kaufmann-Horoskopen diese Formel nachzuweisen. Es läßt sich somit voraussagen, daß im Horoskop von Kaufleuten die Planetenkonstellation ME + JU = MC + MA zu finden ist.«*[44] Das Denken in Formeln könnte gegebenenfalls einen wissenschaftlichen Zugriff auf die Astrologie, eine mögliche wissenschaftliche Beweisführung zugunsten der Astrologie fördern; in Verbindung mit der Grundidee der Finalität aber gerät das Denken in Formeln möglicherweise rasch wieder zu einer Begünstigung eines deterministischen Denkens, das aufgrund einer astrologischen Konstellation oder »Formel« nur allzu schnell und ohne den Versuch eines psychologischen Verstehenwollens ein »so und nicht anders« postuliert.

43 Karsten F. Kröncke. *Der gedankliche Aufbau der Astrologie: Am Beispiel der Auswertungsmethode der Hamburger Schule.* (Freiburg, 1982) p. 81.
44 ebenda p. 84

6. Die Kosmobiologie Reinhold Ebertins

Mit dem Namen Reinhold Ebertin verbindet sich eine eigene astrologische Schulrichtung, die zwischen der Hamburger Schule und der klassischen Astrologie steht. Reinhold Ebertins Mutter, Elsbeth Ebertin, war der traditionellen klassischen Astrologie verpflichtet. Seine erste astrologische Ausbildung erhielt Reinhold Ebertin (1901 – 1988) denn auch bei seiner Mutter. In den Zwanziger Jahren wandte er sich dann ganz, nämlich auch in beruflichem Sinne, der Astrologie zu – damals kein geringes Wagnis. Ebertin betrieb ein Ladengeschäft mit astrologischer Literatur, führte astrologische Beratungen durch und brachte in seinem eigenen Verlag, dem »Regulus-Verlag«, eine Reihe von Büchern heraus. Seit 1928 erschien die von ihm redigierte Zeitschrift KOSMOBIOLOGIE. Sehr früh wurde Ebertin bekannt durch ein lebensnahes, in prägnanten Stichworten geschriebenes Büchlein der Transit-Deutung, das die praxisbezogene Orientierung seines Verfassers zeigt.

Man darf sagen, daß Reinhold Ebertin gerade durch seine frühe professionelle Hinwendung zur Astrologie Pioniergeist bewies, der sich recht prägend auf die ihm nachfolgenden Generationen von Astrologen auswirkte. Früh hat Ebertin durch schriftstellerische, verlegerische und beratende Tätigkeit die gesellschaftlichen und auch pekuniären Möglichkeiten seines Faches ausgelotet, und er bewies lebenslang durch Fleiß und Aktualität seine professionelle Grundeinstellung. Ganz unabhängig von einer fachlichen Bewertung Ebertins und seiner

Systematik kann Reinhold Ebertin gerade im Blick auf seine Professionalität auch heute noch als Vorbild dienen.

Seinem Naturell nach war Ebertin kein astrologischer Forscher, der es womöglich darauf angelegt hätte, mit einer eigenen »Findung« zu glänzen oder die Theorie der Astrologie voranzutreiben. Doch gerade aufgrund seines ausgeprägten Praxisbezugs war Ebertin sich der methodischen und wissenschaftlichen Fragen der Astrologie sehr bewußt. Die wissenschaftstheoretische Diskussion freilich überließ er anderen, doch wirkte er auch hier als Kommunikator und Integrator, denn nach dem Zweiten Weltkrieg gehörten die von Ebertin regelmäßig veranstalteten »Kosmobiologischen Arbeitstagungen« in Aalen nahezu zu einem Muß für den forschenden Astrologen.

Es spricht für Reinhold Ebertin, daß er, der traditionell ausgebildete klassische Astrologe, zur völlig anderen Systematik der Hamburger Schule fand. In den Zwanziger Jahren jedenfalls bekannte sich Ebertin zur Hamburger Schule und tat viel dafür, deren Schriften und insbesondere das REGELWERK zu verbreiten. In den dreißiger Jahren freilich rückte Ebertin von der Hamburger Schule wieder ab. Der Grund lag nicht so sehr in den durchaus radikalen Neuerungen der »Hamburger«, sondern in der Art und Weise, wie die Hamburger Schule Deutung betrieb. Außerdem lehnte Ebertin seit den dreißiger Jahren auch die Transneptun-Punkte ab, deren Findung eben nicht auf astronomischem Wege durch Sichtung oder dergleichen erfolgt war, sondern durch Vergleich von Horoskopen und Lebensereignissen. Wichtig dürfte auch sein, daß Ebertin selbst eine ganze Generation jünger war als Alfred Witte und Friedrich Sieggrün, die »Altvorderen« der *Hamburger Schule*. Ebertin hatte die Revision der klassischen Astrologie mit ihrer weit vorsichtigeren und psychologisch orientierten Deutung sehr viel näher an sich herankommen lassen als die Vertreter der Hamburger Schule, die ihre Systematik noch ganz im Geist der alten ereignisorientierten Astrologie aufgebaut hatten.

6. 1. Das System Reinhold Ebertins

In seinem Buch KOMBINATION DER GESTIRNEINFLÜSSE, das wohl als Ebertins Hauptwerk zu bezeichnen ist, heißt es: »*Um nun den Unterschied zwischen Wittes und meiner Deutungsmethode klar herauszustellen, ist eine kurze Betrachtung über Regel und Kombination angebracht. Greifen wir das Beispiel Saturn/Uranus heraus, wozu Witte ohne jede weitere Begründung und Erklärung die Deutung gibt ›plötzliche Trennung‹. Setzen wir für Saturn = Hemmung, für Uranus = plötzliche Erregung, so entwickelt sich daraus Saturn/Uranus = seelische Spannung. Dieser entsprechen innere Reizbarkeit, nervöse Unruhe, Auflehnung, Freiheitsdrang (um sich aus der gegebenen Lage zu befreien). Als Auslösungsmöglichkeiten können nun angenommen werden: Beunruhigung der Umwelt, Trennung, Gewaltmaßnahmen usw. Daraus ergibt sich dann folgendes Bild:*

Kombinationsdeutung nach Ebertin

Kosmische Konstellation:

Saturn/Uranus

Prinzip:

Saturn = Hemmung
Uranus = Plötzliche Erregung

Psychologische Entsprechung:

Saturn/Uranus = Seelische Spannung

Psychologische Auslösung:

Reizbarkeit *Nervosität* *Auflehnung* *Freiheitsdrang*

Beunruhigung der Umwelt *Trennung* *Gewaltanwendung*

Regeldeutung nach Witte

Kosmische Konstellation:

Saturn/Uranus

Prinzip:

?

Psychologische Entsprechung:

?

Psychologische Auslösung:

?

Ereignismöglichkeiten:

Plötzliche Trennung«[45]

Ebertin verkannte nicht, daß sich beim metagnostischen Arbeiten, etwa bei der Geburtszeitkorrektur, Wittes REGELWERK sehr gut bewährt habe. Aber für deutende und vor allem prognostische Arbeiten hatte Ebertin recht klar auf den wunden Punkt im REGELWERK der *Hamburger Schule* hingewiesen.

Ebertin unterscheidet in der »psychologischen Entsprechung« einer Konstellation nach positiven und negativen Realisierungen. Außerdem gibt er spezielle Deutungen für die Konjunktion zweier Faktoren an. Dies tut übrigens auch Thomas Ring in seiner ASTROLOGISCHEN MENSCHENKUNDE. Für Ebertins Beispiel »Saturn/Uranus« liest sich das in der KDG – so die in der astrologischen Fachwelt gebräuchliche Abkürzung von Ebertins Hauptwerk – folgendermaßen:

»*+ Jeder Lage gewachsen sein, Kraft zum Durchhalten, Ausdauer, Unermüdlichkeit, Willenskraft, Entschlossenheit.*

– Ungewöhnliche seelische Spannungen, Reizbarkeit, seelische Konflikte, Auflehnung, Freiheitsdrang, herausforderndes Verhalten, Gewalttätigkeit.

45 Reinhold Ebertin. *Kombination der Gestirneinflüsse.* (Freiburg 1986[13]) p. 43f.

K Eigenwilligkeit, Zähigkeit, Hartnäckigkeit, starke seelische Spannungen.«[46]

Dabei steht »+« für positive »–« für negative Realisierungsmöglichkeiten, »K« speziell für die wahrscheinliche Deutung bei gegebener Konjunktion der einzelnen Faktoren.

Ebertin hat seine Deutung so dargestellt, daß sowohl der klassisch orientierte Astrologe, der mit Aspekten arbeitet, als auch der Astrologe, der mit Halbsummen umgeht, die jeweilige »Kombination« anzuwenden weiß. Die Weise der Darstellung, die klaren Zuschreibungen – dies belegt, wie sehr Ebertin sich an der Praxis astrologischer Beratung und Gutachtertätigkeit orientierte. Sein Ziel war, daß die KdG letztlich universal von allen speziellen Schulrichtungen und Technikvarianten benutzt werden könnte – sowohl für die Deutung des Grundhoroskops wie auch für die Prognose.

Ebertin beläßt es aber nicht bei der stichwortartigen Ausfeilung einer psychologischen Entsprechung. Auch »biologische« und »soziologische« Entsprechungen werden von ihm mitgeteilt. Dabei sind die biologischen Entsprechungen meist auch anatomische und allgemeine medizinische Deutungen. In diesem Zusammenhang sei bemerkt, daß Ebertin auch als Heilpraktiker tätig war und in der Ausübung seiner astrologischen Arbeit stets besonderes Augenmerk auf die astromedizinischen Zusammenhänge legte.

Für die Kombination von Saturn und Uranus gibt Ebertin als soziologische Entsprechung »Gewaltmenschen« an und vermerkt in einer Fußnote noch ausdrücklich, daß diese Zuschreibung erst dann korrekt sei, wenn sie im Horoskop durch andere Faktoren bestätigt werde. Die biologische Entsprechung lautet folgendermaßen:

»Rhythmushemmungen, Herzblock, Cheyne-Stockes' Atmen. – Arhythmien. – Gliederverlust durch plötzliche Einwirkung

46 Reinhold Ebertin. *Kombination der Gestirneinflüsse.* (Freiburg 1986[13]) p. 194.

(nur im Sinne einer chronische Erkrankung), Operationen, bei denen etwas weggenommen wird (Darmresektion, Milzexstirpation, Amputation usw.).«[47]

Ebertin wollte mit seiner Arbeit weder originell noch gar »erfinderisch« sein, wie oben schon angedeutet. Seine Verdienste liegen in der sorgfältigen Deutung des Horoskops, bei der er realistisch und pragmatisch verschiedene Ebenen des Lebens unterstellt. Nicht ein Stichwort oder ganz wenige Stichworte, wie sie die *Hamburger Schule* in ihrem Regelwerk gibt, waren Ebertin wichtig, sondern die Herstellung eines Bezuges zu den unterschiedlichen Lebensdimensionen und der Aufweis eines jeweils spezifischen Begriffes. Man könnte nun Ebertin vorwerfen, daß er sich nicht an einer ausgefeilten psychologischen oder soziologischen Deutung versucht hat, wie es Klöckler und Thomas Ring für die *Revidierte Klassik* getan haben. Ebertin beläßt es eben bei Stichworten. Man kann das bedauern, und man sollte auch nicht die Gefahr verkennen, die in der bloßen Angabe von Stichworten liegt, ohne daß ein psychologischer oder medizinischer Hintergrund ausgeschildert wird. Andererseits entspricht es der pragmatischen und praktischen Grundhaltung Ebertins, sozusagen eine rasche und gezielte Deutungshilfe anzubieten. Im übrigen betont auch Ebertin ganz im Sinne einer modernen Astrologie, daß die gegebenen Stichworte seiner KdG keineswegs die eigene deutende und kombinierende Arbeit am Horoskop ersetzen, daß die gegebenen Stichworte nicht etwa als unverrückbare »Übersetzungen« bestimmter Kombinationen zu verstehen sind.

Ebertin übernimmt von der Hamburger Schule die Halbsummentechnik, läßt aber im übrigen die Summenpunkte unberücksichtigt. Auch Ebertin arbeitet mit indirekten Halbsummen, beläßt es aber bei einer Achtelung des Gesamtkreises, d.h. er geht nicht hinunter auf den kleinen Winkel von 22,5° als

47 Reinhold Ebertin. *Kombination der Gestirneinflüsse.* (Freiburg 1986[13]) p. 194.

»kleinste Einheit«, sondern nimmt den 45°-Aspekt als Einheit, also das der Klassik bekannte Halbquadrat. Wie auch die Hamburger Schule, arbeitet Ebertin mit den Sonnenbögen, verzichtet aber auf die Berechnung des individuellen Sonnenbogens. Statt dessen berechnet er den sogenannten »mittleren Sonnenbogen«. Diesen erhält man folgendermaßen: Für das vollendete 45. Lebensjahr wird der individuelle Sonnenbogen berechnet, so wie wir es im Abschnitt über die Hamburger Schule gesehen haben. Das 45. Lebensjahr gilt Ebertin als Halbzeit einer ungefähren Lebenserwartung. Aus dem für das vollendete 45. Lebensjahr berechneten individuellen Sonnenbogen wird nun durch Teilung mit 45 der jährliche mittlere Sonnenbogen ermittelt.

Für unser Horoskopbeispiel gilt: Am 20. Mai 1950 um 0:00 Uhr Weltzeit steht die Sonne bei 28°25'04" Stier; am 4. Juli 1950, also 45 Tage später, ebenfalls um 0:00 Uhr Weltzeit steht die Sonne bei 11°27'21" Krebs. Die Differenz entspricht dem Wert von 43°02'17". Teilt man diese Differenz der beiden Gradwerte, also 43°02'17" durch die Anzahl der Jahre bzw. Tage, also durch 45, so erhält man genau 0°57'23" als jährlichen mittleren Sonnenbogen, also einen Wert von etwa 57 $^1/_2$ Bogenminuten. Ebertin und seine Schüler haben Tabellen entwickelt, aus denen sich der mittlere Sonnenbogen für jeden Geburtstag mühelos ablesen läßt.

Eine Besonderheit des Ebertin-Systems ist die grundsätzliche Ablehnung der Häuser. Der »Häuserstreit« in der klassischen Astrologie und die oft unterschiedlichen Häusersysteme in den einzelnen astrologischen Schulen waren für Ebertin Anlaß, einen radikalen Schnitt zu machen: Er läßt die Zwischenhäuser ganz weg und zeichnet AC und MC nur als Punkte ein. In der Deutung des Horoskops beschränkt Ebertin sich also auf Zeichenstellung von Planeten, auf klassische Aspektbildungen und auf die direkten und indirekten Halbsummen bis hinunter zum indirekten Halbsummenwinkel von 45°. In diesem Zusammenhang ist bemerkenswert, daß Ebertin auch die klassischen

Aspekte gelten läßt. Ebertin hat übrigens von der Hamburger Schule auch die 90°-Scheibe übernommen, die er als *90°-Kreis* fest um das Geburtsbild herumlegt. Auf diesem 90°-Kreis werden die Planetenpositionen nach demselben Verfahren eingezeichnet (die ersten 30 Grade die Zeichen Widder, Krebs, Waage, Steinbock, die Grade 30 – 60 die Zeichen Stier, Löwe, Skorpion, Wassermann und die Grade 60 – 90 die Zeichen Zwillinge, Jungfrau, Schütze, Fische). Dazu Ebertin:

»Der Tierkreis von 360° bildet selbstverständlich auch weiter die Grundlage für unsere Untersuchungen. Der 90°-Kreis ist dagegen als ein Rechenkreis anzusehen. Er ist in den Formularen um den Tierkreis herumgelegt und bildet in Verbindung mit der Rechenscheibe die Grundlage für alle Berechnungen, z.B. Aufsuchen der wesentlichen Aspekte, Feststellen der Halbsummen, Berechnung der Sonnenbogen-Direktionen. Die große Erleichterung liegt vor allen Dingen darin, daß die Konjunktionen, Quadrate und Oppositionen der Gestirne auf die gleichen Grade fallen und jeweils die Halb- und Anderthalbquadrate genau gegenüberliegen.«[48]

Ebertin vermeidet den Begriff Horoskop und spricht bevorzugt vom Kosmogramm. Ähnlich wie die Hamburger Schule legt er den Tierkreis so, daß 0° Krebs, als höchster Stand der Sonne im Jahr, immer nach oben zeigt. Mars steht innen im Quadrat zum Aszendenten, im äußeren Ring stehen sie daher auch zusammen. Unser Beispiel nach dieser Methode gezeichnet, sehen Sie auf Seite 278.

Ebertin bezieht in seine Untersuchungen mitunter auch die *Deklinationen* ein. Wenn zwei Gestirne eine annähernd gleiche Deklination aufweisen, also gleich weit vom Himmelsäquator entfernt sind, so spricht man von Parallelen oder einem Parallel-Aspekt. Dabei ist es gleichgültig, ob die Planeten eine nördliche oder südliche Deklination aufweisen. Überdies hat Ebertin eine

48 Reinhold Ebertin. *Mensch im All: Einführung in die Technik der Kosmobiologie.* (Aalen 1974) p.54.

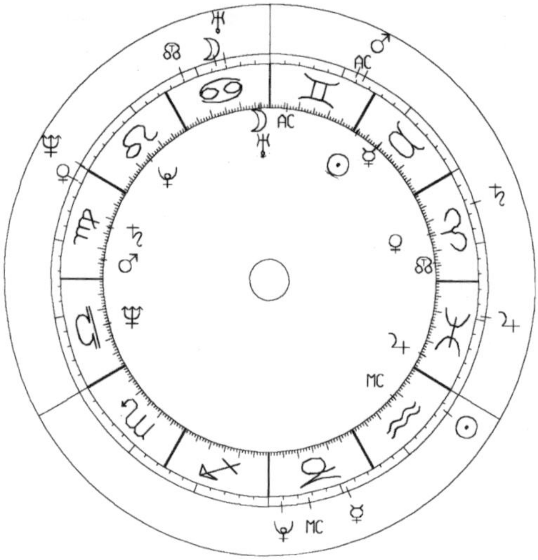

Abbildung 34: Kosmogramm nach Ebertin (mit 90°-Kreis außen)

graphische Ephemeride entwickelt, die sogenannte 45°-Ephemeride, welche für Konstellationen, und vor allem für Planetentransite einen schnellen Überblick erlaubt. Neben den Jahresdiagrammen gilt dies vor allem für die Lebensdiagramme. Mit diesen verfolgte Ebertin den Zweck, einen Überblick über längere Lebensperioden (30 oder 60 Jahre) zu erlangen. In der Form der Lebensdiagramme können verschiedene astrologische Techniken, also Transite, Progressionen oder Direktionen übersichtlich dargestellt werden.

Das System von Ebertin läuft auf eine Mischung von Methoden einerseits und eine Vereinfachung von Techniken andererseits hinaus, und es ist überdies eine »Mischkalkulation« zwischen traditioneller und revidierter Klassik und der Hamburger Schule. Von einem puristischen Standpunkt aus ist die Vermischung von Techniken aus ganz unterschiedlichen Systemen, ist aber auch die Vereinfachung, die Ebertin sich z.B. mit dem mittleren Sonnenbogen leistet, unannehmbar. Die Vermischung und

Vereinfachung von Techniken unterschiedlicher Herkunft halte ich persönlich für bedenklich, weil ein solches Vorgehen der jeweiligen Technik und der jeweiligen Schule, aus der eine Methode stammt, nicht wirklich gerecht wird. Unannehmbar erscheint eigentlich auch, daß Ebertin die »Häuserfrage« radikal durch Nichtbefassung entscheidet.

Ebertin geht im Grunde eklektizistisch vor; er wählt aus verschiedensten Schulen und Techniken das, was ihm am ehesten zu passen scheint, was ihn seine Aufgabenstellungen und seine Beratungsziele am besten erreichen läßt. Ein solches Vorgehen läßt sich durchaus pragmatisch rechtfertigen, und die Praxis, in der Ebertin recht erfolgreich gewesen ist, gibt ihm zunächst einmal recht. Pragmatisch ist Ebertin auch da, wo er, wie z.B. in der »Häuserfrage«, von vornherein einem Grundlagenstreit zu vermeiden sucht. Andererseits macht die nur pragmatische und eklektizistische Vorgehensweise von Ebertin sein ganzes System, das eben gerade nicht systematisch begründet ist, anfällig für weitere Veränderungen und Vermischungen, durch die letztlich das Spezifische des Ebertin-Systems selbst jedwede Kontur verliert.

Von bleibender Bedeutung dürften allerdings Ebertins Forschungen im gesundheitlichen und astromedizinischen Bereich sein. Nicht umsonst vermeidet Ebertin häufig den Begriff der »Astrologie« und spricht vorzugsweise von *Kosmobiologie*, um den physiologischen Bezug seiner Arbeit zu betonen.

Schon Elsbeth Ebertin hatte über die körperbezogene Bedeutung der einzelnen Tierkreisgrade geforscht. Aus den von seiner Mutter nachgelassenen Manuskripten zu diesem Thema und aufgrund eigener Forschungen publizierte Ebertin seine ANATOMISCHE ENTSPRECHUNGEN DER TIERKREISGRADE Bekanntlich gibt es in der Astrologie die große Zuordnung des Tierkreises zum Körper. Widder entspricht Kopf, Stier dem Hals (Rachen) bzw. Nacken, Zwillinge den Armen und Händen bzw. der Lunge usw. bis hin zu dem Fischen, welche die Füße des Menschen regieren. Die einzelnen Körperregionen wurden durch Ebertins

Arbeit gleichsam unter die Lupe genommen, einzelne Stellen innerhalb einer jeweiligen Region konnten einen bestimmten Grad innerhalb des zugehörigen Tierkreiszeichens zugeordnet werden. Aus Ebertins Forschungen heraus entwickelte dann Fritz Brandau die sogenannte »Organuhr«.

In unserem Beispielhoroskop können wir zunächst auch mit den Ebertin-Forschungen das klassische Bild zugrundelegen. Mögliche Krankheitsdispositionen im Horoskop sind vorwiegend durch das 6., 8. und eventuell auch das 12. Haus angezeigt, außerdem gegebenenfalls durch Saturn- und Neptunverbindungen. In unserem Geburtsbild fällt sofort die Besetzung des 12. Hauses und der dominant stehende Neptun auf (Trigon zum Medium Coeli). Denkbar sind latente oder offene Suchtgefährdungen mit entsprechenden gesundheitlichen Folgen, zumal die Sonne im Genußzeichen Stier steht. Neptun an sich freilich ist nicht schlecht konstelliert; außerdem sind im 12. Horoskophaus keine sogenannten »Übeltäter«. Man könnte somit vermuten, daß eventuelle Suchtgefahren rechtzeitig erkannt werden oder daß der Horoskopeigner zumindest versucht, mit Suchtbildungen verantwortlich umzugehen. Gleichwohl wäre in einer Beratung eine Warnung vor übermäßigem Genuß von Alkohol und sonstigen Genuß- und Suchtmitteln angebracht.

In der Arbeit mit Ebertins anatomischen Entsprechungen bzw. mit Brandaus Organuhr legt man eine solche Gesamtanalyse nach der klassischen Astrologie mit zugrunde. Zusätzlich aber beschäftigt man sich nun mit den genauen Positionen der sogenannten »Übeltäter«, also den Positionen von Mars, Saturn, Uranus, Neptun und Pluto. Hier überprüft man die Tierkreispositionen und die zugehörigen anatomischen Entsprechungen. Dasselbe gilt für die persönlichen Punkte Sonne, Mond, Aszendent und MC.

Wir finden Mars im 24. Grad Jungfrau – *»Knorpel und Sehnen der Leber«* – vermerken die anatomischen Entsprechungen. Saturn ist im 13. Grad Jungfrau: *»Leberarterien«*, heißt es hierzu in den anatomischen Entsprechungen. Uranus im 3. bzw. 4.

Grad Krebs: »*Gesichtssinn, 9. Rippe*«; Neptun im 14. bzw. 15. Grad Waage: »*linke bzw. rechte Leistendrüse, Schlaganfälle*«.

Die Sonne im 29. Grad Stier im sogenannten »Plejadenpunkt« markiert ebenfalls den Gesichtssinn. Die Zuschreibung hier ist traditionell: der »Plejadenpunkt« soll häufiger Erblindung begünstigen. Mit den »anatomischen Entsprechungen« wird immerhin zweimal etwas über die Leber ausgesagt, zweimal ist auch der Gesichtssinn angesprochen. Der Bezug zur Leber mag dann im Zusammenhang mit der latent gegebenen Suchtgefährdung von größerer Bedeutung sein.

Die Ebertin-Schule untersucht in Bezug auf den Körper überdies bestimmte Halbsummenbildungen. »Saturn/Neptun« beispielsweise wird als das langwierige chronische Übel gedeutet. In unserem Beispiel steht die Halbsumme von Saturn und Neptun bei 28°45' Jungfrau bzw. 28°45' Fische. Die »anatomischen Entsprechungen« deuten den 29. Grad Jungfrau wiederum in Bezug auf die Leber. Im Geburtshoroskop ist diese Halbsumme jedoch nicht direkt oder indirekt besetzt. Zwar stehen Pluto und MC in der Nähe des 45°- bzw. 135°-Winkels zu diesem Halbsummenpunkt. Aber auch die Ebertin-Schule geht lediglich mit sehr engen Orben um, und so kommen Pluto und MC für diese Halbsumme nicht mehr in Betracht. Wohl aber behält man eine solche Halbsumme da im Auge, wo ein stationärer Transit oder eine Direktion diesen Punkt anregt. Im Zusammenhang mit den beiden anderen leberbezüglichen Gesundheitsindikationen und im Zusammenhang mit der Gesamtsituation kann dann dieser Punkt schon eine größere Bedeutung erlangen.

Reinhold Ebertin hat mit seinem Buch STERNE HELFEN HEILEN ein Standardwerk der Astro-Medizin verfaßt, das sich seit vielen Jahren bewährt hat und das neben seiner KOMBINATION DER GESTIRNEINFLÜSSE mit zu den besten und damit bleibenden Erträgen des Ebertin-Systems gehört. Trotzdem muß man kritisch vermerken, daß hier wiederum, ähnlich wie in der Hamburger Schule, verhältnismäßig feste und eventuell starre Zuschreibungen für ganz bestimmte Tierkreisgrade und Konstellationen gegeben werden. Mehr noch als in der übrigen Astrologie zeigt die Horoskopsituation auf dem Gebiet der Astro-Medizin lediglich eine Disposition an, die konkret zum Austrag kommen kann, aber keineswegs kommen muß. Ebertin selbst freilich betont, daß die astrologischen Entsprechungen zu Körperregionen und zu Krankheiten die ärztliche Diagnose nicht ersetzen können. Wichtig ist also vor allem, daß die Astro-Medizin, auch und gerade in der Ausfeilung, wie Reinhold Ebertin und Fritz Brandau sie versucht haben, nicht von medizinischen Laien ausgeübt wird. Denn hier kann durch allzu konkrete Zuschreibung anstelle einer genauen medizinischen Diagnose unnötige Angst erzeugt werden.

6.2. Die Entwicklung seit den achtziger Jahren

Die Systematik von Ebertin hat sich ab den fünfziger Jahren verhältnismäßig stark ausgebreitet. Dazu haben zunächst einmal die schon erwähnten »Kosmobiologischen Arbeitstagungen« seit 1949 beigetragen, die Ebertin selbst alljährlich in Aalen veranstaltete. Studienzirkel und Gruppen, die das Ebertin-System praktizierten, bildeten sich auch in Übersee. Die ›Kosmobiologische Akademie Aalen‹ wurde als Organisation eingerichtet, um die Forschung im Ebertin-System und dessen Verbreitung zu unterstützen. Sie ist zugleich der Fachverband für die nach der Ebertin-Methode arbeitenden Astrologen.

Noch bevor Reinhold Ebertin 1988 starb, traf man im Ebertin-System eine Entscheidung zugunsten eines ganz bestimmten Häusersystems, nämlich der Häusermanier von Dr. Walter Koch. Soweit erkennbar, haben sich die Koch/GOH-Häuser im Ebertin-System weitgehend durchgesetzt. Die Ebertin-Methode ist damit noch etwas näher an die Klassik herangerückt, und der Aufriß des Grundhoroskops unterscheidet sich nicht mehr wesentlich von anderen klassischen Modellen. Dadurch wird es aber noch schwerer, das Ebertin-System als eigene Schulrichtung zu identifizieren.

Hier macht sich die Kehrseite des von Ebertin praktizierten Eklektizismus und Pragmatismus bemerkbar: Es gibt keine sicheren, im System selbst begründeten Kriterien, nach denen dieses fortentwickelt oder vertieft wird. Der Wechsel von pragmatischen Perspektiven kann nicht anhand einer zugrunde liegenden Theorie zunächst überprüft werden, sondern er hat sofort Folgen für die ganze Systematik. Ebertins eklektizistische Haltung hat geradezu die Bildung einer grundsätzlichen Theorie des Ebertin-Systems verhindert, während es in den anderen großen Systemen der Gegenwartsastrologie – also vorwiegend der *Revidierten Klassik* und der *Hamburger Schule* – sehr wohl theoretische Vor- und Grundüberlegungen gibt, auf denen die jeweilige Systematik basiert.

Zwar gibt die Ebertin-Schule eine Begründung für den nunmehrigen Gebrauch der Koch-Häuser an: Schon 1962 hat Dr. Theodor Landscheidt auf der 14. »Arbeitstagung für Kosmobiologische Forschung« den Nachweis versucht, daß lediglich das Koch-System brauchbar sei.[49] Allerdings hat die Ebertin-Schule die Widerlegungsversuche gegenüber dem Koch-System, wie sie vor allem von Walter Lang vorgelegt wurden[50] nicht zur Kenntnis genommen. Denselben Vorhalt muß man übrigens der Huber-Schule machen. Daß eine solche Kenntnisnahme vermieden wird, daß es hier zu keiner offenen Erörterung kommt, hat natürlich auch viel mit der bedenklichen Forschungssituation in der Astrologie überhaupt zu tun. Da die Astrologen ihre Forschung selbst organisieren müssen, in aller Regel neben und außerhalb ihrer Beratungspraxis, ist es begreiflich, daß die Grundlagenforschung – und zu einer solchen gehört die »Häuserfrage« – vorab

49 Georg Hoffman. *SMA-Tabellen*. (Freibug, 1979[3]) p. 7.
50 Walter Lang. *Die Astrologie im heutigen Weltbild.* (Heidelberg 1986) p. 282-285.

vergleichsweise eng bleibt. Dieser Zustand ist bedauerlich, aber bis auf weiteres wohl kaum zu ändern.

Nach dem Tod von Reinhold Ebertin dürfte sich auch gezeigt haben, daß die Kosmobiologie vor allem mit seiner Person selbst zu tun hatte und hat. Zwar von vielen angewandt, scheint sie ihren Meister nicht wirklich überlebt zu haben. Die ›Kosmobiologische Akademie Aalen‹ ist gegenwärtig völlig in den Hintergrund getreten. Der Sohn von Reinhold Ebertin, Dr. Baldur Ebertin, auch er einer der bedeutendsten deutschen Astrologen der Gegenwart, hat sich nach dem Tod seines Vaters überwiegend auf das Feld der Reinkarnationstherapie verlegt und hat so einen Arbeitsschwerpunkt außerhalb der Astrologie gefunden, wenngleich er für seine therapeutischen Zwecke die Astrologie weiterhin einsetzt.

Als eigene Methode, als eigene, nach außen hin sichtbare Schule verliert das Ebertin-System nach dem Tod seines Begründern zusehens an Kontur. Die große Bedeutung von Reinhold Ebertin selbst bleibt von dieser Entwicklung unberührt. Zwar scheint es in der rein pragmatisch orientierten Systematik angelegt zu sein, daß die Identifikation des Ebertin-Systems als eigene Schule von vornherein schwerfällt, doch Ebertins Zwischenstellung zwischen der Klassik selbst und der Hamburger Schule sowie seine pragmatische Ausrichtung, in der er aus vielen Schulen und Traditionen schöpfte, haben sein System zu einer zeitweise durchaus tragfähigen Brücke werden lassen, von der aus alle Schulen erkennbar und entdeckbar waren. Mehr vielleicht, als er selbst geahnt hat, hat Ebertin damit für den interdisziplinären Austausch unter Astrologen getan. Und dieses Erbe könnte auch von ganz anderen astrologischen Schulen weiter gepflegt und vermehrt werden.

7. Die indische Astrologie in Europa

Die theosophische Bewegung seit dem letzten Viertel des 19. Jahrhunderts, der wir auch die Wiederbelebung der Astrologie in Europa verdanken, hat ebenfalls einen Transfer der indischen Astrologie nach Europa möglich gemacht. Dies geschah nicht zuletzt deshalb, weil die Theosophie danach trachtete, hinduistische Spiritualität mit religiösen Konzepten des Christentums und des Abendlandes zu verknüpfen und so zu einer vielgestaltigen Einheitsreligiosität mit synkretistischen Zügen vorzustoßen. Die Kenntnisnahme der indischen Astrologie im Europa des frühen 20. Jahrhunderts führte zu allerlei Vermischungen und neuen Systemen, von denen nachfolgend wenigstens die wichtigsten erwähnt werden sollen.

Hier ist nicht beabsichtigt, eine vollständige Darstellung der indischen Astrologie zu geben; dies wäre eine eigene Monographie wert, die freilich auf dem gegenwärtigen Markt der astrologischen Literatur fehlt. Wir wollen aber wenigstens die hauptsächlichen Unterschiede zwischen indischer und abendländischer Astrologie herausstellen. Wichtig dabei ist, daß indische und abendländische Astrologie im Blick auf den Tierkreis und auf den technischen und deutenden Umgang mit Planeten und Häusern im Prinzip ähnlich denken. Erst aufgrund dieser prinzipiellen Ähnlichkeit wurden ja Mischformen, wie wir sie nachfolgend besprechen wollen, überhaupt möglich.

Wie die europäische Astrologie so geht auch die indische Astrologie von einem zwölfteiligen Tierkreis aus. Allerdings bezieht sich die indische Astrologie auf jenen »idealen« Zustand, als der Frühlingspunkt, der Punkt 0° Widder im Tierkreis, auch mit dem Beginn des Sternbilds Widder zusammenfiel – vor etwa 2000 Jahren. Die indische Astrologie spricht hier von einem siderischen Tierkreis, dessen Lage im Prinzip identisch ist mit den zwölf Hauptsternbildern. Von diesem siderischen Tierkreis unterschieden wird der »künstliche oder tropische Tierkreis«, der, wie wir das aus der abendländischen Astrologie kennen, jeweils durch die Präzession des Frühlingspunktes definiert ist. Der Wert der Verschiebung zwischen tropischen und siderischen Tierkreis wird mit einem Sanskrit-Wort als *Ayanamsha* bezeichnet. Allerdings geben verschiedene Autoren unterschiedliche Werte für das jeweils geltende Ayanamsha an. Otto von Bressensdorf vermerkt für das Jahr 1900 am 1. Januar ein Ayanamsha von 19°36'07", während Dorothée Koechlin de Bizemont für 1900 ein Ayanamsha von 23°20'24" errechnet. Bressensdorf gibt übrigens folgende Formel an: Um ein Horoskop vom künstlichen Tierkreis auf den natürlichen zurückzuführen, zieht man vom Geburtsjahr eine Differenz von 498 ab und multipliziert das Ergebnis mit 50 $^1/_3$ Bogensekunden. Das Ayanamsha für unser Beispielhoroskop aus dem Jahr 1950 würde sich dann wie folgt errechnen:

$$\begin{array}{r} 1950 \\ -\ 498 \\ \hline 1452 \end{array}$$

$$1452 \cdot 50\,^1/_3{}'' = 73\,084 \text{ Bogensekunden} = 20°18'04''$$

Diese Zahl muß man von allen nach abendländischer Manier berechneten Horoskoporten abziehen, um die entsprechenden Horoskoppositionen im siderischen Tierkreis der indischen Astrologie zu erhalten.

Neben dem zwölfteiligen Tierkreis, wie wir ihn im Prinzip auch aus der abendländischen Astrologie kennen, gibt es in der indischen Astrologie noch einen lunaren Tierkreis, der aus 28 sogenannten Mondstationen besteht. Man teilt die Mondstationen auf dem solaren Tierkreis, wie wir ihn kennen, ein und dabei zählen die Mondstationen ab 0° Widder jeweils 13°20'. Dieses Maß geht genau 27 mal im Tierkreis auf; eine weitere Mondstation wird bei 0° Steinbock eingeschaltet, also mitten in der 21. Mondstation.

Auch wenn die indische Astrologie von der idealen Gleichheit zwischen den zwölf Hauptsternbildern und dem zwölfteiligen Tierkreis ausgeht, so wird doch auch in der indischen Astrologie jedes siderische Tierkreiszeichen auf 30° berechnet. Diese 30° werden, ähnlich wie in manchen traditionellen Schulen der abendländischen Astrologie, in drei Dekanate zu je 10° eingeteilt. Es erfolgt aber zumindest unter einigen indischen Astrologen eine nochmalige Teilung des einzelnen Dekanates in zwei Hälften, von denen die eine als positiv, die andere als negativ betrachtet wird. Diese Teilung kann noch weitergeführt werden – in »Viertel-Dekanate« zu je 2½°. Wiederum sind die ersten 2½° positiv, die nächsten 2½° negativ usw. Vorherrschend aber ist insgesamt das positive oder das negative Prinzip, je nachdem, ob ein solches 2½° umfassendes Teil in der ersten oder in der zweiten Hälfte eines Dekanates liegt.

Ähnlich wie in der abendländischen Astrologie gibt es auch in der indischen Astrologie sogenannte Herrscher über die Tierkreiszeichen. Herrscher aber haben auch die Dekanate, Halbdekanate und Vierteldekanate. Letztlich hat jeder einzelne Tierkreisgrad einen eigenen Herrscher. Tierkreiszeichen, Dekanat, Halbdekanat und Vierteldekanat bilden also den Bestand einer komplizierten Hierarchie, in der es Hauptherrscher und »Mitherrscher« gibt. Hier fühlen wir uns an die Trigonokratie im Morin'schen Sinne erinnert. Aber die indische Astrologie treibt das System der Herrscher und Mitherrscher noch weiter. Hinzu kommt, daß in der indischen Astrologie auch der nördliche und der südliche Mondknoten als Herrscher zugelassen werden.

Nun ist aber auch der lunare Tierkreis noch in Geltung! Auf jedes Tierkreiszeichen fallen zwei Mondstationen und eine Viertel-Mondstation. Wir erinnern uns, daß jede Mondstation 13°20' zählt. Ein Viertel einer solchen Mondstation in der indischen Astrologie *Padam* genannt, umfaßt 3°20'. Das Padam entspricht somit dem neunten Teil eines Tierkreiszeichens. Das Padam als ein Neuntel eines Tierkreiszeichens heißt *Navamsa*. Die lunare Tierkreiseinteilung zu je 13° 20' wird Asterium-Einteilung genannt.

Im Blick auf die Herrschaft von Planeten, wobei unter Planeten hier auch der südliche und der nördliche Mondknoten zu verstehen sind, über die sogenannten Mondstationen, und die Zuordnung der einzelnen Mondstationen zu den Graden des solaren Tierkreises, gibt die nebenstehende Tabelle Aufschluß.

Die Tabelle muß auf folgende Weise gelesen werden: Die vier Padams der ersten Mondstation, Ashvini, befinden sich ganz im Zeichen Widder und werden vom südlichen Mondknoten beherrscht. Dasselbe gilt für die vier Padams der Mondstation Magha im Zeichen Löwe; und Magha wird ebenfalls vom südlichen Mondknoten beherrscht. Die dritte Mondstation, Krittika, hat ihr erstes Padam noch im Zeichen Widder, und die drei anderen Padams im Zeichen Stier. Krittika wird von der Sonne beherrscht. Gleicherweise gilt dies für die Mondstation Uttara Phalguni, die ebenfalls von der Sonne beherrscht wird und im Übergang zwischen dem Tierkreiszeichen Löwe und Jungfrau steht. Wiederum dasselbe gilt für die Mondstation Uttara Sadha.

Ähnlich wie die Morin'sche Astrologie kennt auch die indische Astrologie ein System von Erhöhungen, von Fall und Vernichtung der Planeten. Für die Erhöhung und den Fall von Planeten werden freilich einzelne Tierkreisgrade angegeben, und außerdem gibt es noch Sonderregelungen für die Erhöhung von Planeten aufgrund bestimmter zeitabhängiger Konstellationen.

Ausgesprochene Beachtung in der indischen Astrologie finden bestimmte Perioden und Zyklen. Wir kennen dies bereits

Herrscher	Zeichen	Grade	Mondstation
☋	♈	0° – 13° 20'	4 Ashvini
♀	♈	13° 20' – 26°40'	4 Bharani
☉	♈	26° 40' – 30°	1 Krittika
☉	♉	0° – 10°	3 Krittika
☽	♉	10° – 23° 20'	4 Rohini
♂	♉	23° 20' – 30°	2 Mrigashirska
♂	♊	0° – 6° 40’	2 Mrigashirska
☊	♊	6° 40’ – 20°	4 Arda
♃	♊	20° – 30°	3 Punarvasu
♃	♋	0° – 3° 20'	1 Punarvasu
♄	♋	3° 20' -16° 40'	4 Pushya
☿	♋	16° 40' – 30°	4 Aslesha
☋	♌	0° – 13° 20'	4 Magha
♀	♌	13° 20' – 26° 40'	4 Purva Phalguni
☉	♌	26° 40' – 30°	1 Uttara Phalguni
☉	♍	0° – 10°	3 Uttara Phalguni
☽	♍	10° – 23° 20'	4 Hastâ
♂	♍	23° 20' – 30°	2 Chitra
♂	♎	0° – 6° 40'	2 Chitra
☊	♎	6° 40' – 20°	4 Svati
♃	♎	20° – 30°	3 Vishaka
♃	♏	0° – 3° 20'	1 Vishaka
♄	♏	3° 20' – 16° 40'	4 Anuradha
☿	♏	16° 40' – 30°	4 Jyeshta
☋	♐	0° – 13° 20'	4 Mula
♀	♐	13° 20' – 26° 40'	4 Purva Sadha
☉	♐	26° 40' – 30°	1 Uttara Sadha
☉	♑	0° – 10°	3 Uttara Sadha
☽	♑	10° – 23° 20'	4 Shravana
♂	♑	23° 20' – 30°	2 Dhanista
♂	♒	0° – 6° 40'	2 Dhanista
☊	♒	6° 40' – 20°	4 Satabhisha
♃	♒	20° – 30°	3 Purva Bhadra
♃	♓	0° – 3° 20'	1 Purva Bhadra
♄	♓	3° 20' – 16° 40'	4 Uttara Bhadra
☿	♓	16° 40' – 30°	4 Revati

Tabelle 16: Herrschaft der Planeten in den Mondstationen

aus der theosophisch orientierten Astrologie, und man kann annehmen, daß sich hier die theosophische Astrologie von der indischen Astrologie unmittelbar hat befruchten lassen. Jeder Tag, jede Stunde hat ihren *Planetenherrscher*, und außerdem gibt es *Planetenperioden* unterschiedlicher Jahreslänge, die sich zu insgesamt 120 Lebensjahren summieren. Diese einzelnen Planetenperioden werden wiederum mit Hilfe aller Planeten in »Unterperioden« geteilt. Hier gilt folgendes System durch die Lebensjahre hindurch:

Sonnenperiode	6 Jahre	(0 – 6 Jahre)
Mondperiode	10 Jahre	(6 – 16 Jahre)
Marsperiode	7 Jahre	(16 – 23 Jahre)
Merkurperiode	17 Jahre	(23 – 40 Jahre)
Jupiterperiode	16 Jahre	(40 – 56 Jahre)
Venusperiode	20 Jahre	(56 – 76 Jahre)
Saturnperiode	19 Jahre	(76 – 95 Jahre)
Mondknotenperiode nördlich	18 Jahre	(95 – 113 Jahre)
Mondknotenperiode südlich	7 Jahre	(113 – 120 Jahre)

Tabelle 17: Planetenperioden

Für unser Beispielhoroskop würde also gelten, daß der Horoskopeigner zur Zeit seiner Eheschließung mit 24 Jahren und etwa 2 $^{1}/_{2}$ Monaten in der »Merkurperiode« stand. Außerdem befand er sich in einer Unterperiode, die ebenfalls von Merkur beherrscht wurde. In der prognostischen Deutung des Horoskops wären also in diesem Zeitraum vor allem diejenigen Aspekte wichtig, die sich auf Merkur beziehen.

Charakteristisch für die indische Astrologie ist außerdem noch das Freundschaft- bzw. Feindschaftsverhältnis zwischen einzelnen Planeten. Zunächst ist dieses System von Freundschaften und Feindschaften statisch: Freundschaft herrscht

– von der Sonne zu Mond, Mars, Jupiter;
– vom Mond zur Sonne und zum Merkur;

– vom Mars zur Sonne, zum Mond, zum Jupiter;
– vom Merkur zu Sonne, zur Venus;
– vom Jupiter zur Sonne, zum Mond, zum Mars;
– von der Venus zum Merkur und zum Saturn;
– vom Saturn zum Merkur und zur Venus.

Feindschaft herrscht
– von der Sonne zur Venus, zum Saturn;
– vom Mars zum Merkur;
– vom Merkur zum Mond;
– vom Jupiter zum Merkur und zur Venus;
– von der Venus zur Sonne und zum Mond;
– vom Saturn zur Sonne, zum Mond, zum Mars.

Der Mond hat von sich aus keine feindschaftlichen Beziehungen zu anderen Planeten.

Allerdings, und nun wird das System der Freundschaften und Feindschaften dynamisch, herrschen stets freundschaftliche Verbindungen eines Horoskopelementes mit denjenigen Elementen, die sich im 2., 3., 4., 10., 11. oder 12. Haus von seinem Ort befinden. In den Häusern 5 bis 9 entsteht eine feindschaftliche Beziehung zwischen dem jeweiligen Horoskopelement und den anderen Elementen. Verändern sich die Konstellationen der Planeten zueinander, so verändern sich auch die Freundschafts- bzw. Feindschaftsbeziehungen. Die dynamischen Beziehungen gelten für das jeweilige Progressionshoroskop oder für das jeweilige Jahreshoroskop und können die grundsätzlichen Freundschafts- und Feindschaftsbeziehungen nicht entscheidend aufheben. Die dynamischen Freundschafts- und Feindschaftsbeziehungen stärken oder schwächen die grundsätzlich gegebenen Beziehungen.

Noch ein Wort zu den Aspekten in der indischen Astrologie: Die alte indische Astrologie arbeitete zunächst nur mit Trigonen, Sextilen und Quadraten. Dem Quadrat wurde die stärkste Wirkung zuerkannt. Ähnlich wie in der modernen Astrologie, die eine Wertung der verschiedenen Aspekte als »gute« oder »schlechte« Aspekte vermeidet, war sich schon die indische

Astrologie der Relativität der einzelnen Aspekte bewußt und vermied eine moralisierende Deutung. So hat das Quadrat im Sinn der indischen Astrologie eine produktive Wirkung, wenn es von Planeten gebildet wird, die zueinander in einem Freundschaftsverhältnis stehen. Eine nachteilige Wirkung tritt dann ein, wenn es von Planeten geformt wird, die zueinander in Feindschaft stehen. Ähnlich, wenn auch schwächer, gilt dies für das Trigon und das Sextil. In der späteren indischen Astrologie wurde auch noch mit der Konjunktion und mit der Opposition gearbeitet.

Die Häuserdeutung in der indischen Astrologie entspricht im wesentlichen der Häuserdeutung der westlichen Astrologie. Eine etwas speziellere Deutung gilt für das 10. Haus. Zunächst treffen auf das 10. Haus in der indischen Astrologie auch die Zuschreibungen zu, wie wir sie aus der abendländischen Astrologie kennen: Beruf, Erfolg, Öffentlichkeit und damit auch Ehre und Ansehen. In der indischen Astrologie ist das 10. Haus aber zudem auch das Haus der Tat. Und insofern ist das 10. Haus, esoterisch gesprochen, das Haus des »Karma«. Das aktive Tun, das im 10. Haus verortet ist, das Handeln, das dem persönlichen Machtwillen entspringt, bedingt positives oder negatives Karma, in dem Sinne, daß die Taten und Untaten eines oder mehrerer früherer Leben für ein nächstes Leben zu bestimmten Gaben und Aufgaben umgeformt werden. Der Machtaspekt, der in der indischen Astrologie auch für das 10. Haus gilt, verweist hier vor allem auf den Vater, auf das männliche Oberhaupt. Hier ergibt sich ein echter Unterschied, denn in landläufigen abendländisch-astrologischen Deutungen wird das 10. Haus nicht dem väterlichen, wohl aber dem mütterlichen Prinzip zugeordnet.

Über diese Systematik hinaus, die hier ganz knapp dargestellt wurde, kennt die indische Astrologie noch eine Fülle von Regeln und Bestimmungen, die sich auf einzelne Konstellationen beziehen. Wiederum kann man vermuten, daß die theosophisch orientierte Astrologie in Europa, die ja auch mit einer hohen Anzahl von Einzelregeln und konkretistischen Deutungen bestimmter Konstellationen arbeitet, hier unmittelbar von dem komplizierten Regelwerk der indischen Astrologie beeinflußt worden ist.

Bedeutsam in der indischen Astrologie ist die regelmäßige harmonische Einteilung des gesamten Tierkreises in gleich große Abschnitte. Wir haben das oben schon bei den sogenannten Mondstationen gesehen, die den Tierkreis in 27 gleiche Teile teilen, wobei eben eine weitere Mondstation innerhalb der 21. eine Zusatzrolle spielt. Schon die Dekanate und Halbdekanate, aber auch die Neuntel in den einzelnen Zeichen stellen solche gleichmäßigen Teilungen dar. Teilungen werden vorgenommen bis zu Sechzigsteln eines Zeichens, also bis zu halben Graden hinab. Die Neuntel (Navamsas) beginnen, wie wir an obiger Tabelle gesehen haben, bei 0° Widder und haben der Reihe nach in manchen indischen Systemen dieselben Namen wie die zwölf Tierkreiszeichen, was sich in der Reihe der insgesamt 108 Neuntel eben neunmal wiederholt. Von diesen filigranen Unterteilungen aus ist der Weg nicht mehr weit zu den sogenannten »Harmonics«, die in der indischen Astrologie eine gewisse Rolle gespielt haben und die seit den achtziger Jahren auch in der europäischen Astrologie zunehmend Beachtung finden.

7.1. Harmonics

Eine völlige Anwendung der indischen Astrologie in Europa hat es, zumindest soweit ich sehe, niemals gegeben. Selbst die Theosophie, die doch in vielerlei Hinsicht durch den Hinduismus und seine Astrologie beeinflußt war, hat nicht etwa die indische Astrologie einfach übernommen, sondern ließ es sich angelegen sein, die abendländische Astrologie wiederzubeleben. Daß sich bei dieser Wiederbelebung mancher indischer Einfluß geltend machte ist unbestritten, doch die Basis auch der theosophisch orientierten Astrologie ist die abendländische

Astrologie, wie sie im wesentlichen schon in der Antike im ersten Jahrhundert vor Christus entwickelt war. Zwar führten dann die theosophischen Einflüsse auch in Europa zu einer verstärkten Kenntnisnahme der indischen Astrologie, doch diese selbst blieb innerhalb der europäischen Astrologie immer nur ein Randgebiet.

Erst in den sechziger Jahren begann man sich in England mit einem bestimmten Aspekt der indischen Astrologie zu befassen, nämlich mit den sogenannten *Harmonics*. Bezeichnenderweise ist dieser Begriff der »Harmonics« als Anglizismus in alle nationalen astrologischen Fachsprachen aufgenommen worden; eine angemessene deutsche Übersetzung existiert nicht.

Der technische Aspekt der Harmonics ist rasch erklärt: In einem Harmonic-Horoskop wird der Tierkreis in eine bestimmte Anzahl gleich großer Teile geteilt. Beim »5. Harmonic« wird der Tierkreis in fünf gleiche Teile geteilt, also in Abschnitte zu je 72°; beim 7. Harmonic geschieht eine Teilung in sieben gleiche Teile. Im Prinzip lassen sich beliebige Harmonics bilden. Bleiben wir aber für die Erklärung des Prinzips bei dem Beispiel des 5. Harmonic-Horoskops. Es wird nun unterstellt, daß jedes dieser fünf gleich großen Teile gewissermaßen einen ganzen Tierkreis repräsentiere. Im 5. Harmonic-Horoskop nun multiplizieren wir alle Längenpositionen der Horoskopelemente mit 5 und rechnen dann in Tierkreislängen um. Diese neuen Längen tragen wir auf einem üblichen Horoskopformular ein.

Zunächst ein theoretisches Rechenbeispiel: Die Position 0° Widder, mit 5 multipliziert, bleibt selbstverständlich bei 0° Widder. Die Position 10° Widder, mit 5 multipliziert, steht bei der absoluten Gradzahl 50°, also bei 20° Stier. Die Position 5° Waage rechnen wir zunächst in absolute Länge um – nämlich 185°. Wir multiplizieren mit 5 und erhalten 925°. Hier ziehen wir zweimal das komplette Kreisrund von 360° ab und erhalten in absoluter Länge 175°, also 25° Jungfrau.

Das neu entstehende Horoskopbild zeigt nun bestimmte Winkelbeziehungen im Ursprungshoroskop, die sich direkt oder indirekt auf die Fünfteilung des Tierkreises zurückführen lassen. Diese erscheinen im Harmonic als Hauptaspekte, nämlich als Konjunktionen, Oppositionen, Quadrate, Trigone und Sextile. Dabei gelten sehr viel kleinere Orben für die Hauptaspekte bei den Harmonics. David Hamblin schlägt folgende Maximalorben vor: 2° für die Konjunktion, 1° für die Opposition, 40' für das Trigon, 30' für das Quadrat, 20' für das Sextil und für die sogenannten kleinen Aspekte 10' bis 15'.

Wir wollen nun unser Beispielhoroskop in das 5. Harmonic oder ein *H5-Harmonic* umrechnen. Die nachfolgende Tabelle bringt zunächst die übliche 0-30-Grad-Tabelle der Planetenpositionen unseres Beispielhoroskopes einschließlich der Achsen. Es wird umgerechnet in absolute Länge, also gerechnet von 0° aus, und dann mit 5 multipliziert. Vom Ergebnis werden gegebenenfalls 360° oder Vielfache von 360° abgezogen, so daß man wiederum eine absolute Länge unter 360° erhält. Diese neue absolute Länge wird dann in Tierkreispositionen umgerechnet.

Positionen im Tierkreis	absolute Länge	x 5	absolute Länge < 360°	H5-Positionen im Tierkreis
☉ 3°02' ♋	93°02'	465°10'	105°10'	15°10' ♋
☽ 3°36' ♋	93°36'	468°00'	107°00'	18°00' ♋
☊ 4°44' ♈	4°46'	23°50'		23°50' ♈
♃ 5°16' ♓	335°16'	1676°20'	236°20'	26°20' ♏
♄ 12°35' ♍	162°35'	812°55'	92°55'	2°55' ♋
♆ 14°55' ♎	194°55'	974°35'	254°35'	14°35' ♐
♇ 15°50' ♌	135°50'	679°10'	319°10'	19°10' ♒
♀ 15°57' ♈	15°57'	79°45'		9°45' ♊
MC 17°44' ♒	317°44'	1588°40'	148°40'	28°40' ♌
☿ 20°21' ♉	50°21'	251°45'		11°45' ♐
♂ 23°36' ♍	173°36'	868°00'	148°00'	28°00' ♌
AC 24°08' ♊	84°08'	420°40'	60°40'	0°40' ♊
☉ 28°37' ♉	58°37'	293°05'		23°05' ♑

Tabelle 18: Berechnung der H5 Positionen

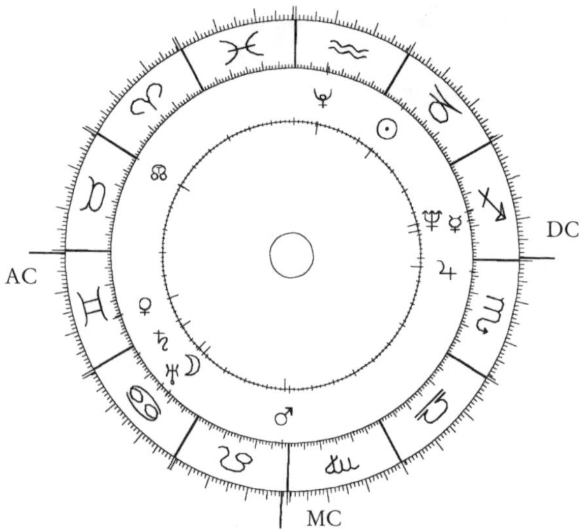

Abbildung 35: H5- Harmonic

Man sieht sofort, daß das H5-Harmonic unseres Beispiels nicht übermäßig markant ist. Mond und Uranus, die im klassischen Ausganghoroskop eine Konjunktion bilden, stehen im H5-Harmonic nicht mehr ganz in Konjunktion, ebenso Merkur und Neptun. Markant ist noch die Konjunktion von Medium Coeli und Mars, während das Quadrat von Sonne und Mondknoten schon den zulässigen Orbis von 30' verfehlt. Ansonsten gibt es keine Aspekte in diesem Harmonic. David Hamblin sieht in einem starken H5-Harmonic den zugehörigen Horoskopeigner als jemanden, der handelt, aufbaut, konstruiert und strukturiert. Die Zahl 5 hat, David Hamblin zufolge, zu tun mit dem Herstellen von Ordnung aus dem Chaos, mit dem Zusammenfügen von Dingen, die von Natur aus nicht verbunden sind, mit dem Aufbau von Formen. Für Hamblin bedeutet die Zahl 5 ferner die Ausübung von Macht über die Welt. Mit anderen Worten, das Beispielhoroskop verweist in dieser Deutungsorientierung nicht unbedingt auf einen Menschen, der bauende, konstruierende und formende Macht über die Welt und über die Dinge ausüben möchte.

In der Lehre der Harmonics wird vor allem gearbeitet mit dem H4-, dem H5-, dem H7- und dem H9-Harmonic. Für jede Planetenkombination in diesen vier Haupt-Harmonics gibt es eigene Deutungsregeln. Hier haben vor allem John Addey und David Hamblin astrologische Pionierarbeit geleistet.

Die zum Teil sehr ausführlichen Deutungsregeln können hier auch nicht annähernd vorgestellt werden, doch sollte wenigstens gesagt werden, was die einzelnen Harmonics in der Hauptsache bedeuten. Ein starkes H4-Harmonic verweist vor allem auf die Aufgabe der Selbstintegration, aber auch auf das Erfolgsstreben, auf die Durchsetzungsbetonung in der Welt. Das starke H5-Horoskop hat, wie wir schon gesehen haben, vor allem mit dem bauenden und konstruierenden, strukturierenden und formenden Zugriff auf die Welt zu tun. Im H7-Harmonic kommt der Künstler, der kreative Mensch zum Vorschein. Aber auch kriminelle Aspekte sind häufiger mit starken H7-Horoskopen verknüpft. Im starken H9-Harmonic kommen idealistische, religiöse, mitunter auch paranormale Kräfte zum Vorschein. Das 9. Harmonic hat etwas zu tun mit Weisheit und Gelassenheit. Auf der Ebene des 9. Harmonic wird der Mensch dazu genötigt, seinen Ort im »kosmischen Plan« zu finden, sozusagen seinen Ort im Schöpfungsplan, in der Heilsgeschichte Gottes. Albert Schweitzer und Carl Gustav Jung sind Beispiele für sehr starke H9-Horoskope. Nachfolgend das H7-Harmonic von unserem Beispielhoroskop (s. Abb. 36).

Die Winkel, die in diesem Harmonic gebildet werden, verweisen nach dem Deutungsmuster von David Hamblin auf künstlerische, kreative Anlagen. Hier sind einige stärkere Verbindungen zu erkennen, vor allem Aszendent Konjunktion Pluto, Venus Opposition Uranus und Sonne Opposition Pluto sowie damit auch Sonne Opposition Aszendent. An der Grenze des von David Hamblin vorgeschlagenen Orbis bewegen sich Venus Trigon Pluto und Merkur Trigon Venus.

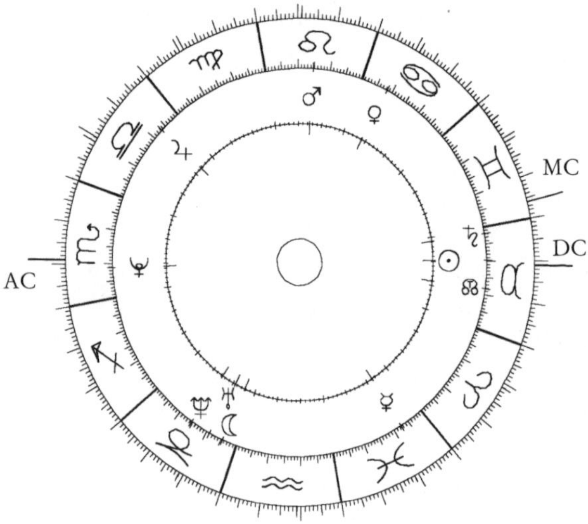

Abbildung 36: H7-Harmonic

Im deutschen Sprachraum hat der Astrologe Hans-Jörg Walter die Überlegungen zur Harmonic-Astrologie noch weitergetrieben. Den einzelnen Planeten werden im System von Hans-Jörg Walter bestimmte Winkel zugeordnet. Diese Analogiebildung als solche ist klassisch, aber Walter geht etwas anders vor als bei der klassischen Zuordnung von Planeten und Winkeln und kommt dementsprechend auf ein anderes Modell. Denn anders als in der klassischen Astrologie geht es ihm nicht darum, die großen und kleinen Aspekte einem Planetenprinzip zuzuordnen, sondern darum, den gesamten Kreis regelmäßig zu teilen. Ein Trigon teilt den gesamten Kreis regelmäßig in drei, aber ein Quinkunx oder ein Anderthalbquadrat bringen keine regelmäßige Kreisteilung mehr zustande. Das Quinkunx, das in den klassischen Modellen vielfach als »neptunisch« bezeichnet wird, fällt aus Walters Systematik ganz heraus. Walter kommt vielmehr auf folgende Zuordnungen:

Zahl	Körper (Planet)	Welle (Grundaspekt)	
1	Sonne	Konjunktion	(0°)
2	Merkur	Opposition	(180°)
3	Venus	Trigon	(120°)
4	Mond	Quadrat	(90°)
5	Mars	Quintil	(72°)
6	Jupiter	Sextil	(60°)
7	Saturn	Septil	(51.26°)
8	Uranus	Halbquadrat	(45°)
9	Neptun	Nonil	(40°)
10	Pluto	Decil	(36°)

Tabelle 19: Aspektzuordnungen nach Walter

Die einzelnen Planeten, Sonne und Mond eingeschlossen, erhalten in aufsteigender Reihe, ausgehend von der Sonne, eine Ordnungszahl. An die Stelle der Erde rückt der Mond als Erdtrabant. Diese Ordnungszahl ist zugleich die Zahl, mit der jeweils der Gesamtkreis geteilt wird und die auf eine bestimmte Winkelbildung führt. Uranus also, als 8. Objekt in der Planetenreihe ab Sonne, erhält die Ordnungszahl 8; der gesamte Kreis, durch 8 geteilt, ergibt den Winkel von 45°, nämlich das uns aus der Klassik bekannte Halbquadrat, ein sogenannter kleiner Winkel.

Die Entsprechung von astronomisch-astrologischen »Körpern«, nämlich den Planeten und den verschiedenen Aspekten, sieht Walter als eine Entsprechung zwischen »Körpern« und »Wellen«. Wie sich in der Quantenphysik die Modelle von Welle und Teilchen gegenseitig ergänzen, so ergänzen einander in der Astrologie ein Körpermodell, das auf die Planeten zurückgreift, und ein Wellenmodell, das sich auf die Aspekte bezieht. Bestimmte Aspekte würden als »schwingende Resonanzsysteme« für die »Materiewellenlänge« eines jeweiligen Planeten angesehen. Walter versucht dann, noch eigene Materiewellenlängen und zugehörige regelmäßige Kreisteilungen für den hypothetischen Planeten Transpluto sowie für die größten unter den Planetoiden herauszuarbeiten.

Die im Prinzip unendlich vielen möglichen Harmonics zu einem gegebenen Grundhoroskop schälen heraus, inwieweit Planeten im Radix-Horoskop auf einer gemeinsamen »Wellenlänge« stehen, die sich aus einer regelmäßigen Teilung des Gesamtkreises ergibt. Die Betonung bestimmter Wellenlängen in einem Grundhoroskop, gegeben durch besonders starke jeweilige Harmonics, gibt einen zusätzlichen Deutungsfaktor. Mit den Harmonics wird das zyklische Denken, das in der indischen Astrologie eine wichtige Rolle spielt und das uns auch in der theosophisch beeinflußten Astrologie als mitentscheidendes Element entgegenkam, gleichsam auf die Spitze getrieben. Ein einziges Grundhoroskop »erzeugt« zahllose größere, kleine und kleinste Zyklen und Wellen. Dabei ist nachgewiesen, daß diese Harmonics nicht nur eine mathematisch-technische Spielerei sind. Bestimmte Berufsgruppen, z.B. Ärzte oder Erfinder, zeigen nach statistischen Untersuchungen, die von John Addey und Charles Harvey durchgeführt worden sind, ein gehäuftes Auftreten bestimmter starker Harmonics.

Damit wäre die Realität eines komplexen Wellenmodells im Tierkreis und wahrscheinlich auch im Blick auf die Bedeutung der astrologischen Planetenprinzipien empirisch nachgewiesen. Hieran knüpfen sich eine Reihe von weitreichenden Fragen.

1. Selbst wenn man lediglich von den zehn Grundaspekten ausgeht, die Hans-Jörg Walter zur Basis seiner Theorie gemacht hat, mithin von den ersten zehn Harmonics, so läßt sich bereits jeder Tierkreisgrad durch ein eigenes, besonderes Muster von zehn verschiedenen steigenden bzw. fallenden Wellen identifizieren. Die Frage nach der konkreten Bedeutung einzelner Tierkreisgrade hat die Astrologie häufiger beschäftigt; am bekanntesten sind die medial empfangenen Bedeutungen der einzelnen Tierkreisgrade von Charubel, ein Pseudonym, hinter dem sich einer der wichtigeren theosophisch beeinflußten

Autoren der englischen Astrologie im ausgehenden 19. und beginnenden 20. Jahrhundert verbirgt. Aber die Frage nach der Bedeutung der einzelnen Tierkreisgrade bewegt, wie wir gesehen haben, auch die medizinische Astrologie, speziell in der Ebertin-Schule. Das »Wellenmodell« der Harmonic-Lehre könnte eine theoretische Grundlegung dieser alten astrologischen Idee geben, daß nämlich jedem Tierkreisgrad eine spezielle Bedeutung zukomme.

2. In letzter Konsequenz bedeutet die Theorie der Harmonics, daß durch bestimmte Manipulationen jedes Horoskopelement mit jedem in eine aspektmäßige Beziehung gebracht werden kann. Die Vermutung, daß nicht nur die klassischen Hauptaspekte oder zusätzlich die klassischen kleinen Winkel eine besondere Bedeutung haben, sondern jeder Abstand zwischen zwei Planeten, wird in der klassischen und modernen Astrologie verschiedentlich geäußert, bislang jedoch ohne nähere Untersuchung. Auch hier liefern die Harmonics eine theoretische Grundlage zur Weiterarbeit. Die Harmonics bieten damit aber auch ein Argument für die Technik der Halbsummen in der *Hamburger Schule* und im *Ebertin-System.* Die Halbsummentechnik tut ja eigentlich nichts anderes, als beliebige Element im Horoskop zueinander in Beziehung zu setzen.

3. Nachfolgend das H4-Harmonic unseres Beispielhoroskops, einmal etwas anders gezeichnet, nämlich ein Stück weit nach der Manier der Hamburger Schule, und zwar mit dem Widder-Punkt nach oben ausgerichtet. Darunter zum Vergleich der Aufriß desselben Horoskops im 90°-Kreis der Hamburger Schule, jedoch *ohne* die Transneptun-Punkte. Die bloße Stellung der Horoskopelemente zueinander ist im H4-Harmonic und im 90°-Kreis der Hamburger Schule ein und dieselbe. Mit anderen Worten: Der 90°-Aufriß des Horoskops nach der Hamburger Schule, obwohl völlig anders begründet, ist eigentlich nichts anderes als ein H4-Harmonic.

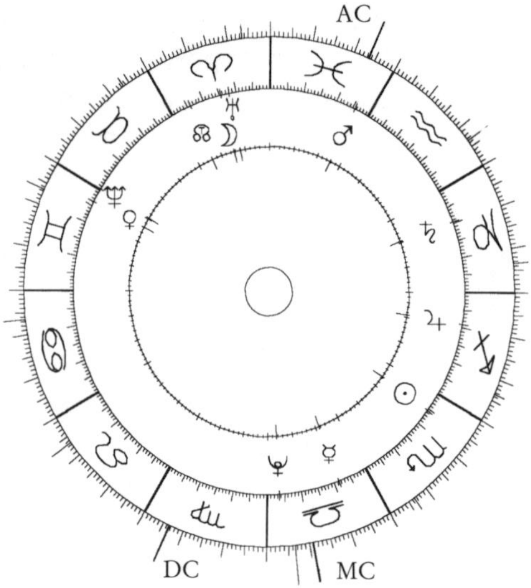

Abbildung 37: H4-Harmonic auf dem 360°-Kreis

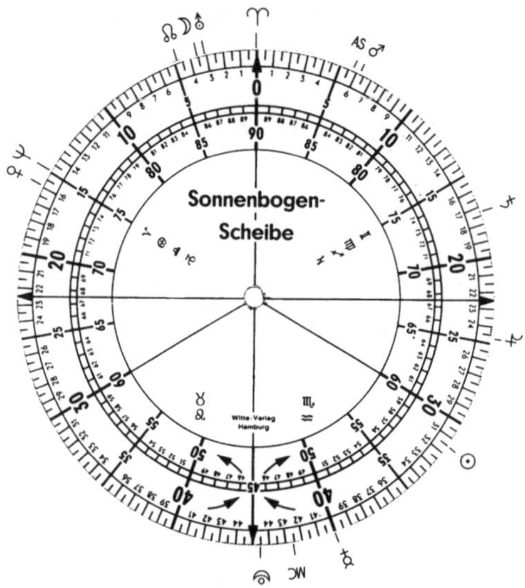

Abbildung 38: 90°-Scheibe auf Widder/Krebs-Punkt

Einzelne Forschungen innerhalb der *Hamburger Schule*, aber auch innerhalb der *Ebertin-Schule* haben mit sogenannten 45°-Kreisen, 30°-Kreisen, ja bis hinunter zu 7,5°-Kreisen hantiert. Bei den jeweiligen Kreisen erhält man Horoskopaufrisse, die höheren Harmonics vollkommen entsprechen. Wäre es nicht an der Zeit, die technischen Findungen der Hamburger Schule und die Theorie der Harmonics aufeinander zu beziehen und gemeinsam weiterzuentwickeln? Es scheint jedenfalls, als ließe sich ein Gutteil der Grundideen in der Hamburger Schule durch die Lehre von den Harmonics abstützen.

4. In diesem Zusammenhang kann man sogar nach der Triftigkeit der Transneptun-Punkte innerhalb der Hamburger Schule fragen. Wenn Hans-Jörg Walter mit seiner Entsprechung von Körpermodell und Wellenmodell recht hat, dann könnte man ja ebenso schlußfolgern, daß auch die kleineren Wellen, die der Elfteilung, der Zwölfteilung, der Dreizehnteilung usw. des Kreises entsprechen, bestimmten Planetenkörpern zugeordnet sind, welche freilich noch nicht entdeckt sind. Walter selbst spekuliert ja in diesem Zusammenhang mit dem hypothetischen Transpluto-Planeten bzw. mit den vier Hauptplanetoiden bzw. Asteroiden. Mit Walters Modell könnte zumindest die Existenz weiterer »Körper« theoretisch gedacht, eventuell sogar gefordert werden.

Die Arbeit mit Harmonics eröffnet ein weites Feld zusätzlicher astrologischer Untersuchung. Die Berechnung von Harmonics ist zwar nicht schwierig, aber technisch etwas umständlich. Astrologische Software-Programme mit Harmonic-Berechnung werden auf dem Markt kaum angeboten. Für die »astrologische Schnelldiagnose« eignen sich die Harmonics sicherlich nicht. Freilich liefern sie eine hochinteressante Facette in der Gegenwarts-Astrologie, nicht zuletzt, weil ihre theoretischen Implikationen, wie eben kurz angedeutet, außerordentlich weitreichend sind.

7.2. Weitere Ansätze der indischen Astrologie in Europa

Wie schon gesagt, die indische Astrologie ist nie als komplettes System in die europäische Astrologie integriert worden. Immer wurden lediglich Bruchstücke übernommen. Wohl aber wurde die indische Astrologie in Europa systematisch bekannt gemacht, auch wenn sie ein Randgebiet blieb. Relativ weitgehend wandte der deutsche Astrologe Wilhelm Th. H. Wulff die indische Astrologie innerhalb seines eigenen Systems der abendländischen Astrologie an. Bekannt war Wulff in Deutschland vor allem zwischen den beiden Weltkriegen, er beriet in Hamburg eine Reihe prominenter Persönlichkeiten. Sein Ruf als Astrologe ließ verschiedene Dienststellen des Regimes und der Partei im Dritten Reich auf ihn aufmerksam werden, und er wurde von 1943 bis 1944 dazu genötigt, vor allem für Heinrich Himmler und dessen Dienststellen astrologische Berechnungen durchzuführen. Schon 1925 hatte Wulff einen »Klassiker« der indischen Astrologie, das BRIHAT JÀTAKA des Varàha Mihira, ins Deutsche übersetzt und herausgebracht.

Wulffs Systematik wird heute, soweit ich sehe, nirgendwo mehr angewandt. Sie kombiniert abendländische Astrologie mit den Besonderheiten der indischen Astrologie, insbesondere mit dem lunaren Tierkreis und dem komplexen System der Planetenherrschaften bzw. Tierkreisverwandtschaften bei den sogenannten Neunteln und bei den Halbdekanaten. Wulff geht, wie die gesamte abendländische Astrologie, vom tropischen Tierkreis aus, und er läßt die erste Mondstation der indischen Astrologie auch bei 0° Widder im tropischen Tierkreis beginnen. Die indischen Modelle werden also gewissermaßen dem abendländischen Tierkreis zugeordnet bzw. untergeordnet. Im übrigen verwendet Wulf zahlreiche Regeln der indischen Astrologie, wie sie auch in dem von ihm übersetzten BRIHAT JÀTAKA niedergelegt sind.

Die französische Astrologin Dorothée Koechlin de Bizemont hat aus der indischen Astrologie die Verwendung des sogenannten natürlichen oder siderischen Tierkreises in die europäische Astrologie eingeführt. Das Ergebnis ist eine Mischform, denn Koechlin de Bizemont verwendet sowohl den europäischen tropischen Tierkreis als auch den siderischen Tierkreis der Inder. Als Formel für die jährlich abzuziehende Zeitverschiebung gibt sie, ähnlich wie Otto von Bressensdorf in seinem oben erwähnten Grundlagenbuch, 50 $^1/_2$ Bogensekunden an. Doch Koechlin de Bizemont geht von einem anderen Zeitpunkt aus, denn idealerweise waren natürlicher und tropischer Tierkreis identisch. Als Verschiebung, als sogenanntes Ayanamsha gilt für unser Beispielshoroskop nach der Umrechnung von Koechlin de Bizemont der Wert von 24°02'34".

Die Unterschiede in der Berechnung des idealen Ausgangspunktes, der für die korrekte Berechnung des Ayanamsha vorauszusetzen ist, geben zu denken. Koechlin de Bizemont behauptet, daß im Jahr 228 n. Chr. der natürliche, siderische Tierkreis und der tropische Tierkreis genau übereinstimmten. Belegt wird diese Behauptung freilich nicht. Man kann sie auch nicht einfach nur mit Hilfe der 12 Hauptsternbilder nachweisen, deren Größe ja bekanntlich unterschiedlich ist und die als Bilder gewissermaßen willkürlich gesetzt sind. Die einzige Möglichkeit, die man hat, besteht darin, einen Punkt 0° Widder im sogenannten natürlichen Tierkreis direkt oder indirekt durch die Position eines Fixsterns zu bestimmen. Aber auch diese Bestimmung muß irgendwie begründet werden – sei es empirisch, sei es esoterisch. Der von Wilhelm Wulff bearbeitet BRIHAT JÀTAKA gibt immerhin für die 28 sogenannten Mondstationen Fixsternentsprechungen an.[51] Insgesamt muß gesagt werden, daß der natürliche Tierkreis letztlich nur auf einer

51 *Das große Buch der Nativitätslehre (Brihat Jàtaka) des Varàha Mihira.* Ins Deutsche übersetzt und bearbeitet von Wilhelm Wulff. (Hamburg, 1925) p. 27.

willkürlichen Festsetzung beruhen kann. Der tropische Tierkreis hingegen kann sich auf eine Definition stützen, die wiederum auf konkreter Anschauung beruht: Der tropische Tierkreis beginnt mit 0° Widder definitionsgemäß im Frühjahr dann, wenn die Sonne auf ihrer scheinbaren Bahn um die Erde über dem Himmelsäquator in die Nordhalbkugel des Himmelsgewölbes tritt. Dies läßt sich mit geeigneten Mitteln von der Erde aus beobachten und als Definition anwenden.

8. Schulen der esoterischen Astrologie

Die esoterische Astrologie bildet, bis auf wenige unbedeutende Ausnahmen, keine eigenen astrologisch-technischen Ansätze. Aber sie bietet einen besonderen Blickwinkel auf die astrologische Deutung; und da die jüngere Geschichte der abendländischen Astrologie eng mit der Theosophie, also einem esoterischen Ansatz, verknüpft ist, sollten die wichtigsten Strömungen der esoterischen Astrologie wenigstens kurz erwähnt werden. Die Esoterik ist jedoch, wie vor allem die *Revidierte Klassik* gezeigt hat, keine notwenige Voraussetzung, um angemessen Astrologie zu betreiben. Man darf aber sagen – egal, ob man einer esoterischen Richtung in der Astrologie folgen möchte oder nicht –, daß zu einer angemessenen Ausübung der Astrologie eine persönliche weltanschauliche und ethische Fundierung des Astrologen notwendig hinzugehört! Solche Fundierungen »beweisen« für die Astrologie selbst nichts. Deshalb haben esoterische oder religiöse Grundlagen nicht mehr, aber auch nicht weniger recht als entsprechende säkulare Voraussetztungen. Aber ohne ein solches Fundament, egal, welcher Weltanschauung es folgt, wird die Ausübung der Astrologie rasch zu einer Spielerei oder aber, schlimmer, zu einem Instrument der Manipulation von Individuen oder von ganzen gesellschaftlichen Gruppen. Aus solchen Überlegungen bezieht auch die esoterische Astrologie ein grundsätzliches Recht und verdient, angehört und überprüft zu werden, gerade auch von denjenigen, die persönlich keinem esoterischen Weg folgen. Auch deshalb seien die esoterischen Schulen der Gegenwartsastrologie hier wenigstens kurz erwähnt.

»Esoterische Astrologie« – das bedeutet im landläufigen Verständnis eigentlich bis heute, daß man aus dem Geburtshoroskop Aussagen über die geistliche Entwicklung eines Individuums macht und daß man aus dem Grundhoroskop Hinweise auf eines oder mehrere frühere Leben des Geborenen ermittelt. Diese Aussagen über ein oder mehrere frühere Leben beziehen sich auf Einstellung und Verhalten in diesen früheren Leben, die im jetzigen Leben umgeformt sind zu bestimmten Begabungen bzw. Aufgaben. Die Theosophie, die sich wesentlich auf indische Traditionen stützte, favorisierte die religiöse Hypothese der Wiedergeburt. Demgegenüber stand bis vor relativ kurzer Zeit in einigermaßen scharfer Ablehnung die »spiritistische Hypothese«, die nicht von wiederholten Erdenleben ausging, sondern von einer Fortdauer nach dem physischen Tod in einem Jenseits, in dem ebenfalls Weiterentwicklung und Lernen möglich waren. Letztlich ging und geht es beiden Hypothesen um die Weiterentwicklung und Läuterung des Individuums, doch die Reinkarnationshypothese betont das Lernen und die Weiterentwicklung in einem Lauf wiederholter Erdenleben, während die spiritistische Hypothese diese Aufgabe des Individuums nach einem einmaligen Erdenleben ganz ins Jenseits verlagert. Dabei ist das Ziel bei beiden religiösen Ideen dasselbe: Erlösung vom »Rad des Todes und der Wiedergeburt«, wie es im reinkarnationsgläubigen Indien heißt, Erleuchtung, Läuterung, Aufstieg in höchste Sphären. Der Erleuchtung ist es bekanntlich egal, wie man sie erlangt; und mittlerweile sind diese beiden Grundhypothesen, die in der abendländischen Esoterik des 20. Jahrhunderts ausführlich erörtert und erforscht wurden, zu einem einzigen Modell konvergiert, in dem Lernen und Läuterung des Individuums, sei es im Diesseits in wiederholten Erdenleben, sei es im Jenseits zwischen zwei Erdenleben, möglich werden. Bemerkenswert in der neuesten Entwicklung esoterischer und paranormaler Denkansätze ist übrigens, daß nun auch die UFO-Hypothese mit in ein solches esoterisches Denkmodell einbezogen wird. Die »Ufologie«, obwohl niemals ganz frei von Mystifikationen, die auch religiöse Neuentbindungen zeitigten, war und ist im wesentlichen ein Gebiet, das mit naturwissenschaftlichem und phänomenologischem Anspruch betrieben wird. Freilich, mediale Durchgaben, die sich im klassischen Spiritismus auf die Botschaften Verstorbener aus dem Jenseits beschränkten, betreffen in den vergangenen Jahren zunehmend auch Botschaften von außerirdischen Wesenheiten. Man mag dies alles als Phantasterei abtun, egal, ob es sich um Reinkarnation, um Spiritismus oder um Ufologie handelt. Aber ob nun Phantasterei oder nicht, durch die Konvergenz ganz unterschiedlicher Ideen und Denkmodelle ist die Esoterik in den letzten Jahren einesteils ein Stück weit verunsichert worden, anderenteils aber auf eine Spur der Vereinheitlichung oder zumindest der weitgehend toleranten Vernetzung untereinander gekommen. Dies hat Folgen für jene esoterische Astrologie, welche die Reinkarnationshypothese in den Mittelpunkt stellt. Die Lehre von der Reinkarnation, also von der wiederholten Geburt eines Individuums auf Erden, begünstigt gewissermaßen das Geschäft der Astrologie, für die ja der Geburtsaugenblick das entscheidende Datum ist. Eine eigene »esoterische Astrologie« wird schnell fragwürdig, wenn die Reinkarnationshypothese mit der spiritistischen Hypothese und dazu noch mit der UFO-Hypothese konvergiert. Denn das »Jenseits« und ebenso außerirdische Welten, die fernab von unserem eigenen Sonnensystem existieren sollen, entziehen sich dem deutenden Zugang des astrologischen Denkmodells.

In einer bewußt säkularen Wendung verwahrte sich seinerzeit die *Revidierte Klassik* gegen die Einvernahme der Astrologie durch den esoterischen Ansatz der Theosophie. Nun ist es die Entwicklung esoterischen Denkens und Für-Wahr-Haltens selbst, die hinter die esoterische Astrologie – und das ist eben allermeist auf Reinkarnation bezogene Astrologie – ein Fragezeichen setzt und relativierend wirkt. Man darf wohl die Hypothese wagen, daß die esoterische Astrologie im engeren Sinn gerade durch die Entwicklung der Esoterik selbst an Bedeutung verlieren wird. Dabei darf man aber nicht vergessen, daß sich die Esoterik als solche in den letzten Jahren auch zunehmend der Psychologie und der Therapie geöffnet hat, wie auch umgekehrt Psychologie und Psychotherapie viel aufgeschlossener für esoterische Ansätze geworden sind. Hiervon profitiert die Astrologie insgesamt; die gesellschaftliche Bedeutung der Astrologie nimmt seit Jahren stetig zu! Mit anderen Worten: Die zunehmende Öffnung der Allgemeinheit für psychologische, psychotherapeutische und spirituelle, esoterische Fragestellungen begünstigt die Astrologie insgesamt, reduziert aber die Bedeutung einer sich als eigenständig verstehenden »esoterischen Astrologie«.

Die esoterische Astrologie der theosophischen Bewegung versucht, die Einheit hinter den verschiedenen Phänomenen, den verschiedenen Planetentemperamenten usw. zu erfassen und astrologisch zu beschreiben. Wie oben schon im Abschnitt 3.3. gesagt, werden in der esoterischen Astrologie die mannigfaltigen Ausdruckformen des Lebens als Ausflüsse der einen zentralen Quelle, nämlich Gottes betrachtet. Die Beschreibung der »Alleinheit« mit astrologischen Mitteln, der Versuch überhaupt, das, was die Welt im Innersten zusammenhält, astrologisch zu umgreifen, führt in der Theosophie auf eine Systematik, bei der die Zahl 7 im Mittelpunkt der Betrachtung steht. Die Theosophie geht davon aus, daß das Sonnensystem ein organisches, lebendiges, bewußtes Ganzes ist.

»Das Sonnensystem kann man als den Leib des Logos betrachten. Jede seiner Stufen, von der niedersten physischen bis zur höchsten geistigen, wird von Seinem Leben und Bewußtsein mit Energie und Seele erfüllt wie der menschliche Körper durch Leben und Bewußtsein des Menschen. Die materiellen Dinge auf jeder Stufe werden von Ihm geleitet und entwickelt in Seiner Form des dritten Logos; das Leben jedes Reiches, einschließlich des unsichtbaren Lebens der Elemente, stammt direkt aus Ihm

als zweitem Logos; und jede Form der Selbstbewußtheit hat ihren Ursprung in Ihm als erstem Logos.«[52] Der »Sonnenlogos« ist in der Sicht der Theosophie sozusagen die all-eine Quelle; der Logos manifestiert sich in drei Aspekten oder »Personen«. Hier ist die Theosophie auch am christlichen Begriff der Dreieinigkeit orientiert. Die drei Logoi der Dreieinigkeit gestalten materiell, psychisch und geistig.

Die Siebenheit, die im Sonnensystem als dem »Leib des Logos« eine Rolle spielt, bezieht sich auf die sieben Planeten. Die theosophische esoterische Astrologie spricht darum auch von Planetenlogoi. Sie entsprechen den sieben Prinzipien des Menschen bzw. den sieben Strahlen, die als sieben Schöpferkräfte, als sieben Welten oder als sieben Gesetze bezeichnet werden. Dies führt auf folgendes Schema:

Planet Symbol	Symbolische Entsprechung	Entsprechendes
☉	Geist	Der Mensch. Willensstrahl
☿	Geistseele	Weisheitsstrahl
♀	Menschliche Seele	Die harmonische Seele
♄	Kritischer Punkt	Brücke zwischen Oben und Unten
☽	Persönliches Denken	Gehirn, mentaler Zustand
♂	Persönliches Fühlen	Triebseele
♃	Physische Bedingungen	Ätherischer und physischer Körper

Tabelle 20: Esoterische Planetenprinzipien

52 Alan Leo. *Esoterische Astrologie: Vom Wesen des Menschen.* (Leipzig, 1927) p.36.

Aus dieser Siebenheit, bei der jede Kategorie noch siebenfach weiter unterteilt werden kann, ergibt sich zugleich eine Hierarchie von oben (Geist) nach unten (physische Bedingungen).

Auch der zwölfteilige Tierkreis wird in esoterischer Weise neu gedeutet. Dabei werden die luftigen Zeichen der »spirituellen Sphäre« zugeordnet, nämlich Wassermann dem Gedächtnis, Zwillinge der Vernunft und Waage der Wahrnehmung. Mit der spirituellen Sphäre ist ein »kritisches Stadium« verknüpft, repräsentiert durch den Saturn, der das Höhere vom Niederen, die »Luftdreiheit« von der »Feuerdreiheit« trennt. Saturn repräsentiert außerdem die Brücke, über die das Selbst in die Persönlichkeit eingeht. Saturn geht dabei durch die »mentale Sphäre«, der die feurigen Zeichen zugeordnet sind. Widder verkörpert dabei Intuition, Schütze den Einblick und Löwe schließlich die »Treue«. Mit Treue ist ein mentales Festhalten gemeint. Den feurigen Zeichen als »kritisches Stadium« ist die Sonne zugeordnet, sie wirkt als Bindeglied zwischen Feuer und Wasser, und zwar durch die Gefühls- und Empfindungs-Sphäre, welcher die wäßrigen Zeichen zugeordnet sind. Krebs repräsentiert dabei das Gefühl, Fische die Empfindung und Skorpion die Zuneigung, nämlich das emotionale Anhaften an etwas oder an jemand. Hier ist der Mond das »kritische Stadium«. Mond beherrscht die Vitalität, beherrscht dann auch die »physische Sphäre«, welcher die irdischen Zeichen zugeordnet sind. Dabei wird das Physische mit bestimmten Körperfunktionen umschrieben, die wiederum den einzelnen irdischen Zeichen zugeordnet sind: die »Absorption« dem Steinbock, die »Zirkulation« der Jungfrau und die »Sekretion« dem Zeichen Stier.

Über die jeweiligen »kritischen Stadien« sind die vier Sphären, repräsentiert durch die vier antiken Elemente und die zugehörigen Zeichen, untereinander verbunden. Die »spirituelle Sphäre« wird auch mit dem reinen, abstrakten Denken gleichgesetzt, die »mentale Sphäre« mit dem sogenannten niederen, zweckhaften Denken. Die »Empfindungssphäre« bezieht sich auf Gefühle, die »physische Sphäre« auf den Körper, die

Physis – das wird unmittelbar aus den Bezeichnungen der theosophisch orientierten Astrologie klar. Auch hier ist wieder der Zug zur Hierarchisierung zu spüren, wobei aber zugleich darauf hingewiesen wird, daß die vier Sphären nicht nur hierarchisch übereinandergeschichtet sind, sondern alle im menschlichen Bewußtsein repräsentiert sind.

Die »Sphären« oder »Körper« durchdringen einander – der physische Körper (irdische Zeichen), der astrale Körper (wäßrige Zeichen), der mentale Körper (feurige Zeichen) und der spirituelle Körper (luftige Zeichen). Die Hierarchie bedeutet zugleich die Einheit des Menschlichen auf der physischen, der astralen, der mentalen und der spirituellen Ebene. Erst im Schlaf oder im Tod trennen sich diese Ebenen, *»wenn sich das Bewußtsein von dem physischen Planet entfernt hat«*, wie Alan Leo schreibt.

Die verschiedenen »Strahlen«, die verschiedenen »Körper« bezeichnen zugleich Pfade der Entwicklung beim Individuum. Die starke Hierarchisierung im astrologischen Modell, wie sie die theosophisch beeinflußte esoterische Astrologie betreibt, entspricht dem Anspruch an den Menschen, sich im Laufe mehrerer Leben kontinuierlich aufwärtszuentwickeln. Hier ist jene Vorstellung ganz lebendig, die sich mit der indischen Weise des Reinkarnationsglaubens verknüpft: daß der Mensch durch eine Vielzahl von Erdenleben lerne und sich läutere, bis daß er auf einer höchsten Stufe angelangt ist. Die jeweils nächsten Lernschritte werden im einzelnen von den Ergebnissen der vorangehenden Lernschritte bestimmt. Und hier dient das jeweilige Geburtshoroskop einer Inkarnation dazu, den Charakter des nächsten Lernschrittes, also des jeweils aktuellen Lebens zu bestimmen, aber es dient auch dazu, die ungefähre Stelle im Gesamtcurriculum zu markieren.

Alan Leo beschreibt, was esoterisch, astrologisch und schließlich physiologisch zum Zeitpunkt der Geburt geschieht: *»Wenn die Zeit zur Geburt kommt, wird ein Körper von speziellem Typ gewählt, der es der Seele ermöglicht, die Erfahrung zu erwer-*

ben, die sie gerade zu jener Zeit braucht. Der Aufbau dieses Körpers ist nicht zufällig. Er geschieht nach einem vorbestimmten Plane, und Bau und Komposition des Körpers richten sich ganz nach jenem Plan. Die verschiedenen chemischen Elemente, aus denen der Körper auferbaut wird, wie ihre Art der Kombination sprechen deutlich von dem Wirken der planetaren Kraftherrscher. Die Geburt findet statt, wenn die Planeten die Stellungen einnehmen, die ihnen nach dem vorbestimmten Plan, der das Horoskop ergibt, zukommen. Auf dem Grundriß dieses Planes wird also die ganze Körpermaschine erbaut, und das ist die solchen Wissenschaften wie Physiognomie, Phrenologie und Chiromantie zugrunde liegende Wahrheit. Der Körper wird nicht durch langdauernde Bemühung dem Bilde der Seele nachgearbeitet (obwohl auch diese Ansicht eine gewisse Berechtigung hat), sondern der Körpertyp wird von vornherein so angelegt, daß er dem Typ der Persönlichkeit, der in diesem Erdenleben nach Ausdruck ringt, angemessen ist und ihn ausdrückt. Kurz gesagt: Der Körper wird der Persönlichkeit genauso angepaßt wie ein Anzug dem Körper. Wenn dem so ist, sollte es nicht wundernehmen, daß Gestalt, Größe, Bau und Linie des Körpers und seine Teile den Charakter der Person zeigt, die diesen Körper als Träger benutzt.«[53]

Die theosophisch orientierte esoterische Astrologie zeigt mit diesem starken Verweis auf die ›Vorbestimmung‹ nicht zuletzt ein hohes Maß an Fatalismus. Vorbestimmung ist hier nicht so sehr die landläufige Vorherbestimmung durch das Schicksal, aber die Vorbestimmung, die letztlich unabänderlich durch angesammeltes Karma verfügt wird. Trotz dieser Vorbestimmung ist Entwicklung, ist ›Innovation‹ möglich. *»Die Geburt in einer Reihe von Persönlichkeiten unter neuen Kombinationen von Zeichen und Planeten sorgt, astrologisch gesprochen, für die erforderlichen Erfahrungen; daraus kann man den Schluß ziehen,*

53 Alan Leo. *Esoterische Astrologie: Vom Wesen des Menschen.* (Leipzig, 1927) p.168 ff.

daß der jetzige Sünder einst in weiter Zukunft der große Heilige sein wird.«[54]

Die theosophisch orientierte esoterische Astrologie schöpft begreiflicherweise auch aus der indischen Esoterik, auch, was die Astrologie selbst betrifft. Dies im einzelnen darzustellen, würde in der vorliegenden Veröffentlichung erheblich zu weit führen. Doch läßt sich das theosophische Modell der esoterischen Astrologie im Prinzip mit der klassischen Astrologie verstehen. Die indischen ›Zutaten‹ halten sich trotz des starken Bezuges der Theosophie zur indischen Tradition in Grenzen.

Recht nah am theosophischen Verständnis von Esoterik und ganz und gar auf der europäischen klassischen Astrologie basierend ist der Ansatz von Thorwald Dethlefsen, der durch seine umfassende Sicht und durch seine klare Sprache seit den siebziger Jahren zumindest im deutschen Sprachraum schon eine ganze Generation von esoterisch interessierten und esoterisch arbeitenden Astrologen beeinflußt hat. Darüber hinaus hat Dethlefsen sehr stark in eine esoterisch interessierte Öffentlichkeit hineingewirkt. In Deutschland war er seit Ende der sechziger Jahre der erste, der Rückführungen durchführte und als Reinkarnationstherapeut arbeitete. Vor allem seine Bücher SCHICKSAL ALS CHANCE und das zusammen mit Rüdiger Dahlke geschriebene KRANKHEIT ALS WEG haben hohe Auflagen erreicht. Dethlefsen hat es nicht wie die Theosophen nötig, eine komplexe esoterische Hierarchie aufzubauen, für die die astrologischen Elemente, die Planeten, der Tierkreis usw., als Repräsentanten stehen. Für ihn ist das Horoskop insgesamt ein Symbol des Reinkarnationsgedankens: *»Es gibt keinen Zufall! Der gesamte Lebenslauf eines Menschen ist aus dem Horoskop ersichtlich, dem Abbild der Gestirnskonstellationen in der Minute der Geburt. Mein ganzes Leben hängt von dem Zeitpunkt der Geburt ab. Wäre ich also ›zufällig‹ ein paar Stunden früher oder später geboren, wäre ich*

54 Alan Leo. *Esoterische Astrologie: Vom Wesen des Menschen.* (Leipzig, 1927) p.172 ff.

ein ganz anderer Mensch mit einem ganz anderen Schicksal geworden. ›Zufällig‹? Jetzt haben wir uns so viel Mühe gemacht, den ›Zufall‹ aus dem Leben zu eliminieren, und haben ihn doch nur an den Anfang des Lebens geschoben. Andererseits sagen wir: Im Kosmos kann es keinen Zufall geben – und weiter: Jedes Ereignis ist die formale Verwirklichung eines Inhalts. Also kann der Zeitpunkt der Geburt nicht zufällig sein, sondern muß formaler Ausdruck von Inhalten sein. Wo sind aber diese Inhalte, die den Beginn eines Lebens formal determinieren? Hierauf gibt es nur eine logische Antwort: In einem früheren Leben! Die nicht gelösten und ›erlösten‹ Probleme des vorigen Lebens setzen den Inhalt, der sich gesetzmäßig einen formalen adäquaten Zeitpunkt zur Inkarnation sucht. Das Horoskop einer Geburt, diese Lebensformel, ist gleichzeitig eine Art Bilanz des letzten Lebens. Die Natur hat Zeit: was der Mensch nicht in diesem Leben verwirklicht, nimmt er mit ins nächste – erspart bleibt ihm nichts!«[55]

Für Dethlefsen ist die Astrologie von vornherein eine Art von Einweihungsweg, auf dem der Mensch sich selbst erkennen kann, seine Umwelt entdecken kann und schließlich Gott erfahren kann. Die Astrologie hilft, das jeweilige Individuum in seinem So-Sein zu erkennen, zu verstehen und sich darum mit ihm zu versöhnen. *»Wie will man noch jemandem böse sein, wenn man ihn versteht?«*[56]

Ähnlich wie in der Theosophie ist für Dethlefsen das Horoskop nicht nur die unabdingbare Bilanz früherer Leben, aus der sich das »Schicksal« eines aktuellen Lebens unausweichlich entwickelt. Es ist darüber hinaus »Lehrplan«, in dessen Erfüllung das Individuum zugleich reift und sich aufwärtsentwickelt. Dethlefsens Gesamtansicht von esoterischer Astrologie unterscheidet sich nur wenig von der Perspektive der Theosophie, ist

55 Thorwald Dethlefsen. *Das Leben nach dem Leben: Gespräche mit Wiedergeborenen.* (München, Gütersloh, Wien, 1974) p. 148.
56 Thorwald Dethlefsen. *Schicksal als Chance: Das Urwissen zur Vollkommenheit des Menschen.* (München, 1979) p. 113.

aber im Unterschied zu dieser sehr viel klarer formuliert, gleichsam ›didaktischer‹. Dethlefsen braucht nicht auf komplizierte indische Traditionen zurückzugreifen, er muß sich nicht um Hierarchien kümmern, er muß nicht einmal eine neue Deutungslehre in der Astrologie finden. Die Reinkarnationshypothese als grundlegendes Element eröffnet ihm eine neue Perspektive auf die Astrologie, und diese Perspektive macht er konsequent, kundig und universal sichtbar. Man kann Dethlefsen mit einigem Recht Determinismus und vielleicht sogar Fatalismus vorhalten, aber auch ein solcher Vorhalt schmälert nicht Dethlefsens grundsätzliche Verdienste um eine kluge Popularisierung esoterischen und astrologischen Wissens.

Während die theosophisch orientierte esoterische Astrologie und der Ansatz von Dethlefsen bestrebt sind, ein gegebenes Geburtshoroskop insgesamt unter der Perspektive auszudeuten, die der Reinkarnationsgedanke gibt, ohne daß im einzelnen Deutungsregeln aufgestellt werden, ist eine neuere Richtung in der esoterischen Astrologie bemüht, bestimmte Elemente des Horoskops als speziell wichtig für die »karmische Analyse« zu markieren und ins Einzelne gehende Deutungsregeln anzugeben. Ins Blickfeld rückt hier vor allem die Deutung des Mondknotens, die Deutung bestimmter Häuser, vor allem der *mystischen Häuser* 4, 8 und 12, aber auch die Deutung des 6. Hauses, weiterhin die Deutung der rückläufigen Planeten. Während die Theosophie und Thorwald Dethlefsen bemüht sind, Astrologie aus esoterischem Blickwinkel insgesamt als Übungs- bzw. Einweihungsweg darzustellen, erliegt jene neuere Richtung der Versuchung, ›Kochrezepte‹ für die reinkarnationsbezogene Deutung einzelner Elemente und Konstellationen anzugeben. Einen ›Klassiker‹ in dieser Hinsicht hat Martin Schulman mit seinem immerhin vierbändigen Werk KARMISCHE ASTROLOGIE vorgelegt, ihm folgten im europäischen Raum die französischen Astrologinnen Irène Andrieu und Dorothée Koechlin de Bizemont.

Einerseits ist ein solches Vorgehen in der esoterischen Astrologie in Deutungs-›Kochrezepten‹ begreiflich. Wenn das Geburtshoroskop zugleich eine Bilanz früherer Leben darstellt, so muß es auch Regeln geben, wie diese Bilanz zu lesen ist. Auf der anderen Seite wird in der esoterischen Astrologie immer wieder betont, daß das Horoskop als esoterisches Horoskop symbolisch zu verstehen ist. Dies gilt ja schon für die psychologische Astrologie, die sich auf das aktuelle Leben eines Individuums bezieht; aber um so mehr muß dies für ein Individuum gelten im Blick auf dessen möglichen früheren Leben. Eine esoterische Standarddeutung, wonach bestimmte Konstellationen eines Geburtshoroskops auf bestimmte Versäumnisse in früheren Leben hinweisen, erscheint damit von vornherein als fragwürdig, ja sogar gefährlich. Solche Deutungen sind geeignet, den Blick des Individuums ganz zurückzurichten auf vermeintliche oder reale Schuld aus früheren Leben, statt daß der »Lehrplan« des jetzigen Lebens mit einem Blick nach vorn verwirklicht würde. Hinzu kommt, daß die von den Vertretern dieser esoterischen Richtung vorgeschlagenen Deutungen untereinander durchaus widersprüchlich sind.

In diesem Zusammenhang sollte eine esoterische Perspektive, die die Triftigkeit des Reinkarnationsgedankens voraussetzt, sich darauf verständigen, daß ein gegebenes Geburtshoroskop zwar die Bilanz früherer Leben darstellt, daß ein Geburtshoroskop und das damit verknüpfte Schicksal bzw. der damit verbundene »Lehrplan« als Gegenstand der Eigenverantwortung akzeptiert werden müssen, aber sie sollte es vermeiden, ohne Not in vergangenen Leben »herumzustochern« und damit neue unzulässige Bindungen zu erzeugen.

Eine solche Frage richtet sich auch an den eigenständigen Versuch von Bernd A. Mertz, mit technischen Mitteln der Astrologie ein sogenanntes »vorkarmisches Horoskop« zu berechnen.

Mertz geht bei der Berechnung des vorkarmischen Horoskops zunächst von einem »karmischen Zeitmaß« vom $29^{1}/_{2}{}^{\circ}$ aus. $29^{1}/_{2}$ Tage braucht der Mond für einen vollen Umlauf, $29^{1}/_{2}$ Jahre braucht der Saturn, um im Horoskop wieder seine Ausgangsstellung zu erreichen.

Zunächst wird der Aszendent des vorkarmischen Horoskops berechnet, wobei Mertz von der in der Esoterik vielfach vorgetragenen Vorstellung ausgeht, daß das 12. Haus eines gegebenen Horoskops etwas über das unmittelbar vorangehende Leben des Horoskopeigners aussagt. Demnach muß nach der Vorstellung von Mertz der Aszendent des vorkarmischen Horoskops in das 12. Haus des aktuellen Horoskops gelangen. Mit Hilfe des karmischen Zeitschlüssels wird der Aszendent dann um 29°30' auf dem Tierkreis nach hinten verschoben. In unserem Beispielhoroskop steht der Aszendent bei 24°08' Zwillinge, er liegt nach der Berechnung von Mertz im »vorkarmischen Horoskop« dann also bei 24°38' Stier. Das vorkarmische MC wird dann mit einer Durchschnittsbildung berechnet: Es wird einfach so getan, als sei der vorkarmische Aszendent für den 45. Breitengrad berechnet, also genau die Mitte zwischen Äquator und Pol der Erde. Das dazu gehörende MC wird aus einer Häusertabelle ermittelt. Da Mertz auch im vorkarmischen Horoskop mit äqualen Häusern arbeitet, wobei der Aszendent die Spitze des 1. äqualen Hauses ist, ist das vorkarmische MC ein Punkt außerhalb der Häusereinteilung. Sodann werden Sonne, Merkur und Venus um 29°30' zurückverschoben. Dabei wird ein rückläufiger Merkur bzw. eine rückläufige Venus direktläufig bzw. umgekehrt. Sonne, Merkur und Venus werden dann in die Opposition zu diesen gefundenen Örtern geschoben, also die Sonne von 28°37' Stier über 29°07' Widder auf 29°07' Waage usw. Die Planeten Mars, Jupiter, Saturn, Uranus, Neptun und Pluto werden um das Maß ihrer Tagesbewegung zurückgesetzt und dann ebenfalls in die Oppositionsstellung gebracht. Mertz gibt für die Tagesbewegung folgende Durchschnittswerte an:

Mars	=	38 Bogenminuten
Jupiter	=	5 Bogenminuten
Saturn	=	4 Bogenminuten
Uranus	=	3 Bogenminuten
Neptun	=	2 Bogenminuten
Pluto	=	1 Bogenminute

Der Mondknoten wird um das Maß seiner täglichen Bewegung – 3 Bogenminuten – im Richtungssinn des Tierkreises vorgeschoben, ganz einfach, weil er im Horoskop durchgängig rückläufig ist. Auch der Mondknoten wird nach dieser Manipulation in seine Oppositionsstellung gebracht. Lediglich der Mond wird nicht zurückverschoben oder nach vorn geschoben, sondern er nimmt einfach die Oppositionsstellung zum eigenen Ort ein, also in unserem Beispielhoroskop von 3°36' Krebs auf 3°36' Steinbock. Jetzt aber werden Saturn und Mond in ihren neu gefundenen Stellungen miteinander vertauscht.

Für unser Beispielhoroskop ergibt sich damit das folgende vorkarmische Bild:

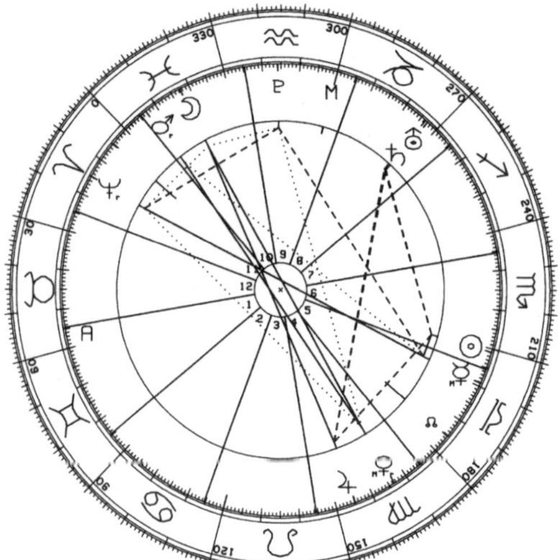

Abbildung 39: Vorkarmisches Horoskop nach Mertz

Mertz begründet seine Findung einerseits mit dem Tages- bzw. Jahresbewegungsmaß (also 29 $^1/_2$) der »karmischen Horoskopelemente« Mond und Saturn. Andererseits nimmt er das Maß der täglichen Bewegung, wobei ihm der Tag die kleinste Lebenseinheit ist, was man ja nicht nur in Analogie auf das ganze Leben, sondern durchaus auch auf mehrere Leben beziehen kann. Die Oppositionsstellung, die Mertz favorisiert, wird damit begründet, daß in der Astrologie alles auf die Opposition ausgerichtet sei. Von den unbewußten Punkten unter der Horizontlinie im Horoskop verlaufe die Entwicklung zu den bewußten Punkten über der Horizontlinie, so Mertz. Mond und Saturn tauschen im vorkarmischen Horoskop deshalb die Plätze, weil der Mond, als das Symbol für die Seele, immer wieder durch Saturn, den »Hüter der Schwelle«, geprüft werden müsse. Mertz betont, daß seine Findung auf ältesten Grundsätzen der Astrologie beruhe. Dies ist, was die symbolische Deutung dieser Grundsätze angeht, durchaus richtig, trotzdem erscheint die Findung als bei weitem zu schematisch. Zwar betont Mertz, daß sein vorkarmisches Horoskops keineswegs die einzig mögliche und richtige Methode sein müsse, aber wenn man sie einmal wörtlich nimmt, so müssen zwischen zwei Inkarnationen ausgesprochen lange Zeiträume vergehen. Denn die Oppositionsstellungen der Langsamläufer zu den eigenen Örtern im Ausgangshoroskop sind in der Kombination nur nach Ablauf langer Zeiträume wieder möglich.

Der womöglich therapeutische Wert eines vorkarmischen Horoskops im Verlauf einer Beratung, in der es um Bindung und Loslassen, um alte und um neue, aktuelle Gaben und Aufgaben des Horoskopeigners geht, soll gar nicht bestritten werden. Aber insgesamt verbleibt die Findung des vorkarmischen Horoskops nach Bernd A. Mertz gänzlich im spekulativen Bereich.

Soweit ich sehe, hat sich das vorkarmische Horoskop von Mertz auch nirgendwo in der praktischen astrologischen Arbeit durchgesetzt. An dieser Stelle sei vermerkt, daß Bernd A. Mertz einige Jahre nach seinem Versuch mit dem vorkarmischen Horoskop eine sehr knappe, klare Darstellung der ESOTERIK IN DER ASTROLOGIE vorgelegt hat. Astrologie wird hier wieder, ähnlich wie im bereits bekannten Sinn der Theosophie, als Weg der Einweihung und Übung verstanden. In dieser späteren Veröffentlichung nimmt Mertz stillschweigend Abstand von dem vorkarmischen Horoskop« und verpflichtet sich einer selbst- und menschenkenntnisorientierten Astrologie, deren Ziel es ist, den Sinn der Bindung des Menschen im Kosmos, den Sinn des Schicksals offenzulegen.

Am Schluß dieses letzten Abschnitts sei noch auf den Reinkarnationstherapeuten Baldur R. Ebertin verwiesen. Baldur Ebertin hat sich in den letzten Jahren als Reinkarnationstherapeut einen Namen gemacht, nicht zuletzt deshalb, weil er in seiner therapeutischen Arbeit zunächst ganz den Problemen der Rat und Hilfe suchenden Klienten verpflichtet ist und nicht von vornherein mit einem esoterischen Interpretationsmodell die Probleme der Klienten umdefiniert. Ebertin geht es zunächst einfach darum, durch die sogenannte Rückführung bestimmte Blockaden bei den Klienten zu lösen, die sich ansonsten als therapieresistent erwiesen haben. Die Rückführung geschieht, indem der Klient in eine Trance versetzt wird, die jedoch das wache, erinnernde Bewußtsein keineswegs ausschaltet. Der Therapeut führt den Klienten imaginativ in eine Zeit vor seiner Geburt zurück und sucht Bilder, Erinnerungen auf, die mit den wachbewußten, in diesem Leben Leiden verursachenden Blokkaden zu tun haben. Etwa so gehen im Prinzip alle Reinkarnationstherapeuten vor, von denen es inzwischen eine ganze Reihe im deutschsprachigen Raum gibt. Auch Thorwald Dethlefsen, Pionier der Reinkarnationstherapie in Deutschland, verfährt prinzipiell ähnlich.

Begleitend zu seiner therapeutischen Arbeit setzt Baldur Ebertin das Geburtshoroskop des Klienten ein. Ebertin, durch seinen Vater in Astrologie geschult, nutzt freilich das Geburtshoroskop nicht, um den Klienten auf womöglich fatalistische

Weise festzulegen, sondern einfach, um ein zusätzliches Diagnosemittel für die Erkenntnis etwaiger Blockaden zu haben, aber auch, um im Horoskop eventuelle Lösungen zusätzlich zu erkennen.

Baldur Ebertin hat sich vielleicht am weitesten von ursprünglichen esoterischen Vorstellungen gelöst; zwar behält er die Reinkarnationshypothese bei, er arbeitet mit dem Horoskop als Diagnosemittel, aber er verwendet beide »Zutaten« völlig undogmatisch. Ganz dem therapeutischen Zugang zum hilfesuchenden Klient verpflichtet, sieht er in der Reinkarnationshypothese, aber auch im persönlichen Horoskop nicht ein Ziel oder gar ein Dogma, sondern lediglich die Mittel zum Zweck der Hilfe.

9. Ausblick

Es ist eigenartig, daß die Zukunft einer Disziplin, die ihrerseits in erheblichem Maß Zukunftsprognosen wagt, unter den Vertretern dieses Fachgebietes eigentlich kaum diskutiert wird. Die beratenden Astrologen, die die große Mehrheit der Fachleute stellen, sehen die zunehmende gesellschaftliche Akzeptanz der Astrologie mit Befriedigung, aber sie denken nur wenig darüber nach, was dies jetzt und in den nächsten Jahren für die Astrologie eigentlich bedeutet.

Ein kurzer Ausblick sei hier versucht. Wir haben schon angemerkt, daß die Astrologie befangen scheint in ihrer vornehmlichen Anwendung zu Beratungszwecken. Dies hat eben damit zu tun, daß die beratenden Astrologen die Mehrzahl der aktiv und professionell an Astrologie Interessierten ausmachen. Anders als mit astrologischer (Lebens-)Beratung läßt sich immer noch kaum der Lebensunterhalt durch Astrologie verdienen.

Aber das Ende dieser Monokultur ist absehbar. Nicht daß Beratung weniger wichtig würde, aber es gesellen sich längst auch andere Anwendungs- und Forschungsgebiete hinzu: Astrologie und Musik, Astrologie und Kunst, Astrologie und Literatur, Astrologie und Architektur, Astrologie und Gastronomie usw. Vorab sind diese Gebiete »Orchideen«, deren Anteil am Forschungs- und Beratungsbetrieb der Astrologie – bzw. am Bruttosozialprodukt – sehr gering ist. Aber die zunehmende gesellschaftliche Resonanz der Astrologie bereitet gleichsam den Boden für deren verstärke Anwendung auch außerhalb der unmittelbaren Lebensberatung. Vorstellbar wäre in schon absehbarer Zeit ein Berufsbild des »astrologischen Designberaters«. Dieser führt Designberatung nicht nur nach »objektiven« oder zeitgeisttypischen Kriterien der Gebrauchsästhetik in den Bereichen Architektur, Innenarchitektur, Tischkultur, Eßkultur usw. durch. Stattdessen stimmt er die Kriterien, ja überhaupt die Vielfalt gebrauchsästhetischer Ansätze, über das Individualhoroskop auf persönliche Neigungen ab – auch und gerade auf Geschmacksneigungen, die sich der Horoskopeigner nicht schon in einem ästhetischen Reflexionsprozeß bewußt gemacht hat. Im Sinne des umfassenden, alle Lebensbereiche berührenden Design-Begriffs, wie er von Wolfgang Welsch und anderen Theoretikern der Postmoderne entwickelt wurde, könnte die Tätigkeit eines astrologischen Designberaters überhaupt auch astrologische »Lifestyleberatung« umfassen. Dabei soll Lifestyle gerade nicht den jeweils modischen Charakterpanzer aus gesellschaftlichen »Ins« und »Outs« bedeuten, sondern den unverwechselbaren persönlichen Lebensstil in psychischer, sozialer, ästhetischer, intellektueller usw. Hinsicht markieren.

Seit dem legendären BERICHT AN DEN CLUB OF ROME im Jahr 1972 hat das ökologische Bewußtsein weltweit erheblich zugenommen. Dabei geht es aber nicht allein um die Ausbildung eines gewissermaßen abstrakten Ökobewußtseins, das sich der Rettung der Wälder oder Wale verschreibt und die Anlage von Feuchtbiotopen in öffentlichen Parks propagiert. Im entsprechenden Wertewandel seit Beginn der siebziger Jahre wurde auch die individuelle Ökologie, sozusagen das persönliche Biotop wichtig. Der Weg vom Ökobewußtsein zum Ernährungsbewußtsein, vom Psycho- zum Esoterikboom war schon damals kurz. Mit Blick auf diesen engen Zusammenhang sprach Jacques Lusseyran bereits 1972 von der VERSCHMUTZUNG DES ICH und der Psychologe Jürgen vom Scheidt schuf aus dem populären Begriff Umweltverschmutzung den Buchtitel INNENWELTVERSCHMUTZUNG. Umgebung, Ambiente, Wohnort,

Region – dies wird nicht mehr als unabhängig vom persönlichen Wohlbefinden betrachtet. Diese und andere Faktoren wirken auf das Individuum und das Individuum wirkt gleicherweise auf seine Umgebung ein. Das Design des zuträglichen Ambientes ist eine Aufgabe von Architekten, Baubiologen, Ökologen, Landschaftsgärtnern, aber auch Psychologen und Lebensberatern. Damit aber sind auch die esoterischen Berater und Beratungsmodelle nicht mehr fern: Feng Shui und Standortastrologie sind gegenwärtig dabei, auch in der Architektur und Einrichtungsberatung einen festen Platz zu erobern. Hierher gehört auch das in den letzten Jahren so deutlich gewordene Interesse an Radiästhesie und Geomantie. Die Astrologie nimmt an diesem neuen ökologischen Bewußtsein intensiven Anteil und entsprechende Spezialisierungen sind erwartbar.

Auch die Anwendung der Astrologie in ihrem eigentlichen Feld der Lebensberatung wandelt sich. Die Astrologie als reine Schicksalsdeutung wurde schon in den Zwanziger Jahren hinterfragt und es entwickelte sich die psychologische Astrologie. Diese verblieb allerdings weitgehend im diagnostischen Bereich. In jüngster Zeit rückt die Anwendung der Astrologie innerhalb der Psychotherapie mehr ins Blickfeld. Ging es den Vätern der Revidierten Klassik – Ring, von Klöckler, aber auch noch Riemann – hauptsächlich darum, mit Hilfe des Horoskops vorwiegend Psychodiagnostik zu betreiben, um dann mit einem *astrologiefreien* Therapiemodell, der Psychoanalyse zu arbeiten, so erscheinen Astrologie und (Psycho-)Therapie heute schon in mancherlei Hinsicht verquickt. Die Therapieszene selbst hat sich in den vergangenen Jahrzehnten erheblich gewandelt: neben den Therapieformen, in denen die unbewußt gebliebenen Anteile von Kindheits- und Lebensgeschichte aufgedeckt werden, vorwiegend mit verbalen Mitteln, ist eine Reihe von Ansätzen getreten, die gleichsam aus der momentanen therapeutischen Situation und mit vielfältigen, auch nichtverbalen Ausdrucksmitteln zu Einsicht und gleichzeitig zur Veränderung von Einstellungen oder Verhalten verhelfen.

Hier zeigt sich ein gewisses Dilemma, das den beratend tätigen Astrologen noch nicht recht ins bewußt geworden zu sein scheint. Im Geburtshoroskop sind Grundstrukturen angezeigt, die zumindest der astrologischen Überzeugung nach für ein ganzes Leben gelten. Auch die aktuelle astrologische Prognose bezieht sich auf die Gegebenheiten des Radixhoroskops und auf die in ihm angezeigten Grundstrukturen, die aktuell jeweils betont, konterkariert, jedenfalls thematisiert werden. Die in der Humanistischen Psychologie entwickelten Therapien, besonders die Gestalttherapie, vermeiden jedoch den Bezug zu irgendwelchen Grundstrukturen beim Klienten und betonen den Augenblick, in dem ein Thema oder ein Problem des Klienten »Gestalt« annimmt. An dieser »Gestalt« wird ganzheitlich mit Hilfe vielfältiger Ausdrucksweisen therapeutisch gearbeitet. Selbstverständlich wird dabei auch Lebensgeschichte bewußt gemacht, werden gegebenenfalls Grundmuster erkannt und hinterfragt. Aber diese Grundmuster bilden keineswegs einen argumentativen Ausgangspunkt. Die Astrologie einerseits und die Therapieansätze der Humanistischen Psychologie stehen zueinander in Spannung oder sogar im Widerspruch. Gleichwohl sind viele Astrologen auch an den neuen Therapien interessiert oder praktizieren sie.

Hier ist ein Änderung in der Art und Weise zu vermuten, wie zukünftig astrologisch diagnostiziert und beraten wird. Ähnlich wie schon für die klassische Psychoanalyse kann das Horoskop oder eine aktuelle Konstellation einen diagnostischen Ausgangspunkt liefern, von dem aus der Therapeut dann astrologiefrei weiterarbeitet. Aber aufgrund der vielfältigen »Gestalten« und der ebenso vielfältigen therapeutischen Gestaltungsmöglichkeiten ist eine Rückkehr sowohl zum individuellen Horoskop als auch zum astrologischen Denkmodell und seinen Elementen zwanglos und auf verschiedene Weise denkbar – nämlich immer da, wo individuelle Konstellationen und (überindividuelle) astrologische Faktoren mit der jeweils augenblicklichen »Gestalt« in Resonanz kommen können. Der Umgang mit der Astrologie überhaupt und mit dem individuellen Horoskop kann somit spielerischer werden, ohne daß astrologische Technik und Deutung unzulänglich oder verflachend angewendet würden.

Denkbar ist im Gesamtzusammenhang der gegenwärtigen Entwicklung in Astrologie und Therapie, daß astrologische Beratung insgesamt sehr viel »therapeutischer« wird. Damit wird aber auch der Grad der Professionalisierung unter Astrologen weiter steigen. Zur Akademisierung des Faches tritt dann die in diversen Zusatzausbildung gewonnene Kompetenz des beratenden Astrologen, was nicht zuletzt zu einem Gewinn an Image der Astrologie beiträgt.

Die Astrologie wird vermehrt nach und nach (nahezu) alle gesellschaftlichen Felder berühren und durchdringen. Es darf aber auch erwartet werden, daß sich die Astrologie mehr und mehr von gesellschaftlichen und lebenskundlichen Fragen anmuten läßt. Schon die »psychologische Wende« der Astrologie in den Zwanziger Jahren hat gezeigt, daß die Astrologie teilhat und teilhaben will an humanwissenschaftlicher (und damit zugleich gesamtgesellschaftlicher) Entwicklung. Diese Teilhabe intensiviert sich nun auf manchen Feldern. Auch wenn die große Mehrzahl der Berufsastrologen vorerst nahezu ausschließlich »Beratung« offeriert und in dieser Hinsicht noch Befangenheit und Einspännigkeit vorherrschen, so stehen wir doch unmittelbar vor einer qualitativen *und* quantitativen Erweiterung astrologischer Aufgaben und Möglichkeiten.

10. Literatur

1. Einleitung

BÖHRINGER, SIEGFRIED. *Astrologie – Kosmos und Schicksal.* Mainz/ Stuttgart 1990.
HÜRLIMANN, GERTRUD I.. *Astrologie – Ein methodisch aufgebautes Lehrbuch.* Schaffhausen 1983.
KLÖCKLER, HERBERT FREIHERR VON. *Kursus der Astrologie. 3 Bände.* Freiburg 1984 (zuerst Leipzig 1927/28).
LEWIS, URSULA. *Horoskope – selbst gestellt.* Frankfurt/Main 1977.
SCHUBERT-WELLER, CHRISTOPH. *Die astrologische Geburtszeitkorrektur.* München 1989.
VOSS, GERHARD. *Astrologie – christlich.* Regensburg 1980.

2. Grundlagen der Astrologie in der Diskussion

BECKER, UDO (HRSG.). *Lexikon der Astrologie.* Freiburg 1981.
GEORGE, DEMETRA. *Das Buch der Asteroiden.* Mössingen 1991.
KLEIN, NICOLAUS UND RÜDIGER DAHLKE. *Das senkrechte Weltbild: Symbolisches Denken in astrologischen Urprinzipien.* München 1986.
KLÖCKLER, HERBERT FREIHERR VON. *Kursus der Astrologie. 3 Bände.* Freiburg 1984.
LANDSCHEIDT, THEODOR. *Astrologie. Hoffnung auf eine Wissenschaft?* Innsbruck 1994.
LANDSCHEIDT, THEODOR. *Sun-Earth-Man: a Mesh of Cosmic Oscillations. How planets regulate solar eruptions, geomagnetic storms, conditions of life , and economic cycles.* London 1989.
LANG, WALTER. *Die Astrologie im heutigen Weltbild.* Heidelberg 1986.
NIEHENKE, PETER. *Kritische Astrologie.* Freiburg 1987.
POWELL, ROBERT. *Zu einer neuen Sternenweisheit: Einführung in die hermetische Astrologie.* Schaffhausen, 1993.

SCHUBERT-WELLER, CHRISTOPH. *Spricht Gott durch die Sterne? Astrologie, Gesellschaft und christlicher Glaube.* München 1993.
SEYMOUR, PERCY. *Astrologie: Beweise der Wissenschaft.* Frankfurt/Main 1992 (zuerst 1988).
STRAUSS-KLOEBE, SIGRID. *Das kosmopsychische Phänomen. Geburtskonstellation und Psychodynamik.* Olten und Freiburg 1977.

3. Die Klassische Astrologie

BOLL, FRANZ UND CARL BEZOLD. *Sternglaube und Sterndeutung. Die Geschichte und das Wesen der Astrologie.* Leipzig/Berlin 1926.
GEISSLER, HORST WOLFRAM. *Der ewige Tempel: Studien zur Geschichte, zur Entwicklung und zu den Grundgedanken der Astrologie.* München-Planegg 1949.
GUNDEL, WILHELM. *Sterne und Sternbilder im Glauben des Altertums und der Neuzeit.* Bonn und Leipzig 1922.
KNAPPICH, WILHELM. *Geschichte der Astrologie.* Frankfurt/Main 1967.
PEUCKERT, WILL-ERICH. *Astrologie. Geschichte der Geheimwissenschaften Band 1.* Stuttgart 1960.

3.1. Grundlagen der Revidierten Astrologie

Die reiche astrologische Literatur im Umkreis der *Revidierten Klassik* kann hier natürlich nicht ausführlich nachgewiesen werden. Hier seien nur wenige »Klassiker« bzw. »moderne Klassiker« genannt:

ADLER, OSKAR. *Das Testament der Astrologie, 4 Bände.* München 1993/94.
KLEIN, NICOLAUS. *Das Arbeitsbuch zur Astrologie.* München 1990.
KLÖCKLER, HERBERT FREIHERR VON. *Kursus der Astrologie, Band 1-3.* Freiburg 1984[6] (zuerst Leipzig 1927-1929).
KÜHR, ERICH CARL. *Psychologische Horoskopdeutung: Analyse und Synthese. 2 Bände* Wien 1948 bzw. 1951.
LINDENBERG, HUGO. *Sternenbahnen, Menschenwege: Einführung in die heutige Astrologie.* Hamburg o.J.
PARIS, ERNST-GÜNTER. *Der Schlüssel zum Horoskop. 2 Bände.* Waakirchen 1979.
PRÓNAY, ALEXANDER VON. *Die große Partnerschafts-Analyse: Die Beziehungen zwischen den Menschen im Horoskopvergleich.* Bietigheim 1979.

PRÓNAY, ALEXANDER VON. *Astrologische Direktionen – verständlich und praktisch.* Bietigheim 1983.

RIEMANN, FRITZ. *Lebenshilfe Astrologie: Gedanken und Erfahrungen.* München 1976.

RING, THOMAS. *Astrologische Menschenkunde. 4 Bände.* Freiburg 1985[3] (zuerst Zürich 1956).

SCHMITZ, OSKAR A. H.. *Der Geist der Astrologie.* München 1922.

SCHWAB, FRIEDRICH DR. MED. *Sternenmächte und Mensch.* Zeulenroda 1933.

3.2 Determinationslehre nach Morin

MORIN, JEAN-BEPTISTE. *Astrologia Gallica: Buch 21.* Mössingen, in Vorbereitung.

SINDBAD (FRIEDRICH SCHWICKERT) UND DR. ADOLF WEISS. *Bausteine der Astrologie. 5 Bände.* München-Planegg 1924-1926.

3.3 Die theosophisch beeinflußte Astrologie

BRANDLER-PRACHT, KARL. *Die astrologische Prognose: Die Interpretation und Ausdeutung des Horoskops* (= Astrologische Kollektion zum Selbststudium, Band 2). Berlin-Pankow 1920.

HEINDEL, MAX. *Astrologie – ihr Zweck und ihre Begrenzung.* Darmstadt o.J.

LEO, ALAN UND H. S. GREEN. *Direktionen und ihre Berechnung.* Bietigheim 1971.

SEBOTTENDORF, RUDOLF VON. *Stunden- und Frage-Horoskopie: Mit Berücksichtigung der Perioden, Zyklen und Tattwas, kabalistische Horoskopie* (= Astrologische Bibliothek Band 6). Leipzig 1921.

Von den modernen Werken zur Stundenastrologie sind folgende zu nennen:

HAMAKER-ZONDAG, KAREN M. *Stundenastrologie: Das Stundenhoroskop, praktische Entscheidungshilfe für wichtige Fragen und Probleme.* München 1985.

SLOOTEN, ERIK VAN. *Lehrbuch der Stundenastrologie: Fragen und Antworten aus dem Horoskop des Augenblicks.* Freiburg 1994.

3.4 Weitere Ansätze

ANGELI, GOTTFRIED. *Astro-Lotto: Ein sensationeller Forschungs-Report.* Ottobeuren 1994.

CARLSON, SHAWN. »A Double-blind Test of Astrology« in: NATURE, VOL. 318, DECEMBER 5, 1985, p.419 – 425.

Ephemeride der Asteroiden Ceres, Pallas, Juno, Vesta und von Cheiron, Isis 1850 – 2050. (Einleitung und Berechnung von Klaus Bonert) Hamburg 1985 bzw. 1988.

GEORGE, DEMETRA. *Das Buch der Asteroiden.* Mössingen 1991 (mit Ephemeriden für 16 Asteroiden).

GLAHN, FRANK. *Erklärungen und systematische Deutungen des Geburtshoroskopes, 3 Bände.* Ludwigsburg 1930.

GRAVELAINE, JOËLLE DE. *Lilith – der Schwarze Mond: Die Große Göttin im Horoskop.* Wettswil 1990. (Mit Ephemeriden, basierend auf den Mondapsiden).

HEEREN, ROBERT VON UND DIETER KOCH. *Pholus: Wandler zwischen Saturn und Neptun.* Mössingen 1995.

JAKUBOWITZ, ROLAND. *Die Astroskriptanalyse: Von der Auslösungsdynamik der Aspekte.* Bern 1991.

KNAPPICH, WILHELM. *Die Entwicklung der Horoskoptechnik vom Altertum bis zur Gegenwart.* Wien 1978.

KOCH, DR. WALTER A. UND ELISABETH SCHAECK. *Häusertabellen des Geburtsortes für 0° – 60° nördliche Breite.* Bietigheim 1978.

KÖBERL, THOMAS. »Zur Problematik statistischer Untersuchungen astrologischer Phänomene« in: MERIDIAN, HEFT 3/1989.

KÜNDIG, HEINRICH. *Astrologische Prognose* (= Reihe Astrologica Band 6). Zürich 1955.

LANDSCHEIDT, THEODOR. *Geozentrische Planetenknoten: Deutungsprinzipien und Berechnungsgrundlagen.* Aalen 1976.

LIVALDI LAUN, LIANELLA. *Lilith – die Begegnung mit dem Schmerz. Die Astrologie des Schwarzen Mondes.* Mössingen 1994. (Mit Ephemeriden für den zweiten Brennpunkt der Mond-Ellipse).

MEIER-PARM, HEINRICH CHRISTIAN. *Der Planetoid Vesta.* Aalen 1974.

MERTZ, BERND A. *Astrologie als Wegweiser: Auswertung, Kombination und Anwendung des Geburtshoroskops.* Freiburg 1984.

MERTZ, BERND A. *Psychologische Astrologie, 3 Bände.* Interlaken 1979, 1981, 1882.

MEYER, HERMANN. *Astrologie und Psychologie – Eine neue Synthese.* München 1981.

MEYER, HERMANN. *Partnerschaft, Gesundheit und Glück.* München 1982.

MEYER, HERMANN. *Befreiung vom Schicksalszwang: Astropsychotherapie*. Wettswil 1986.

OSTER, HANS. *Die zwei Sonnen des Lebens: Konzeptionshoroskope*. Essen 1989.

REINHART, MELANIE. *Chiron – Heiler und Botschafter des Kosmos.* Wettswil 1993.

RINDERMANN, FRAUKE UND MAX BALTIN. *Astro Bits: Grundlagen der Astroenergetik.* Aachen 1984.

ROSCHER, MICHAEL. *Praxis der Horoskopinterpretation: Einführung in die Transpersonale Astrologie*. München 1992.

SCHARMANN, CHRISTIAN. »Metagnose und Prognose mit dem Lichterachsenbogen« in: MERIDIAN HEFT 6/1988.

SCHREIWEIS, JOHANNES. *Die Entfernung der Gestirne und ihre Bewertung im Kosmogramm*. Aalen 1955.

SCHUBERT-WELLER, CHRISTOPH. »Der Test von Shawn Carlson und die Konsequenzen für die Astrologie.« in: MERIDIAN 5/1986.

SCHUBERT-WELLER, CHRISTOPH. »Streiten oder Forschen? Zur Diskussion um den Lichterachsenbogen« in: MERIDIAN, HEFT 3/1989.

SORGE, J. MARTIN. *Transzendente Astrologie: Eine umwälzende Deutungslehre in Theorie und Praxis*. Genf 1981.

STEIN, ZANE B. *Chiron*. Mössingen 1993.

STEIN, ZANE B. *Wendepunkt Chiron: Essenz und Anwendung.* Mössingen 1995

STENSON-RACHÉ, HOLGER. *Planetare Typenlehre: Ein Weg zur Reform der Astrologie.* Memmingen 1950.

STENSON-RACHÉ, HOLGER. *Wie deute ich ein Geburtshoroskop? Deutungsgrundlage für Aspekte und Transite des Vulkan und Pluto.* Hamburg 1952.

STENSON-RACHÉ, HOLGER. *Astrologie – leicht gemacht! Ein Kursus für Anfänger*. München 1954.

STENSON-RACHÉ, HOLGER. *Vulkan auf drei Ebenen, 1. Teil mit Ephemeride des neuen Transplutoplaneten.* München 1958.

TAEGER, HANS-HINRICH. *Astroenergetik. Die zwölf kosmischen Energien.* München 1989.

VEHLOW, JOHANNES. *Lehrkursus der wissenschaftlichen Geburts-Astrologie. 8 Bände*. Berlin/Zeulenroda 1925 und später. Neuauflage Berlin 1955 und später.

VIETH, IRA GERTRUD. *Das Große Kreuz im Horoskop: Die Auslösungsdynamik von Transiten*. Mössingen 1995.

WALENDY, UDO. *Die Weltanschauung des Wissens. 5 Bände.* Vlotho 1969 (Band 1 + 2), 1988 (Band 3, 4 + 5).

4.1. Münchner Rhythmenlehre

Döbereiner, Wolfgang. *Astrologischer Lehr- und Übungskurs nach protokollarischen Aufzeichnungen eines Abendkurses, basierend auf dem System der Münchner Rhythmenlehre. Teil I – VI,* München 1978 ff.

4.2. Das Astrologisch-Psychologische Institut

Huber, Bruno. *Die Persönlichkeit und ihre Integration.* Adliswil 1982.
Huber, Bruno. *Liebe und Kontakt im Horoskop.* Adliswil 1981.
Huber, Bruno und Louise. *Die astrologischen Häuser: Der Mensch und seine Welt.* Adliswil 1975, 3. Auflage 1981.
Huber, Bruno und Louise. *Lebensuhr im Horoskop: Die Wandlungen des menschlichen Bewußtseins im Durchlauf durch die zwölf astrologischen Häuser.* Adliswil 1981.
Huber, Bruno und Louise. *Mondknoten-Astrologie: Innerer Kompaß der Evolution.* Adliswil 1991.
Huber, Louise. *Entwicklungsprozesse im Horoskop.* Adliswil 1980.
Huber, Michael A. *Die Dynamische Auszählmethode, Teil 1 – Berechnung.* Adliswil 1979.

5. Die Hamburger Schule

Brummund, Ruth. *Regelwerk-Neufassung.* Hamburg 1979.
Kröncke, Karsten F. *Der gedankliche Aufbau der Astrologie: Am Beispiel der Auswertungsmethode der Hamburger Schule. Eine Interpretation.* Freiburg 1982 (Privatdruck).
Lefeldt, Hermann. *Methodik der astrologischen Häuser und Planetenbilder. (System der Hamburger Schule). Band 1: Die Häuser.* Hamburg 1962.
Michelsen, Neil F. *Uranian Transneptune Ephemeris 1850-2050.* Franksville/Wisconsin 1989.
Rudolph, Ludwig. *Bedeutung der Planeten in den Häusern.* Hamburg 1970.
Rudolph, Ludwig. *Leitfaden der Astrologie: System Hamburger Schule.* Hamburg 1933.
Sporner, Hermann. *Einführung in die Technik der Hamburger Schule.* Hamburg 1979.
Sporner, Hermann. *Wittes Planetenbilder + Transneptuner = moderne Astrologie.* Hamburg 1978.

WITTE, ALFRED. *Der Mensch – eine Empfangsstation kosmischer Suggestionen.* (Gesammelte Aufsätze von Alfred Witte). Hamburg o.J.
WITTE, ALFRED, LUDWIG RUDOLPH, FRIEDRICH SIEGGRÜN UND HERMANN LEFELDT. *Regelwerk für Planetenbilder.* Hamburg 5. verbesserte Auflage 1959 (zuerst 1928 und 1932).

6. Die Kosmobiologie Reinhold Ebertins

EBERTIN, REINHOLD. *Anatomische Entsprechungen der Tierkreisgrade. Nach einem hinterlassenen Manuskript von Elsbeth Ebertin neu bearbeitet.* Aalen 1976.
EBERTIN, REINHOLD. *Kombination der Gestirneinflüsse.* Freiburg 1986[13] (zuerst 1940 bzw. 1950).
EBERTIN, REINHOLD. *Mensch im All: Einführung in die Technik der Kosmobiologie.* Aalen 1974
EBERTIN, REINHOLD. *Sterne helfen heilen: Geschichte und Praxis der Astro-Medizin.* Freiburg 1981.
EBERTIN, REINHOLD. *Transite: Welcher Tag ist günstig für mich? Leicht verständliche Einführung in die tägliche Beobachtung des Kosmogramms, um die positiven und negativen Tage und Perioden im voraus zu erkennen und zu deuten.* Aalen 1970 (zuerst 1928).

7. Die Indische Astrologie in Europa

BRESSENSDORF, OTTO VON. *Die Grundzüge der Hindu-Astrologie* (Bücherei der Lotos-Gesellschaft, Band 1). München 1921.
Das große Buch der Nativitätslehre (Brihat Jàtaka) des Varàha Mihira. Ins Deutsche übersetzt und bearbeitet von Wilhelm Wulff. Hamburg 1925.
RAMAN, B. V. *Hindu-Astrologie.* München-Planegg 1938.
TÜRSTIG, HANS-GEORG. *Jyotisa: Das System der indischen Astrologie.* Wiesbaden 1980.

7.1. Harmonics

ADDEY, JOHN M. *Harmonics in Astrology.* Essex 1976.
HAMBLIN, DAVID. *Harmonics: Een Nieuwe Dimensie in Astrologie.* Amsterdam 1985.
HARDING, MICHAEL UND CHARLES HARVEY. *Die Feinanalyse des*

*Horoskops. Das Arbeiten mit Harmonics, Schnittpunkten und Astro*Carto*Graphy*. Wettswil 1992.

HARVEY, CHARLES. »Harmonics and Hindu Astrology« in: THE ASTROLOGICAL JOURNAL, Frühjahr 1970. S. 21ff.

WALTER, HANS-JÖRG. *Entschlüsselte Aspektfiguren: Ein neu entdeckter kosmischer Code und seine praktische Auswertung bei der astrologischen Charakter- und Schicksalsdeutung*. Freiburg 1981.

7.2. Weitere Ansätze der indischen Astrologie

KOECHLIN DE BIZEMONT, DOROTHÉE. *Karma-Astrologie: Das Horoskop als Spiegel vergangener Leben.* München 1985.

Das große Buch der Nativitätslehre (Brihat Jàtaka) des Varàha Mihira. Ins Deutsche übersetzt und bearbeitet von Wilhelm Wulff. Hamburg 1925.

WULFF, WILHELM TH. H. *Tierkreis und Hakenkreuz. Als Astrologe an Himmlers Hof.* Gütersloh 1968. Darin insbesondere der letzte Abschnitt »Kurze Erklärung einiger Horoskope«.

8. Schulen der Esoterischen Astrologie

(Für diesen sehr knappen, allgemeinen Überblick über die gegenwärtige Einordnung der esoterischen Astrolgie in die esoterischen Strömungen überhaupt und deren wichtige Denkansätze seien nachfolgend lediglich einige jeweilige Grundlagenwerke genannt)

BENZ, ERNST. *Außerirdische Welten: Von Kopernikus zu den UFOs.* Freiburg 1978.

FORD, ARTHUR. *Bericht vom Leben nach dem Tode.* München/Zürich 1980.

HEMLEBEN, JOHANNES. *Jenseits: Ideen der Menschheit über das Leben nach dem Tode vom ägyptischen Totenbuch bis zur Anthroposophie Rudolf Steiners.* Reinbek bei Hamburg 1975.

KARDEC, ALLAN. *Das Buch der Geister: Grundsätze der spiritistischen Lehre.* Freiburg 1987.

LUDWIGER, ILLOBRAND VON. *Der Stand der UFO-Forschung.* Frankfurt 1992.

ROYAL, LYSSA UND KEITH PRIEST. *Vorbereitung auf den Kontakt: Eine Bewußtseinsmetamorphose.* Frankfurt 1994.

THOMPSON, KEITH. *Engel und andere Außerirdische: UFO-Phänomene in neuer Deutung.* München 1993.

WICHMANN, JÖRG. *Die Renaissance der Esoterik: Eine kritische Orientierung.* Stuttgart 1990.

Literatur zur esoterischen Astrologie

ANDRIEU, IRÈNE. *Karma im Horoskop: Die Deutung von Mondknoten, rückläufigen Planeten und Karmaregenten.* München 1989.
DETHLEFSEN, THORWALD. *Das Leben nach dem Leben: Gespräche mit Wiedergeborenen.* München, Gütersloh, Wien 1974.
DETHLEFSEN, THORWALD. *Schicksal als Chance: Das Urwissen zur Vollkommenheit des Menschen.* München 1979.
DETHLEFSEN, THORWALD UND RÜDIGER DAHLKE. *Krankheit als Weg: Deutung und Be-Deutung der Krankheitsbilder.* München 1983
EBERTIN, BALDUR R. *Reinkarnation und neues Bewußtsein.* Freiburg 1987.
KOECHLIN DE-BIZEMONT, DOROTHÉE. *Karma-Astrologie: Das Horoskop als Spiegel vergangener Leben.* München 1985.
LEO, ALAN. *Esoterische Astrologie: Vom Wesen des Menschen.* Leipzig 1927 (Neuauflage Hamburg 1989).
MERTZ, BERND A. *Karma in der Astrologie: Das vor-karmische Horoskop.* Interlaken 1984 bzw. 1995.
MERTZ, BERND A. *Die Esoterik in der Astrologie.* Freiburg 1988.
SCHULMANN, MARTIN. *Karmische Astrologie. 4 Bände.* Waakirchen 1983 f.

9. Ausblick

COUSTO, HANS. *Die kosmische Oktave. Der Weg zum universellen Einklang.* Essen 1984 (zu: Astrologie und Musik).
COZZI, STEVE. *Die Astrologie des Standortes und ihre Bedeutung im Geburtshoroskop.* Mössingen 1993.
LUSSEYRAN, JACQUES. *Ein neues Sehen der Welt: Gegen die Verschmutzung des Ich.* Stuttgart 1993.
POLSTER, ERVING UND MIRIAM. *Gestalttherapie: Theorie und Praxis der integrativen Gestalttherapie.* Frankfurt 1983.
SCHEIDT, JÜRGEN VOM. *Innenweltverschmutzung.* München 1973.
STIERLIN, HENRI. *Astrologie und Herrschaft.* Frankfurt 1988 (zu Astrologie und Kunst).
WAGNER, ERHARD UND CHRISTOPH SCHUBERT-WELLER. *Erd- und Höhlenhäuser von Peter Vetsch.* Sulgen 1994 (einige Aspekte zu Astrologie und moderner Architektur).
WELSCH, WOLFGANG. *Ästhetisches Denken.* Stuttgart 1990.

Sachregister

360°-Scheibe 240ff., 269
45°-Ephemeride 278
7-Jahres-Rhythmus 200
90°-Kreis 277, 301
90°-Scheibe 254ff., 268

Admetos 238
Alterspunkt 150, 157, 226f.
Analogiebildungen 128
Anatomische Entsprechungen 169, 279
Anfangspunkt 175
Antiszie 30f., 251
Apollon 238
Arabische Punkte 31
Aspekte 33, 56, 74, 128, 134, 178, 274, 295
Aspektfiguren 35f., 57, 213
Asterium-Einteilung 288
Asteroiden 33, 190ff., 303
Astro-Medizin 169, 282
Astroenergetik 156ff.
Astropsychotherapie 171
Astroskript 175ff.
Astroskriptanalyse 174ff.
Aszendenten-Häuser 244
Ayanamsha 286f., 305

Benefizhäuser 132

Ceres 191
Chiron 33, 184ff.
Composit 229
Cupido 135, 238

Dekanat 64, 287
Deklination 277
Denkachse 161
Determination 91, 98
Direktionssysteme 29, 66, 80, 108, 121, 142, 201, 228f., 253
Dispositor 97
Dominanz 58, 101
Domizil 92
Dynamische Auszählung 214ff.

Eckhaus 58
Elementartrigon 93
Elemente 59f., 93, 124, 159, 216, 223
Endpunkt 175
Entfernungswerte 124, 153
Epoche-Horoskop 138
Erbquote 218, 223
Erde 158
Erdspannung 157
Erhöhung 93f., 288
Exil 94f.

Fall 95f., 288
Felder-Mittler 159
Felder-Progression 157

Figurine 57
Formungsquote 223
Frage-Astrologie 115

Geburtsherrscher 100, 101
Geburtszeitkorrektur 138f., 154, 179, 273
Gefühlsachse 161
Gestalthoroskopie 57
Glückspunkt 31, 132
Glücksrad 132
graphische Ephemeride 278
Grenzgrad 215

Hades 238
Halbsumme 31, 34, 36, 157, 229, 237, 247f., 250, 260, 264, 269, 274f., 281, 301
Harmonics 34, 293, 294
Häuser
– äquale 28, 128, 130, 145, 157, 177, 242, 319
– GOH-System 28, 124, 177, 208, 219, 231, 282
– mystische 317
– Placidus 55, 119, 177f., 197
– Porphyrios 177
– topozentrisch 177f.
Häuserauszählung 218
Häusergrade 208, 231
Häuserhoroskop 231
Häuserspitze 178
Häusersystem 177, 237, 276, 282
Häuservergleichshoroskop 230
heliozentrische Astrologie 157
hermetische Astrologie 26
Herrscher 287
hypothetische Planeten 31, 55, 120, 135

indirekte Auslösung 201
indirekte Halbsumme 248, 256, 275
indische Astrologie 51, 26, 285
Induktionsbild 145f.
Invertpunkt 220, 227
Isis 124, 135, 193f.

Jahresdiagramm 278
Jahresregenten 104
Juno 191

Kardinalauslösung 119
karmische Analyse 317
karmisches Zeitmaß 318
Klickstellen 230
konverse Direktionen 86, 113
Konzeptionshoroskop 138
Körpermodell 299, 303
Kosmobiologie 270, 279
Kosmogramm 24, 277
kritische Grade 168f.
Kronos 238
kybernetisches Modell 166

Lebensbild 150
Lebensdiagramm 278
Lebenskreis 118, 199, 204
Leistungsfigur 213
Lichterachsenbogen 142
Lilith 187f.
Lunar 71, 79
lunarer Tierkreis 287, 288, 304
Lunation 107
Lupeneffekt 227

Malefizhäuser 132
Mandala-Elementen-Analyse 159
MC-Häuser 242
Mond-Häuser 246
Mondfinsternis 107

Mondknoten 32, 55, 132, 181, 233, 287, 317, 320
Mondknoten-Häuser 246
Mondknotenhoroskop 232f.
Mondstation 65, 287, 293, 304f.
Mondstellung 106
Mondwandlung, synodische 108f.
Münchner Rhythmenlehre 196ff.

Naibod-Schlüssel 85
Navamsa 288, 293
Neo-Astrologie 41f.
Neumondhoroskop 107

Orbis 34, 64, 74, 123, 178, 262, 281, 295
Organuhr 280

Padam 288
Pallas 191
Parallele 277
Partnervergleich 88, 229
Pholus 186
Placidus 28, 180, 237
planetare Typenlehre 134, 137
Planetenherrscher 290
Planetenknoten 177, 181
Planetenlogoi 311
Planetenperioden 290
Planetenregenten 105
Planetenstunden 106
Poseidon 238
Primärdirektion 81, 155
Prognose 66, 148, 199, 226, 251, 274
Punktbewertung 124, 159, 178, 214

Quadrant 163, 197, 214

Reformierte Astrologie 177
Regelkreise 166
Resonanzbild 145
Rezeption 96
Rhythmogramm 157, 196
Rückläufigkeit 63, 76, 317

Schattenhoroskop 233
Schattenplaneten 220
Schicksalspunkt 31
Schnittpartner 37, 153
Schwächen 65, 94
Schwarzer Mond 187f.
Sektoren 129
Sekundärdirektion 83, 149, 252, 261
Sekundärdirektionen 81
Sensitiver Punkt 125, 159, 250
Septar 202f.
sieben Strahlen 311
Skript 175
Solar 66, 78f., 121, 202, 229
Sonnen-Häuser 246
Sonnenbogen 252, 276
– mittlerer 276
Sonnenbogendirektion 12, 34, 252, 263
Sonnendirektion 155
Sonnenfeld 145
Sonnenfinsternis 107
Sonnenhäuser 131
Spannungsherrscher 57
Spiegelhoroskop 233
Spiegelpunkt 31, 251
Standortastrologie 326
stationäre Phase 76
Strahlen 313
Streßplaneten 220
Stundenastrologie 115
Stundenregenten 105
Summenpunkt 237, 247, 250, 260

Synastrie 87, 229

Talentfigur 213
Talpunkt 208, 219, 227
Tertiärdirektion 108
Theosophische Astrologie 47, 51, 102, 138, 290, 293
Tierkreis
– siderisch 24, 26, 286, 305
– tropisch 24ff., 286, 304, 306
Tierkreisgrad 65, 169, 300
Transitdeutung 76
Transite 66, 73, 121, 149, 174, 229, 262, 281
Transneptuner 12, 30, 31, 33, 135, 194, 237, 250, 264, 271, 303
transpersonale Astrologie 161
Transpluto 31, 124, 135, 193f., 300, 303
Transpluto-Planeten 120
Trigonokratie 93f., 287

Vakuum 168
Vernichtung 288
Vesta 191
Void of course 116
vorgeburtliche Direktion 113
vorkarmisches Horoskop 318f.
Vulkanus 135, 238

Wellenmodell 299, 303
Widder-Häuser 246
Wirkpunkte 31, 35
Würde 65, 92f.

Zeichen
– fix 59, 124, 216, 255
– kardinal 59, 124, 216, 224, 255
– veränderlich 59, 124, 216, 255
Zeichenauslösung 120
Zeichenauszählung 215
Zeichendynamik 216, 223
Zeichenherrschaft 134
Zeichenherrscher 91, 101, 168, 197, 287
Zeus 238
Zwischenfelderspitzen 125

Personenregister

Addey, John 297, 300
Andrieu, Irène 317
Angeli, Gottfried 177f.
Assagioli, Roberto 205, 232

Bailey, Alice A. 205
Bender, Hans 22
Böhringer, Siegfried 11
Bonert, Klaus 125, 191, 193
Brandau, Fritz 280f.
Bressensdorf, Otto v. 286, 305
Brummund, Ruth 264

Campanus 28
Carlson, Shawn 180
Charubel 300

Dahlke, Rüdiger 45, 315
Dethlefsen, Thorwald 47, 315f., 322
Döbereiner, Wolfgang 119, 150, 170, 196ff., 226

Ebertin, Baldur 284, 322
Ebertin, Elsbeth 270, 279
Ebertin, Reinhold 169, 263, 270ff.

Fankhauser, Alfred 187

Gauquelin, Michel und Françoise 40
Genuit, Hans 124
George, Demetra 33, 192
Glahn, Frank 118ff., 199, 204
Gravelaine, Joëlle de 188f.
Green, H. S. 112ff.

Habermas, Jürgen 90
Hamblin, David 295ff.
Harvey, Charles 300
Heindel, Max 103
Herm, Manfred Michael 35
Heyse, Jörg 268
Himmler, Heinrich 304
Huber, Bruno 204ff.
Huber, Bruno und Louise 119, 150
Huber, Louise 204ff.
Hürlimann, Gertrud I. 18

Jakubowitz, Roland 174ff.
Jung, C. G. 16, 297

Karlhuber, Max 187
Kepler, Johannes 90
Klein, Nikolaus 45
Klöckler, Herbert Frhr. v. 18, 29, 39, 53, 107, 137, 275, 326

Knappich, Wilhelm 178
Koch, Walter 124, 282
Koechlin de Bizemont, Dorothée 26, 286, 305, 317
Kowal, Charles 184
Kröncke, Karsten F. 268f.
Kündig, Heinrich 37, 152ff.

Landscheidt, Theodor 29, 41, 181, 283
Lang, Walter 283
Lefeldt, Hermann 266f.
Lehrian, Uwe 268
Leo, Alan 112f., 313ff.
Lewis, Ursula 19
Livaldi-Laun, Lianella 189f.
Lusseyran, Jacques 325

Meier-Parm, Heinrich-Christian 192
Mertz, Bernd A. 127ff., 318ff.
Meyer, Hermann 170ff.
Mihira, Varàha 304
Morin de Villefranche, Jean-Baptiste 90, 134, 137, 168, 197
Morrison, Al H. 116

Niehenke, Peter 40

Oster, Hans 138ff.

Powell, Robert 26
Ptolemaeus, Claudius 50

Reinhart, Melanie 186
Regiomontanus 28, 102
Riemann, Fritz 11, 326
Ring, Thomas 107, 273, 275, 326
Roscher, Michael 161ff.
Rudolph, Ludwig 237, 265
Scharmann, Christian 142
Scheidt, Jürgen vom 325
Schulman, Martin 317
Schweizer, Albert 297
Seymour, Percy 29, 43
Sieggrün, Friedrich 135, 237, 271
Sorge, J. Martin 144
Specht, Heinz 124
Sporner, Hermann 266
Standish, Myles 193
Stein, Zane B. 184f.
Stenson-Raché, Holger 134ff.
Strauß-Kloebe, Sigrid 25

Taeger, Hans-Hinrich 156ff., 214
Thiel, Werner 19

Vehlow, Hans 130
Voss, Gerhard 11

Walendy, Udo 120ff.
Walter, Hans-Jörg 298, 303
Wangemann, Edith 123
Wangemann, Helmut 123
Welsch, Wolfgang 325
Witte, Alfred 121, 236, 246, 265, 271f.
Wulff, Wilhelm Th. H. 304

Zanzinger, Friedrich 124